MAROC

CODE GENERAL DES IMPOTS

EDITION 2012

suivi des principaux textes de la fiscalité marocaine

DROIT AFRIQUE.com

Avertissement

La présente édition du Code Général des Impôts du Maroc est une version non officielle réalisée à partir des textes fiscaux en vigueur. En cas de doute sur l'interprétation d'un article, il est conseillé au lecteur de recourir à l'avis de la Direction Générale des Impôts ou d'un professionnel du droit.

Avant propos

La présente compilation de textes fiscaux marocains fait suite aux récentes réformes entreprises depuis la loi de finances pour 2006, qui se sont traduites par l'adoption :

- d'un nouveau Code général des impôts par la loi de finances pour 2007 regroupant le Code général des impôts et le livre des procédures fiscales ;
- de la loi n°47-06 relative à la fiscalité des collectivités locales, promulguée par le Dahir n°1-07-195 du 30 novembre 2007.

A ces textes ont été ajoutés dans cet ouvrage le décret d'application des dispositions du Code des impôts relatives à la TVA, ainsi que les principaux textes fiscaux non codifiés, notamment la liste des conventions fiscales applicables, les textes relatifs aux investissements ou la taxe sur les contrats d'assurance.

L'ensemble de l'ouvrage est à jour des dispositions de :

- du décret n°2-11-746 du 31 décembre 2011 relatif à la perception de certaines recettes pour l'année budgétaire 2012 ;
- la loi n°22-12 du 15 mai 2012 portant loi de finances pour l'année budgétaire 2012.

Afin de compléter cette édition, le site www.droit-afrique.com propose de nombreux textes juridiques et fiscaux en libre téléchargement, des liens vers des sites internet contenant de l'information juridique et fiscale marocaine, ainsi qu'un annuaire d'avocats et conseils juridiques.

Abréviations utilisées

- CGI : Code Général des Impôts
- DGI : Direction Générale des Impôts
- DH : Dirham
- IR : Impôt sur le Revenu
- IS : Impôt sur les Sociétés
- L.F.2012 : Loi de Finances (pour l'année 2012)
- OPCR : Organismes de Placement en Capital-Risque
- OPCVM : Organismes de Placement Collectif en Valeurs Mobilières
- PV : Plus-Values
- TFNC : textes fiscaux non codifiés
- TVA : Taxe sur la Valeur Ajoutée
- UMA : Union du Maghreb Arabe

Sommaire

CODE GENERAL DES IMPOTS

Livre 1 - Règles d'assiette et de recouvrement

Partie 1 - Règles d'assiette

Titre 1 - L'impôt sur les sociétés

Chapitre 1 - Champ d'application

Art.1.- L'impôt sur les sociétés s'applique sur l'ensemble des produits, bénéfices et revenus prévus aux articles 4 et 8 ci-dessous, des sociétés et autres personnes morales visées à l'article 2 ci-après.

Personnes imposables

Art.2-I.- Sont obligatoirement passibles de l'impôt sur les sociétés :

1) Les sociétés quels que soient leur forme et leur objet à l'exclusion de celles visées à l'article 3 ci-après.

2) Les établissements publics et les autres personnes morales qui se livrent à une exploitation ou à des opérations à caractère lucratif.

3) Les associations et les organismes légalement assimilés.

4) Les fonds créés par voie législative ou par convention ne jouissant pas de la personnalité morale et dont la gestion est confiée à des organismes de droit public ou privé, lorsque ces fonds ne sont pas expressément exonérés par une disposition d'ordre législatif. L'imposition est établie au nom de leur organisme gestionnaire.

Ces organismes gestionnaires doivent tenir une comptabilité séparée pour chacun des fonds qu'ils gèrent faisant ressortir ses dépenses et ses recettes. Aucune compensation ne peut être faite entre le résultat de ces fonds et celui de l'organisme gestionnaire.

5) Les centres de coordination d'une société non résidente ou d'un groupe international dont le siège est situé à l'étranger.

Par centre de coordination, il faut entendre toute filiale ou établissement d'une société ou d'un groupe international dont le siège est situé à l'étranger et qui exerce, au seul profit de cette société ou de ce groupe, des fonctions de direction, de gestion, de coordination ou de contrôle.

Art.2-II.- Sont passibles de l'impôt sur les sociétés, sur option irrévocable, les sociétés en nom collectif et les sociétés en commandite simple constituées au Maroc et ne comprenant que des personnes physiques, ainsi que les sociétés en participation. L'option doit être mentionnée sur la déclaration prévue à l'article 148 ci-dessous ou formulée par écrit.

Art.2-III.- Les sociétés, les établissements publics, les associations et autres organismes assimilés, les fonds, les centres de coordination et les autres personnes morales passibles de l'impôt sur les sociétés sont appelés « sociétés » dans le présent Code.

Personnes exclues du champ d'application

Art.3.- Sont exclus du champ d'application de l'impôt sur les sociétés :

1) Les sociétés en nom collectif et les sociétés en commandite simple constituées au Maroc et ne comprenant que des personnes physiques ainsi que les sociétés en participation, sous réserve de l'option prévue à l'article 2-II ci-dessus.

2) Les sociétés de fait ne comprenant que des personnes physiques.

3) Les sociétés à objet immobilier, quelle que soit leur forme, dont le capital est divisé en parts sociales ou actions nominatives.

- a) lorsque leur actif est constitué soit d'une unité de logement occupée en totalité ou en majeure partie par les membres de la société ou certains d'entre eux, soit d'un terrain destiné à cette fin ;
- b) lorsqu'elles ont pour seul objet l'acquisition ou la construction, en leur nom, d'immeubles collectifs ou d'ensembles immobiliers, en vue d'accorder statutairement à chacun de leurs membres, nommément désigné, la libre disposition de la fraction d'immeuble ou d'ensemble immobilier correspondant à ses droits sociaux. Chaque fraction est constituée d'une ou plusieurs unités à usage professionnel ou d'habitation susceptibles d'une utilisation distincte.

Les sociétés immobilières visées ci-dessus sont appelées « sociétés immobilières transparentes » dans le présent Code.

4) Les groupements d'intérêt économique tels que définis par la loi n°13-97 promulguée par le dahir n°1-99-12 du 5 février 1999.

Produits soumis à l'impôt retenu à la source

Art.4.- *(L.F.2011)* Produits soumis à l'impôt retenu à la source

Sont soumis à la retenue à la source au titre de l'impôt sur les sociétés ou de l'impôt sur le revenu, telle que prévue aux articles 158, 159 et 160 ci-dessous :

I. Les produits des actions, parts sociales et revenus assimilés visés à l'article 13 ci-dessous, versés, mis à la disposition ou inscrits en compte des personnes physiques ou morales bénéficiaires qu'elles aient ou non leur siège ou leur domicile fiscal au Maroc.

II. Les produits de placements à revenu fixe visés à l'article 14 ci-dessous versés, mis à la disposition ou inscrits en compte des personnes physiques ou morales bénéficiaires, qu'elles soient imposables, exonérées ou exclues du champ d'application de l'impôt et ayant au Maroc leur siège social, leur domicile fiscal ou un établissement auquel se rattachent les produits servis.

III. Les produits bruts visés à l'article 15 ci-dessous, versés, mis à la disposition ou inscrits en compte des personnes physiques ou morales non résidentes.

L'inscription en compte visée aux paragraphes I, II et III ci-dessus s'entend de l'inscription en comptes courants d'associés, comptes courants bancaires des bénéficiaires ou comptes courants convenus par écrit entre les parties.

Territorialité

Art.5.- I. Les sociétés, qu'elles aient ou non un siège au Maroc, sont imposables à raison de l'ensemble des produits, bénéfices et revenus :

- se rapportant aux biens qu'elles possèdent, à l'activité qu'elles exercent et aux opérations lucratives qu'elles réalisent au Maroc, même à titre occasionnel ;
- dont le droit d'imposition est attribué au Maroc en vertu des conventions tendant à éviter la double imposition en matière d'impôts sur le revenu.

II. Les sociétés n'ayant pas leur siège au Maroc, appelées « sociétés non résidentes » dans le présent Code sont en outre, imposables à raison des produits bruts énumérés à l'article 15 ci-dessous qu'elles perçoivent en contrepartie de travaux qu'elles exécutent ou de services qu'elles rendent, soit pour le compte de leurs propres succursales ou leurs établissements au Maroc, soit pour le compte de personnes physiques ou morales indépendantes, domiciliés ou exerçant une activité au Maroc.

Toutefois, les dispositions de l'alinéa précédent ne sont pas applicables lorsque les travaux sont exécutés ou les services sont rendus au Maroc par une succursale ou un établissement au Maroc de la société non résidente, sans intervention du siège étranger. Les rémunérations perçues à ce titre sont comprises dans le résultat fiscal de la succursale ou de l'établissement qui est, dans ce cas, imposé comme une société de droit marocain.

Exonérations et imposition au taux réduit permanentes

Art.6-I-A.- *(L.F.2011)* Exonérations permanentes

Sont totalement exonérés de l'impôt sur les sociétés :

- 1° les associations et les organismes légalement assimilés à but non lucratif, pour les seules opérations conformes à l'objet défini dans leurs statuts. Toutefois, cette exonération ne s'applique pas en ce qui concerne les établissements de ventes ou de services appartenant aux associations et organismes précités ;
- 2° la Ligue nationale de lutte contre les maladies cardio-vasculaires créée par le dahir portant loi n°1-77-334 du 9 octobre 1977 ;
- 3° la Fondation Hassan II pour la lutte contre le cancer créée par le dahir portant loi n°1-77-335 du 9 octobre 1977 ;
- 4° les associations d'usagers des eaux agricoles pour les activités nécessaires à leur fonctionnement ou à la réalisation de leur objet régies par la loi n°02-84 promulguée par le dahir n°1-87-12 du 21 décembre 1990 ;
- 5° la Fondation Cheikh Zaïd Ibn Soltan créée par le dahir portant loi n°1-93-228 du 10 septembre 1993, pour l'ensemble de ses activités ou opérations et pour les revenus éventuels y afférents ;
- 6° la Fondation Mohammed V pour la solidarité pour l'ensemble de ses activités ou opérations et pour les revenus éventuels y afférents ;
- 7° la Fondation Mohammed VI de promotion des œuvres sociales de l'éducation formation créée par la loi n°73-00 promulguée par le dahir n°1-01-197 du 1er août 2001, pour l'ensemble de ses activités ou opérations et pour les revenus éventuels y afférents ;
- 8° l'Office national des œuvres universitaires sociales et culturelles créé par la loi n°81-00 promulguée par le dahir n°1-01-205 du 30 août 2001, pour l'ensemble de ses activités ou opérations et pour les revenus éventuels y afférents ;
- 9° les coopératives et leurs unions légalement constituées dont les statuts, le fonctionnement et les opérations sont

reconnus conformes à la législation et à la réglementation en vigueur régissant la catégorie à laquelle elles appartiennent. Cette exonération est accordée dans les conditions prévues à l'article 7-I ci-après ;

- 10° les sociétés non résidentes au titre des plus-values réalisées sur les cessions de valeurs mobilières cotées à la bourse des valeurs du Maroc, à l'exclusion de celles résultant de la cession des titres des sociétés à prépondérance immobilière telles que définies à l'article 61-II ci-dessous ;
- 11° la Banque Islamique de Développement, conformément à la convention publiée par le dahir n°1-77-4 du 19 septembre 1977 ;
- 12° la Banque Africaine de Développement, conformément au dahir n°1-63-316 du 12 novembre 1963 portant ratification de l'accord de création de la Banque Africaine de Développement ;
- 13° la Société Financière Internationale, conformément au dahir n°1-62-145 du 19 juillet 1962 portant ratification de l'adhésion du Maroc à la Société Financière Internationale ;
- 14° l'Agence Bayt Mal Al Quods Acharif conformément à l'accord de siège publié par le dahir n°1-99-330 du 15 mai 2000 ;
- 15° l'Agence de logements et d'équipements militaires, créée par le décret-loi n°2-94-498 du 23 septembre 1994 ;
- 16° les OPCVM, régis par le dahir portant loi n°1-93-213 du 21 septembre 1993, pour les bénéfices réalisés dans le cadre de leur objet légal ;
- 17° les fonds de placements collectifs en titrisation, régis par la loi n°10-98 promulguée par le dahir n°1-99-193 du 25 août 1999, pour les bénéfices réalisés dans le cadre de leur objet légal ;
- 18° les organismes de placements en capital-risque, régis par la loi n°41-05 promulguée par le dahir n°1-06-13 du 14 février 2006, pour les bénéfices réalisés dans le cadre de leur objet légal ;
- 19° la Société nationale d'aménagement collectif, au titre des activités, opérations et bénéfices résultant de la réalisation de logements sociaux afférents aux projets « Annassim », situés dans les communes de Dar Bouazza et Lyssasfa et destinés au recasement des habitants de l'ancienne médina de Casablanca ;
- 20° la société « Sala Al-Jadida » pour l'ensemble de ses activités et opérations, ainsi que pour les revenus éventuels y afférents ;
- 21° Abrogé ;
- 22° l'Agence pour la promotion et le développement économique et social des préfectures et provinces du Nord du Royaume, créée par la loi n°6-95 promulguée par le dahir n°1-95-155 du 16 août 1995, pour l'ensemble de ses activités ou opérations et pour les revenus éventuels y afférents ;
- 23° l'Agence pour la promotion et le développement économique et social des provinces du Sud du Royaume, créée par le décret-loi n°2-02-645 du 10 septembre 2002, pour l'ensemble de ses activités ou opérations et pour les revenus éventuels y afférents ;
- 24° l'Agence pour la promotion et le développement économique et social de la préfecture et des provinces de la région orientale du Royaume, créée par la loi n°12-05 promulguée par le dahir n°1-06-53 du 14 février 2006 pour l'ensemble de ses activités ou opérations et pour les revenus éventuels y afférents ;
- 25° l'Agence spéciale Tanger-Méditerranée, créée par le décret-loi n°2-02-644 du 10 septembre 2002, pour les revenus liés aux activités qu'elle exerce au nom et pour le compte de l'Etat ;
- 26° l'Université Al Akhawayne d'Ifrane, créée par le dahir portant loi n°1-93-227 du 20 septembre 1993, pour l'ensemble de ses activités ou opérations et pour les revenus éventuels y afférents ;
- 27° Abrogé

- 28° la fondation Cheikh Khalifa Ibn Zaïd créée par la loi n°12-07 promulguée par le dahir n°1-07-103 du 24 juillet 2007, pour l'ensemble de ses activités ou opérations et pour les revenus éventuels y afférents.

Art.6-I-B.- *(L.F.2011)* Exonérations suivies de l'imposition permanente au taux réduit

1) Les entreprises exportatrices de produits ou de services, à l'exclusion des entreprises exportatrices des métaux de récupération, qui réalisent dans l'année un chiffre d'affaires à l'exportation, bénéficient pour le montant dudit chiffre d'affaires :

- de l'exonération totale de l'impôt sur les sociétés pendant une période de cinq ans consécutifs qui court à compter de l'exercice au cours duquel la première opération d'exportation a été réalisée ;
- et de l'imposition au taux réduit prévu à l'article 19-II-C ci-dessous au-delà de cette période.

Cette exonération et imposition au taux réduit sont accordées dans les conditions prévues à l'article 7-IV ci-après.

2) Les entreprises, autres que celles exerçant dans le secteur minier, qui vendent à d'autres entreprises installées dans les plates-formes d'exportation des produits finis destinés à l'export bénéficient, au titre de leur chiffre d'affaires réalisé avec lesdites plates-formes :

- de l'exonération totale de l'impôt sur les sociétés pendant une période de cinq ans consécutifs qui court à compter de l'exercice au cours duquel la première opération de vente de produits finis a été réalisée ;
- et de l'imposition au taux réduit prévu à l'article 19-II-C ci-dessous au-delà de cette période.

Cette exonération et imposition au taux réduit sont accordées dans les conditions prévues à l'article 7-V ci-après.

3) Les entreprises hôtelières bénéficient, au titre de leurs établissements hôteliers pour la partie de la base imposable correspondant à leur chiffre d'affaires réalisé en devises dûment rapatriées directement par elles ou pour leur compte par l'intermédiaire d'agences de voyages :

- de l'exonération totale de l'impôt sur les sociétés pendant une période de cinq ans consécutifs qui court à compter de l'exercice au cours duquel la première opération d'hébergement a été réalisée en devises ;
- et de l'imposition au taux réduit prévu à l'article 19-II-C ci-dessous au delà de cette période.

Bénéficient également de l'exonération et de l'imposition au taux réduit cités ci-dessus, les sociétés de gestion des résidences immobilières de promotion touristique, telles que définies par la loi n°01-07 édictant des mesures particulières relatives aux résidences immobilières de promotion touristique et modifiant et complétant la loi n°61-00 portant statut des établissements touristiques, promulguée par le dahir n°1-08-60 du 23 mai 2008 pour la partie de la base imposable correspondant à leur chiffre d'affaires réalisé en devises dûment rapatriées directement par elles ou pour leur compte par l'intermédiaire d'agences de voyages.

Cette exonération et imposition au taux réduit sont accordées dans les conditions prévues à l'article 7-VI ci-après.

4) Les sociétés de services ayant le statut « Casablanca Finance City », conformément à la législation et la réglementation en vigueur, bénéficient au titre de leur chiffre d'affaires à l'exportation et des plus-values mobilières nettes de source étrangère réalisées au cours d'un exercice :

- de l'exonération totale de l'impôt sur les sociétés pendant une période de cinq exercices consécutifs, à compter du premier exercice d'octroi du statut précité ;
- et de l'imposition au taux réduit prévu à l'article 19-II-A ci-dessous au-delà de cette période.

Art.6-I-C.- *(L.F.2011)* Exonérations permanentes en matière d'impôt retenu à la source

Sont exonérés de l'impôt sur les sociétés retenu à la source :

1) Les produits des actions, parts sociales et revenus assimilés suivants :

- les dividendes et autres produits de participation similaires versés, mis à la disposition ou inscrits en compte par des sociétés soumises ou exonérées de l'impôt sur les sociétés à des sociétés ayant leur siège social au Maroc et soumises audit impôt, à condition qu'elles fournissent à la société distributrice ou à l'établissement bancaire délégué une attestation de propriété de titres comportant le numéro de leur identification à l'impôt sur les sociétés. Ces produits, sous réserve de l'application de la condition prévue ci-dessus, ainsi que ceux de source étrangère sont compris dans les produits financiers de la société bénéficiaire avec un abattement de 100 % ;
- les sommes distribuées provenant des prélèvements sur les bénéfices pour l'amortissement du capital des sociétés concessionnaires de service public ;
- les sommes distribuées provenant des prélèvements sur les bénéfices pour le rachat d'actions ou de parts sociales des OPCVM, régis par le dahir portant loi n°1-93-213 précité ;
- les dividendes perçus par les OPCVM, régis par le dahir portant loi n°1-93-213 précité ;
- les dividendes perçus par les organismes de placements en capital risque, régis par la loi n°41-05 précitée ;
- les dividendes distribués à leurs actionnaires par les banques Offshore régies par la loi n°58-90 relative aux places financières offshore, promulguée par le dahir n°1-91-131 du 26 février 1992 ;
- les dividendes distribués par les sociétés holding offshore à leurs actionnaires, au prorata du chiffre d'affaires offshore correspondant aux prestations de services exonérées, régies par la loi n°58-90 précitée ;
- les dividendes et autres produits de participations similaires versés, mis à la disposition ou inscrits en compte des non-résidents, provenant d'activités exercées par les sociétés installées dans les zones franches d'exportation, régies par la loi n°19-94 promulguée par le dahir n°1-95-1 du 26 janvier 1995 ;
- les bénéfices et dividendes distribués par les titulaires d'une concession d'exploitation des gisements d'hydrocarbures régis par la loi n°21-90 relative à la recherche et à l'exploitation des gisements d'hydrocarbures, promulguée par le dahir n°1-91-118 du 1er avril 1992 ;
- les produits des actions appartenant à la Banque Européenne d'Investissements, suite aux financements accordés par celle-ci au bénéfice d'investisseurs marocains et européens dans le cadre de programmes approuvés par le gouvernement.

2) Les intérêts et autres produits similaires servis aux :

- établissements de crédit et organismes assimilés régis par la loi n°34-03 promulguée par le dahir n°1-05-178 du 14 février 2006, au titre des prêts et avances consentis par ces organismes ;
- OPCVM régis par le dahir portant loi n°1-93-213 précité ;
- fonds de placements collectifs en titrisation régis par la loi n°10-98 précitée ;

- organismes de placements en capital-risque régis par la loi n°41-05 précitée ;
- titulaires des dépôts et tous autres placements effectués en monnaies étrangères convertibles auprès des banques offshore régies par la loi n°58-90 précitée.

3) Les intérêts perçus par les sociétés non résidentes au titre :
- des prêts consentis à l'État ou garantis par lui ;
- des dépôts en devises ou en dirhams convertibles ;
- des prêts octroyés en devises pour une durée égale ou supérieure à dix ans ;
- des prêts octroyés en devises par la Banque Européenne d'Investissement dans le cadre de projets approuvés par le gouvernement.

4) Les droits de location et les rémunérations analogues afférents à l'affrètement, la location et la maintenance d'aéronefs affectés au transport international.

Art.6-I-D.- *(L.F.2011)* Imposition permanente au taux réduit

1) Les entreprises minières exportatrices bénéficient du taux prévu à l'article 19-II-C ci-dessous, à compter de l'exercice au cours duquel la première opération d'exportation a été réalisée.

Bénéficient également du taux précité, les entreprises minières qui vendent leurs produits à des entreprises qui les exportent après leur valorisation.

2) Les entreprises ayant leur domicile fiscal ou leur siège social dans la province de Tanger et exerçant une activité principale dans le ressort de ladite province, bénéficient au titre de cette activité du taux prévu à l'article 19-II-C ci-dessous.

L'application du taux précité est subordonnée aux conditions prévues à l'article 7-VII ci-après.

Exonérations et impositions au taux réduit temporaires

Art.6-II-A.- *(L.F.2012)* Exonérations suivies de l'imposition temporaire au taux réduit

1) Les entreprises qui exercent leurs activités dans les zones franches d'exportation bénéficient :
- de l'exonération totale durant les cinq premiers exercices consécutifs à compter de la date du début de leur exploitation ;
- et de l'imposition au taux prévu à l'article 19-II-A ci-dessous, pour les vingt exercices consécutifs suivants.

L'exonération et l'imposition au taux réduit précitées s'appliquent également, dans les conditions prévues à l'article 7-IX ci-dessous, aux opérations réalisées :
- entre les entreprises installées dans la même zone franche d'exportation ;
- et entre les entreprises installées dans différentes zones franches d'exportation.

Toutefois, sont soumises à l'impôt sur les sociétés dans les conditions de droit commun, les sociétés qui exercent leurs activités dans lesdites zones dans le cadre d'un chantier de travaux de construction ou de montage.

2) L'Agence spéciale Tanger-Méditerranée, ainsi que les sociétés intervenant dans la réalisation, l'aménagement, l'exploitation et l'entretien du projet de la zone spéciale de développement Tanger-Méditerranée et qui s'installent dans les zones franches d'exportation visées à l'article premier du décret-loi n°2-02-644 précité, bénéficient des avantages accordés aux entreprises installées dans les zones franches d'exportation.

Art.6-II-B.- Exonérations temporaires

1) Les revenus agricoles tels que définis à l'article 46 ci-dessous sont exonérés de l'impôt sur les sociétés, jusqu'au 31 décembre 2013.

2) Le titulaire ou, le cas échéant, chacun des co-titulaires de toute concession d'exploitation des gisements d'hydrocarbures bénéficie d'une exonération totale de l'impôt sur les sociétés pendant une période de dix années consécutives courant à compter de la date de mise en production régulière de toute concession d'exploitation.

3) Les sociétés exploitant les centres de gestion de comptabilité agréés régis par la loi n°57-90 promulguée par le dahir n°1-91-228 du 9 novembre 1992, sont exonérées de l'impôt sur les sociétés au titre de leurs opérations, pendant une période de quatre ans suivant la date de leur agrément.

Art.6-II-C.- *(L.F.2011, L.F.2012)* Imposition temporaire au taux réduit

1) Bénéficient du taux prévu à l'article 19-II-C ci-dessous pendant les cinq premiers exercices consécutifs suivant la date du début de leur exploitation :

a) Les entreprises, autres que les établissements stables des sociétés n'ayant pas leur siège au Maroc attributaires de marchés de travaux, de fournitures ou de service, les établissements de crédit et organismes assimilés, Bank Al-Maghrib, la Caisse de dépôt et de gestion, les sociétés d'assurances et de réassurances, les agences immobilières et les promoteurs immobiliers à raison des activités exercées dans l'une des préfectures ou provinces qui sont fixées par décret compte tenu des deux critères suivants :

- le niveau de développement économique et social ;
- la capacité d'absorption des capitaux et des investissements dans la région, la province ou la préfecture.

L'application du taux précité est subordonnée aux conditions prévues à l'article 7-VII ci-après.

[*NB - Décret n°2-08-132 du 28 mai 2009*

Art.1.- *L'imposition temporaire au taux réduit de l'impôt sur les sociétés et de l'impôt sur le revenu prévue respectivement aux articles 6 (II-C-1°-a) et 31 (II-B-1°) du CGI s'applique aux entreprises et contribuables qui exercent leurs activités dans les préfectures et provinces suivantes : Al Hoceima, Berkane, Boujdour, Chefchaouen, Es-Semara, Guelmim, Jerada, Laâyoune, Larache, Nador, Oued-Ed-Dahab, Oujda - Angad, Tan-Tan, Taounate, Taourirt, Tata, Taza, Tétouan*]

b) Les entreprises artisanales dont la production est le résultat d'un travail essentiellement manuel.

c) Les établissements privés d'enseignement ou de formation professionnelle.

d) Les sociétés sportives régulièrement constituées conformément aux dispositions de la loi n°30-09 relative à l'éducation physique et aux sports, promulguée par le dahir n°1-10-150 du 24 août 2010.

2) Bénéficient pour une période de cinq ans à compter de la date d'obtention du permis d'habiter, du taux prévu à l'article 19-II-C ci-dessous, au titre des revenus provenant de la location de cités, résidences et campus universitaires réalisés en conformité avec leur destination, les promoteurs immobiliers personnes morales, qui réalisent pendant une période maximum de trois ans courant à compter de la date de l'autorisation de construire, des opérations de construction de cités, résidences et campus universitaires constitués d'au moins cinquante chambres, dont la capacité d'hébergement est au maximum de deux lits par chambre, dans le cadre d'une convention conclue avec l'Etat assortie d'un cahier des charges.

Le taux précité est appliqué dans les conditions prévues à l'article 7-II ci-après.

3) Les banques offshore sont soumises, en ce qui concerne leurs activités pour les quinze premières années consécutives suivant la date de l'obtention de l'agrément, soit à l'impôt au taux spécifique, soit à l'impôt forfaitaire prévus respectivement à l'article 19 (II-B et III-B) ci-dessous.

Après expiration du délai prévu à l'alinéa précédent les banques offshore sont soumises à l'impôt sur les sociétés dans les conditions de droit commun.

4) Les sociétés holding offshore sont soumises, en ce qui concerne leurs activités, pendant les quinze premières années consécutives suivant la date de leur installation, à un impôt forfaitaire tel que prévu à l'article 19-III-C ci-dessous, libératoire de tous autres impôts et taxes sur les bénéfices ou les revenus.

Après expiration du délai prévu à l'alinéa précédent, les sociétés holding offshore sont soumises à l'impôt sur les sociétés dans les conditions de droit commun.

L'impôt forfaitaire précité est appliqué dans les conditions prévues à l'article 7-VIII ci-après.

Conditions d'exonération

Art.7-I.- L'exonération prévue à l'article 6-I-A-9° ci-dessus en faveur des coopératives et leurs unions s'applique :

- lorsque leurs activités se limitent à la collecte de matières premières auprès des adhérents et à leur commercialisation ;
- ou lorsque leur chiffre d'affaires annuel est inférieur à 5.000.000 DH hors TVA, si elles exercent une activité de transformation de matières premières collectées auprès de leurs adhérents ou d'intrants à l'aide d'équipements, matériel et autres moyens de production similaires à ceux utilisés par les entreprises industrielles soumises à l'impôt sur les sociétés et de commercialisation des produits qu'elles ont transformés.

Art.7-II.- Pour bénéficier du taux spécifique visé à l'article 6 (II-C-2°) ci-dessus, les promoteurs immobiliers doivent tenir une comptabilité séparée pour chaque opération de construction de cités, résidences et campus universitaires, et joindre à la déclaration prévue aux articles 20 et 150 ci-dessous :

- un exemplaire de la convention et du cahier des charges en ce qui concerne la première année ;
- et un état du nombre de chambres réalisées dans le cadre de chaque opération de construction de cités, résidences et campus universitaires ainsi que le montant du chiffre d'affaires y afférent.

***Art.7-III.-** Abrogé (L.F.2011)*

Art.7-IV.- L'exonération ou le taux spécifique prévus à l'article 6 (I-B-1°) ci-dessus en faveur des entreprises exportatrices s'applique à la dernière vente effectuée et à la dernière prestation de service rendue sur le territoire du Maroc et ayant pour effet direct et immédiat de réaliser l'exportation elle-même.

Toutefois, en ce qui concerne les entreprises exportatrices de services, l'exonération ou le taux spécifique précités ne s'appliquent qu'au chiffre d'affaires à l'exportation réalisé en devises.

Par exportation de services, on entend toute opération exploitée ou utilisée à l'étranger.

Art.7-V.- Le bénéfice des exonérations prévues à l'article 6-I-B-2° ci-dessus en faveur des entreprises qui vendent à d'autres entreprises installées dans les plates-formes d'exportation, est subordonné à la condition de justifier de l'exportation desdits produits sur la base d'une attestation délivrée par l'administration des douanes et impôts indirects.

On entend par plate-forme d'exportation tout espace fixé par décret, devant abriter des entreprises dont l'activité exclusive est l'exportation des produits finis.

Les opérations d'achat et d'export doivent être réalisées par les entreprises installées dans lesdites plates-formes sous le contrôle de l'administration des douanes et impôts indirects, conformément à la législation en vigueur.

Ces entreprises doivent tenir une comptabilité permettant d'identifier, par fournisseur, les opérations d'achat et d'exportation de produits finis et produire, en même temps et dans les mêmes conditions de déclaration prévue aux articles 20 et 150 ci-dessous, un état récapitulatif des opérations d'achat et d'exportation de produits finis selon un imprimé-modèle établi par l'administration, sans préjudice de l'application des sanctions visées à l'article 197 ci-dessous.

Les entreprises ayant déjà effectué des opérations d'exportation avant le 1er janvier 2004, continuent à bénéficier de l'exonération ou du taux spécifique prévu à l'article 19-II-C ci-dessous dans la limite des périodes prévues à l'article 6 (I-B-1°) ci-dessus, au titre de leur chiffre d'affaires réalisé avec les entreprises installées dans les plates-formes d'exportation.

Art.7-VI.- Pour bénéficier des dispositions de l'article 6 (I-B-3°) ci-dessus, les entreprises hôtelières concernées doivent produire en même temps que la déclaration du résultat fiscal prévue aux articles 20 et 150 ci-dessous, un état faisant ressortir :

- l'ensemble des produits correspondants à la base imposable ;
- le chiffre d'affaires réalisé en devises par chaque établissement hôtelier, ainsi que la partie de ce chiffre d'affaires exonéré totalement ou partiellement de l'impôt.

L'inobservation des conditions précitées entraîne la déchéance du droit à l'exonération et à l'application du taux spécifique susvisés, sans préjudice de l'application de la pénalité et des majorations prévues par les articles 186 et 208 ci-dessous.

Art.7-VII.- Les dispositions de l'article 6 (I-D-2° et II-C-1-a) ci-dessus sont applicables, sous réserve des dispositions du II (C-1-a) dudit article, aux entreprises au titre des opérations de travaux réalisées et de vente de biens et services effectuées exclusivement dans les préfectures et provinces concernées.

Art.7-VIII.- Pour bénéficier de l'application de l'impôt forfaitaire prévu à l'article 19-III-C ci-dessous, les sociétés holding offshore visées à l'article 6 (II-C-4°) ci-dessus doivent :

- avoir pour objet exclusif la gestion de portefeuille de titres des entreprises non résidentes et la prise de participation dans ces entreprises ;
- avoir un capital libellé en monnaies étrangères ;
- effectuer leurs opérations au profit des banques offshore ou des personnes physiques ou morales non résidentes en monnaies étrangères convertibles.

Art.7-IX.- *(L.F.2012)* Le bénéfice des dispositions de l'article 6-II-A-1° alinéa 2 ci-dessus est subordonné aux conditions suivantes :

- le produit final doit être destiné à l'exportation ;
- le transfert des marchandises entre les entreprises installées dans différentes zones franches d'exportation doit être effectué conformément à la législation et la réglementation douanières en vigueur.

Chapitre 2 - Base imposable

Section 1 - Détermination de la base imposable

Résultat fiscal

Art.8.- *(L.F.2011)* I. Le résultat fiscal de chaque exercice comptable est déterminé d'après l'excédent des produits sur les charges de l'exercice, engagées ou supportées pour les besoins de l'activité imposable, en application de la législation et de la réglementation comptable en vigueur, modifié, le cas échéant, conformément à la législation et à la réglementation fiscale en vigueur.

Les stocks sont évalués au prix de revient ou au cours du jour si ce dernier lui est inférieur et les travaux en cours sont évalués au prix de revient.

II. Le résultat fiscal des sociétés en nom collectif, des sociétés en commandite simple et des sociétés en participation qui ont opté pour l'imposition à l'impôt sur les sociétés, est déterminé comme prévu au I ci-dessus.

III. Les sociétés immobilières transparentes, lorsqu'elles cessent de remplir les conditions prévues à l'article 3-3° ci-dessus, sont imposées d'après le résultat fiscal déterminé comme prévu au I ci-dessus.

Dans le cas où des locaux appartenant à la société sont occupés, à titre gratuit, par des membres de celle-ci ou par des tiers, les produits correspondant à cet avantage sont évalués d'après la valeur locative normale et actuelle des locaux concernés.

IV. La base imposable des centres de coordination prévus à l'article 2-I-5° ci-dessus, est égale à 10 % du montant de leurs dépenses de fonctionnement. A cette base s'ajoute, le cas échéant, le résultat des opérations non courantes.

V. Le résultat fiscal de chaque exercice comptable des personnes morales membres d'un groupement d'intérêt économique, est déterminé comme prévu au I du présent article et comprend, le cas échéant, leur part dans les bénéfices réalisés ou dans les pertes subies par ledit groupement.

VI. Sous réserve de l'application de la cotisation minimale prévue à l'article 144 ci-dessous, la base imposable des sièges régionaux ou internationaux ayant le statut « Casablanca Finance City », conformément à la législation et la réglementation en vigueur, est égale :

- en cas de bénéfice, au montant le plus élevé résultant de la comparaison du résultat fiscal, déterminé comme prévu au I ci-dessus, avec le montant de 5 % des charges de fonctionnement desdits sièges ;
- en cas de déficit, au montant de 5 % des charges de fonctionnement desdits sièges.

Produits imposables

Art.9-I.- Les produits imposables visés à l'article 8-I ci-dessus s'entendent :

A. Des produits d'exploitation constitués par :

- 1° le chiffre d'affaires comprenant les recettes et les créances acquises se rapportant aux produits livrés, aux services rendus et aux travaux immobiliers réalisés ;
- 2° la variation des stocks de produits ;
- 3° les immobilisations produites par l'entreprise pour elle-même ;
- 4° les subventions d'exploitation ;
- 5° les autres produits d'exploitation ;
- 6° les reprises d'exploitation et transferts de charges.

B. Des produits financiers constitués par :

- 1° les produits des titres de participation et autres titres immobilisés ;
- 2° les gains de change. En ce qui concerne les écarts de conversion-passif

relatifs aux augmentations des créances et aux diminutions des dettes libellées en monnaies étrangères, ils sont évalués à la clôture de chaque exercice selon le dernier cours de change.
Les écarts constatés suite à cette évaluation sont imposables au titre de l'exercice de leur constatation ;

- 3° les intérêts courus et autres produits financiers ;
- 4° les reprises financières et les transferts de charges.

C. Des produits non courants constitués par :

- 1° les produits de cession d'immobilisations, à l'exclusion des opérations de pension prévues par la loi n°24-01 promulguée par le dahir n°1.04.04 du 1er 21 avril 2004 ;
- 2° les subventions d'équilibre ;
- 3° les reprises sur subventions d'investissement ;
- 4° les autres produits non courants y compris les dégrèvements obtenus de l'administration au titre des impôts déductibles visés à l'article 10-I-C ci-après ;
- 5° les reprises non courantes et les transferts de charges.

Art.9-II.- Les subventions et dons reçus de l'Etat, des collectivités locales ou des tiers sont rapportés à l'exercice au cours duquel ils ont été perçus. Toutefois, s'il s'agit de subventions d'investissement, la société peut les répartir sur la durée d'amortissement des biens financés par ladite subvention.

Art.9-III.- Les opérations de pension

Lorsque l'une des parties au contrat relatif aux opérations de pension prévues par la loi n°24-01 précitée est défaillante, le produit de la cession des valeurs, titres ou effets est compris dans le résultat imposable du cédant au titre de l'exercice au cours duquel la défaillance est intervenue.

On entend par produit de la cession des valeurs, titres ou effets, la différence entre leur valeur réelle au jour de la défaillance et leur valeur comptable dans les écritures du cédant.

Pour la détermination dudit résultat, il y a lieu de retenir les valeurs, titres ou effets acquis ou souscrits à la date la plus récente antérieure à la date de la défaillance.

Charges déductibles

Art.10.- Les charges déductibles au sens de l'article 8 ci-dessus comprennent :

Art.10-I.- Les charges d'exploitation constituées par :

Art.10-I-A.- Les achats de marchandises revendus en l'état et les achats consommés de matières et fournitures.

Art.10-I-B.- Les autres charges externes engagées ou supportées pour les besoins de l'exploitation, y compris :

1) Les cadeaux publicitaires d'une valeur unitaire maximale de 100 DH portant soit la raison sociale, soit le nom ou le sigle de la société, soit la marque des produits qu'elle fabrique ou dont elle fait le commerce.

2) Les dons en argent ou en nature octroyés :

- aux habous publics ;
- à l'entraide nationale créée par le dahir n°1-57-009 du 27 avril 1957 ;
- aux associations reconnues d'utilité publique, conformément aux dispositions du dahir n°1-58-376 du 15 novembre 1958 réglementant le droit d'association tel qu'il a été modifié et complété par la loi n°75-00 promulguée par le dahir n°1-02-206 du 23 juillet 2002, qui œuvrent dans un but charitable, scientifique, culturel, littéraire, éducatif, sportif, d'enseignement ou de santé ;

- aux établissements publics ayant pour mission essentielle de dispenser des soins de santé ou d'assurer des actions dans les domaines culturels, d'enseignement ou de recherche ;
- à l'Université Al Akhawayne d'Ifrane, créée par le dahir portant loi n°1-93-227 précitée ;
- à la Ligue nationale de lutte contre les maladies cardio-vasculaires créée par le dahir portant loi n°1-77-334 précité ;
- à la Fondation Hassan II pour la lutte contre le cancer créée par le dahir portant loi n°1-77-335 précité ;
- à la Fondation Cheikh Zaïd Ibn Soltan créée par le dahir portant loi n°1-93-228 précité ;
- à la Fondation Mohammed V pour la solidarité ;
- à la Fondation Mohammed VI de promotion des œuvres sociales de l'éducation-formation créée par la loi n°73-00 précitée ;
- au Comité olympique national marocain et aux fédérations sportives régulièrement constituées ;
- au Fonds national pour l'action culturelle, créé par l'article 33 de la loi de finances n°24-82 pour l'année 1983 promulguée par le dahir n°1-82-332 du 31 décembre 1982 ;
- à l'Agence pour la promotion et le développement économique et social des préfectures et provinces du Nord du Royaume créée par la loi n°6-95 précitée ;
- à l'Agence pour la promotion et le développement économique et social des préfectures et provinces du Sud du Royaume créée par le décret-loi n°2-02-645 précité ;
- à l'Agence pour la promotion et le développement économique et social de la préfecture et des provinces de la région orientale du Royaume créée par la loi n°12-05 précitée ;
- à l'Agence spéciale Tanger-Méditerranée créée par le décret-loi n°2-02-644 précité ;
- à l'Agence de développement social créée par la loi n°12-99 promulguée par le dahir n°1-99-207 du 25 août 1999 ;
- à l'Agence nationale de promotion de l'emploi et des compétences créée par la loi n°51-99 promulguée par le dahir n°1-00-220 du 5 juin 2000 ;
- à l'Office national des œuvres universitaires sociales et culturelles créé par la loi n°81-00 précitée ;
- aux associations de micro-crédit régies par la loi n°18-97 promulguée par le dahir n°1-99-16 du 5 février 1999 ;
- aux œuvres sociales des entreprises publiques ou privées et aux œuvres sociales des institutions qui sont autorisées par la loi qui les institue à percevoir des dons, dans la limite de deux pour mille (2 ‰) du chiffre d'affaires du donateur.

Art.10-I-C.- Les impôts et taxes à la charge de la société, y compris les cotisations supplémentaires émises au cours de l'exercice, à l'exception de l'impôt sur les sociétés.

Art.10-I-D.- Les charges de personnel et de main-d'œuvre et les charges sociales y afférentes, y compris l'aide au logement, les indemnités de représentation et les autres avantages en argent ou en nature accordés aux employés de la société.

Art.10-I-E.- Les autres charges d'exploitation.

Art.10-I-F.- Les dotations d'exploitation.

Ces dotations comprennent :

Art.10-I-F-1.- Les dotations aux amortissements :

a) Les dotations aux amortissements des immobilisations en non valeurs.

Les immobilisations en non valeurs doivent être amortis à taux constant, sur cinq ans à partir du premier exercice de leur constatation en comptabilité.

b) Les dotations aux amortissements des immobilisations corporelles et incorporelles.

Ces dotations concernent les immobilisations corporelles et incorporelles qui se déprécient par le temps ou par l'usage.

Les dotations aux amortissements sont déductibles à partir du premier jour du mois d'acquisition des biens. Toutefois, lorsqu'il s'agit de biens meubles qui ne sont pas utilisés immédiatement, la société peut différer leur amortissement jusqu'au premier jour du mois de leur utilisation effective.

L'amortissement se calcule sur la valeur d'origine, hors TVA déductible, telle qu'elle est inscrite à l'actif immobilisé. Cette valeur d'origine est constituée par :

- le coût d'acquisition qui comprend le prix d'achat augmenté des autres frais de transport, frais d'assurance, droits de douanes et frais d'installation ;
- le coût de production pour les immobilisations produites par l'entreprise pour elle-même ;
- la valeur d'apport stipulée dans l'acte d'apport pour les biens apportés ;
- la valeur contractuelle pour les biens acquis par voie d'échange.

Pour les immobilisations acquises à un prix libellé en devises, la base de calcul des amortissements est constituée par la contre valeur en dirhams à la date de l'établissement de la facture.

La déduction des dotations aux amortissements est effectuée dans les limites des taux admis d'après les usages de chaque profession, industrie ou branche d'activité. Elle est subordonnée à la condition que les biens en cause soient inscrits dans un compte de l'actif immobilisé et que leur amortissement soit régulièrement constaté en comptabilité.

Toutefois, le taux d'amortissement du coût d'acquisition des véhicules de transport de personnes, autres que ceux visés ci-dessous, ne peut être inférieur à 20 % par an et la valeur totale fiscalement déductible, répartie sur cinq ans à parts égales, ne peut être supérieure à 300.000 DH par véhicule, TVA comprise.

En cas de cession ou de retrait de l'actif des véhicules dont l'amortissement est fixé comme prévu ci-dessus, les plus-values ou moins-values sont déterminées compte tenu de la valeur nette d'amortissement à la date de cession ou de retrait.

Lorsque lesdits véhicules sont utilisés par les entreprises dans le cadre d'un contrat de crédit-bail ou de location, la part de la redevance ou du montant de la location supportée par l'utilisateur et correspondant à l'amortissement au taux de 20 % par an sur la partie du prix du véhicule excédant 300.000 DH, n'est pas déductible pour la détermination du résultat fiscal de l'utilisateur.

Toutefois, la limitation de cette déduction ne s'applique pas dans le cas de location par période n'excédant pas trois mois non renouvelable.

Les dispositions des alinéas précédents ne sont pas applicables :

- aux véhicules utilisés pour le transport public ;
- aux véhicules de transport collectif du personnel de l'entreprise et de transport scolaire ;
- aux véhicules appartenant aux entreprises qui pratiquent la location des voitures affectés conformément à leur objet ;
- aux ambulances.

La société qui n'inscrit pas en comptabilité la dotation aux amortissements se rapportant à un exercice comptable déterminé perd le droit de déduire ladite dotation du résultat dudit exercice et des exercices suivants.

Les sociétés qui ont reçu une subvention d'investissement qui a été rapportée intégralement à l'exercice au cours duquel elle a été perçue, peuvent pratiquer, au titre de l'exercice ou de l'année d'acquisition des équipements en cause, un amortissement exceptionnel d'un montant égal à celui de la subvention.

Lorsque le prix d'acquisition des biens amortissables a été compris par erreur dans les charges d'un exercice non prescrit, et que cette erreur est relevée soit par l'administration, soit par la société elle-même, la situation de la société est régularisée et les amortissements normaux sont pratiqués à partir de l'exercice qui suit la date de la régularisation.

Art.10-I-F-2.- Les dotations aux provisions

Les dotations aux provisions sont constituées en vue de faire face soit à la dépréciation des éléments de l'actif, soit à des charges ou des pertes non encore réalisées et que des évènements en cours rendent probables.

Les charges et les pertes doivent être nettement précisées quant à leur nature et doivent permettre une évaluation approximative de leur montant.

La déductibilité de la provision pour créances douteuses est conditionnée par l'introduction d'un recours judiciaire dans un délai de douze mois suivant celui de sa constitution.

Lorsque, au cours d'un exercice comptable ultérieur, ces provisions reçoivent, en tout ou en partie, un emploi non conforme à leur destination ou deviennent sans objet, elles sont rapportées au résultat dudit exercice. Lorsque la régularisation n'a pas été effectuée par la société elle-même, l'administration procède aux redressements nécessaires.

Toute provision irrégulièrement constituée, constatée dans les écritures d'un exercice comptable non prescrit doit, quelle que soit la date de sa constitution, être réintégrée dans le résultat de l'exercice au cours duquel elle a été portée à tort en comptabilité.

Art.10-II.- Les charges financières constituées par :

Art.10-II-A.- Les charges d'intérêts

Ces charges comprennent :

1) Les intérêts constatés ou facturés par des tiers ou par des organismes agréés en rémunération d'opérations de crédit ou d'emprunt.

2) Les intérêts constatés ou facturés relatifs aux sommes avancées par les associés à la société pour les besoins de l'exploitation, à condition que le capital social soit entièrement libéré.

Toutefois, le montant total des sommes portant intérêts déductibles ne peut excéder le montant du capital social et le taux des intérêts déductibles ne peut être supérieur à un taux fixé annuellement, par arrêté du Ministre chargé des finances, en fonction du taux d'intérêt moyen des bons du Trésor à six mois de l'année précédente.

[*NB - Le taux maximum des intérêts déductibles des comptes courants créditeurs d'associés est fixé à 3,33 % pour l'année 2012 (arrêté n°906-12 du 6 mars 2012).*

Ce taux était auparavant de :
- *3,44 % en 2011*
- *3,49 % en 2010*
- *3,69 % en 2009*
- *3,48 % en 2008*
- *2,63 % en 2007*]

3) Les intérêts des bons de caisse sous réserve des trois conditions suivantes :

- les fonds empruntés sont utilisés pour les besoins de l'exploitation ;
- un établissement bancaire reçoit le montant de l'émission desdits bons et assure le paiement des intérêts y afférents ;
- la société joint à la déclaration prévue à l'article 153 ci-dessous la liste des bénéficiaires de ces intérêts, avec l'indication de leurs noms et adresses, le numéro de leur carte d'identité nationale ou, s'il s'agit de sociétés, celui de leur identification à l'impôt sur les sociétés, la date des paiements et le montant des sommes versées à chacun des bénéficiaires.

Art.10-II-B.- Les pertes de change.

Les dettes et les créances libellées en monnaies étrangères doivent être évaluées à la clôture de chaque exercice en fonction du dernier cours de change.

Les écarts de conversion-actif, relatifs aux diminutions des créances et à l'augmentation des dettes, constatés suite à cette évaluation sont déductibles du résultat de l'exercice de leur constatation.

Art.10-II-C.- Les autres charges financières

Art.10-II-D.- Les dotations financières.

Art.10-III.- Les charges non courantes constituées par :

Art.10-III-A.- Les valeurs nettes d'amortissement des immobilisations cédées

Art.10-III-B.- Les autres charges non courantes.

Toutefois, sont déductibles les dons accordés aux organismes visés au I-B-2° du présent article selon les conditions qui y sont prévues.

Art.10-III-C.- Les dotations non courantes y compris :

1) Les dotations aux amortissements dégressifs.

Les biens d'équipement acquis, à l'exclusion des immeubles quelle que soit leur destination et des véhicules de transport de personnes visés au I-F-1°-b du présent article peuvent, sur option irrévocable de la société, être amortis dans les conditions suivantes :

- la base de calcul de l'amortissement est constituée pour la première année par le coût d'acquisition du bien d'équipement et par sa valeur résiduelle pour les années suivantes ;
- le taux d'amortissement est déterminé en appliquant au taux d'amortissement normal résultant de l'application des dispositions du I-F-1° b) du présent article, les coefficients suivants :
  - 1,5 pour les biens dont la durée d'amortissement est de trois ou quatre ans ;
  - 2 pour les biens dont la durée d'amortissement est de cinq ou six ans ;
  - 3 pour les biens dont la durée d'amortissement est supérieure à six ans.

La société qui opte pour les amortissements précités doit les pratiquer dès la première année d'acquisition des biens concernés.

2 à 7) Abrogés

Charges non déductibles

Art.11-I.- Ne sont pas déductibles du résultat fiscal les amendes, pénalités et majorations de toute nature mises à la charge des entreprises pour infractions aux dispositions législatives ou réglementaires, notamment à celles commises en matière d'assiette des impôts et taxes, de paiement tardif desdits impôts et taxes, de législation du travail, de réglementation de la circulation et de contrôle des changes ou des prix.

Art.11-II.- *(L.F.2011)* Ne sont déductibles du résultat fiscal qu'à concurrence de 50 % de leur montant, les dépenses afférentes aux charges visées à l'article 10 (I-A, B et E) ci-dessus ainsi que les dotations aux amortissements relatives aux acquisitions d'immobilisations dont le montant facturé est égal ou supérieur à 10.000 DH et dont le règlement n'est pas justifié par chèque barré non endossable, effet de commerce, moyen magnétique de paiement, virement bancaire, procédé électronique ou par compensation avec une créance à l'égard d'une même personne, à condition que cette compensation soit effectuée sur la base de documents dûment datés et signés par les parties concernées et portant acceptation du principe de la compensation.

Toutefois, les dispositions de l'alinéa ci-dessus ne sont pas applicables aux transactions concernant les animaux vivants et les produits agricoles non transformés, à l'exclusion des transactions effectuées entre commerçants.

Art.11-III.- Ne sont pas déductibles du résultat fiscal, les montants des achats, des travaux et des prestations de services non justifiés par une facture régulière ou toute autre pièce probante établie au nom du contribuable comportant les renseignements prévus à l'article 145 ci-dessous.

Toutefois, la réintégration notifiée à ce titre par l'inspecteur des impôts à l'issue d'un contrôle fiscal ne devient définitive que si le contribuable ne parvient pas à compléter ses factures par les renseignements manquants, au cours de la procédure prévue, selon le cas, à l'article 220 ou 221 ci-dessous.

Art.11-IV.- *(L.F.2012)* Ne sont pas déductibles du résultat fiscal :

- les montants des achats et prestations revêtant un caractère de libéralité ;
- le montant de la contribution pour l'appui à la cohésion sociale mise à la charge des sociétés, instituée par l'article 9 de la loi de finances n°22-12 pour l'année budgétaire 2012.

Déficit reportable

Art.12.- Le déficit d'un exercice comptable peut être déduit du bénéfice de l'exercice comptable suivant. A défaut de bénéfice ou en cas de bénéfice insuffisant pour que la déduction puisse être opérée en totalité ou en partie, le déficit ou le reliquat de déficit peut être déduit des bénéfices des exercices comptables suivants jusqu'au quatrième exercice qui suit l'exercice déficitaire.

Toutefois, la limitation du délai de déduction prévue à l'alinéa précédent n'est pas applicable au déficit ou à la fraction du déficit correspondant à des amortissements régulièrement comptabilisés et compris dans les charges déductibles de l'exercice, dans les conditions prévues à l'article 10 (I-F-1-b) ci-dessus.

Section 2 - Base imposable de l'impôt retenu à la source

Art.13.- Produits des actions, parts sociales et revenus assimilés

Les produits des actions, parts sociales et revenus assimilés soumis à la retenue à la source prévue à l'article 4 ci-dessus sont ceux versés, mis à la disposition ou inscrits en compte des personnes physiques ou morales au titre :

I. Des produits provenant de la distribution de bénéfices par les sociétés soumises à l'impôt sur les sociétés, tels que :

- les dividendes, intérêts du capital et autres produits de participations similaires ;
- les sommes distribuées provenant du prélèvement sur les bénéfices pour

l'amortissement du capital ou le rachat d'actions ou de parts sociales des sociétés ;
- le boni de liquidation augmenté des réserves constituées depuis moins de dix ans, même si elles ont été capitalisées, et diminué de la fraction amortie du capital, à condition que l'amortissement ait déjà donné lieu au prélèvement de la retenue à la source visée au premier alinéa du présent article ou à la taxe sur les produits des actions, parts sociales et revenus assimilés, pour les opérations réalisées avant le 1er janvier 2001 ;
- les réserves mises en distribution.

II. Des dividendes et autres produits de participations similaires distribués par les sociétés installées dans les zones franches d'exportation et provenant d'activités exercées dans lesdites zones, lorsqu'ils sont versés à des résidents.

Lorsque ces sociétés distribuent des dividendes et autres produits d'actions provenant à la fois d'activités exercées dans les zones franches d'exportation et d'autres activités exercées en dehors desdites zones, la retenue à la source s'applique, aux sommes distribuées à des non résidents au titre des bénéfices correspondants aux activités exercées en dehors des zones précitées.

III. Des revenus et autres rémunérations alloués aux membres non résidents du conseil d'administration ou du conseil de surveillance des sociétés passibles de l'impôt sur les sociétés.

IV. Des bénéfices distribués des établissements de sociétés non résidentes.

V. Des produits distribués en tant que dividendes par les OPCVM.

VI. Des produits distribués en tant que dividendes par les OPCR.

VII. Des distributions, considérées occultes du point de vue fiscal, résultant des redressements des bases d'imposition des sociétés passibles de l'impôt sur les sociétés.

VIII. Des bénéfices distribués par les sociétés soumises, sur option, à l'impôt sur les sociétés.

Art.14.- Produits de placements à revenu fixe

Les produits de placements à revenu fixe soumis à la retenue à la source prévue à l'article 4 ci-dessus, sont ceux versés, mis à la disposition ou inscrits en compte des personnes physiques ou morales au titre des intérêts et autres produits similaires :
- I. des obligations, bons de caisse et autres titres d'emprunts émis par toute personne morale ou physique, tels que les créances hypothécaires, privilégiées et chirographaires, les cautionnements en numéraire, les bons du Trésor, les titres des OPCVM, les titres des fonds de placements collectifs en titrisation (FPCT), les titres des OPCR et les titres de créances négociables (TCN) ;
- II. des dépôts à terme ou à vue auprès des établissements de crédit et organismes assimilés ou tout autre organisme ;
- III. des prêts et avances consentis par des personnes physiques ou morales autres que les organismes prévus au II ci-dessus, à toute autre personne passible de l'impôt sur les sociétés ou de l'impôt sur le revenu selon le régime du résultat net réel ;
- IV. des prêts consentis par l'intermédiaire des établissements de crédit et organismes assimilés, par des sociétés et autres personnes physiques ou morales à d'autres personnes ;
- V. des opérations de pension, tel que prévu par la loi n°24-01 précitée.

Art.15.- Produits bruts perçus par les personnes physiques ou morales non résidentes

Les produits bruts soumis à la retenue à la source prévue à l'article 4 ci-dessus sont ceux versés, mis à la disposition ou inscrits en compte des personnes physiques ou morales non résidentes au titre :

- I. de redevances pour l'usage ou le droit à usage de droits d'auteur sur des œuvres littéraires, artistiques ou scientifiques y compris les films cinématographiques et de télévision ;
- II. de redevances pour la concession de licence d'exploitation de brevets, dessins et modèles, plans, formules et procédés secrets, de marques de fabrique ou de commerce ;
- III. de rémunérations pour la fourniture d'informations scientifiques, techniques ou autres et pour des travaux d'études effectués au Maroc ou à l'étranger ;
- IV. de rémunérations pour l'assistance technique ou pour la prestation de personnel mis à la disposition d'entreprises domiciliées ou exerçant leur activité au Maroc ;
- V. de rémunérations pour l'exploitation, l'organisation ou l'exercice d'activités artistiques ou sportives et autres rémunérations analogues ;
- VI. de droits de location et des rémunérations analogues versées pour l'usage ou le droit à usage d'équipements de toute nature ;
- VII. d'intérêts de prêts et autres placements à revenu fixe à l'exclusion de ceux énumérés à l'article 6 (I-C-3°) ci-dessus et à l'article 45 ci-dessous ;
- VIII. de rémunérations pour le transport routier de personnes ou de marchandises effectué du Maroc vers l'étranger, pour la partie du prix correspondant au trajet parcouru au Maroc ;
- IX. de commissions et d'honoraires ;
- X. de rémunérations des prestations de toute nature utilisées au Maroc ou fournies par des personnes non résidentes.

Section 3 - Base imposable de l'impôt forfaitaire des sociétés non résidentes

Art.16.- Détermination de la base imposable

Les sociétés non résidentes adjudicataires de marchés de travaux, de construction ou de montage peuvent opter, lors du dépôt de la déclaration prévue à l'article 148-III ci-dessous ou après la conclusion de chaque marché, pour l'imposition forfaitaire sur le montant total du marché, au taux prévu à l'article 19-III-A ci-dessous.

Lorsque le marché comporte la livraison « clefs en mains » d'un ouvrage immobilier ou d'une installation industrielle ou technique en ordre de marche, la base imposable comprend le coût des matériaux incorporés et du matériel installé, que ces matériaux et matériel soient fournis par la société adjudicataire ou pour son compte, facturés séparément ou dédouanés par le maître de l'ouvrage.

Chapitre 3 - Liquidation de l'impôt

Période d'imposition

Art.17.- L'impôt sur les sociétés est calculé d'après le bénéfice réalisé au cours de chaque exercice comptable qui ne peut être supérieur à douze mois.

En cas de liquidation prolongée d'une société, l'impôt est calculé d'après le résultat provisoire de chacune des périodes de douze mois visées à l'article 150-II ci-dessous.

Si le résultat définitif de la liquidation fait apparaître un bénéfice supérieur au total des bénéfices imposés au cours de la période de liquidation, le supplément d'impôt exigible est égal à la différence entre le montant de l'impôt définitif et celui des droits déjà acquittés. Dans le cas contraire, il est accordé à la société une restitution partielle ou totale desdits droits.

Lieu d'imposition

Art.18.- Les sociétés sont imposées pour l'ensemble de leurs produits, bénéfices et revenus au lieu de leur siège social ou de leur principal établissement au Maroc.

En cas d'option pour l'impôt sur les sociétés :

- les sociétés en participation visées à l'article 2-II ci-dessus, sont imposées au lieu de leur siège social ou de leur principal établissement au Maroc, au nom de l'associé habilité à agir au nom de chacune de ces sociétés et pouvant l'engager ;
- les sociétés de personnes visées à l'article 2-II précité sont imposées en leur nom, au lieu du siège social ou du principal établissement de ces sociétés.

Taux d'imposition

Art.19-I.- Taux normal de l'impôt

Le taux de l'impôt sur les sociétés est fixé à :

- A. 30 % ;
- B. 37 % en ce qui concerne les établissements de crédit et organismes assimilés, Bank Al Maghrib, la Caisse de dépôt et de gestion, les sociétés d'assurances et de réassurances.

Art.19-II.- *(L.F.2011, 2012)* Taux spécifiques de l'impôt

Les taux spécifiques de l'impôt sur les sociétés sont fixés à :

- A. 8,75 % :
  - pour les entreprises qui exercent leurs activités dans les zones franches d'exportation, durant les vingt exercices consécutifs suivant le cinquième exercice d'exonération totale ;
  - pour les sociétés de service ayant le statut « Casablanca Finance City », conformément à la législation et la réglementation en vigueur, au-delà de la période de cinq exercices d'exonération prévue à l'article 6 (I-B-4°) ci-dessus ;
- B. 10 % :
  - sur option, pour les banques offshore durant les quinze premières années consécutives suivant la date de l'obtention de l'agrément ;
  - pour les sièges régionaux ou internationaux ayant le statut « Casablanca Finance City », conformément à la législation et la réglementation en vigueur, à compter du premier exercice d'octroi dudit statut ;
- C. 17,50 % pour :
  - 1° les entreprises prévues à l'article 6 (I-B-1° et 2°) ci-dessus ;
  - 2° les entreprises hôtelières prévues à l'article 6 (I-B-3°) ci-dessus ;
  - 3° les entreprises minières prévues à l'article 6 (I-D-1°) ci-dessus ;
  - 4° les entreprises prévues à l'article 6 (I-D-2° et II-C-1° a) ci-dessus ;
  - 5° les entreprises artisanales prévues à l'article 6-II-C-1-b ci-dessus ;
  - 6° les établissements privés d'enseignement ou de formation professionnelle prévus à l'article 6-II-C-1-c ci-dessus ;
  - 7° les promoteurs immobiliers prévus à l'article 6-II-C-2 ci-dessus ;
  - 8° les sociétés sportives prévues à l'article 6-II-C-1-d ci-dessus.

D. 15 % pour les sociétés réalisant un chiffre d'affaires inférieur ou égal à 3.000.000 DH hors TVA.

Art.19-III.- Taux et montants de l'impôt forfaitaire

Les taux et montants de l'impôt forfaitaire sont fixés comme suit :

A. 8 % du montant hors TVA des marchés, tels que définis à l'article 16 ci-dessus, en ce qui concerne les sociétés non résidentes adjudicataires de marchés de travaux, de construction ou de montage ayant opté pour l'imposition forfaitaire.

Le paiement de l'impôt sur les sociétés à ce taux est libératoire de l'impôt retenu à la source prévu à l'article 4 ci-dessus ;

B. La contre-valeur en dirhams de 25.000 dollars US par an sur option libératoire de tous autres impôts et taxes frappant les bénéfices ou les revenus pour les banques offshore ;

C. La contre-valeur en dirhams de 500 dollars US par an libératoire de tous autres impôts et taxes frappant les bénéfices ou les revenus, pour les sociétés holding offshore.

Art.19-IV.- Taux de l'impôt retenu à la source

Les taux de l'impôt sur les sociétés retenu à la source sont fixés à :

A. Abrogé

B. 10 % du montant :
- des produits des actions, parts sociales et revenus assimilés, énumérés à l'article 13 ci-dessus ;
- des produits bruts, hors TVA, perçus par les personnes physiques ou morales non résidentes, énumérés à l'article 15 ci-dessus ;

C. 20 % du montant, hors TVA, des produits de placements à revenu fixe énumérés à l'article 14 ci-dessus.

Dans ce cas, les bénéficiaires doivent décliner, lors de l'encaissement desdits produits :
- la raison sociale et l'adresse du siège social ou du principal établissement ;
- le numéro du registre du commerce et celui d'identification à l'impôt sur les sociétés.

[*NB - Contribution pour l'appui à la cohésion sociale (Art.9 L.F.2012)*

Il est institué, à compter de la date de publication de la présente loi de finances au Bulletin officiel, au titre de l'année 2012, une contribution pour l'appui à la cohésion sociale, mise à la charge des sociétés telles que définies au paragraphe III de l'article 2 du CGI.

Cette contribution est calculée sur la base du montant du bénéfice net de l'exercice comptable déclaré au titre de l'impôt sur les sociétés en 2012 selon le tableau ci-après :
- *montant du bénéfice net de 50.000.000 à moins de 100.000.000 DH : 1,5 %*
- *de 100.000.000 et au dessus 2,5 %*

Le montant de ladite contribution doit être versé spontanément au plus tard le 31 juillet 2012, par les sociétés susvisées auprès du receveur de l'administration fiscale du lieu de leur siège selon les délais suivants :
- *avant le 1er août 2012, pour les sociétés qui adressent leur déclaration prévue au paragraphe 1 de l'article 20 du CGI entre le 1er janvier 2012 et le 30 juin 2012 ;*
- *avant le 1er janvier 2012, pour les sociétés qui adressent leur déclaration prévue au paragraphe 1 de l'article 20 du CGI entre le 1er juillet 2012 et le 31 décembre 2012 ;*

Ces paiements doivent être accompagnés d'une déclaration précisant le montant du bénéfice net déclaré et le montant de la contribution y afférente.

Est applicable l'amende prévue à l'article 184 du CGI, pour tout défaut de déclaration, pour tout retard dans le dépôt de cette déclaration ou dans le paiement de la contribution y afférente et pour toute déclaration incomplète.

À défaut de versement spontané du montant de la contribution ou de diminution dans le montant payé, la contribution est recouvrée au vu d'un titre de recettes émis par le Ministre chargé des finances ou la personne déléguée par lui, assortie de l'amende citée à l'alinéa précédent ainsi que la majoration de retard prévue à l'article 208 du CGI.]

Chapitre 4 - Déclarations fiscales

Art.20-I.- Les sociétés qu'elles soient imposables à l'impôt sur les sociétés ou qu'elles en soient exonérées, à l'exception des sociétés non résidentes visées au II et III du présent article, doivent adresser à l'inspecteur des impôts du lieu de leur siège social ou de leur principal établissement au Maroc, dans les trois mois qui suivent la date de clôture de chaque exercice comptable, une déclaration de leur résultat fiscal établie sur ou d'après un imprimé modèle de l'administration.

Cette déclaration doit comporter les références des paiements déjà effectués en vertu des dispositions des articles 169 et 170 ci-dessous et doit être accompagnée des pièces annexes dont la liste est établie par voie réglementaire.

Les sociétés à prépondérance immobilière visées à l'article 61-II ci-dessous doivent, en outre, joindre à leur déclaration du résultat fiscal, la liste nominative de l'ensemble des détenteurs de leurs actions ou parts sociales, telle que définie à l'article 83 ci-dessous.

Art.20-II.- Les sociétés non résidentes imposées forfaitairement, en application des dispositions de l'article 16 ci-dessus, doivent produire, avant le 1er avril de chaque année, une déclaration de leur chiffre d'affaires établie sur ou d'après un imprimé modèle de l'administration comportant, outre leur raison sociale, la nature de leur activité et le lieu de leur principal établissement au Maroc :

- le nom ou la raison sociale, la profession ou la nature de l'activité et l'adresse de leurs clients au Maroc ;
- le montant de chacun des marchés en cours d'exécution ;
- le montant des sommes encaissées au titre de chaque marché, au cours de l'année civile précédente, en distinguant les avances financières des encaissements correspondant à des travaux ayant fait l'objet de décomptes définitifs ;
- le montant des sommes pour lesquelles une autorisation de transfert a été obtenue de l'Office de changes avec les références de cette autorisation ;
- les références des paiements de l'impôt exigible.

Art.20-III.- Les sociétés non résidentes, n'ayant pas d'établissement au Maroc, sont tenues de déposer une déclaration du résultat fiscal au titre des plus-values résultant des cessions des valeurs mobilières réalisées au Maroc, établie sur ou d'après un imprimé-modèle de l'administration.

Cette déclaration doit être déposée dans les trente jours qui suivent le mois au cours duquel lesdites cessions ont été réalisées.

Art.20-IV.- *(L.F.2012)* Les sociétés sont tenues de joindre à toute déclaration de résultat fiscal nul ou déficitaire un état explicatif de l'origine du déficit ou du résultat nul déclaré, établi sur ou d'après un imprimé modèle de l'administration et signé par le représentant légal de la société concernée, sous peine de l'application des dispositions de l'article 198 bis ci-dessous.

Titre 2 - L'impôt sur le revenu

Chapitre 1 - Champ d'application

Art.21.- L'impôt sur le revenu s'applique aux revenus et profits des personnes physiques et des personnes morales visées à l'article 3 ci-dessus et n'ayant pas opté pour l'impôt sur les sociétés.

Art.22.- Les catégories de revenus et profits concernés sont :

- 1° les revenus professionnels ;
- 2° les revenus provenant des exploitations agricoles ;
- 3° les revenus salariaux et revenus assimilés ;
- 4° les revenus et profits fonciers ;
- 5° les revenus et profits de capitaux mobiliers.

Territorialité

Art.23.- I. Sont assujetties à l'impôt sur le revenu :

- 1° les personnes physiques qui ont au Maroc leur domicile fiscal, à raison de l'ensemble de leurs revenus et profits, de source marocaine et étrangère ;
- 2° les personnes physiques qui n'ont pas au Maroc leur domicile fiscal, à raison de l'ensemble de leurs revenus et profits de source marocaine ;
- 3° les personnes, ayant ou non leur domicile fiscal au Maroc, qui réalisent des bénéfices ou perçoivent des revenus dont le droit d'imposition est attribué au Maroc en vertu des conventions tendant à éviter la double imposition en matière d'impôts sur le revenu.

II. Au sens du présent Code, une personne physique a son domicile fiscal au Maroc lorsqu'elle a au Maroc son foyer d'habitation permanent, le centre de ses intérêts économiques ou lorsque la durée continue ou discontinue de ses séjours au Maroc dépasse 183 jours pour toute période de 365 jours.

Sont considérés comme ayant leur domicile fiscal au Maroc les agents de l'Etat qui exercent leurs fonctions ou sont chargés de mission à l'étranger lorsqu'ils sont exonérés de l'impôt personnel sur le revenu dans le pays étranger où ils résident.

Exonérations

Art.24.- Sont exonérés de l'impôt sur le revenu :

- 1° les ambassadeurs et agents diplomatiques, les consuls et agents consulaires de nationalité étrangère, pour leurs revenus de source étrangère, dans la mesure où les pays qu'ils représentent concèdent le même avantage aux ambassadeurs et agents diplomatiques, consuls et agents consulaires marocains ;
- 2° les personnes résidentes pour les produits qui leur sont versés en contrepartie de l'usage ou du droit à usage de droits d'auteur sur les œuvres littéraires, artistiques ou scientifiques.

Chapitre 2 - Base imposable du revenu global

Art.25.- *(L.F.2011)* Détermination du revenu global imposable

Le revenu global imposable est constitué par le ou les revenus nets d'une ou plusieurs des catégories prévues à l'article 22 ci-dessus, à l'exclusion des revenus et profits soumis à l'impôt selon un taux libératoire.

Le revenu net de chacune des catégories précitées est déterminé distinctement suivant les règles propres à chacune d'elles telles que prévues par les dispositions du présent Code.

Sous réserve des conventions fiscales et des dispositions de l'article 77 ci-dessous, les revenus et profits de source étrangère sont compris dans le revenu global imposable pour leur montant brut, à l'exclusion des revenus et profits de capitaux mobiliers de source étrangère soumis aux taux spécifiques libératoires prévus à l'article 73-II, C-2° et F-5° ci-dessous, dans les conditions prévues à l'article 173 ci-dessous.

Art.26.- Détermination du revenu global imposable des personnes physiques membres de groupements

I. Sous réserve de l'option prévue à l'article 2-II ci-dessus, le résultat bénéficiaire réalisé par les sociétés en nom collectif, en commandite simple et de fait, ne comprenant que des personnes physiques est considéré comme un revenu professionnel du principal associé et imposé en son nom.

Lorsque le résultat déclaré par les sociétés précitées est un déficit, celui-ci est imputable sur les autres revenus professionnels de l'associé principal, qu'ils soient déterminés forfaitairement ou d'après le régime du résultat net réel ou celui du résultat net simplifié.

II. Lorsqu'une personne physique est membre d'une indivision ou d'une société en participation, sa part dans le résultat de l'indivision ou de la société en participation entre dans la détermination de son revenu net professionnel.

Toutefois, si l'indivision ou la société en participation n'exerce qu'une seule activité à caractère agricole ou ne possède que des immeubles destinés à la location, la part de chacun des associés dans le bénéfice agricole ou le revenu foncier entre dans la détermination de son ou ses revenus catégoriels.

Les contribuables concernés doivent produire un acte authentique ou un contrat légalisé faisant ressortir la part des droits de chacun dans l'indivision ou dans la société en participation. A défaut, l'imposition est émise au nom de l'indivision ou de la société en participation.

Art.27.- Détermination du revenu global imposable des personnes qui s'établissent au Maroc ou qui cessent d'y avoir leur domicile fiscal

I. Lorsqu'un contribuable acquiert un domicile fiscal au Maroc, son revenu global imposable de l'année de son installation comprend :

- les revenus de source marocaine acquis entre le 1er janvier et le 31 décembre de ladite année ;
- les revenus de source étrangère acquis entre le jour de son installation au Maroc et le 31 Décembre de la même année.

II. Lorsqu'un contribuable cesse d'avoir au Maroc son domicile fiscal, son revenu global imposable de l'année de la cessation comprend les revenus de source marocaine afférents à la même année ainsi que les revenus de source étrangère acquis à la date de la cessation.

Art.28.- Déductions sur le revenu global imposable

Sont déductibles du revenu global imposable, tel qu'il est défini à l'article 25 ci-dessus :

Art.28-I.- Le montant des dons en argent ou en nature octroyés aux organismes visés à l'article 10-I-B-2° ci-dessus.

Art.28-II.- Dans la limite de 10 % du revenu global imposable, en vue de l'acquisition ou de la construction de logements à usage d'habitation principale :

- le montant des intérêts afférents aux prêts accordés aux contribuables par les institutions spécialisées ou les établissements de crédit et organismes assimilés, dûment autorisés à effectuer ces opérations, par les œuvres sociales du secteur public, semi-public ou privé ainsi que par les entreprises ;
- ou le montant de la rémunération convenue d'avance entre les contribuables et les établissements de crédit et les organismes assimilés dans le cadre d'un contrat « Mourabaha ».

Cette déduction est subordonnée :

- en ce qui concerne les titulaires de revenus salariaux et assimilés, imposés par voie de retenue à la source, à ce que les montants des remboursements en principal et intérêts des prêts, ou du coût d'acquisition et de la rémunération convenue d'avance versée au titre du contrat « Mourabaha » soient retenus et versés mensuellement par l'employeur ou le débirentier aux organismes prêteurs.
- en ce qui concerne les autres contribuables, à la production de la copie certifiée conforme du contrat de prêt ou de « Mourabaha » et des quittances de versement ou des avis de débit établis par les établissements de crédit et organismes assimilés. Ces documents doivent être joints à la déclaration annuelle prévue à l'article 82 ci-dessous.

En cas de construction, la déduction des intérêts prévue ci-dessus est accordée au contribuable dans la limite de sept ans à compter de la date de délivrance de l'autorisation de construire.

Au-delà de ce délai, lorsque le contribuable n'achève pas la construction dudit logement ou ne l'affecte pas à son habitation principale, sa situation fiscale est régularisée conformément aux dispositions des articles 208 et 232 (VIII-8°) ci-dessous.

Toutefois, le contribuable ne perd pas le droit au bénéfice de la déduction susvisée, pour la période restant à courir de la date d'achèvement de la construction au terme de son contrat de prêt, sous réserve de la présentation des pièces justifiant de l'occupation du logement à titre d'habitation principale.

Pour les logements acquis en indivision, la déductibilité du montant des intérêts ou du montant de la rémunération convenue d'avance dans la limite précitée est admise, pour chaque co-indivisaire, à concurrence de sa quote-part dans l'habitation principale.

La déduction des intérêts et du montant de la rémunération convenue d'avance dans le cadre du contrat « Mourabaha », prévue ci-dessus ne peut pas se cumuler avec celles prévues respectivement aux articles 59-V et 65-II ci-dessous.

Art.28-III.- Dans la limite de 6 % du revenu global imposable, les primes ou cotisations se rapportant aux contrats individuels ou collectifs d'assurance retraite d'une durée égale au moins à huit souscrits auprès des sociétés d'assurances établies au Maroc et dont les prestations sont servies aux bénéficiaires à partir de l'âge de cinquante ans révolus.

Lorsqu'un contribuable dispose uniquement de revenus salariaux, il peut déduire la totalité des cotisations correspondant à son ou à ses contrats d'assurance retraite de son salaire net imposable perçu régulièrement au cours de son activité conformément aux dispositions de l'article 59-II-A ci-dessous.

Pour le contribuable qui a des revenus salariaux et des revenus relevant d'autres catégories, il a la possibilité de déduire la totalité des cotisations correspondant à son ou à ses contrats d'assurance retraite, soit au niveau de son salaire net imposable perçu régulièrement au cours de son activité, soit, dans la limite de 6 %, de son revenu global imposable.

Toutefois, la déduction dans la limite de 6 % visée ci-dessus n'est pas cumulable avec celle prévue à l'article 59-II-A ci-dessous pour les régimes de retraite prévus par les statuts des organismes marocains de retraite constitués et fonctionnant conformément à la législation et à la réglementation en vigueur en la matière.

Pour bénéficier de cette déduction le contribuable doit joindre à sa déclaration du revenu global visée à l'article 82 ci-dessous :

- une copie certifiée conforme du contrat ;
- l'attestation de paiement des cotisations ou primes délivrée par la société d'assurances concernée mentionnant que l'assuré a opté pour la déductibilité desdites cotisations ou primes.

Lorsqu'au terme du contrat, la rente est servie au bénéficiaire sous forme de capital, celui-ci est imposé par voie de retenue à la source opérée par le débirentier concerné au taux du barème progressif prévu à l'article 73-I ci-dessous, après un abattement de 40 % et avec étalement sur une période maximum de quatre années.

Le débirentier qui n'effectue pas la retenue à la source précitée est passible de l'amende et des majorations prévues à l'article 200 ci-dessous.

Lorsque l'assuré procède au rachat de ses cotisations avant le terme du contrat et/ou avant l'âge de cinquante ans, le montant du rachat est imposé par voie de retenue à la source, opérée par le débirentier concerné au taux du barème progressif visé à l'article 73-I ci-dessous sans abattement et après étalement du montant racheté sur quatre années ou sur la période effective du remboursement si celle-ci est inférieure à quatre ans, sans préjudice de l'application des majorations prévues à l'article 200 ci-dessous.

Pour régulariser sa situation fiscale compte tenu éventuellement de ses autres revenus, le bénéficiaire de la rente, du capital ou du rachat est tenu de souscrire la déclaration de son revenu global dans les conditions prévues à l'article 82 ci-dessous.

Art.29.- Evaluation des dépenses des contribuables lors de l'examen de l'ensemble de la situation fiscale

Les dépenses visées à l'article 216 ci-dessous et dont le montant est supérieur à 120.000 DH par an, s'entendent :

1) Des frais afférents à la résidence principale dont la superficie couverte est supérieure à 150 mètres carrés ainsi qu'à chaque résidence secondaire déterminés par application à la surface des constructions des tarifs au mètre carré fixés comme suit :

Superficie couverte	Résidence principale	Résidence secondaire
Tranche de la superficie couverte :		
- allant jusqu'à 150 m²	0	100 DH/m²
- allant de 151 à 300 m²	150 DH/m²	150 DH/m²
- supérieure à 300 m²	200 DH/m²	200 DH/m²

2) Des frais de fonctionnement et d'entretien des véhicules de transport des personnes fixés à :

- 12.000 DH/an en ce qui concerne les véhicules dont la puissance fiscale ne dépasse pas 10 C.V ;
- 24.000 DH/an en ce qui concerne les véhicules d'une puissance supérieure.

3) Des frais de fonctionnement et d'entretien des véhicules aériens et maritimes fixés à 10 % du prix d'acquisition.

4) Des loyers réels acquittés par le contribuable pour ses besoins privés.

5) Du montant annuel des remboursements en principal et intérêts des emprunts contractés par le contribuable pour ses besoins autres que professionnels.

6) Du montant des sommes versées par le contribuable pour l'acquisition de véhicules ou d'immeubles non destinés à usage professionnel y compris les dépenses de livraison à soi-même des mêmes biens immeubles.

7) Des acquisitions de valeurs mobilières et de titres de participation et autres titres de capital et de créance.

8) Des avances en comptes courants d'associés et en compte de l'exploitant et des prêts accordés aux tiers.

Chapitre 3 - Détermination des revenus nets catégoriels

Section 1 - Revenus professionnels

Paragraphe 1 - Revenus imposables

Définition des revenus professionnels

Art.30.- Sont considérés comme revenus professionnels pour l'application de l'impôt sur le revenu :

1) Les bénéfices réalisés par les personnes physiques et provenant de l'exercice :
- a) des professions commerciales, industrielles et artisanales ;
- b) des professions de promoteur immobilier, de lotisseur de terrains, ou de marchand de biens. On entend par :
  - promoteur immobilier : toute personne qui procède ou fait procéder à l'édification d'un ou de plusieurs immeubles en vue de les vendre en totalité ou en partie ;
  - lotisseur : toute personne qui procède à des travaux d'aménagement ou de viabilisation de terrains à bâtir en vue de leur vente en totalité ou par lot, quel que soit leur mode d'acquisition ;
  - marchand de biens : toute personne qui réalise des ventes d'immeubles bâtis et / ou non bâtis acquis à titre onéreux ou par donation.
- c) d'une profession libérale ou de toute profession autre que celles visées aux a) et b) ci-dessus.

2) Les revenus ayant un caractère répétitif et ne se rattachant pas à l'une des catégories de revenus visées à l'article 22 (du 2° à 5°) ci-dessus.

3) Les produits bruts énumérés à l'article 15 ci-dessus que les personnes physiques ou les personnes morales ne relevant pas de l'impôt sur les sociétés et n'ayant pas leur domicile fiscal ou siège au Maroc perçoivent, en contrepartie de travaux exécutés ou de services rendus pour le compte de personnes physiques ou morales domiciliées ou exerçant une activité au Maroc, lorsque ces travaux et services ne se rattachent pas à l'activité d'un établissement au Maroc de la personne physique ou morale non résidente.

Les dispositions du 3° du présent article s'appliquent dans le cas de travaux et services exécutés à l'étranger par une personne physique, une société ou une association ne relevant pas de l'impôt sur les sociétés, pour le compte d'un établissement qu'elle a au Maroc.

Exonérations et imposition au taux réduit

Art.31-I.- Exonération et imposition au taux réduit permanentes

A. Exonération permanente
- 1° Abrogé
- 2° Abrogé

B. Exonérations suivies d'une imposition permanente au taux réduit

- 1° les entreprises prévues à l'article 6 (I-B-1°et 2°) ci-dessus bénéficient de l'exonération totale de l'impôt sur le revenu pendant une période de cinq ans et de l'imposition au taux prévu à l'article 73 (II-F-7°) ci-dessous au-delà de cette période. Cette exonération et imposition au taux réduit sont accordées dans les conditions prévues à l'article 7-IV et V ci-dessus ;
- 2° les entreprises hôtelières prévues à l'article 6 (I-B-3°) ci-dessus bénéficient de l'exonération totale de l'impôt sur le revenu pendant une période de cinq ans et de l'imposition au taux prévu à l'article 73-(II-F-7°) ci-dessous au-delà de cette période. Cette exonération et imposition au taux réduit sont accordées dans les conditions prévues à l'article 7-VI ci-dessus.

C. Imposition permanente au taux réduit

1) Les entreprises minières exportatrices prévues à l'article 6 (I-D-1°) ci-dessus bénéficient de l'imposition au taux prévu à l'article 73-(II-F-7°) ci-dessous.

2) Les entreprises prévues à l'article 6 (I-D-2°) ci-dessus, bénéficient de l'imposition au taux visé à l'article 73 (II-F-7°) ci-dessous.

Cette imposition au taux réduit est accordée dans les conditions prévues à l'article 7-VII ci-dessus.

Art.31-II.- *(L.F.2012)* Exonération et imposition au taux réduit temporaires

A. Exonération suivie d'une réduction temporaire

Les entreprises qui exercent leurs activités dans les zones franches d'exportation bénéficient :

- de l'exonération totale durant les cinq premiers exercices consécutifs à compter de la date du début de leur exploitation ;
- d'un abattement de 80 % pour les vingt années consécutives suivantes.

L'exonération et l'abattement précités s'appliquent également, dans les conditions prévues à l'article 7-IX ci-dessus, aux opérations réalisées :

- entre les entreprises installées dans la même zone franche d'exportation ;
- et entre les entreprises installées dans différentes zones franches d'exportation.

Toutefois, sont soumises à l'impôt sur le revenu dans les conditions de droit commun, les entreprises qui exercent leurs activités dans lesdites zones dans le cadre d'un chantier de travaux de construction ou de montage.

B. Impositions temporaires au taux réduit

1) Bénéficient de l'imposition au taux prévu à l'article 73-(II-F-7°) ci-dessous, pendant les cinq premiers exercices consécutifs suivant la date du début de leur exploitation :

- a) les contribuables prévus à l'article 6 (II-C-1-a) ci-dessus. Cette imposition au taux réduit est accordée dans les conditions prévues à l'article 7-VII ci-dessus ;
- b) les entreprises artisanales visées à l'article 6 (II-C-1-b) ci-dessus ;
- c) les établissements privés d'enseignement ou de formation professionnelle prévues à l'article 6 (II-C-1-c) ci-dessus.

2) Bénéficient pour une période de cinq ans à compter de la date d'obtention du permis d'habiter de l'imposition au taux prévu à l'article 73-(II-F-7°) ci-dessous, au titre des revenus provenant de la location de cités, résidences et campus universitaires réalisés en conformité avec leur destination, les promoteurs immobiliers visés à l'article 6 (II-C-2°) ci-dessus.

Cette imposition au taux réduit est accordée dans les conditions prévues à l'article 7-II ci-dessus.

Art.31-III.- Les dispositions de l'article 165 ci-dessous s'appliquent aux contribuables soumis à l'impôt sur le revenu.

Paragraphe 2 - Base d'imposition des revenus professionnels

Art.32.- Régimes de détermination du revenu net professionnel

I. Les revenus professionnels sont déterminés d'après le régime du résultat net réel prévu aux articles 33 à 37 et à l'article 161 ci-dessous.

Toutefois, les contribuables exerçant leur activité à titre individuel ou dans le cadre d'une société de fait, peuvent opter, dans les conditions fixées respectivement aux articles 43 et 44 ci-dessous pour l'un des deux régimes du résultat net simplifié ou du bénéfice forfaitaire visés aux articles 38 et 40 ci-dessous.

II. Le bénéfice des sociétés non passibles de l'impôt sur les sociétés est déterminé :

- 1° obligatoirement selon le régime du résultat net réel prévu à l'article 33 ci-après, en ce qui concerne les sociétés en nom collectif, les sociétés en commandite simple et les sociétés en participation ;
- 2° sur option, et sous les conditions définies aux articles 39 et 41 ci-dessous pour le régime du résultat net simplifié ou celui du bénéfice forfaitaire en ce qui concerne les indivisions et les sociétés de fait.

I. Régime du résultat net réel

Art.33.- Détermination du résultat net réel

I. L'exercice comptable des contribuables dont le revenu professionnel est déterminé d'après le régime du résultat net réel doit être clôturé au 31 décembre de chaque année.

II. Le résultat net réel de chaque exercice comptable est déterminé d'après l'excédent des produits sur les charges de l'exercice dans les mêmes conditions que celles prévues à l'article 8-I ci-dessus.

Art.34.- Produits imposables

Les produits imposables visés à l'article 33-II ci-dessus s'entendent :

- I. des produits, plus-values et gains visés à l'article 9-I ci-dessus ;
- II. des plus-values, résultant d'une cessation d'activité suite au décès de l'exploitant, si celle-ci n'est pas poursuivie par les héritiers ;
- III. du montant des revenus visés à l'article 30-2° ci-dessus.

Art.35.- Charges déductibles

Les charges déductibles au sens de l'article 33-II ci-dessus, sont celles visées à l'article 10 ci-dessus, à l'exclusion de l'impôt sur le revenu.

Ne sont pas déductibles comme frais de personnel, les prélèvements effectués par l'exploitant d'une entreprise individuelle, ou les membres dirigeants des sociétés de fait, des sociétés en participation, des sociétés en nom collectif et des sociétés en commandite simple.

Les rémunérations des associés non dirigeants des sociétés visées ci-dessus ne peuvent être comprises dans les charges déductibles que lorsqu'elles sont la contrepartie de services effectivement rendus à la société, en leur qualité de salariés.

Art.36.- Charges non déductibles en totalité ou en partie

Ne sont pas déductibles du résultat net réel, les charges visées à l'article 11 ci-dessus.

Art.37.- Déficit reportable

Le déficit d'un exercice peut être déduit du bénéfice de l'exercice ou des exercices suivants dans les conditions visées à l'article 12 ci-dessus.

II. Régime du résultat net simplifié

Art.38.- Détermination du résultat net simplifié

I. L'exercice comptable des contribuables, dont les revenus professionnels sont déterminés d'après le régime du résultat net simplifié, est clôturé au 31 décembre de chaque année.

II. Le résultat net simplifié de chaque exercice est déterminé d'après l'excédent des produits sur les charges de l'exercice engagées ou supportées pour les besoins de l'activité imposable, en application de la législation et de la réglementation comptable en vigueur, rectifié sur l'état de passage du résultat comptable au résultat net fiscal, sous réserve des dispositions de l'article 11-II ci-dessus et à l'exclusion des provisions et du déficit reportable.

Les stocks et les travaux en cours sont évalués comme prévu à l'article 8-I ci-dessus.

III. Les contribuables, qui adhèrent aux centres de gestion de comptabilité agréés régis par la loi n°57-90 précitée, bénéficient d'un abattement de la base imposable de 15 %.

Art.39.- Conditions d'application du régime

Le régime du résultat net simplifié est applicable sur option formulée dans les conditions de forme et de délai prévues aux articles 43 et 44 ci-dessous. En sont toutefois exclus les contribuables dont le chiffre d'affaires, hors TVA, annuel ou porté à l'année dépasse :

- 1° 2.000.000 DH, s'il s'agit des activités suivantes :
  - professions commerciales ;
  - activités industrielles ou artisanales ;
  - armateur pour la pêche ;
- 2° 500.000 DH, s'il s'agit des prestataires de service, des professions ou sources de revenus visées à l'article 30-1°-c et 2° ci-dessus.

L'option pour le régime du résultat net simplifié reste valable tant que le chiffre d'affaires réalisé n'a pas dépassé pendant deux exercices consécutifs les limites prévues ci-dessus par profession.

III. Régime du bénéfice forfaitaire

Art.40.- Détermination du bénéfice forfaitaire

Le bénéfice forfaitaire est déterminé par application au chiffre d'affaires de chaque année civile d'un coefficient fixé pour chaque profession conformément au tableau annexé au présent Code.

Art.40-I.- Au bénéfice ainsi déterminé s'ajoutent s'il y a lieu :

1) Les plus-values et indemnités suivantes :

- a) la plus-value nette globale réalisée à l'occasion de la cession en cours ou en fin d'exploitation des biens corporels et incorporels affectés à l'exercice de la profession, à l'exclusion des terrains et constructions ;
- b) la plus-value nette globale évaluée par l'administration lorsque les biens corporels et incorporels, autres que les terrains et constructions, ne sont plus affectés à l'exploitation ;
- c) les indemnités reçues en contrepartie de la cessation de l'exercice de la profession ou du transfert de la clientèle.

En ce qui concerne les biens amortissables autres que les terrains et les constructions, la plus-value est égale à l'excédent du prix de cession ou de la valeur vénale sur le prix de revient, ce dernier étant diminué :

- des amortissements qui auraient été pratiqués sous le régime du résultat net réel ou celui du résultat net simplifié ;
- des amortissements considérés avoir été pratiqués en période d'imposition sous le régime du bénéfice forfaitaire aux taux annuels suivants :
  - 10 % pour le matériel, l'outillage et le mobilier ;
  - 20 % pour les véhicules.

Les plus-values sont évaluées par l'administration dans les conditions prévues aux articles 220 et 221 ci-dessous.

2) Les subventions et dons reçus de l'Etat, des collectivités locales ou des tiers. Ces subventions et dons sont rapportés à l'année au cours de laquelle ils ont été perçus.

Art.40-II.- Les contribuables, qui adhèrent aux centres de gestion de comptabilité agréés régis par la loi n°57-90 précitée, bénéficient d'un abattement de la base imposable de 15 %.

Art.41.- Conditions d'application

Le régime forfaitaire est applicable sur option formulée dans les conditions de forme et de délai prévues aux articles 43 et 44 ci-dessous. En sont toutefois exclus :

- 1° les contribuables exerçant une des professions ou activités prévues par voie réglementaire ;
- 2° les contribuables dont le chiffre d'affaires, TVA comprise, annuel ou porté à l'année dépasse :
  - a) 1.000.000 DH, s'il s'agit des activités visées au 1° de l'article 39 ci-dessus ;
  - b) 250.000 DH, s'il s'agit des prestataires de service, des professions ou sources de revenus visées à l'article 30-1°-c et 2° ci-dessus.

L'option pour le régime du bénéfice forfaitaire reste valable tant que le chiffre d'affaires réalisé n'a pas dépassé pendant deux années consécutives les limites prévues ci-dessus. Dans le cas contraire, et sauf option pour le régime du résultat net simplifié formulée dans les conditions de forme et de délai prévues aux articles 43 et 44 ci-dessous, le régime du résultat net réel est applicable en ce qui concerne les revenus professionnels réalisés à compter du 1er janvier de l'année suivant celles au cours desquelles lesdites limites ont été dépassées.

[NB - Décret n°2-08-124 du 28 mai 2009

Art.1.- *En application du 1° de l'article 41 du CGI, les professions ou activités exclues du régime du bénéfice forfaitaire sont les suivantes :*

- *administrateurs de biens ;*
- *agents d'affaires ;*
- *agents de voyages ;*
- *architectes ;*
- *assureurs ;*
- *avocats ;*
- *changeurs de monnaies ;*
- *chirurgiens ;*
- *chirurgiens-dentistes ;*
- *commissionnaires en marchandises ;*
- *comptables ;*
- *conseillers juridique et fiscal ;*
- *courtiers ou intermédiaires d'assurances ;*
- *éditeurs ;*
- *entrepreneurs de travaux divers ;*
- *entrepreneurs de travaux informatiques ;*
- *entrepreneurs de travaux topographiques ;*
- *experts en toutes branches ;*
- *experts-comptables ;*
- *exploitants d'auto-école ;*
- *exploitants de salles de cinéma ;*
- *exploitants de clinique ;*
- *exploitants de laboratoire d'analyses médicales ;*

- *exploitants d'école d'enseignement privé ;*
- *géomètres ;*
- *hôteliers ;*
- *imprimeurs ;*
- *ingénieurs conseils ;*
- *interprètes, traducteurs ;*
- *kinésithérapeutes ;*
- *libraires ;*
- *lotisseurs et promoteurs immobiliers ;*
- *loueurs d'avions ou d'hélicoptères ;*
- *mandataires négociants ;*
- *marchands de biens immobiliers ;*
- *marchands en détail d'orfèvrerie, bijouterie et joaillerie ;*
- *marchands en gros d'orfèvrerie, bijouterie et joaillerie ;*
- *marchands exportateurs ;*
- *marchands importateurs ;*
- *médecins ;*
- *notaires ;*
- *pharmaciens ;*
- *prestataires de services informatiques ;*
- *prestataires de services liés à l'organisation des fêtes et réceptions ;*
- *producteurs de films cinématographiques ;*
- *radiologues ;*
- *représentants de commerce indépendant ;*
- *tenants un bureau d'études ;*
- *topographes ;*
- *transitaires en douane ;*
- *vétérinaires.*]

Art.42.- Bénéfice minimum

Le bénéfice annuel des contribuables ayant opté pour le régime du bénéfice forfaitaire prévu à l'article 40 ci-dessus ne peut être inférieur au montant de la valeur locative annuelle normale et actuelle de chaque établissement du contribuable, auquel est appliqué un coefficient dont la valeur est fixée de 0,5 à 10 compte tenu de l'importance de l'établissement, de l'achalandage et du niveau d'activité.

Au bénéfice minimum s'ajoutent, lorsqu'ils existent, les plus-values, indemnités, subventions et dons en tenant compte des amortissements prévus à l'article 40 ci-dessus.

Le bénéfice minimum, calculé comme indiqué ci-dessus, s'applique sans recours aux procédures de rectification de la base imposable prévues aux articles 220 et 221 ci-dessous.

Paragraphe 3 - Règles régissant les options

Art.43.- Limites du chiffre d'affaires

1) Les options pour le régime du résultat net simplifié ou pour celui du bénéfice forfaitaire, formulées par les contribuables visés aux articles 39 et 41 ci-dessus, dont les professions ou sources de revenus relèvent à la fois de deux ou trois limites prévues pour le régime objet de leur option, ne sont valables que :

- lorsque le chiffre d'affaires réalisé dans chacune des catégories de professions ou d'activités ne dépasse pas la limite prévue pour chacune d'elles ;
- ou lorsque le chiffre d'affaires total réalisé dans les professions ou activités précitées ne dépasse pas la limite correspondant à la profession ou à l'activité exercée à titre principal.

2) Les contribuables dont les revenus professionnels sont déterminés selon le régime du résultat net simplifié ne peuvent opter pour le régime du bénéfice forfaitaire que lorsque leur chiffre d'affaires est resté, pendant trois exercices consécutifs, inférieur à la limite prévue à l'article 39 ci-dessus correspondant à leur profession.

3) Les contribuables dont le résultat professionnel est déterminé selon le régime du résultat net réel ne peuvent opter pour le régime du résultat net simplifié ou celui du bénéfice forfaitaire que lorsque leur chiffre d'affaires est resté, pendant trois exercices

consécutifs, inférieur à l'une des limites prévues aux articles 39 et 41 ci-dessus correspondant à leur profession.

Art.44.- Dates d'option

Les contribuables qui entendent opter pour le régime du résultat net simplifié ou celui du bénéfice forfaitaire doivent en formuler la demande par écrit et l'adresser par lettre recommandée avec accusé de réception ou la remettre contre récépissé à l'inspecteur des impôts du lieu de leur domicile fiscal ou de leur principal établissement :

- en cas de début d'activité, avant le 1er mars de l'année qui suit celle du début d'activité pour l'option au régime du bénéfice forfaitaire ou avant le 1er avril de l'année qui suit celle du début d'activité pour l'option au régime du résultat net simplifié. Dans ce cas, l'option est valable pour l'année du début d'activité ;
- et, en cas d'exercice de l'option en cours d'activité, la demande d'option est formulée dans le délai de dépôt de déclaration du revenu global de l'année précédente, prévu à l'article 82 ci-dessous.

Paragraphe 4 - Base de l'impôt retenu à la source

Art.45.- Produits bruts perçus par les personnes non résidentes

Les produits bruts, visés à l'article 30-3° ci-dessus tels qu'énumérés à l'article 15 ci-dessus, sont ceux perçus par les personnes physiques et les personnes morales ne relevant pas de l'impôt sur les sociétés et n'ayant pas leur domicile fiscal ou leur siège au Maroc, à l'exclusion des intérêts de prêts et autres placements à revenu fixe, perçus par des personnes physiques ou morales ne relevant pas de l'impôt sur les sociétés et n'ayant pas leur domicile fiscal ou leur siège au Maroc et afférents aux :

a) Prêts consentis à l'Etat ou garantis par lui.

b) Dépôts en devises ou en dirhams convertibles.

c) Dépôts en dirhams provenant :

- de virements en devises opérés directement de l'étranger vers le Maroc ;
- de virements dûment justifiés de comptes en devises ou en dirhams convertibles ouverts au Maroc ;
- de virements intervenant entre établissements de crédit agréés, appuyés par une attestation certifiant leur origine en devises délivrée par l'établissement émetteur ;
- de cessions de billets de banques en devises effectuées localement auprès des établissements de crédit agréés, dûment justifiées par un bordereau de change établi par lesdits établissements et intervenant dans un délai maximum de trente jours à compter de la date d'entrée de la personne physique concernée au Maroc.

Sont également exclus les intérêts capitalisés des dépôts visés au b) et c) ci dessus.

Toutefois, ne bénéficient pas de cette exclusion les intérêts des sommes reversées suite à des retraits opérés sur les dépôts en dirhams précités.

d) Prêts octroyés en devises pour une durée égale ou supérieure à dix ans.

Section 2 - Revenus agricoles

Paragraphe 1 - Revenus imposables

Art.46.- Définition des revenus agricoles

Sont considérés comme revenus agricoles, les bénéfices provenant des exploitations agricoles et de toute autre activité de nature agricole non soumise à la taxe professionnelle.

Au sens du présent Code, est considéré comme exploitant celui qui est engagé dans la mise en culture des terrains à usage agricole à titre de propriétaire exploitant lui-même, d'usufruitier, de locataire ou d'occupant.

Art.47.- Exonérations

I. Exonérations permanentes

Sont exonérés de l'impôt, les bénéfices provenant :

- des plantations sylvestres d'une superficie ne dépassant pas un hectare et des plantations non fruitières d'alignement ;
- de la vente des animaux vivants et des produits de l'élevage dont la transformation n'a pas été réalisée par des moyens industriels ;
- des plantations sylvestres, non fruitières destinées à préserver les sols de l'érosion due aux vents et pluies.

II. Exonération temporaire

Les revenus agricoles, tels que définis à l'article 46 ci-dessus, sont exonérés de l'impôt sur le revenu jusqu'au 31 décembre 2013.

Paragraphe 2 - Détermination de la base imposable des revenus agricoles

Art.48.- Régimes d'imposition

I. Le revenu imposable provenant des exploitations agricoles est déterminé d'après un bénéfice forfaitaire tel que défini à l'article 49 ci-dessous et en tenant compte des dispositions prévues à l'article 51 ci-dessous.

Sous réserve des dispositions du II ci-dessous le contribuable peut opter, dans les conditions prévues à l'article 52 (I-2e alinéa) ci-dessous pour la détermination du revenu net imposable d'après le résultat net réel pour l'ensemble de ses exploitations.

II. Sont soumis obligatoirement au régime du résultat net réel :

- a) les exploitants individuels et les copropriétaires dans l'indivision, dont le chiffre d'affaires annuel afférent à l'activité agricole définie au premier alinéa de l'article 46 ci-dessus, est supérieur à 2.000.000 DH.
- b) les sociétés ne relevant pas de l'impôt sur les sociétés telles que définies à l'article 32-II-1° ci-dessus.

I. Régime du forfait

Art.49.- Détermination du bénéfice forfaitaire

Art.49-I.- Le bénéfice forfaitaire annuel de chaque exploitation comprend le bénéfice afférent aux terres de culture et aux plantations régulières et le bénéfice afférent aux arbres fruitiers et forestiers en plantation irrégulière.

Le bénéfice afférent aux terres de culture et aux plantations régulières est égal au produit du bénéfice forfaitaire à l'hectare par la superficie des terres de culture et des plantations précitées.

Le bénéfice afférent aux arbres fruitiers et forestiers en plantation irrégulière est égal au produit du bénéfice forfaitaire fixé par essence et par pied, par le nombre de pieds de l'essence considérée.

Pour l'application des dispositions visées ci-dessus, les plantations d'arbres fruitiers ou forestiers ne sont pas retenues lorsque lesdits arbres n'ont pas atteint l'âge de production ou d'exploitation fixé par voie réglementaire.

Art.49-II.- Le bénéfice forfaitaire par hectare ou par essence et par pied est fixé annuellement dans chaque préfecture ou province sur proposition de l'administration fiscale, par une commission dite commission locale communale.

Ce bénéfice est fixé distinctement par commune et, éventuellement, dans chaque commune par catégorie de terre :

A. Pour la détermination du bénéfice forfaitaire à l'hectare, il est fait distinction entre les catégories de terres suivantes :

1) Les terres de culture non irriguées et non complantées.

Ces terres sont considérées comme affectées aux cultures annuelles en usage dans la commune, la préfecture ou la province. Il est tenu compte, dans la limite du taux maximum de 40 % de la jachère si elle est pratiquée dans la commune concernée.

2) Les terres de culture irriguées, non complantées et non affectées à la riziculture, aux cultures maraîchères, aux cultures sous serre, aux cultures florales et des plantes à essence ou à parfum, aux pépinières arboricoles et viticoles et aux cultures de tabac.

Le bénéfice forfaitaire est déterminé compte tenu de la situation des terres concernées.

Il est fait distinction entre :
- les terres situées à l'intérieur d'un périmètre de mise en valeur et irriguées par des barrages de retenue ;
- les terres irriguées par prise d'eau dans la nappe phréatique ou les rivières ;
- les autres terres irriguées.

3) Les terres de cultures irriguées affectées aux cultures visées au 2° ci-dessus autres que la riziculture.

4) Les rizières.

5) Les plantations régulières irriguées.

6) Les plantations régulières non irriguées.

B. Pour la détermination du bénéfice forfaitaire par essence et par pied des plantations irrégulières fruitières et forestières, il est fait distinction entre :
- 1° les plantations irriguées ;
- 2° les plantations non irriguées.

Art.50.- Composition et fonctionnement de la commission locale communale

La commission locale communale comprend :
- 1° un représentant de l'autorité locale, président ;
- 2° trois représentants des agriculteurs, membres de la chambre d'agriculture et des organisations professionnelles ;
- 3° un inspecteur des impôts, désigné par le directeur général des impôts, secrétaire-rapporteur.

Les cinq membres de la commission ont voix délibérative. La commission peut s'adjoindre un représentant du ministère de l'agriculture avec voix consultative.

La commission délibère valablement lorsque assistent à la première réunion le président et deux de ses membres dont un représentant obligatoirement l'agriculteur et lorsque l'ensemble de ses membres ont été convoqués avec lettre recommandée avec accusé de réception. En cas de partage égal des voix, celle du président est prépondérante.

La commission se réunit dans la première quinzaine du mois d'octobre, sur convocation de son président qui fixe le lieu et la date de la réunion.

Un procès-verbal de la réunion est signé séance tenante par les membres présents et une copie est transmise, dans les huit jours, par le président de la commission, au président de la chambre d'agriculture concernée et au directeur général des impôts.

Art.51.- Dégâts causés aux récoltes

Les pertes de récolte sur pied par suite de gelée, grêle, inondation, incendie, invasion acridienne, sécheresse et autres événements extraordinaires sont prises en considération pour la détermination du bénéfice forfaitaire des exploitations, sous réserve que le contribuable concerné présente une réclamation dans les formes et délais prévus à l'article 238 ci-dessous.

Lorsque le sinistre est couvert par une assurance, l'indemnité d'assurance est prise en considération pour la rectification du revenu net imposable.

II. Régime du résultat net réel

Art.52.- Condition d'option

I. L'option pour le régime du résultat net réel doit être formulée par le contribuable :

- soit par lettre recommandée, avec accusé de réception, adressée avant la date prévue pour le recensement visé à l'article 55 ci-dessous à l'inspecteur des impôts du lieu de situation de son exploitation ;
- soit par lettre remise, contre récépissé, à l'inspecteur précité lors de la période de recensement.

Cette option est valable pour l'année en cours et les deux années suivantes. Elle se renouvelle ensuite par tacite reconduction sauf dénonciation par le contribuable dans les formes prévues ci-dessus.

II. Pour les contribuables visés à l'article 48-II-a) ci-dessus, le régime du résultat net réel est applicable pour l'année qui suit celle au cours de laquelle la limite a été dépassée et pour les années suivantes.

Ces contribuables peuvent revenir au régime du bénéfice forfaitaire, sur leur demande à formuler dans les formes prévues au I ci-dessus, si leur chiffre d'affaires est resté inférieur à la limite prévue pendant trois années consécutives.

Art.53.- Détermination du résultat net réel

I. L'exercice comptable des exploitations dont le bénéfice est déterminé d'après le régime du résultat net réel est clôturé au 31 décembre de chaque année.

II. Le résultat net réel de chaque exercice est déterminé d'après l'excédent des produits sur les charges de l'exercice dans les mêmes conditions que celles prévues au I de l'article 8 ci-dessus.

III. Les dispositions des articles 9, 10, 11 et 12 ci-dessus sont applicables pour la détermination de la base imposable des revenus agricoles soumis au régime du résultat net réel.

Paragraphe 3 - Obligations des contribuables

Art.54.- Changement de régime d'imposition

I. L'exploitant qui devient imposable selon le régime du résultat net réel obligatoirement ou sur option, ne peut pratiquer les amortissements prévus au F de l'article 10 ci-dessus qu'à condition de dresser l'inventaire de l'ensemble des biens affectés à l'exploitation. Il dresse un bilan de départ comportant à l'actif la valeur actuelle des biens en cause et au passif les capitaux propres et les dettes à long ou court terme.

L'inventaire détaillé et le bilan de départ accompagnés de pièces justificatives sont adressés à l'inspecteur des impôts du lieu dont relève l'exploitation, avant l'expiration du troisième mois de l'exercice comptable.

Les valeurs actuelles des biens figurant à l'actif sont déterminées sur la base du prix d'acquisition, diminué, dans le cas des biens amortissables, du nombre d'annuités normales d'amortissement correspondant au nombre d'années et de mois écoulés entre la date d'acquisition des biens considérés et celle de leur inscription sur le bilan de départ.

Lorsque le prix d'acquisition n'est pas justifié, la valeur actuelle est déterminée et les amortissements sont pratiqués sur la base de barèmes établis en rapport avec les chambres d'agriculture.

II. Les exploitants relevant du régime forfaitaire et qui ont été imposés depuis moins de quatre ans selon le régime du résultat net réel doivent comprendre, dans leur revenu agricole, les plus-values réalisées sur les cessions de terres agricoles et d'éléments de l'actif ayant fait l'objet d'amortissement sous le régime du résultat net réel.

La plus-value est égale à la différence entre le prix de cession et le prix de revient diminué :

- a) de l'amortissement antérieurement pratiqué sous le régime du résultat net réel ;
- b) d'un amortissement annuel, calculé comme suit pour la période d'imposition selon le régime du forfait :
  - 5 % pour les immeubles, à l'exception des terrains ;
  - 10 % pour le matériel, l'outillage et le mobilier ;
  - 20 % pour les véhicules.

Pour les plantations, il est tenu compte des taux d'amortissement antérieurement pratiqués pour la détermination du résultat net réel.

Art.55.- Déclaration des biens concernant la production agricole

Les contribuables sont tenus après avoir été avisés quinze jours avant la date prévue pour le recensement annuel effectué dans les communes du lieu de situation de leurs exploitations agricoles, de fournir à l'inspecteur des impôts, par écrit ou verbalement, les indications relatives à la superficie de leurs terres cultivées, aux cultures qui y sont pratiquées et au nombre de pieds d'arbres plantés par essence.

L'inspecteur est assisté, par une commission communale comprenant un représentant du gouverneur de la province et un représentant du président de la chambre d'agriculture.

Les modalités de fonctionnement de ladite commission sont fixées par voie réglementaire.

Un récépissé de déclaration, comportant le numéro d'identification fiscale attribué à l'exploitation, daté du jour du recensement et indiquant la consistance des biens retenus pour la détermination du bénéfice forfaitaire, est remis au contribuable.

Lorsque le contribuable ne se présente pas devant la commission, la consistance de ses biens est déterminée sur la base des indications données par la commission. La liste des biens retenus est reproduite en double exemplaire dont l'un est remis à l'autorité administrative locale qui le tient à la disposition de l'intéressé. Celui-ci ne peut contester les éléments retenus que dans les conditions prévues à l'article 235 ci-dessous.

Section 3 - Revenus salariaux et assimilés

Paragraphe 1 - Revenus imposables

Art.56.- Définition des revenus salariaux et assimilés

Sont considérés comme revenus salariaux pour l'application de l'impôt sur le revenu :

- les traitements ;
- les salaires ;
- les indemnités et émoluments ;
- les allocations spéciales, remboursements forfaitaires de frais et autres rémunérations allouées aux dirigeants des sociétés ;
- les pensions ;
- les rentes viagères ;

- les avantages en argent ou en nature accordés en sus des revenus précités.

Art.57.- *(L.F.2011, 2012)* Exonérations

Sont exonérés de l'impôt :

1) Les indemnités destinées à couvrir des frais engagés dans l'exercice de la fonction ou de l'emploi, dans la mesure où elles sont justifiées, qu'elles soient remboursées sur états ou attribuées forfaitairement. Toutefois, cette exonération n'est pas applicable en ce qui concerne les titulaires de revenus salariaux bénéficiant de la déduction des frais inhérents à la fonction ou à l'emploi, aux taux prévus à l'article 59 (I-B et C) ci-dessous.

2) Les allocations familiales et d'assistance à la famille.

3) Les majorations de retraite ou de pension pour charges de famille.

4) Les pensions d'invalidité servies aux militaires et à leurs ayants cause.

5) Les rentes viagères et allocations temporaires accordées aux victimes d'accidents du travail.

6) Les indemnités journalières de maladie, d'accident et de maternité et les allocations décès servies en application de la législation et de la réglementation relative à la sécurité sociale.

7) Dans la limite fixée par la législation et la réglementation en vigueur en matière de licenciement :

- l'indemnité de licenciement ;
- l'indemnité de départ volontaire ;
- et toutes indemnités pour dommages et intérêts accordées par les tribunaux en cas de licenciement.

Toutefois, en cas de recours à la procédure de conciliation, l'indemnité de licenciement est exonérée dans la limite de ce qui est prévu à l'article 41 alinéa 6 de la loi n°65-99 relative au Code du travail promulguée par le dahir n°1-03-194 du 11 septembre 2003.

8) Les pensions alimentaires.

9) Les retraites complémentaires souscrites parallèlement aux régimes visés à l'article 59-II-A ci-dessus et dont les cotisations n'ont pas été déduites pour la détermination du revenu net imposable.

10) Les prestations servies au terme d'un contrat d'assurance sur la vie ou d'un contrat de capitalisation dont la durée est au moins égale à huit ans.

11) La part patronale des cotisations de retraite et de sécurité sociale.

12) La part patronale des primes d'assurances groupe couvrant les risques de maladie, maternité, invalidité et décès.

13) Le montant des bons représentatifs des frais de nourriture ou d'alimentation, délivrés par les employeurs à leurs salariés afin de leur permettre de régler tout ou partie des prix des repas ou des produits alimentaires et ce, dans la limite de 20 DH par salarié et par jour de travail.

Toutefois, le montant de ces frais ne peut en aucun cas être supérieur à 20 % du salaire brut imposable du salarié.

Cette exonération ne peut être cumulée avec les indemnités alimentaires accordées aux salariés travaillant dans des chantiers éloignés de leur lieu de résidence.

14) L'abondement supporté par la société employeuse dans le cadre de l'attribution d'options de souscription ou d'achat d'actions par ladite société à ses salariés décidée par l'assemblée générale extraordinaire.

Par « abondement » il faut entendre la part du prix de l'action supportée par la société et résultant de la différence entre la valeur de l'action à la date de l'attribution de l'option et le prix de l'action payé par le salarié.

Toutefois, l'exonération est subordonnée aux deux conditions suivantes :

- a) l'abondement ne doit pas dépasser 10 % de la valeur de l'action à la date de l'attribution de l'option ; A défaut, la fraction excédant le taux d'abondement tel que fixé ci-dessus est considérée comme un complément de salaire imposé au taux du barème fixé au I de l'article 73 ci-dessous et ce, au titre de l'année de la levée de l'option.
- b) les actions acquises doivent revêtir la forme nominative et leur cession ne doit pas intervenir avant une période d'indisponibilité de 3 ans à compter de la date de la levée de l'option.

Dans ce cas, la différence entre la valeur de l'action à la date de la levée de l'option et sa valeur à la date d'attribution de l'option sera considérée comme une plus-value d'acquisition imposable au titre des profits de capitaux mobiliers au moment de la cession des actions.

En cas de cession d'actions avant l'expiration de la période d'indisponibilité précitée, l'abondement exonéré et la plus-value d'acquisition précités seront considérés comme complément de salaire soumis à l'impôt comme il est indiqué au a) du présent article sans préjudice de l'application de la pénalité et de la majoration de retard prévues à l'article 208 ci-dessous.

Toutefois, en cas de décès ou d'invalidité du salarié, il n'est pas tenu compte du délai précité.

15) Les salaires versés par la Banque Islamique de développement à son personnel.

16) L'indemnité de stage mensuelle brute plafonnée à 6.000 DH pour une période allant du 1er janvier 2011 au 31 décembre 2012 versée au stagiaire, lauréat de l'enseignement supérieur ou de la formation professionnelle, recruté par les entreprises du secteur privé.

Cette exonération est accordée aux stagiaires pour une période de 24 mois renouvelable pour une durée de 12 mois en cas de recrutement définitif. Lorsque le montant de l'indemnité versée est supérieur au plafond visé ci-dessus, l'entreprise et le stagiaire perdent le bénéfice de l'exonération.

L'exonération précitée est accordée dans les conditions suivantes :

- a) les stagiaires doivent être inscrits depuis au moins six mois à l'Agence Nationale de Promotion de l'Emploi et des Compétences régie par la loi n°51-99 précitée ;
- b) le même stagiaire ne peut bénéficier deux fois de cette exonération.

17) Les bourses d'études.

18) Les prix littéraires et artistiques dont le montant ne dépasse pas annuellement 100.000 DH.

Paragraphe 2 - Base d'imposition des revenus salariaux et assimilés

Détermination du revenu imposable

Art.58-I.- Cas général :

Le montant du revenu net imposable est obtenu en déduisant des sommes brutes payées au titre des revenus et avantages énumérés à l'article 56 ci-dessus :

- les éléments exonérés en vertu de l'article 57 ci dessus ;
- les éléments visés à l'article 59 ci-dessous.

L'évaluation des avantages en nature est faite d'après leur valeur réelle.

Lorsque l'avantage est accordé moyennant une retenue pratiquée sur le traitement ou le salaire du bénéficiaire, le montant de cette retenue vient en déduction de la valeur réelle précitée.

Art.58-II.- Cas particuliers :

A. Les pourboires

Les pourboires sont soumis à la retenue à la source dans les conditions suivantes :

- 1° lorsqu'ils sont remis par les clients entre les mains de l'employeur ou centralisés par celui-ci, la retenue est opérée par l'employeur sur le montant cumulé des pourboires et du salaire auquel ils s'ajoutent le cas échéant ;
- 2° lorsque les pourboires sont remis aux bénéficiaires directement et sans aucune intervention de l'employeur, leur montant imposable est forfaitairement évalué à un taux généralement admis suivant les usages du lieu ;
- 3° si les pourboires s'ajoutent à un salaire fixe, l'employeur opère la retenue comme prévu ci-dessus ; s'il n'est pas en mesure de la faire parce qu'il ne paie pas de salaire fixe à son employé, ce dernier est tenu de lui remettre le montant de la retenue afférent aux pourboires reçus. L'employeur doit verser ce montant au Trésor en même temps que les retenues afférentes aux paiements qu'il a lui-même effectués ;
- 4° dans le cas où le bénéficiaire des pourboires refuse de remettre le montant de la retenue à l'employeur, celui-ci reste personnellement responsable du versement, sauf son recours contre l'intéressé en vue de se faire rembourser le montant des sommes qu'il a dû verser.

B. La rémunération des voyageurs, représentants et placiers de commerce ou d'industrie

Sont soumis à l'impôt, par voie de retenue à la source dans les conditions prévues ci-après, les voyageurs, représentants et placiers de commerce ou d'industrie qui travaillent pour le compte d'un ou plusieurs employeurs domiciliés ou établis au Maroc, ne font aucune opération pour leur compte personnel, sont rémunérés par des remises proportionnelles ou des appointements fixes et qui sont liés à chacun des employeurs qu'ils représentent par un contrat écrit indiquant la nature des marchandises à vendre, la région dans laquelle ils doivent exercer leur action, le taux des commissions ou remises proportionnelles qui leur sont allouées.

La retenue à la source est opérée au taux prévu à l'article 73-II-G-5° ci-dessous et suivant les modalités prévues aux deux derniers alinéas du C du présent article.

Toutefois, le voyageur, représentant et placier lié à un seul employeur peut demander à être imposé suivant le barème prévu au I de l'article 73 ci-dessous.

Le voyageur, représentant et placier lié à plusieurs employeurs ne peut demander à être imposé suivant les modalités prévues à l'alinéa ci-dessus que pour les rémunérations servies par un seul employeur de son choix.

La demande prévue aux deux alinéas qui précèdent doit être déposée auprès de l'inspecteur des impôts du lieu d'imposition de l'employeur.

C. Les rémunérations et les indemnités, occasionnelles ou non

Les rémunérations et les indemnités, occasionnelles ou non, imposables au titre des dispositions de l'article 56 ci-dessus et qui sont versées par des entreprises ou organismes à des personnes ne faisant pas partie de leur personnel salarié, sont passibles de la retenue à la source au taux prévu à l'article 73-II-G-1° ci-dessous.

Toutefois, les revenus visés à l'alinéa précédent qui sont versés par des établissements publics ou privés d'enseignement ou de formation professionnelle aux personnes qui remplissent une fonction d'enseignant et ne faisant pas partie de leur personnel permanent, sont soumis à la retenue à la source au taux prévu à l'article 73-II-D ci-dessous.

La retenue à la source visée aux deux alinéas qui précèdent est appliquée sur le montant brut des rémunérations et des indemnités sans aucune déduction. Elle est perçue à la source comme indiqué à l'article 156-I ci-dessous et versée au Trésor dans les conditions prévues à l'article 174-I ci-dessous.

La retenue à la source visée au premier alinéa du C ci-dessus ne dispense pas les bénéficiaires des rémunérations qui y sont visées de la déclaration prévue à l'article 82 ci-dessous.

Déductions

Art.59.- Sont déductibles des sommes brutes énumérées à l'article 56 ci-dessus, exclusion faite de celles exonérées en vertu des dispositions de l'article 57 ci-dessus :

Art.59-I.- Les frais inhérents à la fonction ou à l'emploi, calculés aux taux forfaitaires suivants :

A. 20 % pour les personnes ne relevant pas des catégories professionnelles visées aux B et C ci-après, sans que cette déduction puisse excéder 30.000 DH.

B. Pour les personnes relevant des catégories professionnelles suivantes aux taux désignés ci-après sans que cette déduction puisse excéder 30.000 DH :

- 25 % pour le personnel des casinos et cercles supportant des frais de représentation et de veillée ou de double résidence ;
- 35 % pour les :
  - ouvriers d'imprimerie de journaux travaillant la nuit, ouvriers mineurs ;
  - artistes dramatiques, lyriques, cinématographiques ou chorégraphiques, artistes musiciens, chefs d'orchestre ;
- 45 % pour les personnes relevant des catégories professionnelles désignées ci-après :
  - journalistes, rédacteurs, photographes et directeurs de journaux ;
  - agents de placement de l'assurance-vie, inspecteurs et contrôleurs des compagnies d'assurances des branche-vie, capitalisation et épargne ;
  - voyageurs, représentants et placiers de commerce et d'industrie ;
  - personnel navigant de l'aviation marchande comprenant : pilotes, radios, mécaniciens et personnel de cabine navigant des compagnies de transport aérien, pilotes et mécaniciens employés par les maisons de construction d'avions et de moteurs pour l'essai de prototypes, pilotes moniteurs d'aéro-clubs et des écoles d'aviation civile.

C. 40 % pour le personnel navigant de la marine marchande et de la pêche maritime.

Pour le calcul de la déduction prévue au A ci-dessus le revenu brut imposable auquel s'applique le pourcentage s'entend non compris les avantages en argent ou en nature.

Pour le calcul des déductions prévues aux B et C ci-dessus, le revenu brut auquel s'appliquent les pourcentages s'entend du montant global des rémunérations acquises aux intéressés y compris les indemnités versées à titre de frais d'emploi, de service, de route et autres allocations similaires, exclusion faite des avantages en argent ou en nature.

Art.59-II.- Les retenues supportées pour la constitution de pensions ou de retraites :

A. En application :

- du régime des pensions civiles institué par la loi n°11-71 du 30 décembre 1971 ;
- du régime des pensions militaires institué par la loi n°13-71 du 30 décembre 1971 ;
- du régime collectif d'allocation de retraite institué par le dahir portant loi n°1-77-216 du 4 octobre 1977 ;
- du régime de sécurité sociale régi par le dahir portant loi n°1-72-184 du 27 juillet 1972 ;
- des régimes de retraite prévus par les statuts des organismes marocains de retraite constitués et fonctionnant conformément à la législation et à la réglementation en vigueur en la matière.

Les dispositions de l'article 28-III alinéas 6, 7, 8 et 9 ci-dessus sont applicables aux régimes de retraite prévus par les statuts des organismes marocains de retraite constitués et fonctionnant conformément à la législation et à la réglementation en vigueur en la matière.

Pour effectuer la déduction des cotisations pour la constitution de pensions ou de retraites auprès des organismes de retraite visés ci-dessus, l'employeur doit :

- effectuer la retenue des cotisations et en verser le montant mensuellement auxdits organismes ;
- conserver une copie certifiée conforme du ou des contrats d'adhésion des employés concernés.

B. Par les personnes de nationalité étrangère cotisant exclusivement à des organismes de retraite étrangers dans la limite toutefois du taux des retenues supportées par le personnel de l'entreprise ou de l'administration marocaine dont dépendent lesdites personnes.

Art.59-III.- Les cotisations aux organismes marocains de prévoyance sociale ainsi que les cotisations salariales de sécurité sociale pour la couverture des dépenses relatives aux prestations à court terme.

Art.59-IV.- La part salariale des primes d'assurance-groupe couvrant les risques de maladie, maternité, invalidité et décès.

Art.59-V.- Les remboursements en principal et intérêts des prêts contractés ou du coût d'acquisition et la rémunération convenue d'avance dans le cadre du contrat « Mourabaha », pour l'acquisition d'un logement social, tel que défini à l'article 92-I-28° ci-dessous et destiné à l'habitation principale.

La déduction prévue par le présent paragraphe est subordonnée à la condition que les montants des remboursements soient retenus et versés mensuellement par l'employeur ou le débirentier aux organismes de crédit agréés.

Cette déduction n'est pas cumulable avec celle résultant du calcul du profit net imposable tel que prévu à l'article 65-II ci-dessous.

Abattement forfaitaire

Art.60.- *(L.F.2012)* I. Pour la détermination du revenu net imposable en matière de pensions et rentes viagères, il est appliqué un abattement forfaitaire de 40 % sur le montant brut imposable desdites pensions et rentes, déduction faite, le cas échéant, des cotisations et primes visées à l'article 59-III et IV ci-dessus.

II. Les cachets octroyés aux artistes

Le montant brut des cachets octroyés aux artistes exerçant à titre individuel ou constitués en troupes est soumis à la retenue à la source au taux prévu à l'article 73-II-G-4° ci-dessous, après un abattement forfaitaire de 40 %. Cette retenue est liquidée et versée dans les conditions prévues aux articles 156-I alinéa 1 et 174-I ci-dessous.

III. Les revenus salariaux versés aux sportifs professionnels.

Pour la détermination du revenu net soumis à l'impôt sur le revenu au titre des salaires versés aux sportifs professionnels, il est appliqué un abattement forfaitaire de 40 % sur le montant brut imposable desdits salaires. Cet abattement n'est cumulable avec aucune autre déduction.

On entend par sportif professionnel, tout sportif qui pratique contre rémunération, à titre principal ou exclusif, une activité sportive en vue de participer à des compétitions ou manifestations sportives.

Section 4 - Revenus et profits fonciers

Paragraphe 1 - Revenus et profits fonciers imposables

Art.61.- Définition des revenus et profits fonciers

I. Sont considérés comme revenus fonciers pour l'application de l'impôt sur le revenu, lorsqu'ils n'entrent pas dans la catégorie des revenus professionnels :

- A. les revenus provenant de la location :
  - 1° des immeubles bâtis et non bâtis et des constructions de toute nature ;
  - 2° des propriétés agricoles, y compris les constructions et le matériel fixe et mobile y attachés ;
- B. sous réserve des exclusions prévues à l'article 62-I ci-dessous, la valeur locative des immeubles et constructions que les propriétaires mettent gratuitement à la disposition des tiers.
- C. les indemnités d'éviction versées aux occupants des biens immeubles par les propriétaires desdits biens.

II. Sont considérés comme profits fonciers pour l'application de l'impôt sur le revenu, les profits constatés ou réalisés à l'occasion :

- de la vente d'immeubles situés au Maroc ou de la cession de droits réels immobiliers portant sur de tels immeubles ;
- de l'expropriation d'immeuble pour cause d'utilité publique ;
- de l'apport en société d'immeubles ou de droits réels immobiliers ;
- de la cession à titre onéreux ou de l'apport en société d'actions ou de parts sociales nominatives émises par les sociétés, à objet immobilier, réputées fiscalement transparentes au sens de l'article 3-3° ci-dessus ;
- de la cession, à titre onéreux, ou de l'apport en société d'actions ou de parts sociales des sociétés à prépondérance immobilière.

Sont considérées comme sociétés à prépondérance immobilière toute société dont l'actif brut immobilisé est constitué pour 75 % au moins de sa valeur, déterminée à l'ouverture de l'exercice au cours duquel intervient la cession imposable, par des immeubles ou par des titres sociaux émis par les sociétés à objet immobilier visées ci-dessus ou par d'autres sociétés à prépondérance immobilière. Ne sont pas pris en considération les immeubles affectés par la société à prépondérance immobilière à sa propre exploitation industrielle, commerciale, artisanale, agricole, à l'exercice d'une profession libérale ou au logement de son personnel salarié ;

- de l'échange, considéré comme une double vente, portant sur les immeubles, les droits réels immobiliers ou les actions ou parts sociales visées ci-dessus ;
- du partage d'immeuble en indivision avec soulte. Dans ce cas, l'impôt ne s'applique qu'au profit réalisé sur la cession partielle qui donne lieu à la soulte ;
- des cessions à titre gratuit portant sur les immeubles, les droits réels immobi-

liers et les actions ou parts cités ci-dessus.

Dans la présente section, le terme « cession » désigne toute opération visée ci-dessus.

Art.62.- Exclusion du champ d'application de l'impôt

I. Est exclue du champ d'application de l'impôt, la valeur locative des immeubles que les propriétaires mettent gratuitement à la disposition :

- de leurs ascendants et descendants, lorsque ces immeubles sont affectés à l'habitation des intéressés ;
- des administrations de l'Etat et des collectivités locales, des hôpitaux publics ;
- des œuvres privées d'assistance et de bienfaisance soumises au contrôle de l'Etat en vertu du dahir n°1-59-271 du 14 avril 1960 ;
- des associations reconnues d'utilité publique lorsque dans lesdits immeubles sont installées des institutions charitables à but non lucratif.

II. Ne sont pas assujettis à l'impôt au taux prévu à l'article 73 (II-F-6°) ci-dessous, les profits immobiliers réalisés par les personnes physiques ou les personnes morales ne relevant pas de l'impôt sur les sociétés, lorsque ces profits sont compris dans la catégorie des revenus professionnels.

III. N'est pas assujettie à l'impôt sur le revenu au titre des profits fonciers :

- l'annulation d'une cession effectuée suite à une décision judiciaire ayant force de chose jugée ;
- la résiliation à l'amiable d'une cession d'un bien immeuble, lorsque cette résiliation intervient dans les vingt quatre heures de la cession initiale.

Art.63.- *(L.F.2012)* Exonérations

Sont exonérés de l'impôt :

I. Les revenus provenant de la location des constructions nouvelles et additions de construction, pendant les trois années qui suivent celle de l'achèvement desdites constructions.

II. A. Le profit réalisé par toute personne qui effectue dans l'année civile des cessions d'immeubles dont la valeur totale n'excède pas 140.000 DH.

B. Le profit réalisé sur la cession d'un immeuble ou partie d'immeuble occupé à titre d'habitation principale depuis au moins huit ans au jour de ladite cession, par son propriétaire ou par les membres des sociétés à objet immobilier réputées fiscalement transparentes au sens de l'article 3-3° ci-dessus.

Toutefois, une période de six mois à compter de la date de la vacance du logement est accordée au contribuable pour la réalisation de l'opération de cession.

Cette exonération est également accordée au terrain sur lequel est édifiée la construction dans la limite de 5 fois la superficie couverte.

C. Le profit réalisé sur la cession de droits indivis d'immeubles agricoles, situés à l'extérieur des périmètres urbains entre co-héritiers.

En cas de cession ultérieure, le profit taxable est constitué par l'excédent du prix de cession sur le coût d'acquisition par le ou les co-héritiers ayant bénéficié de l'exonération.

Ce coût est déterminé dans les conditions prévues à l'article 65 ci-dessous.

D. Sous réserve des dispositions de l'article 30-2° ci-dessus, le profit réalisé à l'occasion de la cession d'un logement du logement social prévu à l'article 92-I-28°ci-dessous, occupé par son propriétaire à titre d'habitation principale depuis au moins quatre ans au jour de ladite cession.

Cette exonération est accordée dans les conditions prévues au B ci-dessus.

III. Les cessions à titre gratuit portant sur les biens précités effectuées entre ascendants et descendants et entre époux, frères et sœurs.

Paragraphe 2 - Base d'imposition des revenus et profits fonciers

Détermination du revenu foncier imposable

Art.64.- I. Sous réserve des dispositions de l'article 65 ci-après, le revenu foncier brut des immeubles donnés en location est constitué par le montant brut total des loyers. Ce montant est augmenté des dépenses incombant normalement au propriétaire ou à l'usufruitier et mises à la charge des locataires, notamment les grosses réparations. Il est diminué des charges supportées par le propriétaire pour le compte des locataires.

II. Le revenu net imposable des immeubles visés à l'article 61 (I-A-1°, B et C) ci-dessus est obtenu en appliquant un abattement de 40 % sur le montant du revenu foncier brut tel qu'il est défini au I ci-dessus.

III. Le revenu net imposable des propriétés visées à l'article 61-(I-A-2°) ci-dessus est égal :

- soit au montant du loyer ou du fermage stipulé en argent dans le contrat ;
- soit au montant obtenu en multipliant le cours moyen de la culture pratiquée par les quantités prévues dans le contrat, dans le cas des locations rémunérées en nature ;
- soit à la fraction du revenu agricole forfaitaire prévu à l'article 49 ci-dessus dans le cas des locations à part de fruit.

Détermination du profit foncier imposable

Art.65.- Le profit net imposable est égal à la différence entre le prix de cession diminué, le cas échéant, des frais de cession et le prix d'acquisition augmenté des frais d'acquisition.

Art.65-I.- Le prix de cession est diminué, le cas échéant, des frais de cession.

Le prix de cession s'entend du prix de vente ou de la valeur estimative déclarée ou reconnue par les ou l'une des parties dans le contrat ou celle déterminée selon l'article 224 ci-dessous.

Le prix exprimé dans l'acte de cession ou la déclaration du contribuable fait l'objet de redressement lorsque ce prix ne paraît pas conforme à la valeur vénale du bien à la date de la cession et ce, dans les conditions prévues à l'article 224 ci-dessous.

En cas de cession d'un bien immeuble ou d'un droit réel immobilier dont le prix d'acquisition ou le prix de revient en cas de livraison à soi-même a été redressé par l'administration, soit en matière de droits d'enregistrement, soit en matière de TVA, le prix d'acquisition à considérer est celui qui a été redressé par l'administration et sur lequel le contribuable a acquitté les droits dus.

Le prix ainsi établi sera retenu comme prix de cession chez le cédant en matière d'impôt sur les sociétés, d'impôt sur le revenu et de TVA.

Les frais de cession s'entendent des frais d'annonces publicitaires, des frais de courtage et des frais d'établissement d'actes, normalement à la charge du cédant, ainsi que des indemnités d'éviction, dûment justifiés.

La valeur de cession des immeubles apportés en société est égale à la valeur réelle des droits sociaux reçus en rémunération dudit apport.

Art.65-II.- *(L.F.2011, 2012)* Le prix d'acquisition est augmenté des frais d'acquisition, des dépenses d'investissements réalisés, ainsi que des intérêts ou de la rémunération convenue d'avance, payés par le cédant soit en rémunération de prêts accordés par les institutions spécialisées ou les établissements de crédit et organismes assimilés, dûment autorisés à effectuer ces opérations, par les œuvres sociales du secteur public, semi public ou privé ainsi que par les entreprises, soit dans le cadre du contrat « Mourabaha » souscrit auprès des établissements de crédit et les organismes assimilés pour la réalisation des opérations d'acquisition et d'investissement précitées.

Les frais d'acquisition s'entendent des frais et loyaux coûts du contrat, droits de timbre et d'enregistrement, droits payés à la conservation foncière pour l'immatriculation et l'inscription ainsi que les frais de courtage et les frais d'actes afférents à l'acquisition de l'immeuble cédé. Ils sont évalués forfaitairement à 15 % du prix d'acquisition, sauf dans le cas où le contribuable peut justifier que ces frais s'élèvent à un montant supérieur.

Les dépenses d'investissement s'entendent des dépenses d'équipement de terrain, construction, reconstruction, agrandissement, rénovation et amélioration dûment justifiées.

Le prix d'acquisition, augmenté comme il est dit ci-dessus, est réévalué en multipliant ce prix par le coefficient correspondant à l'année d'acquisition, calculé par l'administration sur la base de l'indice national du coût de la vie. Pour les années antérieures à 1946, le coefficient est calculé sur la base d'un taux forfaitaire de 3 % par an.

La réévaluation porte également sur la valeur de souscription ou d'acquisition par les sociétés à prépondérance immobilière visées à l'article 61-II ci-dessus, de leurs actions, parts d'intérêt ou parts sociales.

Lorsque le prix d'acquisition et/ou les dépenses d'investissements n'ont pu être justifiés, il est procédé à leur estimation par l'administration dans les conditions prévues à l'article 224 ci-dessous.

En cas de cession d'immeubles acquis par héritage, le prix d'acquisition à considérer est :

- soit la valeur vénale des immeubles inscrite sur l'inventaire dressé par les héritiers dans les douze mois suivant celui du décès du de cujus ;
- soit, à défaut et sous réserve des dispositions de l'article 224 ci-dessous, la valeur vénale des immeubles au jour du décès du de cujus, qui est déclarée par le contribuable.

En cas de cession, à titre gratuit, le prix de cession ou d'acquisition à considérer est la valeur déclarée dans l'acte, sous réserve des dispositions de l'article 224 ci-dessous.

En cas de cession d'immeuble acquis par donation exonérée en vertu des dispositions de l'article 63-III ci-dessus, le prix d'acquisition à considérer est :

- soit le prix d'acquisition de la dernière cession à titre onéreux ;
- soit la valeur vénale de l'immeuble lors de la dernière mutation par héritage si elle est postérieure à la dernière cession ;
- soit le prix de revient de l'immeuble en cas de livraison à soi-même.

Les prix d'acquisition et de cession s'entendent, sous réserve des dispositions des articles 208 et 224 ci-dessous, des prix déclarés ou reconnus par les ou l'une des parties.

En cas de taxation d'office, la base d'imposition est égale au prix de cession diminué de 20 %.

Section 5 - Revenus et profits de capitaux mobiliers

Paragraphe 1 - Revenus et profits imposables

Art.66.- *(L.F.2011)* Définition des revenus et profits de capitaux mobiliers

I. Sont considérés comme des revenus de capitaux mobiliers :

- A. les produits des actions, parts sociales et revenus assimilés visés à l'article 13 ci-dessus ;
- B. les revenus de placements à revenu fixe visés à l'article 14 ci-dessus, versés, mis à la disposition ou inscrits en compte des personnes physiques ou morales qui n'ont pas opté pour l'impôt sur les sociétés et ayant au Maroc leur domicile fiscal ou leur siège social à l'exclusion des intérêts générés par les opérations de pensions.

II. Sont considérés comme profits de capitaux mobiliers :

A. Les profits nets annuels réalisés par les personnes physiques sur les cessions de valeurs mobilières et autres titres de capital et de créance émis par les personnes morales de droit public ou privé, les OPCVM, les fonds de placement collectif en titrisation et les organismes de placement en capital risque à l'exception :

- des sociétés à prépondérance immobilière définies à l'article 61 ci-dessus ;
- des sociétés immobilières transparentes au sens de l'article 3-3° ci-dessus.

On entend par :

- valeurs mobilières, celles définies à l'article 2 du dahir portant loi n°1-93-211 du 21 septembre 1993 relatif à la bourse des valeurs ;
- titres de capital, toutes catégories de titres conférant un droit de propriété sur le patrimoine de la personne morale émettrice ;
- titres de créance, toutes catégories de titres conférant un droit de créance général sur le patrimoine de la personne morale émettrice ;

B. Le profit net réalisé par les personnes physiques entre la date de l'ouverture d'un plan d'épargne en actions et la date du rachat, du retrait de titres ou de liquidités ou la date de clôture dudit plan.

Le profit net réalisé s'entend de la différence entre la valeur liquidative du plan ou la valeur du rachat pour le contrat de capitalisation à la date de retrait ou de rachat et le montant des versements effectués sur le plan depuis la date de son ouverture.

Art.67.- *(L.F.2011)* Fait générateur de l'impôt

I. Pour les produits des actions, parts sociales et revenus assimilés ainsi que les revenus des placements à revenu fixe, le fait générateur de l'impôt est constitué par le versement, la mise à la disposition ou l'inscription en compte du bénéficiaire.

II. Pour les profits de cession de valeurs mobilières et autres titres de capital et de créance, le fait générateur de l'impôt est constitué par :

- la cession à titre onéreux ou gratuit ;
- l'échange, considéré comme une double vente de valeurs mobilières et autres titres de capital et de créance ;
- l'apport en société des valeurs mobilières et autres titres de capital et de créance ;
- le rachat ou le retrait de titres ou de liquidités, ou la clôture d'un plan d'épargne en actions avant la durée prévue à l'article 68-VII ci-dessous.

Art.68.- *(L.F.2011)* Exonérations

Sont exonérés de l'impôt :

I. La donation entre ascendants et descendants et entre époux, frères et sœurs, des valeurs mobilières et autres titres de capital et de créance.

II. Le profit ou la fraction du profit afférent à la partie de la valeur ou des valeurs des cessions de valeurs mobilières et autres titres de capital et de créance, réalisées au cours d'une année civile, lorsque ces cessions n'excèdent pas le seuil de 30.000 DH.

III. Les dividendes et autres produits de participation similaires distribués par les sociétés installées dans les zones franches d'exportation et provenant d'activités exercées dans lesdites zones, lorsqu'ils sont versés à des non-résidents.

IV. Les intérêts perçus par les personnes physiques titulaires de comptes d'épargne auprès de la caisse d'épargne nationale.

V. Les intérêts servis au titulaire d'un plan d'épargne logement à condition que :

- les sommes investies dans ledit plan soient destinées à l'acquisition ou la construction d'un logement à usage d'habitation principale ;
- le montant des versements et des intérêts y afférents soient intégralement conservés dans ledit plan pour une période égale au moins à trois ans à compter de la date de l'ouverture dudit plan ;
- le montant des versements effectués par le contribuable dans ledit plan ne dépasse pas 400.000 DH.

En cas de non respect des conditions précitées, le plan est clos et les revenus générés par ledit plan sont imposables dans les conditions de droit commun.

VI. Les intérêts servis au titulaire d'un plan d'épargne éducation à condition que :

- les sommes investies dans ledit plan soient destinées au financement des études dans tous les cycles d'enseignement ainsi que dans les cycles de formation professionnelle des enfants à charge ;
- le montant des versements et des intérêts y afférents soient intégralement conservés dans ledit plan pour une période égale au moins à cinq ans à compter de la date de l'ouverture dudit plan ;
- le montant des versements effectués par le contribuable dans ledit plan ne dépasse pas 300.000 DH par enfant.

En cas de non respect des conditions précitées, le plan est clos et les revenus générés par ledit plan sont imposables dans les conditions de droit commun.

VII. Les revenus et profits de capitaux mobiliers réalisés dans le cadre d'un plan d'épargne en actions constitué par :

- des actions et des certificats d'investissement, inscrits à la cote de la bourse des valeurs du Maroc, émis par des sociétés de droit marocain ;
- des droits d'attribution et de souscription afférents auxdites actions ;
- des titres d'OPCVM actions.

Toutefois, sont exclus les titres acquis dans le cadre d'attribution d'options de souscription ou d'achat d'actions de sociétés au profit de leurs salariés et qui bénéficient des dispositions prévues à l'article 57-14° ci-dessus.

Le bénéfice de l'exonération susvisée est subordonné à la condition que :

- les versements et les produits capitalisés y afférents soient intégralement conservés dans ledit plan pendant une période égale au moins à cinq ans à compter de la date de l'ouverture dudit plan ;
- le montant des versements effectués par le contribuable dans ledit plan, ne dépasse pas 600.000 DH.

En cas de non respect des conditions précitées, le plan est clos et le profit net réalisé dans le cadre du plan d'épargne en actions est soumis à l'impôt au taux visé à l'article 73 (II-C-1° c) ci-dessous sans préjudice de l'application des dispositions de l'article 198 ci-dessous.

Les modalités d'application des plans d'épargne prévus au V, VI et VII ci-dessus, notamment celles relatives aux caractéristiques financières et techniques desdits plans, sont fixées par voie réglementaire.

[*NB - Décret n°2-11-248 du 6 septembre 2011 : Les modalités d'application des plans d'épargne, prévus aux V, VI et VII de l'article 68 du CGI sont fixées par arrêté du Ministre chargé des finances.*]

Paragraphe 2 - Base d'imposition des revenus et profits de capitaux mobiliers

Art.69.- Détermination du revenu net imposable

Le revenu net imposable est déterminé en déduisant du montant brut des revenus énumérés aux articles 13 et 14 ci-dessus, les agios et les frais d'encaissement, de tenue de compte ou de garde.

Art.70.- *(L.F.2012)* Détermination du profit net imposable

Le profit net de cession visé à l'article 66-II ci-dessus est calculé par référence aux cessions effectuées sur chaque valeur ou titre. Il est constitué par la différence entre :

- le prix de cession diminué, le cas échéant, des frais supportés à l'occasion de cette cession, notamment les frais de courtage et de commission ;
- et le prix d'acquisition majoré, le cas échéant, des frais supportés à l'occasion de cette acquisition, notamment les frais de courtage et de commission.

En ce qui concerne les obligations et autres titres de créance, les prix de cession et d'acquisition s'entendent du capital du titre, exclusion faite des intérêts courus et non encore échus aux dates desdites cession et acquisition.

En cas de cession de titres de même nature acquis à des prix différents, le prix d'acquisition à retenir est le coût moyen pondéré desdits titres.

Les moins-values subies au cours d'une année sont imputables sur les plus-values de même nature réalisées au cours de la même année.

Les moins-values qui subsistent en fin d'année sont reportables sur l'année suivante.

A défaut de plus-value ou en cas de plus-value insuffisante pour que l'imputation puisse être opérée en totalité, la moins-value ou le reliquat de la moins value peut être imputé sur les plus-values des années suivantes jusqu'à l'expiration de la quatrième année qui suit celle de la réalisation de la moins-value.

En cas de cession de valeurs mobilières et autres titres de capital et de créance acquis par donation exonérée en vertu des dispositions du I de l'article 68 ci-dessus, le prix d'acquisition à considérer est :

- soit le prix d'acquisition de la dernière cession à titre onéreux ;
- soit la valeur vénale desdites valeurs et titres lors de la dernière mutation par héritage si elle est postérieure à la dernière cession.

En cas de taxation d'office, l'imposition est égale à 15 % du prix de cession.

Chapitre 4 - Liquidation de l'impôt sur le revenu

Section 1 - Liquidation de l'impôt

Période d'imposition

Art.71.- L'impôt sur le revenu est établi chaque année en raison du revenu global acquis par le contribuable au cours de l'année précédente.

Toutefois, pour les revenus salariaux et assimilés visés à l'article 22-3° ci-dessus, l'impôt est établi au cours de l'année d'acquisition desdits revenus, sous réserve de régularisation, le cas échéant, d'après le revenu global.

Lieu d'imposition

Art.72.- L'impôt est établi au lieu du domicile fiscal du contribuable ou de son principal établissement.

Le contribuable qui n'a pas au Maroc son domicile fiscal est tenu d'en élire un au Maroc.

Tout changement du domicile fiscal ou du lieu du principal établissement doit être signalé à l'administration fiscale par lettre recommandée avec accusé de réception ou remise contre récépissé ou par souscription d'une déclaration sur ou d'après un imprimé-modèle établi par l'administration dans les trente jours qui suivent la date du changement.

A défaut, le contribuable est notifié et imposé à la dernière adresse connue.

Taux de l'impôt

Art.73-I.- Barème de calcul

Le barème de calcul de l'impôt sur le revenu est fixé comme suit :

- la tranche du revenu allant jusqu'à 30.000 DH est exonérée ;
- 10 % pour la tranche du revenu allant de 30.001 à 50.000 DH ;
- 20 % pour la tranche du revenu allant de 50.001 à 60.000 DH ;
- 30 % pour la tranche du revenu allant de 60.001 à 80.000 DH ;
- 34 % pour la tranche du revenu allant de 80.001 à 180.000 DH ;
- 38 % pour le surplus.

Art.73-II.- *(L.F.2011)* Taux spécifiques

Le taux de l'impôt est fixé comme suit :

A. Abrogé

B. 10 % :
- 1° pour le montant hors TVA des produits bruts énoncés à l'article 15 ci-dessus ;
- 2° pour les produits énumérés à l'article 66-I-A ci dessus ;
- 3°et 4° Abrogés

C. 15 % :
- 1° pour les profits nets résultant :
  - a) des cessions d'actions cotées en bourse ;
  - b) des cessions d'actions ou parts d'O.P.C.V.M dont l'actif est investi en permanence à hauteur d'au moins 60 % d'actions ;
  - c) du rachat ou du retrait des titres ou de liquidités d'un plan d'épargne en actions avant la durée prévue à l'article 68-VII ci-dessus.
- 2° pour les revenus bruts de capitaux mobiliers de source étrangère ;

D. 17 % pour les rémunérations et indemnités occasionnelles ou non visées à l'article 58 ci-dessus si elles sont versées par les établissements publics ou privés d'enseignement ou de formation professionnelle à des enseignants ne faisant pas partie de leur personnel permanent.

E. Abrogé

F. 20 % :

- 1° pour les produits énumérés à l'article 66-I-B ci dessus en ce qui concerne les bénéficiaires personnes morales relevant de l'impôt sur le revenu ainsi que les personnes physiques autres que celles soumises au taux visé au 3° du G ci-dessous. Lesdits bénéficiaires doivent décliner lors de l'encaissement des intérêts ou produits susvisés :
    - le nom, prénom et adresse et le numéro de la carte d'identité nationale ou de la carte d'étranger ;
    - le numéro d'article d'imposition à l'impôt sur le revenu.

  L'impôt prélevé au taux de 20 % prévu ci-dessus est imputable sur la cotisation de l'impôt sur le revenu avec droit à restitution.
- 2° pour les profits nets résultant des cessions :
    - d'obligations et autres titres de créance ;
    - d'actions non cotées et autres titres de capital ;
    - d'actions ou parts d'O.P.C.V.M autres que ceux visés ci-dessus ;
- 3° pour les profits nets résultant des cessions des valeurs mobilières émises par les fonds de placement collectif en titrisation ;
- 4° pour les profits nets résultant des cessions de titres d'OPCR visé à l'article 7-III ci-dessus ;
- 5° pour les profits bruts de capitaux mobiliers de source étrangère ;
- 6° pour les profits nets réalisés ou constatés prévus à l'article 61-II ci-dessus, sous réserve des dispositions prévues à l'article 144-II ci-dessous ;
- 7° pour les revenus nets imposables réalisés par les entreprises visées à l'article 31 (I-B et C et II-B) ci-dessus ;
- 8° pour les jetons de présence et toutes autres rémunérations brutes versés aux administrateurs des banques offshore et pour les traitements, émoluments et salaires bruts versés par les banques offshore et les sociétés holding offshore à leur personnel salarié.

  Toutefois, le personnel salarié résidant au Maroc bénéficie du même régime fiscal à condition de justifier que la contrepartie de sa rémunération en monnaie étrangère convertible a été cédée à une banque marocaine.
- 9° pour les traitements, émoluments et salaires bruts versés aux salariés qui travaillent pour le compte des sociétés ayant le statut « Casablanca Finance City », conformément à la législation et la réglementation en vigueur, pour une période maximale de cinq ans à compter de la date de prise de leurs fonctions.

G. 30 % :

- 1° pour les rémunérations, les indemnités occasionnelles ou non prévues à l'article 58-C ci-dessus, si elles sont versées à des personnes ne faisant pas partie du personnel permanent de l'employeur autre que celui visé au D ci-dessus ;
- 2° pour les honoraires et rémunérations versés aux médecins non soumis à la taxe professionnelle qui effectuent des actes chirurgicaux dans les cliniques et établissements assimilés, prévus à l'article 157 ci-dessous ;
- 3° pour les produits des placements à revenu fixe énumérés à l'article 66-I-B ci-dessus, en ce qui concerne les bénéficiaires personnes physiques, à l'exclusion de celles qui sont assujetties audit impôt selon le régime du résultat net réel ou celui du résultat net simplifié ;
- 4° pour le montant brut des cachets, prévus à l'article 60-II ci-dessus, octroyés aux artistes exerçant à titre individuel ou constitués en troupes ;
- 5° pour les remises et appointements alloués aux voyageurs, représentants et placiers de commerce ou d'industrie prévus à l'article 58-II-B ci dessus qui ne font aucune opération pour leur compte.

- 6° Abrogé

Les prélèvements aux taux fixés aux B, C (1° et 2°), D, F (2°, 3°, 4°, 5°, 6°, 8° et 9°) et G (2° et 3°) ci-dessus sont libératoires de l'impôt sur le revenu.

Section 2 - Réductions d'impôt

Art.74.- Réduction pour charge de famille

I. Il est déduit du montant annuel de l'impôt en raison des charges de famille du contribuable, une somme de 360 DH par personne à charge au sens du II du présent article.

Toutefois, le montant total des réductions pour charge de famille ne peut pas dépasser 2.160 DH.

II. Sont à la charge du contribuable :

- A. son épouse ;
- B. ses propres enfants ainsi que les enfants légalement recueillis par lui à son propre foyer à condition :
  - qu'ils ne disposent pas, par enfant, d'un revenu global annuel supérieur à la tranche exonérée du barème de calcul de l'impôt sur le revenu prévu à l'article 73-I ci-dessus ;
  - que leur âge n'excède pas 25 ans. Cette condition d'âge n'est, toutefois, pas applicable aux enfants atteints d'une infirmité les mettant dans l'impossibilité de subvenir à leurs besoins.

La femme contribuable bénéficie des réductions pour charge de famille au titre de son époux et de ses enfants lorsqu'ils sont légalement à sa charge et dans les conditions prévues ci-dessus.

Les changements intervenus, au cours d'un mois donné dans la situation de famille du contribuable sont pris en considération à compter du premier mois suivant celui du changement.

Art.75.- Conditions d'application des réductions d'impôt pour charge de famille

Les réductions d'impôt pour charge de famille sont appliquées d'après les indications figurant sur les déclarations du revenu global prévues aux articles 82 et 85 ci-dessous.

Lorsque le contribuable est un salarié ou un pensionné soumis au prélèvement à la source en application des dispositions de l'article 156 ci-dessous les réductions pour charges de famille sont imputées sur l'impôt ainsi prélevé.

Art.76.- Réduction au titre des retraites de source étrangère

Les contribuables ayant au Maroc leur domicile fiscal au sens de l'article 23 ci-dessus et titulaires de pensions de retraite ou d'ayants cause de source étrangère, bénéficient dans les conditions prévues à l'article 82-III ci-dessous, d'une réduction égale à 80 % du montant de l'impôt dû au titre de leur pension et correspondant aux sommes transférées à titre définitif en dirhams non convertibles.

Art.77.- Imputation de l'impôt étranger

Lorsque les revenus prévus à l'article 25 alinéa 3 ci-dessus ont été soumis à un impôt sur le revenu dans le pays de la source avec lequel le Maroc a conclu une convention tendant à éviter la double imposition en matière d'impôts sur le revenu, c'est le montant ainsi imposé qui est retenu pour le calcul de l'impôt dont il est redevable au Maroc.

Dans ce cas, l'impôt étranger, dont le paiement est justifié par le contribuable, est déductible de l'impôt sur le revenu, dans la limite de la fraction de cet impôt correspondant aux revenus étrangers.

Si ces revenus ont bénéficié d'une exonération dans le pays de la source avec lequel le Maroc a conclu une convention tendant à éviter la double imposition prévoyant d'accorder un crédit d'impôt au titre de l'impôt qui aurait été dû en l'absence d'exonération, celle-ci vaut paiement.

Dans ce cas, la déduction prévue ci-dessus, est subordonnée à la production, par le contribuable, d'une attestation de l'administration fiscale étrangère donnant les indications sur les références légales de l'exonération, les modalités de calcul de l'impôt étranger et le montant des revenus qui aurait été retenu comme base de l'impôt en l'absence de ladite exonération.

Chapitre 5 - Déclarations fiscales

Déclaration d'identité fiscale

Art.78.- Les contribuables passibles de l'impôt sur le revenu au titre des revenus visés à l'article 22 (3°, 4° et 5°) ci-dessus, y compris ceux qui en sont exonérés temporairement, sont tenus de remettre, contre récépissé, ou d'adresser par lettre recommandée avec accusé de réception, à l'inspecteur des impôts du lieu de leur domicile fiscal ou leur principal établissement, une déclaration d'identité fiscale conforme à l'imprimé-modèle établi par l'administration, dans les trente jours suivant soit la date du début de leur activité, soit celle de l'acquisition de la première source de revenu.

Déclaration des traitements et salaires

Art.79-I.- Les employeurs privés domiciliés ou établis au Maroc ainsi que les administrations et autres personnes morales de droit public sont tenus de remettre avant le 1er mars de chaque année à l'inspecteur des impôts de leur domicile fiscal, de leur siège social ou de leur principal établissement une déclaration présentant, pour chacun des bénéficiaires de revenus salariaux payés au cours de l'année précédente, les indications suivantes :

- 1° nom, prénom et adresse ;
- 2° numéro de la carte d'identité nationale ou de la carte de séjour pour les étrangers et le numéro d'immatriculation à la Caisse Nationale de Sécurité Sociale ;
- 3° numéro matricule de la paierie principale des rémunérations du Ministère des Finances pour les fonctionnaires civils et militaires ;
- 4° montant brut des traitements, salaires et émoluments ;
- 5° montant brut des indemnités payées en argent ou en nature, pendant ladite année ;
- 6° montant des indemnités versées à titre de frais d'emploi et de service, de frais de représentation, de déplacement, de mission et autres frais professionnels ;
- 7° montant du revenu brut imposable ;
- 8° montant des retenues opérées au titre de la pension de retraite, de la Caisse nationale de sécurité sociale et des organismes de prévoyance sociale ;
- 9° taux des frais professionnels ;
- 10° montant des échéances prélevées au titre du principal et intérêts de prêts contractés pour l'acquisition de logements sociaux ;
- 11° nombre de réductions pour charges de famille ;
- 12° montant du revenu net imposable ;
- 13° montant des retenues opérées au titre de l'impôt ;
- 14° période à laquelle s'applique le paiement.

La déclaration est, en outre, complétée par un état annexe des rémunérations et indemnités occasionnelles visées à l'article 58-C ci-dessus indiquant pour chaque bénéficiaire les nom et prénoms, l'adresse et la profession ainsi que le montant brut des sommes payées et des retenues opérées.

Cette déclaration doit être rédigée sur ou d'après un imprimé-modèle établi par l'administration. Il en est délivré récépissé.

Art.79-II.- L'employeur doit produire dans les mêmes conditions et délai prévus ci-dessus, une déclaration comportant la liste des stagiaires bénéficiant de l'exonération prévue à l'article 57-16° ci-dessus d'après un imprimé-modèle établi par l'administration.

Cette déclaration doit comporter :

- 1° les renseignements visés au 1°, 2°, 4°, 5°, 8°, 12° et 14° du I du présent article ;
- 2° une copie du contrat de stage ;
- 3° une attestation d'inscription à l'ANAPEC par stagiaire dûment légalisée.

Art.79-III.- Les employeurs qui attribuent des options de souscription ou d'achat d'actions ou qui distribuent des actions gratuites à leurs salariés et dirigeants, doivent annexer à la déclaration prévue par le présent article, un état mentionnant pour chacun des bénéficiaires :

- les renseignements visés au 1°et 2° du I du présent article ;
- le nombre des actions acquises et /ou distribuées gratuitement ;
- les dates d'attribution et de levée d'option ;
- leur valeur auxdites dates ;
- leur prix d'acquisition ;
- le montant de l'abondement.

Ces employeurs sont également tenus d'annexer à ladite déclaration un état comportant les indications précitées lorsqu'il s'agit de plans d'options de souscription ou d'achat d'actions ou de distribution d'actions gratuites attribués à leurs salariés et dirigeants par d'autres sociétés résidentes au Maroc ou non.

Obligations des employeurs et débirentiers

Art.80.- Les employeurs ou débirentiers chargés d'effectuer la retenue à la source doivent tenir un livre spécial ou tout autre document en tenant lieu où doivent être mentionnées toutes les indications de nature à permettre le contrôle des déclarations prévues à l'article 79 ci-dessus et à l'article 81 ci-après. Ils sont tenus, en outre, de faire connaître, à toute réquisition des agents des impôts, le montant des rémunérations qu'ils allouent aux personnes rétribuées par eux et de justifier de leur exactitude.

Les documents visés à l'alinéa précédent doivent être conservés jusqu'à l'expiration de la quatrième année suivant celle au titre de laquelle la retenue devait être effectuée ; ils doivent être communiqués à toute époque sur leur demande aux agents des impôts.

Déclaration des pensions et autres prestations servies sous forme de capital ou de rentes

Art.81-I.- Les débirentiers domiciliés ou établis au Maroc sont tenus dans les formes et délai prévus à l'article 79 ci-dessus, de fournir les indications relatives aux titulaires des pensions ou rentes viagères dont ils assurent le paiement.

Art.81-II.- Les sociétés d'assurance débirentières de prestations sous forme de capital ou de rentes, doivent souscrire, avant le 1er mars de chaque année, une déclaration, rédigée sur ou d'après un imprimé-modèle établi par l'administration, récapitulant tous les assurés ayant perçu des prestations au titre des contrats de capitalisation ou d'assurance sur la vie au cours de l'année précédente. La déclaration doit être adressée par lettre recommandée avec accusé de réception ou remise contre récépissé, à l'inspecteur des impôts du lieu de leur siège social. Cette déclaration doit comporter les indications suivantes :

- 1° nom, prénom et adresse de l'assuré ;
- 2° numéro de la carte d'identité nationale ou de la carte de séjour pour les étrangers ;
- 3° références du contrat souscrit (n° du contrat, durée, date de souscription) ;
- 4° date du rachat, le cas échéant ;
- 5° montant des cotisations versées ;
- 6° montant brut des prestations servies ;
- 7° montant des prestations imposables ;
- 8° montant de l'impôt retenu à la source.

Déclaration annuelle du revenu global

Art.82-I.- Sous réserve des dispositions de l'article 86 ci-dessous, les contribuables sont tenus d'adresser, par lettre recommandée avec accusé de réception ou de remettre contre récépissé à l'inspecteur des impôts du lieu de leur domicile fiscal ou de leur principal établissement, une déclaration de leur revenu global de l'année précédente, établie sur ou d'après un imprimé-modèle de l'administration, avec indication de la ou les catégories de revenus qui le composent, et ce :

- avant le 1er mars de chaque année, pour les titulaires de revenus professionnels, déterminés selon le régime du bénéfice forfaitaire, et/ou de revenus autres que les revenus professionnels ;
- avant le 1er avril de chaque année, pour les titulaires de revenus professionnels déterminés selon le régime du résultat net réel ou celui du résultat net simplifié.

La déclaration doit comporter :

- 1° les nom, prénoms et adresse du domicile fiscal du contribuable ou le lieu de situation de son principal établissement ;
- 2° la nature de la ou des professions qu'il exerce ;
- 3° le lieu de situation des exploitations ainsi que les numéros des articles d'imposition à la taxe professionnelle y afférents, le cas échéant ;
- 4° le numéro de la carte d'identité nationale, de la carte d'étranger ou, à défaut, celui du livret de famille ;
- 5° le numéro d'identification fiscale qui lui est attribué par l'administration ;
- 6° le numéro d'article de la taxe de services communaux de la résidence habituelle. En outre, la déclaration doit comporter, le cas échéant, toutes indications nécessaires à l'application des déductions prévues aux articles 28 et 74 ci-dessus. Si des retenues à la source ont été opérées, la déclaration du revenu global est complétée par les indications suivantes :
  - a) le montant imposé par voie de retenue à la source ;
  - b) le montant du prélèvement effectué et la période à laquelle il se rapporte ;
  - c) le nom ou la raison sociale, l'adresse et le numéro d'identification fiscale de l'employeur ou du débirentier chargé d'opérer la retenue.

La déclaration doit être accompagnée des pièces annexes prévues par le présent Code ou par les textes réglementaires pris pour son application.

Art.82-II.- Renseignements annexes à la déclaration du revenu global.

Les propriétaires ou usufruitiers d'immeubles sont tenus de joindre à leur déclaration du revenu global prévue au I du présent article, une annexe-modèle établie par l'administration, sur laquelle sont mentionnés les renseignements suivants :

- 1° le lieu de situation de chaque immeuble donné en location, sa consistance ainsi qu'éventuellement le numéro d'article d'imposition à la taxe de services communaux ;

- 2° les nom et prénoms ou raison sociale de chaque locataire ;
- 3° le montant des loyers ;
- 4° l'identité de chaque occupant à titre gratuit et les justifications motivant l'occupation à titre gratuit ;
- 5° la consistance des locaux occupés par le propriétaire et leur affectation ;
- 6° la consistance des locaux vacants, ainsi que le montant des loyers acquis entre le 1er janvier et la date de la vacance.

En cas de changement d'affectation d'un immeuble soumis à la taxe d'habitation au premier janvier de l'année au titre de laquelle la déclaration est souscrite, l'annexe doit mentionner en outre :

- a) le numéro d'article d'imposition à la taxe d'habitation ;
- b) la date du changement intervenu dûment justifié.

Art.82-III.- Pour bénéficier de la réduction prévue à l'article 76 ci-dessus, les contribuables doivent joindre à la déclaration prévue au I du présent article les documents suivants :

- une attestation de versement des pensions établie par le débirentier ou tout autre document en tenant lieu ;
- une attestation indiquant le montant en devises reçu pour le compte du pensionné et la contre valeur en dirhams au jour du transfert, délivrée par l'établissement de crédit ou par tout autre organisme intervenant dans le paiement des pensions visées à l'article 76 ci-dessus.

Art.82-IV.- *(L.F.2012)* Les contribuables soumis à l'impôt sur le revenu au titre de leur revenu professionnel, déterminé selon le régime du résultat net réel ou celui du résultat net simplifié sont tenus, en cas de résultat nul ou déficitaire, de joindre à leur déclaration de revenu global un état explicatif de l'origine du déficit ou du résultat nul déclaré, établi sur ou d'après un imprimé-modèle de l'administration et signé par le contribuable concerné, sous peine de l'application des dispositions de l'article 198 bis ci-dessous.

Déclaration des profits immobiliers

Art.83.- En ce qui concerne les cessions de biens immeubles ou de droits réels s'y rattachant, les propriétaires, les usufruitiers et les redevables de l'impôt doivent remettre contre récépissé une déclaration au receveur de l'administration fiscale dans les trente jours qui suivent la date de la cession, le cas échéant, en même temps que le versement de l'impôt prévu à l'article 173 ci-dessous.

Toutefois, en cas d'expropriation pour cause d'utilité publique, la déclaration prévue ci-dessus doit être produite les trente jours qui suivent la date de l'encaissement de l'indemnité d'expropriation.

La déclaration est rédigée sur ou d'après un imprimé-modèle établi par l'administration. Elle doit être accompagnée de toutes pièces justificatives relatives aux frais d'acquisition et aux dépenses d'investissement.

Les sociétés à prépondérance immobilière, telles que définies à l'article 61 ci-dessus, doivent, sous peine des amendes prévues à l'article 199 ci-dessous, joindre à la déclaration de leur résultat fiscal, visée à l'article 20-I ci-dessus, la liste nominative de l'ensemble des détenteurs de leurs actions ou parts sociales à la clôture de chaque exercice.

Cette liste doit être établie sur ou d'après un imprimé-modèle de l'administration et comporter les renseignements suivants :

- 1° les nom et prénoms, dénomination ou raison sociale du détenteur des titres ;
- 2° l'adresse personnelle, le siège social, le principal établissement ou le domicile élu ;

- 3° le nombre des titres détenus en capital ;
- 4° la valeur nominale des titres.

Déclaration des profits de capitaux mobiliers

Art.84-I.- Les contribuables qui cèdent des valeurs mobilières et autres titres de capital et de créance non inscrits en compte auprès d'intermédiaires financiers habilités doivent remettre, contre récépissé en même temps que le versement, une déclaration annuelle récapitulant toutes les cessions effectuées, au receveur de l'administration fiscale du lieu de leur domicile fiscal avant le 1er avril de l'année qui suit celle au cours de laquelle les cessions ont été effectuées.

La déclaration doit être souscrite sur ou d'après un imprimé-modèle établi par l'administration. Elle doit être accompagnée de toutes les pièces justificatives relatives au prix de cessions et d'acquisitions des titres cédés.

Art.84-II.- les contribuables ayant subi la retenue à la source prévue à l'article 174-II-B ci-dessous, peuvent souscrire une déclaration, valant demande de régularisation et, le cas échéant, de restitution, récapitulant annuellement toutes les cessions effectuées pendant une année déterminée, et qui doit être adressée par lettre recommandée avec accusé de réception ou remise contre récépissé, avant le 1er avril de l'année suivante, à l'inspecteur des impôts du lieu du domicile fiscal.

La déclaration est rédigée sur ou d'après un imprimé-modèle établi par l'administration. Elle doit être accompagnée des documents justificatifs :

- 1° des précomptes effectués par les intermédiaires financiers habilités teneurs de comptes titres ;
- 2° des moins-values non imputées par les intermédiaires financiers au cours de la même année d'imposition ;
- 3° des dates et prix d'acquisition des titres ou du coût moyen pondéré communiqué à l'intermédiaire financier habilité.

Art.84-III.- *(L.F.2011)* A. Les intermédiaires financiers habilités teneurs de comptes titres, doivent récapituler, pour chaque titulaire de titres, les cessions effectuées chaque année par ledit titulaire sur une déclaration, établie sur ou d'après un imprimé-modèle de l'administration, qu'ils sont tenus d'adresser par lettre recommandée avec accusé de réception, ou remettre contre récépissé, avant le 1er avril de l'année qui suit celle desdites cessions, à l'inspecteur des impôts du lieu de leur siège.

Cette déclaration doit comporter les indications suivantes :

- 1° la dénomination et l'adresse de l'intermédiaire financier habilité teneur de comptes ;
- 2° les nom, prénom et adresse du cédant ;
- 3° le numéro de la carte d'identité nationale ou de la carte de séjour du cédant ;
- 4° la dénomination des titres cédés ;
- 5° le solde des plus ou moins-values résultant des cessions effectuées au cours de l'année.

B. Les organismes gestionnaires des plans d'épargne en actions doivent souscrire, avant le 1er avril de chaque année, une déclaration rédigée sur ou d'après un imprimé modèle établi par l'administration récapitulant tous les titulaires des plans d'épargne en actions ouverts au cours de l'année précédente.

La déclaration doit être adressée par lettre recommandée avec accusé de réception ou remise contre récépissé à l'inspecteur des impôts du lieu de leur siège social. Cette déclaration doit comporter les indications suivantes :

- 1° les nom, prénoms et adresse du titulaire du plan d'épargne en actions ;
- 2° numéro de la carte nationale d'identité ou de la carte de séjour pour les étrangers ;
- 3° les références dudit plan (numéro du plan, durée, date d'ouverture) ;
- 4° la valeur liquidative du plan ou la valeur du rachat pour le contrat de capitalisation en cas de clôture intervenant avant l'expiration de la durée prévue à l'article 68-VII ci-dessus ;
- 5° le montant cumulé des versements effectués depuis l'ouverture du plan ;
- 6° le montant de l'impôt retenu à la source.

Déclaration en cas de départ du Maroc ou en cas de décès

Art.85-I.- Le contribuable qui cesse d'avoir au Maroc son domicile fiscal, est tenu d'adresser, par lettre recommandée avec accusé de réception, ou de remettre, contre récépissé, au plus tard trente jours avant la date de son départ, à l'inspecteur des impôts du lieu de son domicile fiscal ou de son principal établissement, la déclaration de son revenu global pour la période prévue à l'article 27-II ci-dessus.

Art.85-II.- En cas de décès du contribuable, les ayants droits sont tenus d'adresser, par lettre recommandée avec accusé de réception, ou de remettre contre récépissé, dans les trois mois qui suivent le décès, à l'inspecteur des impôts du lieu du domicile fiscal ou du principal établissement du défunt, une déclaration du revenu global de ce dernier pour la période prévue au dernier alinéa du I de l'article 175 ci-dessous.

Lorsque les activités du contribuable décédé sont poursuivies par ses ayants droit, ces derniers peuvent demander avant l'expiration du délai prévu ci-dessus :

- que l'indivision faisant suite au décès soit considérée comme une société de fait. Dans ce cas, aucune régularisation n'est exigée au titre des plus-values se rapportant aux biens affectés à une exploitation professionnelle et dont l'inventaire doit être joint à la demande prévue ci-dessus ;
- que la déclaration du de cujus afférente à la dernière période d'activité ne soit déposée que dans le délai prévu à l'article 82 ci-dessus.

Dispense de la déclaration annuelle du revenu global

Art.86.- *(L.F.2012)* Ne sont pas tenus de produire la déclaration du revenu global, à moins qu'ils ne s'estiment surtaxés ou prétendent aux déductions prévues aux articles 28 et 74 ci-dessus :

- 1° les contribuables disposant uniquement de revenus agricoles provenant d'une seule exploitation lorsqu'ils relèvent du régime forfaitaire ;
- 2° les contribuables disposant uniquement de revenus salariaux payés par un seul employeur ou débirentier domicilié ou établi au Maroc et tenu d'opérer la retenue à la source comme prévu à l'article 156-I ci-dessous :
- 3° les contribuables disposant uniquement de revenus et profits soumis à l'impôt sur le revenu selon les taux libératoires prévus au dernier alinéa de l'article 73-II ci-dessus.

Annexe - Tableau des coefficients applicables au chiffre d'affaires pour la détermination du bénéfice forfaitaire en matière d'impôt sur le revenu

NMAE : Nomenclature Marocaine des Activités Economiques

Profession	NMAE	Taux (%)
Marchand en gros (en général)	*	10
Marchand en demi gros (en général)	*	12
Marchand en détail (en général)	*	15
Entreprises de services	*	40
Abats - marchand d'- en gros	3051	8
Abats - marchand d'- en détail	3121	15
Abattage des animaux dans les abattoirs - entrepreneur de l'	1121	30
Abattage des bois sur pied - entrepreneur de l'	0150	8
Accumulateurs électriques - fabricant d'	2381	10
Activités sportives et artistiques - concessionnaire pour les opérations	4461	60
Affiches - entrepreneur de la pose et de la conservation des	3941	40
Affineur de métaux communs	1923	8
Affineur, récupérateur, apprêteur de métaux précieux	1920	10
Affréteur de navires	3523	15
Agence commerciale pour l'encouragement de l'épargne publique à la commission	4461	60
Agent d'affaires (courtier)	4022	60
Agglomères de charbon - fabricant d'	0612	12
Agglomères de charbon - marchand d'- en demi gros	3041	10
Agglomères de charbon - marchand d'- en détail	3132	15
Agglomères de charbon - marchand d'- en gros	3041	10
Agglomères de ciment, briques et tuiles - fabricant	1831	12
Alfa - marchand d'- en demi gros	3014	12
Alfa - marchand d'- en gros	3014	10
Alfa - marchand d'- en détail	3115	12
Algues, varechs, plantes aromatiques, médicinales ou industrielles pour la vente - ramasseur ou collecteur	3014	10
Alimentation générale - tenant un magasin d'	3122	8
Allumettes - bougies - fabricant d'	2572	12
Allumettes - bougies - marchand en gros d'	3046	2,5
Amiante y compris les tuyaux - fabricant des produits a base d'	1851	12
Amidon, glucose, gluten ou autres produits analogues - fabricant d'	1171	12
Amodiateur ou sous-amodiateur de concession minière ou de carrière	0420	30
Annonces et avis divers - entrepreneur d'insertion d'	3942	40
Antiquaire	3235	20
Apiculteur	0231	25
Appareillage électrique - fabricant	2300	12
Appareillage électrique - réparateur	2322	20
Appareillage électrique et des appareils domestiques de chauffage, de cuisine, etc. - exploitant un atelier pour l'entretien ou la petite réparation	3955	40

Appareils automatiques pour la préparation du mais cuit ou grille, des beignets, etc. - exploitant d'	4121	40
Appareils de radio et de télévision et accessoires pour le son et l'image - loueur d'	3969	30
Appareils distributeurs, appareils de jeux ou autres appareils analogues - exploitant d'	4460	30
Appareils ou de pièces de prothèse dentaire fabricant à façon d'	4523	30
Appareils ou de pièces de prothèse dentaire - fabricant d'	4523	30
Appareils ou de pièces de prothèse dentaire - marchand en détail	4523	20
Appareils photographiques, d'horlogerie, instruments de précision et d'optique - fabricant d'	2400	20
Appareils sanitaires - marchand en détail d'	3182	15
Appareils, accessoires ou fournitures pour la radio et la télévision - marchand en gros d'	3023	20
Appareils, films cinématographiques et cassettes vidéo - loueur de	4412	20
Appartement, pièces d'appartement, locaux divers, immeuble ou partie d'immeuble - exploitant d'- par sous-location	4022	25
Approvisionneur de navires	3000	10
Armateur pour la pêche	0311	7
Armateur pour le grand ou le petit cabotage	3453	15
Armateurs métalliques pour la construction ou l'entreprise fabricant d'	2142	10
Armurier	2163	15
Arpenteur - expert	3934	60
Arrimeur	3522	15
Arrosage, balayage ou enlèvement des boues entreprise de l'	4611	12
Articles de chasse, de pêche, de sports, de camping et autres articles de même nature - fabricant d'	2731	10
Articles de chasse, de pêche, de sports, de camping et autres articles de même nature - marchand d'- en gros	3074	10
Articles de chasse, de pêche, de sports, de camping et autres articles de même nature - marchand d'- en détail	3241	25
Articles de fumeurs - marchand d'- en demi-gros	3056	8
Articles de fumeurs - marchand d'- en gros	3056	8
Articles de fumeurs - marchand d'- en détail	3124	15
Artificier	2571	12
Asphalte ou autre matière analogue - entreprise des travaux en	2911	12
Attraction, d'amusements ou de spectacles - exploitant un établissement forain d'	4462	12
Attractions ou d'amusements - exploitant un établissement sédentaire d'	4462	20
Aubergiste	4111	25
Automobiles - exploitant un établissement pour l'entretien des voitures	3311	15
Automobiles - marchand d'accessoires et de pièces détachées pour voitures - en détail	3187	25
Automobiles - marchand de voitures - en gros	3020	15
Automobiles d'occasion, d'accessoires ou de pièces détachées d'occasion - marchand de voitures - en détail	3239	15
Aviculteur, accouveur, nourrisseur de volailles	0220	25
Avion ou hélicoptère - loueur d'	4454	40
Avions pour le transport de voyageurs ou de marchandises exploitant d'	3460	10

Babouches - marchand de - en demi-gros	3034	12
Babouches - marchand de - en détail	3151	15
Babouches - marchand de - en gros	3034	10
Bains publics et douches - entrepreneur de	4323	15
Balais - fabricant de	2741	10
Balais - marchand de - en détail	3172	15
Balais - marchand grossiste	3053	10
Balancier - marchand	3184	10
Balancier - réparateur	2413	30
Barques ou canots - fabricant de	2251	15
Barques, bateaux ou canots à moteur engins, ou appareils pour les jeux ou les sports nautiques - loueur de	4454	15
Bas et bonneterie - marchand de - en détail	3145	20
Bas et bonneterie - marchand de - en demi-gros	3032	15
Bas et bonneterie - marchand de - en gros	3032	10
Bascule publique - exploitant de	2413	15
Bascules automatiques ou autres appareils analogues - exploitant de	2413	30
Bateaux, barques ou canots - constructeur de	3024	15
Bâtiments - entrepreneur de	2911	12
Bazar d'articles de ménage, de bimbeloterie, etc. tenant un	3172	15
Beignets - marchand de - en détail	4100	12
Bestiaux - marchand de	3013	8
Bestiaux - marchand exportateur de	3013	8
Beurre et dérivés de lait - fabricant de	1141	12
Beurre et dérivés de lait - marchand de - en détail	3113	5
Beurre et dérivés de lait - marchand de - en demi-gros	3043	2,5
Beurre et dérivés de lait - marchand de - en gros	3013	1,5
Bibelot et articles de décor (bimbeloterie) marchand en détail de	3172	10
Bijouterie fantaisie ou objets de fantaisie fabricant de	2711	20
Bijoutier - marchand - vendant en détail	3222	25
Bijoux - loueur de	4210	50
Bijoux de fantaisie - marchand en détail	3266	25
Bijoux en métaux précieux - fabricant à façon de	2711	10
Bijoux et joyaux - réparateur de	3351	30
Billets de loterie entiers ou fractionnés - vendeur en gros de	4461	4
Billets de loterie entiers ou fractionnés - vendeur pour son compte ou à la commission de	4461	8
Billets de loterie fractionnés - courtier en	4461	60
Biscuits ou gâteaux secs, pains d'épice, pains de régime - marchand en gros de	3051	10
Biscuits ou gâteaux secs, pains d'épice, pains de régime - marchand de - vendant en demi-gros	1022	12
Biscuits ou gâteaux secs, pains d'épice, pains de régime - fabricant de	1022	10
Biscuits ou gâteaux secs, pains d'épice, pains de régime - marchand de - en détail	3123	15
Blanchisserie, dégraissage et repassage par procédés mécaniques - exploitant un établissement de	4311	20
Bois - marchand en demi-gros de	3014	12
Bois - marchand en détail de	3115	15

Bois - marchand en gros de	3014	10
Bois à brûler - marchand de - en gros	3020	12
Bois à brûler - marchand en détail	3132	12
Bois en grume ou de charronnage - marchand en gros de	3014	10
Boisselier - marchand - en détail	3115	15
Boissons et aliments solides à consommer sur place - débitant de	4100	25
Boissons gazeuses, eaux de table, sirops - fabricant de	1240	20
Boites en carton, de sacs ou d'étuis en papier etc. Fabricant de	1721	15
Boites métalliques, emballages métalliques, objets et fournitures en métal, autres que les produits de quincaillerie - fabricant de	2042	12
Boucher - marchand - en demi gros	3013	10
Boucher - marchand - en détail	3121	12
Boucher - marchand - en gros	3013	4
Boucher au petit détail	3121	12
Bouchons - marchand - en détail	3115	15
Bouchons - marchand de - en demi-gros	3014	10
Bouchons - marchand de - en gros	3014	8
Bouchons de liège - fabricant de	1662	8
Bougies ou chandelles - fabricant de	2572	10
Bougies ou chandelles - marchand de - en demi-gros	3046	5
Bougies ou chandelles - marchand de - en détail	3151	10
Bougies ou chandelles - marchand de - en gros	3046	2
Boulanger	1021	8
Bouquiniste ou marchand de livres d'occasion en détail	3211	20
Bourrelier	1521	20
Boyaudier cordes en boyaux - fabricant de	2749	10
Boyaux - marchand de - en demi-gros	3013	12
Boyaux - marchand en gros de	3013	8
Brochettes - marchand de	4100	25
Broderies ou dentelles - fabricant de	1365	12
Broderies ou dentelles - fabricant de - à façon	1365	15
Broderies ou dentelles - marchand - vendant en demi-gros	3032	12
Broderies ou dentelles - marchand - vendant en détail	3142	15
Broderies ou dentelles - marchand en gros	3032	10
Brodeur sur étoffes, en or ou en argent	1365	15
Brosses, balais, pinceaux, exploitant un établissement industriel, pour la fabrication des	2741	10
Brossier - marchand - vendant en détail	3172	15
Brossier - marchand en gros	3053	8
Bureau d'études, d'enquêtes et de recherches - tenant un	3932	60
Bureau de renseignements divers - tenant un	3900	60
Cabaretier	4432	30
Cabines pour bains de mer ou de rivière - loueur de	4450	15
Câbles métalliques - fabricant de	2371	12
Câbles, cordages, cordes ou ficelles - exploitant une usine pour la fabrication de	1361	12
Café - marchand de - en demi-gros	4121	8
Café - marchand de - en détail	4121	12
Café - marchand de - en gros	4121	6

Café - torréfacteur	1172	30
Café-chantant, café-concert, café-spectacle - exploitant de	4432	20
Caisses d'emballages - marchand en gros	3027	12
Caisses ou billots pour emballage - fabricant de	2040	12
Caoutchouc, celluloïd, gutta-percha, matières plastiques ou autres matières analogues - fabricant de	2600	10
Caoutchouc, celluloïd, gutta-percha, plastiques ou autres matières analogues - marchand de - vendant en gros …	3040	15
Cartes postales - éditeur de	3055	12
Cartes postales - marchand en gros de	2730	10
Carton - marchand de - en demi-gros	3054	12
Carton - marchand de - en détail	3212	15
Carton - marchand de - en gros	3054	10
Cassettes, disques - marchand de - en détail	3184	15
Chambres et appartements meubles - loueur de	4110	30
Chandeliers en fer ou en cuivre - fabricant de - à façon	2572	10
Changeur de monnaies	3742	60
Chapeaux, képis, chéchias, etc. - fabricant de	1429	10
Chapeaux, képis, chéchias, etc. - marchand de - vendant en gros	3032	10
Chapeaux, képis, chéchias, etc. - marchand en détail	3142	15
Charbon de bois - marchand de - en demi-gros	3041	10
Charbon de bois - marchand de - en détail	3132	10
Charbon de bois - marchand de - en gros	3041	8
Charbon de terre - marchand de - en demi-gros	3040	12
Charbon de terre - marchand de - en détail	3130	15
Charbon de terre - marchand de - en gros	3040	10
Chargement et déchargement - entrepreneur de	3519	20
Charpentier	1630	12
Charpentier - entrepreneur	1630	10
Charron	2271	15
Chaudronnerie en fer ou en cuivre - fabricant de grosse	2030	12
Chaudronnier	2030	12
Chaussures - fabricant de - par procédés mécaniques	1531	10
Chaussures - marchand de - vendant en demi-gros	3030	15
Chaussures - marchand de - vendant en détail	3151	20
Chaussures - marchand de - vendant en gros	3030	10
Chaux - fabricant de	0434	10
Chaux de ciment ou de plâtre - marchand de - en détail	3181	3
Chevaux - tenant une écurie pour l'entretien, l'entraînement ou le dressage de	0215	20
Chevaux ou mulets - éleveur de	0215	10
Chiffonnier - marchand - en demi-gros	3061	13
Chiffonnier - marchand - en gros	3061	10
Chiffonnier en détail	3233	15
Chocolat - fabricant de	1041	15
Chocolat - marchand de - en gros	3051	10
Cinéma et de vidéo cassette - marchand en détail d'appareil ou de film de	3173	30
Cinéma et vidéo cassette - distributeur de films de	4412	15
Cinématographe - exploitant de	4410	20

Cirage ou encaustique - fabricant de	2572	12
Ciseleur	2711	15
Clous, de pointes ou de produits de quincaillerie, par procédés mécaniques - fabricant de	2070	12
Cloutier - marchand - en détail	3182	15
Coffres-forts - fabricant de	1521	12
Coffres-forts, armoires métalliques, etc. marchand de - vendant en détail	2021	15
Coffretier - malletier en cuir - fabricant	1661	12
Coiffeur pour dames	4321	30
Coiffeur pour hommes	4321	40
Commissionnaire de transports par terre par eau ou par air	3081	40
Commissionnaire en marchandises	3081	60
Commissionnaire exportateur de produits artisanaux	3081	60
Commissionnaire pour l'acquis des droits de douanes et de fret au départ ou à l'arrivée des navires	3081	40
Confiserie - marchand de - en détail	3123	25
Confiserie - marchand de - en gros	3051	10
Confiserie, bonbons, pastilles - fabricant de - par procédés mécaniques	1040	15
Confitures - fabricant de	1170	20
Confitures - marchand de - en gros	3051	10
Conserves alimentaires - fabricant de	1170	20
Conserves alimentaires - marchand de - en gros	3051	10
Constructions métalliques - entrepreneur de	2100	10
Contreplaques par procédés mécaniques - fabricant de	1620	12
Cordier - fabricant de câbles et cordages pour la marine	1361	15
Cordier - marchand en gros	3020	15
Cordonnier travaillant sur commande	3321	20
Cornes - marchand de - en gros	3013	8
Corroyeur - marchand	3152	10
Couleurs et vernis - marchand de - en détail	3161	15
Couronnes ou d'ornements funéraires - marchand de - vendant en détail	4333	10
Couronnes ou d'ornements funéraires - fabricant de	4333	20
Courtier de bestiaux	3081	60
Courtier de marchandises - opérations en gros	3081	60
Courtier en toutes opérations	3081	60
Courtier en transport de voyageurs	3081	45
Courtier maritime, de change, de fret ou de navires	3543	50
Coutelier - marchand - en gros	3025	12
Coutelier - marchand en détail	3182	15
Couture - tenant une maison de haute	1431	40
Couturier sur mesures en boutique	1430	40
Couvertures de laine - marchand en détail de	3144	12
Crayons - fabricant de	2741	10
Crin - marchand de - en détail	3119	15
Crin - marchand de - en gros	3013	10
Crin végétal - fabricant de - par procédés mécaniques	1342	10
Cuirs - marchand de - en demi - gros	3033	10
Cuirs - marchand de - en détail	3152	12

Cuirs - marchand de - en gros	3033	8
Cuirs vieux - marchand de - en demi gros	3069	10
Cuirs vieux - marchand de - en détail	3239	12
Cuirs vieux - marchand de - en gros	3069	8
Culture physique ou d'arts d'agrément - tenant un cours de	4452	20
Cycles - marchand d'accessoires de - en détail	3186	15
Cycles et motocycles - constructeur ou monteur de	2231	12
Cycles et motocycles, pièces détachées ou accessoires de cycles ou de motocycles - marchand de - en gros	3026	10
Cycles, pièces détachées de cycles - marchand de - en détail	3189	15
Cycles, pièces détachées et accessoires de cycles - marchand de - en demi - gros	3026	12
Dallage en ciment ou mosaïque - entrepreneur de	2911	12
Damasquineur	2711	15
Décoration ou de l'ornementation des appartements, entrepreneur de la	2914	12
Décors ou ornements pour appartements, magasin, etc. marchand d'article de - en détail	1652	15
Délaineur de peaux	1311	12
Déménagement - entrepreneur de	3412	30
Désinfection par procédés mécaniques ou chimiques - exploitant un établissement de	4612	20
Diamants ou de pierres fines - tailleur de - à façon	2711	40
Disques, méthodes et accessoires - marchand en détail de - pour l'étude des langues	3249	20
Distillateur d'essence ou d'eaux parfumées ou médicinales	2562	15
Distillateur - parfumeur	2562	10
Dock, caie ou forme pour la réparation des navires - exploitant ou concessionnaire de	3551	30
Doreur, argenteur ou applicateur de métaux	3351	15
Dragueur de sable dans les cours d'eau	2924	12
Droguiste - marchand - en demi - gros	3052	12
Droguiste - marchand - en gros	3052	10
Droguiste - marchand en détail	3161	15
Droits d'auteur - agent de perception des	4433	60
Eaux minérales, eaux gazeuses et limonade - fabricant d'	1240	20
Eaux minérales, eaux gazeuses et limonade - marchand en gros d'	3051	8
Ebéniste - fabricant - pour son compte	1650	20
Ebéniste - fabricant à façon	1650	20
Ecrivain public	4334	20
Ecurie de courses - exploitant une	0215	25
Editeur - cartes postales	1733	10
Editeur - périodiques	1733	10
Editeur libraire	1733	10
Electricien	3351	20
Electricien en automobiles	3312	23
Electricien réparateur en bâtiment	3330	30
Electricité ou au gaz - marchand en détail d'appareils à l'	3172	15
Electricité ou du gaz - marchand en gros d'appareils ustensiles ou fournitures pour l'emploi de l'	3053	15

Electricité, marchand de menues fournitures pour l'emploi de l' (en gros)	3053	15
Emboutisseur	2000	15
Emplacement pour dépôts de marchandises - exploitant un	3551	30
Emulsion de bitume - fabricant d'- à façon	0444	35
Emulsion de bitume, asphalte, goudron ou autres matières analogues - fabricant de	2512	10
Encadreur	1600	15
Encres à imprimer ou à écrire - fabricant d'	1733	15
Engrais - marchand en détail	3161	10
Engrais ou amendements - marchand en gros	3043	9
Entrepôt frigorifiques - exploitant d'	3551	15
Entrepreneur de transport public sur route	3420	15
Entretien des tombes dans les cimetières - entrepreneur de l'	3351	20
Epaves - repêcheur d'	3060	10
Epicerie - marchand d'- en détail	3122	10
Epices - marchand d'- en demi-gros	3051	8
Epices - marchand d'- en détail	3119	15
Epices - marchand d'- en - gros	3051	6
Escargots - marchand d'- en gros	3013	10
Espadrilles, chaussures de sport, pantoufles - marchand d'	2621	10
Espadrilles, chaussures de sport, pantoufles - marchand en gros d'	3079	10
Espadrilles, chaussures de sport, pantoufles - marchand en détail d'	3151	15
Etanchéité - entrepreneur de travaux d'	2911	12
Expédition de colis - entrepreneur d'	3081	20
Expert pour le partage et l'estimation des propriétés	3910	60
Expert pour le règlement des sinistres en matière d'assurance	3830	60
Expert près des tribunaux	3910	60
Explosifs, capsules ou cartouches, etc. fabricant d'	2571	12
Exportateur - marchand - de plusieurs espèces de marchandises	3079	10
Extincteurs d'incendie - fabricant d'	2571	15
Extincteurs d'incendie - marchand d'- en gros	3046	15
Extincteurs d'incendie - marchand d'- vendant en détail	3161	20
Faïence - fabricant de	1812	10
Faïence - marchand en demi-gros	3079	12
Faïence - marchand en détail	3249	15
Faïence - marchand en gros	3079	10
Farine de poisson - fabricant de	1152	20
Farine, fécules, semoules ou son - marchand en gros	3051	1,5
Farines, fécules, semoules ou son - marchand en détail	3123	5
Farines, fécules, semoules ou son - marchand en demi-gros	3051	2,5
Fers vieux ou autres vieux métaux communs - marchand de - en gros	3062	10
Fers vieux ou autres vieux métaux communs - marchand de - en demi-gros	3062	12
Feuilles d'or pour la maroquinerie - fabricant de	1520	12
Feuilles d'or pour la maroquinerie - marchand en détail de	3152	15
Feutre grossier - fabricant de	1720	12
Feutre ou carton asphalte ou bitume - fabricant de	1722	12
Fiacres	3479	20
Filature de laine, de lin ou de coton - exploitant de	1312	15

Filets pour la pêche, la chasse - fabricant de	1361	12
Filets pour la pêche, la chasse - marchand en détail	3249	15
Fils - retordeur, dévideur, bobineur ou pelotonneur de	1312	12
Fleuriste	3119	25
Fleurs artificielles ou naturelles ou de plantes d'ornement - marchand de - en détail	3119	15
Fleurs artificielles ou naturelles ou de plantes d'ornement - marchand de - en gros	3016	10
Fonderie d'antimoine, d'étain, de plomb, de cobalt, de manganèse, de zinc, de cuivre, de bronze ou d'aluminium etc. - exploitant de	1921	10
Fonderie de deuxième fusion - exploitant de	1921	10
Fonte ouvragée - marchand en détail	3249	12
Forgeron	2051	12
Fossoyeur - entrepreneur	4333	10
Fournitures pour tailleurs - fabricant de	1364	12
Fournitures pour tailleurs - marchand en gros de	3079	12
Fournitures scolaires - marchand en détail de	3212	15
Fourrage et paille - marchand de - en demi-gros	3011	9
Fourrage et paille - marchand de - en détail	3119	10
Fourrage et paille - marchand de - en gros	3011	8
Fourreur en gros	3033	15
Fourrures - marchand de - en détail	3152	40
Fripier en détail	3233	25
Fripier en gros	3063	25
Fruits ou légumes frais - marchand de - en détail	3112	15
Fruits ou légumes frais - marchand de - en gros	3012	10
Fruits secs ou légumes secs - marchand de - détail	3123	12
Fruits secs ou légumes secs - marchand de - en demi - gros	3012	11
Fruits secs ou légumes secs - marchand en - en gros	3012	10
Gants - fabricant de	1520	15
Gants - marchand en détail de	3152	20
Gants - marchand en gros de	3033	15
Garage pour automobiles - exploitant de	3511	15
Garde-meubles - exploitant de	3551	20
Gaufres ou gaufrettes - fabricant de	1022	10
Gaufres ou gaufrettes - marchand en gros de	3051	10
Gaz comprimés, liquéfiés ou dissous - exploitant un établissement d'emplissage de	2511	10
Gaz comprimés, liquéfiés ou dissous - marchand de - en détail	2511	4,5
Gaz comprimés, liquéfiés ou dissous - marchand de - en gros	2511	3,5
Générateurs électriques - fabricant de	2311	10
Générateurs électriques - marchand de	3023	12
Gérant d'immeubles	4022	70
Gestion d'exploitations commerciales ou industrielles ou agricoles	4022	50
Ghassoul - marchand de - en demi-gros	3079	15
Ghassoul marchand de - en gros	3079	10
Glace - exploitant une usine pour la fabrication artificielle de la	1174	15
Glaces ou de sorbets - fabricant de	1149	20
Glaces ou de sorbets - marchand de - en demi-gros	3051	12

Glaces ou de sorbets - marchand de - en gros	3051	10
Glaces ou miroirs - entrepreneur de la fourniture, de la pose de	1821	15
Glaces ou miroirs - marchand de - vendant en demi-gros	3053	12
Glaces ou miroirs - marchand de - vendant en détail	3172	15
Glaces ou miroirs - marchand de - vendant en gros	3053	10
Glaces ou miroirs - tailleur de	3172	15
Gomme ou autres produits analogues - fabricant de	1733	15
Graines fourragères, oléagineuses ou autres - marchand de - en demi-gros	3011	10
Graines fourragères, oléagineuses ou autres - marchand de - en gros	3011	8
Grains - marchand de - en demi-gros	3011	7,5
Grains - marchand de - en gros	3011	5
Grains et graines - marchand de - en détail	3111	10
Graveur	2000	15
Guérisseur ou magnétiseur ou radiesthésiste	4334	70
Harnachement, l'équipement ou le campement - fabricant ou marchand d'objets concernant le - vendant en gros	1521	20
Héliographe	4433	10
Henné - marchand de - en demi - gros	3016	15
Henné - marchand de - en gros	3016	12
Horloger réparateur	3341	30
Horlogerie - marchand de - en détail	3188	20
Hôtel - maître d'	4111	30
Hôtel garni - maître d'- louant à la semaine, à la quinzaine ou au mois.	4111	30
Huile alimentaire - marchand d'- en demi-gros	3051	6
Huile alimentaire - marchand d'- en détail	3123	10
Huile alimentaire - marchand d'- en gros	3051	1,5
Huiles - exploitant une usine pour le raffinage des	1152	10
Huiles par procédé de presse continue - fabricant d'	1152	10
Huiles par procédés chimiques - fabricant d'	1154	20
Immeubles - lotisseur - d'	2911	25
Immeubles - promoteur d'	4021	25
Immeubles ou autres spéculations immobilières - achat et vente d'	4021	25
Immeubles, locaux, équipements de sports ou de beaux arts - exploitant d'	4452	20
Importateur - marchand - vendant en demi-gros	5249	15
Importateur - marchand - vendant en gros	5249	10
Importation - marchand - en détail	5249	15
Imprimeur d'étoffes	1352	12
Imprimeur sur métaux	2000	10
Imprimeur typographe, lithographe, lithochrome, en taille douce ou par procédés phototypiques	1731	20
Infirmier	4524	60
Inhumations et de pompes funèbres - entrepreneur d'	4333	20
Installations électriques - entrepreneur d'	2913	20
Installations sanitaires, pour le chauffage, isothermiques de calorifugeage ou de fumisterie industrielle - entrepreneur d'	2913	15
Instruments de médecine, de chirurgie - fabricant d'	2421	10
Instruments de médecine, de chirurgie - marchand d'- en détail	3181	20
Instruments de médecine, de chirurgie - marchand d'- en gros	3072	10
Instruments de musique - fabricant	2721	20

Instruments de musique - loueur d'	4454	20
Instruments de musique - marchand en détail	3249	20
Instruments pour les sciences, instruments de précision de topographie, d'optique - marchand d'- en gros	3072	20
Jeux de tables ou autres jeux analogues - exploitant de	4462	30
Jeux et amusements publics - maître de	4460	12
Jeux et courses de chevaux - concessionnaire pour les opérations de	4461	60
Joaillier - marchand en détail	3222	25
Jouets d'enfants - fabricant de	2631	10
Kinésithérapeute	4524	60
Laine - marchand de - en demi-gros	3031	10
Laine - marchand de - en détail	3140	15
Laine - marchand de - en gros	3031	8
Laines à tricoter - marchand de - en détail	3140	12
Lait - marchand de - en demi-gros	3013	10
Lait - marchand de - en gros	3013	8
Lait reconstitue - fabricant de	1141	10
Laminerie ou tréfilerie de fer ou de laiton - exploitant de	1912	12
Lampiste - marchand en détails	3279	15
Lampiste - marchand en gros	3079	10
Layetier - emballeur	1641	15
Layetier - emballeur expéditeur	1641	15
Légumes frais - marchand de - en détail	3112	15
Levures - fabricant de	1171	10
Levures - marchand en détail	3119	15
Levures - marchand en gros	3016	10
Libraire non éditeur	3211	12
Liège - marchand de - en demi-gros	3014	11
Liège - marchand de - en détail	3115	12
Liège - marchand de - en gros	3014	10
Liège agglomère ou granule - fabricant de	1662	10
Lin ou chanvre - marchand de - en demi-gros	3016	12
Lin ou chanvre - marchand de - en détail	3119	15
Lin ou chanvre - marchand de - en gros	3016	10
Linger - fabricant	1360	10
Linger - marchand - vendant en demi-gros	3031	15
Linger - marchand - vendant en détail	3142	18
Linger - marchand de - en gros	3031	10
Literie, couverture en laine, djellaba et autres produits de literie marchand de - en détail	3143	15
Literie, objets ou fournitures pour literie etc. - fabricant	1653	12
Literie, objets ou fournitures pour literie etc. - marchand de - en gros	3053	8
Literie, objets ou fournitures pour literie etc. - marchand en détail	3171	12
Livres de lecture - loueur de	3969	30
Loueur d'un établissement commercial ou industriel	4012	40
Loueur de brevets d'invention	3959	40
Loueur de marques de fabriques et de clientèle	3959	40
Loueur de meubles, objets ou ustensiles	3969	20

Loueur de wagons ou de containers pour le transport des marchandises	3513	40
Lunetier	2431	20
Lunetier - opticien - marchand - vendant en détail	3249	20
Machine pour le tirage et la reproduction des plans, dessins, etc. exploitant de	3954	20
Machines - outils, grandes machines, matériel industriel - marchand de - en détail	3184	12
Machines à coudre, à piquer, à broder, à plisser ou autres machines analogues - marchand de - en gros	3084	15
Machines à coudre, à piquer, à broder, à plisser ou autres machines analogues - marchand de - en détail	3184	15
Machines agricoles - exploitant de	3962	15
Machines agricoles - marchand de grandes	3024	15
Machines de bureau - ordinateurs et grosses unités informatiques et micro - ordinateurs - loueur de	3963	40
Machines de bureau et ordinateurs matériel informatique - marchand de - en détail	3184	15
Machines de bureau, machines comptables, caisses enregistreuses et autres machines analogues - marchand de - en gros	3024	15
Machines de bureau, machines comptables, caisses enregistreuses et autres machines analogues - marchand de - en détail	3184	20
Maçonnerie - entrepreneur de	2911	12
Magasin général - exploitant de	3100	40
Main d'œuvre - entrepreneur de la fourniture de	3959	60
Manucure ou pédicure	4322	60
Manutention maritime - entrepreneur de	3522	15
Marais salants - exploitant de	0423	20
Marbrier	1861	12
Marchand en détail - diverses marchandises	3100	15
Marchand en gros - diverses marchandises	3000	10
Marchand forain	3249	15
Margarine ou autres produits analogues - fabricant de	1151	5
Margarine ou autres produits analogues - marchand de - en demi gros	3051	8
Margarine ou autres produits analogues - marchand de - en détail	3123	12
Margarine ou autres produits analogues - marchand de - en gros	3051	5
Maroquinerie - fabricant	1520	12
Maroquinerie - marchand en détail	3152	12
Maroquinerie fine ou de luxe, gainerie et articles de voyage, … - marchand vendant en détail	3152	20
Maroquinerie, gainerie et articles de voyage, - fabricant	1520	15
Maroquinerie, gainerie et articles de voyage, - marchand vendant en demi-gros	3033	15
Maroquinerie, gainerie et articles de voyage, - marchand en gros	3033	12
Massages médicaux, soins de beauté, etc. - tenant un établissement pour les	4322	25
Matelassier	1653	12
Matériaux de construction - marchand de - en détail	3181	8
Matériaux de construction - marchand en gros	3022	5
Mécanicien - constructeur	2100	20
Mécanicien réparateur	3313	30

Menuisier - entrepreneur	2912	12
Mercerie - marchand de - en demi - gros	3035	12
Mercerie - marchand de - en détail	3146	15
Mercerie - marchand de - en gros	3035	10
Métaux - marchand de - en demi - gros	3021	10
Métaux - marchand de - en détail	3180	15
Métaux - marchand de - en gros	3021	8
Métiers - exploitant une fabrique à	1300	15
Meubles - fabricant	1800	12
Meubles - fabricant de	1651	12
Meubles - marchand de - en détail	3171	15
Meubles métalliques - fabricant de	2021	12
Meules - marchand de - en détail	3243	12
Miel ou cire - marchand de - en demi - gros	3013	12
Miel ou cire - marchand de - en détail	3113	15
Miel ou cire - marchand de - en gros	3013	10
Milk - bar - exploitant un	4121	25
Minerai - entrepreneur de transport de	3411	15
Minerai - exploitant une usine pour le broyage et le lavage du - par procédés mécanique ou physico-chimique	1900	20
Minerais et de métaux bruts - marchand en gros de	3079	2
Mines ou minières - exploitant de	0400	15
Modèles en papier pour broderies - marchand de - en détail	3146	15
Modiste	1400	40
Monuments funèbres - entrepreneur de	4333	15
Moulin - exploitant à façon	4331	40
Musicien	4433	50
Musique - instruments de - marchand en détail	3241	20
Nattier	1373	8
Navires étrangers - consignataire ou tenant une agence	3543	40
Nettoyage des magasins, appartements, etc. - entrepreneur du	4612	20
Objets d'art ou de curiosité - marchand d'- en gros	3079	12
Objets en cuivre ou en métal - fabricant	2000	12
Objets en cuivre ou en métal - marchand d'- de détail	3249	20
Objets et fournitures en métal, autre que les produits de quincaillerie - fabricant d'	3249	12
Œufs - marchand d'- en demi-gros	3013	6
Œufs - marchand d'- en détail	3113	12
Œufs - marchand d'- en gros	3013	4
Œufs, volailles ou lapins - marchand d'- au petit détail	3113	15
Œufs, volailles ou lapins - marchand exportateur d'	3081	8
Oiseaux, petits animaux, poissons -, marchand d'- en détail	3114	15
Opticien - marchand - vendant en détail	3249	20
Orfèvre - fabricant - avec atelier et magasin	2711	10
Orfèvre - marchand	3071	25
Orthopédie, bandages, ceintures - fabricant de	2535	20
Orthopédie, bandages, ceintures - marchand en détail	3249	20
Os, marchand d'- en gros	3079	25

Ostréiculteur - éleveur d'huîtres	0322	20
Ouvrages en cheveux, nylon, soie, etc. pour la coiffure - marchand en détail	3162	25
Panneaux métalliques routiers publicitaires - exploitant un établissement industriel pour la fabrication de	2031	12
Papeterie à la mécanique - exploitant de	1712	15
Papetier - marchand - en demi-gros	3054	12
Papetier - marchand - en détail	3212	15
Papetier - marchand - en gros	3054	10
Papiers apprêtes ou façonnés - fabricant de	1712	15
Papiers apprêtes ou façonnés - marchand en détail	3212	15
Papiers apprêtes ou façonnés - marchand en gros	3054	12
Papiers peints pour teintures - marchand de - en détail	3249	15
Parachutes - fabricant de	2922	10
Parapluies - fabricant de	3152	40
Parc pour le gardiennage et la surveillance des automobiles cycles et motocycles - tenant un	4334	40
Parc zoologique ou jardin payant - tenant un	4443	10
Parcs, jardins, avenues etc. entrepreneur de la plantation ou de l'entretien des	4443	25
Parfumeur - marchand - en demi-gros	3046	15
Parfumeur - marchand - en détail	3162	25
Parfumeur - marchand - en gros	3046	10
Passementier en demi - gros	3022	20
Passementier en détail	3145	25
Passementier en gros	3022	12
Pasteurisation du lait - exploitant un établissement industriel pour la	1141	12
Pâte de cellulose - fabricant de	1711	12
Pâtes alimentaires - fabricant de	1015	12
Pâtes alimentaires - marchand de - en demi-gros	3051	12
Pâtes alimentaires - marchand de - en détail	3122	15
Pâtes alimentaires - marchand de - en gros	3051	10
Pâtissier vendant en détail	3123	25
Pâtissier vendant en gros	3051	12
Pâtissier-glacier	1021	20
Paveur	2911	8
Peaux - marchand de - en demi - gros	3033	15
Peaux - marchand de - en détail	3152	15
Peaux - marchand de - en gros	3033	10
Pêche - adjudicataire ou fermier de	0311	7
Peignerie ou carderie de laine, de coton ou de bourre de soie par procédés mécaniques - exploitant de	1311	15
Peintre en bâtiments	2914	15
Peintre ou armoiries, attributs, décors ou enseignes	3311	15
Pension d'animaux - tenant	4334	10
Pension de famille - tenant	4111	12
Petit appareillage électrique - fabricant de	2321	15
Pharmacie - marchand d'accessoires ou fournitures pour la - vendant en détail	3184	15
Photographe - exploitant un studio de	4332	15

Photographe ayant atelier et travaillant seul	4332	25
Photographie	4332	25
Pianos - loueur ou accordeur de	4454	20
Pianos - marchand de	3184	20
Pièces spéciales pour métiers, accessoires ou instruments pour industries textiles - fabricant de	2152	12
Pierre, sable et gravette - marchand de - en détail	3181	20
Pierres fausses - fabricant	2711	10
Pierres fausses - marchand en détail	3222	25
Pierres ou carreaux pour mosaïques - marchand de - en détail	3181	10
Pierres pour la construction ou pour les routes - marchand de - en détail	3181	8
Piscine - exploitant de	4453	15
Plafonneur ou plâtrier - entrepreneur	2914	12
Plants, arbres ou arbustes - marchand de - en détail	3119	12
Plâtre - fabricant de	1842	10
Plombier	2913	15
Plume et duvet - marchand de - en demi - gros	3079	15
Plume et duvet - marchand de - en détail	3247	15
Plume et duvet - marchand de - en gros	3079	10
Pneumatiques - marchand de - en demi - gros	3026	12
Pneumatiques - marchand de - en détail	3187	15
Pneumatiques - marchand de - en gros	3026	10
Pneumatiques d'occasion ou rechapés - marchand de - en détail	3187	15
Poisson - marchand de - en détail	3114	15
Poisson frais - marchand de - en gros	3015	5
Poisson salé ou fumé - fabricant de	0331	20
Poisson salé, mariné, sec ou fumé, etc. - marchand de - en gros	3015	10
Poisson, salé, mariné, sec ou fumé, etc. - marchand de - en demi - gros	3015	12
Pommes de terre - marchand de - en demi - gros	3012	10
Pommes de terre - marchand de - en gros	3012	8
Porcelaine - marchand de - en détail	3172	15
Poterie - fabricant	1831	10
Poterie - marchand de - en gros	3053	10
Prêt à porter - marchand	1411	15
Producteur de films cinématographiques	4411	20
Produits chimiques - exploitant un établissement industriel pour la fabrication de	2510	12
Produits chimiques - marchand de - vendant en demi - gros	3040	8
Produits chimiques - marchand de - vendant en détail	3161	10
Produits chimiques - marchand de - vendant en gros	3040	5
Produits de régime - marchand de - en détail	3123	15
Prospections minières par procèdes géophysiques - entrepreneur de	3931	12
Provendes aliments composés ou autres produits pour l'alimentation des animaux - fabricant	1181	20
Provendes, aliments composés ou autres produits pour l'alimentation des animaux - marchand de - en détail	3123	15
Provendes, aliments - marchand en gros	3051	20
Publicité - entrepreneur ou tenant une agence de	3942	60
Quincaillerie ou ferronnerie - marchand de - en demi - gros - occupant entre	3025	12,5

six et dix personnes		
Quincaillerie ou ferronnerie - marchand de - en détail - occupant entre trois et cinq personnes	3182	15
Quincaillerie ou ferronnerie - marchand de - en gros	3025	10
Radiateurs pour moteurs - fabricant de	4334	12
Radio télévision et autres appareils électroniques - fabricant d'appareils récepteurs, de pièces détachées ou de fournitures	2352	20
Radio télévision et autres appareils électroniques - réparateur	3331	40
Radiologie et électricité médicale, radiothérapie - marchand d'appareils ou de pièces détachées ou accessoires pour appareils de - vendant en gros	3072	20
Radoubeur de petites embarcations	3524	30
Reliure de livres et travaux analogues - tenant un atelier de	1732	15
Remorquage par bateaux à propulsion mécanique - entrepreneur de	3524	15
Réparations industrielles - exploitant un atelier de	3351	12
Représentant de commerce ayant dépôt ou sous-agent ou étant ducroire ou effectuant opérations en gros	3081	60
Résines, bitume, goudron, asphalte ou autres matières - marchand de - en demi gros	3041	15
Résines, bitume, goudron, asphalte ou autres matières - marchand de - en détail	3161	15
Résines, bitume, goudron, asphalte ou autres matières analogues - marchand de - en gros	3041	5
Résines, marchand en gros de	3041	10
Ressorts pour voitures automobiles, camions, wagons, etc. - fabricant de	2050	10
Restaurant - exploitant de	4121	20
Restaurateur à la carte occupant	4121	20
Riz - marchand en gros	3016	1,5
Rôtisseur - exploitant un four pour rôtisserie	4331	8
Sacs - loueur ou marchand de - en détail	3152	12
Sacs de toile - fabricant de	1521	12
Sacs ou étuis en papier - fabricant	1721	12
Sacs ou étuis en papier - marchand en gros de	3079	12
Sage - femme	4524	60
Salles ou locaux aménagés pour réunions, cérémonies fêtes ou expositions - loueur de	4012	15
Salles publiques de fête - exploitant de	4432	30
Salon de thé - tenant un	4121	40
Sandales - fabricant de	1530	10
Sandales - marchand de - vendant en demi - gros	3034	15
Sandales - marchand de - vendant en détail	3151	20
Sandales - marchand en gros	3034	10
Savon - fabricant de	2561	12
Savon - marchand de - en demi - gros	3045	5
Savon - marchand de - en gros	3045	1,5
Scierie mécanique - exploitant de	1611	40
Scierie mécanique pour le sciage du marbre ou de la pierre - exploitant de	1611	12
Sel - marchand de - en demi - gros	3051	12
Sel - marchand de - en gros	3051	10
Sel - raffinerie de	1173	8

Sellier - carrossier	1521	20
Serrurerie de bâtiment - fabricant de	2913	12
Serrurier - entrepreneur ou serrurier - mécanicien	2913	12
Services d'informations commerciales - entrepreneur de	3952	30
Services téléphoniques	2913	12
Soie naturelle ou artificielle - marchand de - en demi-gros	3031	10
Soie naturelle ou artificielle - marchand de - en détail	3141	15
Soie naturelle ou artificielle - marchand de - en gros	3031	8
Sommiers - fabricant de	1653	8
Sommiers - marchand en détail	3249	12
Sommiers - marchand en gros	1653	8
Sondeur ou foreur de puits	2923	12
Soudure - exploitant un atelier de	2030	15
Sparterie - fabricant de	1660	8
Sparterie - marchand en gros de	3079	8
Spécialités ou préparations pharmaceutiques ou vétérinaires - fabricant de	2550	20
Spécialités ou préparations pharmaceutiques ou vétérinaires - marchand en gros	3044	20
Spécialités ou préparations pharmaceutiques ou vétérinaires - marchand de - vendant en demi - gros	3044	22
Spécialités ou préparations pharmaceutiques ou vétérinaires - marchand de - vendant en détail	3160	25
Spectacles festivals artistiques - entrepreneur de	4431	10
Station - service pour voitures automobiles - tenant une	3519	20
Sucre - marchand de - en demi - gros	3051	1
Sucre - marchand de - en détail	3123	1,5
Sucre - marchand de - en gros	3051	0,8
Sûreté - fabricant d'appareils électriques de	2321	12
Sûreté - marchand en gros d'appareils électriques de	3023	12
Surveillance et protection contre le vol - entrepreneur de	3959	40
Tabac - débitant de - vendant en détail	3124	4
Tabac - marchand - vendant en gros	3056	2
Tailleur ou couturier sur mesures	1430	40
Talons, contreforts ou autres pièces pour chaussures fabricant de	1531	10
Tanneur de cuirs	1511	10
Taxis sur route - exploitant de	3433	15
Taxis urbains - exploitant de	3432	15
Téléphérique, télésièges et remonte - pente (exploitant de)	3479	40
Tentes, bâches, voiles à bateaux - fabricant de	1369	12
Tentes, bâches, voiles à bateaux … - loueur de	4454	12
Tentes, bâches, voiles à bateaux … - marchand vendant en détail	3241	15
Tentes, bâches, voiles à bateaux … - marchand vendant en gros	3074	12
Terrain ou emplacement à usage de camping - exploitant	4100	25
Terrassement - entrepreneur de	4452	12
Thé - marchand de - en détail	3123	5
Thé - marchand de - en gros	3051	1,5
Timbres-poste pour collections - marchand en détail de - occupant plus de deux personnes	3249	20
Tissus - marchand de - en demi - gros	3032	8

Tissus - marchand de - en gros	3032	5
Tissus de qualité fine ou de luxe - marchand de - en détail	3032	12
Tissus, étoffes ou fils - entrepreneur de travaux se rapportant a la fabrication ou au traitement des	1350	20
Toiles cirées, vernies ou en matière plastique - marchand de - en gros	3071	10
Toiles cirées, vernies ou en matière plastique - marchand de - en demi - gros	3079	11
Toiles cirées, vernies ou en matière plastique - marchand de - en détail	3142	12
Toiles pour linge de maison - marchand de - en demi - gros	3031	15
Toiles pour linge de maison - marchand de - en détail	3142	18
Toiles pour linge de maison - marchand de - en gros	3031	12
Tôlier	3311	23
Tonneaux - marchand de - en détail	3184	15
Tonnelier - maître	2032	12
Transport de dépêches - entrepreneur de	3400	15
Transport de marchandises par automobiles - entrepreneur de	3411	15
Transport de voyageurs par automobiles ne partant pas à jour et heures fixes - entrepreneur de	3423	25
Transporteur par automobiles de matériaux de toute nature	3479	25
Transports maritimes - entrepreneur de	3450	15
Transports urbains - entrepreneur de	3422	15
Travaux aériens - entrepreneur de - celui qui effectue des travaux de topographie, de photographie, de publicité, etc.	3935	10
Travaux d'entretien et de réparations des immeubles - entrepreneur de	2916	30
Travaux divers ou constructions - entrepreneur de	2916	12
Travaux photographiques - exploitant un atelier de	4332	15
Trieur ou nettoyeur de déchets de laine, de coton, etc.	1311	12
Vannerie - marchand de - en demi-gros	3053	12
Vannerie - marchand de - en détail	3172	15
Vannerie - marchand de - en gros	3053	10
Véhicules automobiles - loueur de	3969	25
Ventes à l' encan - entrepreneur de	3249	15
Vérificateurs ou entrepreneur de l'entretien de véhicules, appareils, récipients, matériels installations.	3300	30
Vermiculite ou autres substances minérales analogues	1922	10
Verre - fabricant de	1821	10
Verre - marchand d'articles - en demi - gros	3025	10
Verre - marchand d'articles - en détail	3182	12
Verre - marchand d'articles - en gros	3025	8
Verrerie fine ou cristaux - marchand de - en détail	3182	15
Verres de sécurité, verres spéciaux, etc. - exploitant un établissement pour la fabrication ou la préparation des	1821	10
Vêtements confectionnés - exploitant un établissement industriel pour la fabrication de	1400	6
Vêtements confectionnés - marchand de - vendant en détail	3145	15
Vêtements confectionnés - marchand de - vendant en gros	3032	10
Viandes salées, fumées, desséchées ou frigorifiées etc. - fabricant de	1130	8
Viandes salées, fumées, desséchées ou frigorifiées marchand de - en gros	3051	8
Viandes salées, fumées, desséchées ou frigorifiées, marchand de - en détail	3121	15

Vinaigre - fabricant de	1173	10
Vinaigre - marchand de - en demi-gros	3051	12
Vinaigre - marchand de - en détail	3122	15
Vinaigre - marchand de - en gros	3051	10
Voies de communication, canalisation d'eau, égouts, - entrepreneur de la construction ou de l'entretien de	2924	12
Voilier	2250	12
Voitures à traction animale - marchand de - en détail	3185	12
Voitures d'enfants - fabricant de	2732	12
Voitures d'enfants - marchand en gros	3074	12
Volailles, lapins ou volatile - marchand de - en détail	3113	15
Volailles, lapins ou volatile - marchand de - en gros	3013	8
Vulcanisation - exploitant un atelier de	3314	15
Wagons, machines et matériels ferroviaires - entrepreneur de la construction et de la réparation de	2242	12

Titre 3 - La taxe sur la valeur ajoutée

Art.87.- Définition

La taxe sur la valeur ajoutée (TVA) qui est une taxe sur le chiffre d'affaires, s'applique :

- 1° aux opérations de nature industrielle, commerciale, artisanale ou relevant de l'exercice d'une profession libérale, accomplies au Maroc ;
- 2° aux opérations d'importation ;
- 3° aux opérations visées à l'article 89 ci-dessous, effectuées par les personnes autres que l'Etat non entrepreneur, agissant, à titre habituel ou occasionnel quels que soient leur statut juridique, la forme ou la nature de leur intervention.

Sous-titre 1 - Régime de la TVA à l'intérieur

Chapitre 1 - Champ d'application

Section 1 - Territorialité

Art.88.- Principes gouvernant la notion de territorialité

Une opération est réputée faite au Maroc :

- 1° s'il s'agit d'une vente, lorsque celle-ci est réalisée aux conditions de livraison de la marchandise au Maroc ;
- 2° s'il s'agit de toute autre opération, lorsque la prestation fournie, le service rendu, le droit cédé ou l'objet loué sont exploités ou utilisés au Maroc.

Section 2 - Opérations imposables

Art.89.- Opérations obligatoirement imposables

Art.89-I.- Sont soumis à la TVA :

- 1° les ventes et les livraisons par les entrepreneurs de manufacture de produits extraits, fabriqués ou conditionnés par eux, directement ou à travers un travail à façon ;
- 2° les ventes et les livraisons en l'état réalisées par :
  - a) les commerçants grossistes ;
  - b) les commerçants dont le chiffre d'affaires réalisé au cours de l'année précédente est égal ou supérieur à 2.000.000 DH.

  Ces derniers ne peuvent remettre en cause leur assujettissement à la TVA que lorsqu'ils réalisent un chiffre d'affaires inférieur audit montant pendant trois années consécutives ;
- 3° les ventes et les livraisons en l'état de produits importés réalisées par les commerçants importateurs ;
- 4° les travaux immobiliers, les opérations de lotissement et de promotion immobilière ;
- 5° les opérations d'installation ou de pose, de réparation ou de façon ;
- 6° les livraisons visées aux 1°, 2°, et 3° ci-dessus faites à eux-mêmes par les assujettis, à l'exclusion de celles portant sur les matières et produits consommables utilisés dans une opération passible de la taxe ou exonérée en vertu des dispositions de l'article 92 ci-dessous ;
- 7° les livraisons à soi-même d'opérations visées au 4° ci-dessus ;
- 8° les opérations d'échange et les cessions de marchandises corrélatives à une vente de fonds de commerce effectué par les assujettis ;
- 9° les opérations d'hébergement et/ou de vente de denrées ou de boissons à consommer sur place ;
- 10° les locations portant sur les locaux meublés ou garnis y compris les élé-

ments incorporels du fonds de commerce, les opérations de transport, de magasinage, de courtage, les louages de choses ou de services, les cessions et les concessions d'exploitation de brevets, de droits ou de marques et d'une manière générale toute prestation de services ;

- 11° les opérations de banque et de crédit et les commissions de change ;
- 12° les opérations effectuées, dans le cadre de leur profession, par toute personne physique ou morale au titre des professions de :
  - a) avocat, interprète, notaire, adel, huissier de justice ;
  - b) architecte, métreur-vérificateur, géomètre, topographe, arpenteur, ingénieur, conseil et expert en toute matière ;
  - c) vétérinaire.

Art.89-II.- Il faut entendre au sens du présent article :

1) Par entrepreneurs de manufacture :

- a) les personnes qui, habituellement ou occasionnellement, à titre principal ou à titre accessoire, fabriquent les produits, les extraient, les transforment, en modifient l'état ou procèdent à des manipulations, tels qu'assemblage, assortiment, coupage, montage, morcellement ou présentation commerciale, que ces opérations comportent ou non l'emploi d'autres matières et que les produits obtenus soient ou non vendus à leur marque ou à leur nom ;
- b) les personnes qui font effectuer par des tiers les mêmes opérations :
  - soit en fournissant à un fabricant ou à un façonnier tout ou partie du matériel ou des matières premières nécessaires à l'élaboration de produits ;
  - soit en leur imposant des techniques résultant de brevets, dessins, marques, plans, procédés ou formules dont elles ont la jouissance.

2) Par commerçants revendeurs en l'état :

- les grossistes inscrits à la taxe professionnelle en tant que marchands en gros ;
- les détaillants revendeurs.

3) Par entrepreneurs de travaux immobiliers, les personnes qui édifient des ouvrages immobiliers au profit de tiers.

4) Par lotisseurs, les personnes qui procèdent à des travaux d'aménagement ou de viabilisation de terrains à bâtir.

5) Par promoteurs immobiliers, les personnes qui, sans avoir la qualité d'entrepreneur de travaux immobiliers, procèdent ou font procéder à l'édification d'un ou de plusieurs immeubles destinés à la vente ou à la location.

Art.90.- Opérations imposables par option

Peuvent sur leur demande, prendre la qualité d'assujettis à la TVA :

- 1° les commerçants et les prestataires de services qui exportent directement les produits, objets, marchandises ou services pour leur chiffre d'affaires à l'exportation ;
- 2° les personnes visées à l'article 91-II-1°ci-après ;
- 3° les revendeurs en l'état de produits autres que ceux énumérés à l'article 91 (I-A-1°, 2°, 3° et 4°) ci-après.

La demande d'option visée au premier alinéa du présent article doit être adressée sous pli recommandé au service local des impôts dont le redevable dépend et prend effet à l'expiration d'un délai de trente jours suivant la date de son envoi.

Elle peut porter sur tout ou partie des ventes ou des prestations. Elle est maintenue pour une période d'au moins trois années consécutives.

Section 3 - Exonérations

Exonérations sans droit à déduction

Art.91.- Sont exonérées de la TVA :

Art.91-I.- *(L.F.2012)* A. Les ventes, autrement qu'à consommer sur place, portant sur :

- 1° le pain, le couscous, les semoules et les farines servant à l'alimentation humaine ainsi que les céréales servant à la fabrication de ces farines et les levures utilisées dans la panification. Par pain, on doit entendre le produit qui ne renferme pas d'autres matières que la farine, la levure, l'eau et le sel, à l'exclusion des biscottes, bretzels, biscuits et autres produits similaires ;
- 2° le lait. L'exonération s'applique aux laits et crèmes de lait frais conservés ou non, concentrés ou non, sucrés ou non, aux laits spéciaux pour nourrissons, ainsi que le beurre de fabrication artisanale non conditionné, à l'exclusion des autres produits dérivés du lait ;
- 3° le sucre brut, on doit entendre le sucre de betterave, de canne et les sucres analogues (saccharose) ;
- 4° les dattes conditionnées produites au Maroc, ainsi que les raisins secs et les figues sèches ;
- 5° les produits de la pêche à l'état frais, congelés, entiers ou découpés ;
- 6° la viande fraîche ou congelée ;
- 7° l'huile d'olive et les sous-produits de la trituration des olives fabriqués par les unités artisanales.

B. Abrogé

C. Les ventes portant sur :

- 1° les bougies et paraffines entrant dans leur fabrication, à l'exclusion de celles à usage décoratif et des paraffines utilisées dans leur fabrication ;
- 2° les bois en grumes, écorcés ou simplement équarris, le liège à l'état naturel, les bois de feu en fagots ou sciés à petite longueur et le charbon de bois ;
- 3° le crin végétal ;
- 4° les tapis d'origine artisanale de production locale.
- 5° les métaux de récupération.

D. Les opérations portant sur :

- 1° les ventes des ouvrages en métaux précieux fabriqués au Maroc ;
- 2° les ventes de timbres fiscaux, papiers et impressions timbrés, émis par l'Etat ;
- 3° les prestations réalisées par les sociétés ou compagnies d'assurances et qui relèvent de la taxe sur les contrats d'assurances prévue par l'annexe II au décret n°2-58-1151 du 24 décembre 1958 portant codification du timbre.

E. Les opérations de ventes portant sur :

1) Les journaux, les publications, les livres, les travaux de composition, d'impression et de livraison y afférents, la musique imprimée ainsi que les CD-ROM reproduisant les publications et les livres.

L'exonération s'applique également aux ventes de déchets provenant de l'impression des journaux, publications et livres.

Le produit de la publicité n'est pas compris dans l'exonération.

2) Les papiers destinés à l'impression des journaux et publications périodiques ainsi qu'à l'édition, lorsqu'ils sont dirigés, sur une imprimerie.

3) Les films documentaires ou éducatifs.

4 et 5) Abrogés

Art.91-II.- 1) Les ventes et prestations réalisées par les petits fabricants et les petits prestataires qui réalisent un chiffre d'affaires annuel égal ou inférieur à 500.000 DH.

Toutefois, lorsque ces derniers deviennent assujettis, ils ne peuvent remettre en cause leur assujettissement à la TVA que lorsqu'ils réalisent un chiffre d'affaires inférieur audit montant pendant trois années consécutives ;

Sont considérés comme « petit fabricant » ou « petit prestataire » :

- toute personne dont la profession consiste dans l'exercice d'une industrie principalement manuelle, qui travaille des matières premières, et qui tire son gain de son travail manuel, lequel doit demeurer prédominant par rapport à celui des machines éventuellement utilisées ;
- les façonniers qui opèrent pour le compte de tiers sur des matières premières fournies par ce dernier ;
- les exploitants de taxis ;
- toute personne qui, dans un local sommairement agencé vend des produits ou denrées de faible valeur ou exécutent de menues prestations de services.

2) Les opérations d'exploitation des douches publiques, de « Hammams » et fours traditionnels.

Art.91-III.- Les opérations et prestations portant sur :

1) a) Les livraisons à soi-même de construction dont la superficie couverte n'excède pas 300 m², effectuées par toute personne physique, à condition que ladite construction porte sur une unité de logement indivisible ayant fait l'objet de délivrance d'une autorisation de construire et doit être affectée à l'habitation principale de l'intéressé pendant une durée de quatre ans courant à compter de la date du permis d'habiter ou de tout autre document en tenant lieu.

Cette exonération est applicable également aux :

- sociétés civiles immobilières constituées par les membres d'une même famille pour la construction d'une unité de logement destinée à leur habitation personnelle principale ;
- personnes physiques et morales qui édifient dans le cadre d'un programme agréé, des constructions destinées au logement de leur personnel.

Les dispositions précédentes s'appliquent aux constructions pour lesquelles l'autorisation de construire est délivrée postérieurement au 1er janvier 1992.

b) Les opérations de construction de logements réalisés dans les conditions fixées au a) ci-dessus pour le compte de chacun de leurs adhérents par les coopératives d'habitation constituées et fonctionnant conformément à la législation en vigueur.

2) Les opérations de crédit foncier et de crédit à la construction se rapportant au logement social visé à l'article 92-I-28° ci-dessous.

Art.91-IV.- 1) Les opérations réalisées par les coopératives et leurs unions légalement constituées dont les statuts, le fonctionnement et les opérations sont reconnus conformes à la législation et à la réglementation en vigueur régissant la catégorie à laquelle elles appartiennent. Cette exonération est accordée dans les conditions prévues à l'article 93-II ci-dessous.

2) Les prestations fournies par les associations à but non lucratif reconnues d'utilité publique, les sociétés mutualistes ainsi que les institutions sociales des salariés constituées et fonctionnant conformément aux dispositions du dahir n°1-57-187 du 12 novembre 1963 portant statut de la mutualité, tel qu'il a été modifié ou complété.

Toutefois, l'exonération ne s'applique pas aux opérations à caractère commercial, industriel ou de prestations de services réalisées par les organismes précités.

Art.91-V.- Les opérations portant sur :

- 1° les opérations d'escompte, de réescompte et les intérêts des valeurs de l'Etat et des titres d'emprunt garantis par lui ainsi que les diverses commissions allouées pour le placement des mêmes valeurs ;
- 2° les opérations et les intérêts afférents aux avances et aux prêts consentis à l'Etat par les organismes autorisés à cet effet. L'exonération s'applique à tous les stades des opérations aboutissant à la réalisation des avances et des prêts et à la mobilisation des effets créés en représentation de ces prêts ;
- 3° les intérêts des prêts accordés par les établissements de crédit et organismes assimilés aux étudiants de l'enseignement privé ou de la formation professionnelle et destinés à financer leurs études ;
- 4° les prestations de services afférentes à la restauration, au transport et aux loisirs scolaires fournies par les établissements de l'enseignement privé au profit des élèves et des étudiants qui sont inscrits dans lesdits établissements et y poursuivent leurs études.

Art.91-VI.- *(L.F.2012)* Les opérations portant sur :

- 1° les prestations fournies par les médecins, médecins-dentistes, masseurs kinésithérapeutes, orthoptistes, orthophonistes, infirmiers, herboristes, sages-femmes, exploitants de cliniques, maisons de santé ou de traitement et exploitants de laboratoires d'analyses médicales ;
- 2° les ventes portant sur les appareillages spécialisés destinés exclusivement aux handicapés. Il en est de même des opérations de contrôle de la vue effectuées au profit des déficients visuels par des associations reconnues d'utilité publique ;
- 3° Abrogé.

Art.91-VII.- *(L.F.2011, 2012)* Les opérations de crédit effectuées par les associations de micro-crédit régies par la loi n°18-97 précitée, au profit de leur clientèle. Cette exonération est applicable du 1er janvier 2012 au 31 décembre 2012.

Art.91-VIII.- Les opérations nécessaires à la réalisation du programme de travaux objet des associations d'usagers des eaux agricoles régies par la loi n°84-02 précitée.

Art.91-IX.- L'ensemble des actes, activités ou opérations réalisés par l'Office National des Œuvres Universitaires Sociales et Culturelles, créé par la loi n°81-00 précitée.

Art.91-X.- Les opérations réalisées par les centres de gestion de comptabilité agrées crées par la loi n°57-90 relative auxdits centres, pendant un délai de quatre ans courant à compter de la date d'agrément.

Exonérations avec droit à déduction

Art.92-I.- *(L.F.2011, 2012)* Sont exonérés de la TVA avec bénéfice du droit à déduction prévu à l'article 101 ci-dessous :

1) Les produits livrés et les prestations de services rendues à l'exportation par les assujettis.

L'exonération s'applique à la dernière vente effectuée et à la dernière prestation de service rendue sur le territoire du Maroc et ayant pour effet direct et immédiat de réaliser l'exportation elle-même.

Par prestations de services à l'exportation, il faut entendre :

- les prestations de services destinées à être exploitées ou utilisées en dehors du territoire marocain ;
- les prestations de services portant sur des marchandises exportées effectuées pour le compte d'entreprises établies à l'étranger.

Le bénéfice de cette exonération est subordonné à la condition qu'il soit justifié de l'exportation :

- des produits par la production des titres de transport, bordereaux, feuilles de gros, récépissés de douane ou autres documents qui accompagnent les produits exportés ;
- des services par la production de la facture établie au nom du client à l'étranger et des pièces justificatives de règlement en devises dûment visées par l'organisme compétent ou tout autre document en tenant lieu.

A défaut de comptabilité, l'exportateur de produits doit tenir un registre de ses exportations par ordre de date, avec indication du nombre, des marques et des numéros de colis, de l'espèce, de la valeur et de la destination des produits.

En cas d'exportation de produits par l'intermédiaire de commissionnaire, le vendeur doit délivrer à celui-ci une facture contenant le détail et le prix des objets ou marchandises livrés, ainsi que l'indication, soit des nom et adresse de la personne pour le compte de laquelle la livraison a été faite au commissionnaire, soit de la contremarque ou de tout autre signe analogue servant au commissionnaire à désigner cette personne.

De son côté, le commissionnaire doit tenir un registre identique à celui prévu à l'alinéa précédent et il doit remettre à son commettant une attestation valable pendant l'année de sa délivrance et par laquelle il s'engage à verser la taxe et les pénalités exigibles, dans le cas où la marchandise ne serait pas exportée.

2) Les marchandises ou objets placés sous les régimes suspensifs en douane.

Toutefois, en cas de mise à la consommation, par les bénéficiaires de ces régimes, les ventes et livraisons des produits fabriqués ou transformés ainsi que des déchets, sont passibles de la taxe.

L'exonération couvre également les travaux à façon.

3) Les engins et filets de pêche destinés aux professionnels de la pêche maritime.

Par engins et filets de pêche, on doit entendre tous instruments et produits servant à attirer, à appâter, à capturer ou à conserver le poisson.

4) Les engrais.

Par engrais, il faut entendre les matières d'origine minérale, chimique, végétale ou animale, simples ou mélangées entre elles, utilisées pour fertiliser le sol.

L'exonération s'applique également aux mélanges composés de produits antiparasitaires, de micro-éléments et d'engrais, dans lesquels ces derniers sont prédominants.

5) Lorsqu'ils sont destinés à usage exclusivement agricole :

- les produits phytosanitaires ;
- les tracteurs ;
- les abris-serres et les éléments entrant dans leur fabrication ;
- les moteurs à combustion interne stationnaire, les pompes à axe vertical et les motopompes dites pompes immergées ou pompes submersibles ;
- le semoir simple ou combiné ;
- le retarvator (fraise rotative) ;
- le scarificateur ;
- le sweep ;
- le rodweeder ;
- l'épandeur d'engrais ;
- le plantoir et les repiqueurs pour tubercules et plants ;
- les moissonneuses-batteuses ;
- les ramasseuses presses ;
- les ramasseuses de graines ;
- les ramasseuses chargeuses de canne à sucre et de betterave ;
- les tracteurs à roues et à chenilles ;
- les motoculteurs ;
- les pivots mobiles ;

- les appareils mécaniques à projeter des produits insecticides, fongicides, herbicides et similaires ;
- le cover crop ;
- les charrues ;
- les moissonneuses ;
- les poudreuses à semences ;
- les ventilateurs anti-gelée ;
- les canons anti-grêle ;
- les appareils à jet de vapeur utilisés comme matériel de désinfection des sols ;
- le matériel génétique animal et végétal ;
- les conteneurs pour le stockage d'azote liquide et le transport de semences congelées d'animaux ;
- les chisels ;
- les sous-soleurs ;
- les cultivateurs à dents ;
- les stuble-plow ;
- les herses ;
- les billonneurs ;
- les buteuses et bineuses ;
- les rouleaux agricoles tractés ;
- les batteuses à poste fixe ;
- les moissonneuses lieuses ;
- les faucheuses rotatives ou alternatives et les girofaucheuses ;
- les râteaux faneurs et les giroandaineurs ;
- les ensileuses ;
- les faucheuses conditionneuses ;
- les hacheuses de paille ;
- les débroussailleurs ;
- les tailleuses de haies ;
- les égreneuses ;
- les effeuilleuses ;
- les arracheuses de légumes ;
- les épandeurs de fumier ;
- les épandeurs de lisier ;
- les ramasseuses et/ou andaineuses de pierres ;
- le matériel de traite : pots et chariots trayeurs ;
- les salles de traite tractées et l'équipement pour salles de traite fixes ;
- les barattes ;
- les écrémeuses ;
- les tanks réfrigérants ;
- les abreuvoirs automatiques ;
- le matériel apicole : machines à gaufrer, extracteurs de miel et maturateurs ;
- les tarières ;
- le matériel de micro-irrigation par goutte à goutte ou matériel d'irrigation par aspersion ;
- les polymères liquides, pâteux ou sous des formes solides utilisés dans la rétention de l'eau dans les sols.

6) Les biens d'investissement à inscrire dans un compte d'immobilisation et ouvrant droit à la déduction prévue à l'article 101 ci-dessous, acquis par les entreprises assujetties à la TVA pendant une durée de vingt-quatre mois à compter du début d'activité.

Par début d'activité, il faut entendre la date du premier acte commercial qui coïncide avec la première opération d'acquisition de biens et services à l'exclusion :
- des frais de constitution des entreprises ;
- et des premiers frais nécessaires à l'installation des entreprises dans la limite de trois mois.

Pour les entreprises qui procèdent aux constructions de leurs projets d'investissement, le délai de vingt-quatre mois commence à courir à partir de la date de délivrance de l'autorisation de construire.

Les biens d'investissement précités sont exonérés durant toute la durée d'acquisition ou de construction à condition que les demandes d'achat en exonération soient déposées, auprès du service local des impôts dont dépend le contribuable, dans le délai légal de vingt-quatre mois précité.

7) Les autocars, les camions et les biens d'équipement y afférents à inscrire dans un compte d'immobilisation, acquis par les entreprises de transport international rou-

tier, sous réserve que lesdites entreprises remplissent les conditions prévues par l'article 102 ci-dessous.

Cette exonération s'applique dans les conditions prévues au 6° ci-dessus.

8) Les biens d'équipement destinés à l'enseignement privé ou à la formation professionnelle, à inscrire dans un compte d'immobilisation, acquis par les établissements privés d'enseignement ou de formation professionnelle, à l'exclusion des véhicules automobiles autres que ceux réservés au transport scolaire collectif et aménagés spécialement à cet effet.

Cette exonération s'applique dans les conditions prévues au 6° ci-dessus.

9) Les biens d'équipement, outillages et matériels acquis par les diplômés de la formation professionnelle.

Cette exonération s'applique dans les conditions prévues au 6° ci-dessus.

10) Les matériels éducatifs, scientifiques ou culturels importés en franchise des droits et taxes applicables à l'importation conformément aux accords de l'UNESCO auxquels le Maroc a adhéré en vertu des dahirs n°1-60-201 et 1-60-202 du 3 octobre 1963.

11) Les acquisitions de biens, matériels et marchandises effectuées par l'Université Al Akhawayn d'Ifrane instituée par le dahir portant loi n°1-93-227 précité.

12) Les biens d'équipement, matériels et outillages acquis par les associations à but non lucratif s'occupant des personnes handicapées, destinés à être utilisés par lesdites associations dans le cadre de leur objet statutaire.

13) Les biens d'équipement, matériels et outillages acquis par le « Croissant rouge marocain », destinés à être utilisés par lui dans le cadre de son objet statutaire.

14) Les biens, matériels, marchandises et services acquis ainsi que les services effectués par la Fondation Mohamed VI de promotion des œuvres sociales de l'éducation formation conformément aux missions qui lui sont dévolues par la loi n°73.00 précitée.

15) Les acquisitions de biens, matériels et marchandises nécessaires à l'accomplissement de sa mission, effectuées par la Fondation Hassan II pour la lutte contre le cancer créée par le dahir portant loi n°1-77-335 précité.

16) Les acquisitions de biens, matériels et marchandises effectuées par la Ligue Nationale de Lutte contre les Maladies Cardio-Vasculaires dans le cadre de sa mission prévue par le dahir portant loi n°1-77-334 précité.

17) Les biens d'équipement, matériels et outillages acquis par :

- a) la Fondation Cheikh Zaïd Ibn Soltan créée par le dahir portant loi n°1-93-228 précité, dans le cadre des missions qui lui sont dévolues ;
- b) la Fondation Cheikh khalifa Ibn Zaïd instituée par la loi n°12-07 précitée, dans le cadre des missions qui lui sont dévolues.

18) Les produits et équipements pour hémodialyse ci-après cités :

- dialyseurs, générateurs d'hémodialyse, générateurs à hémofiltration utilisés pour l'hémodialyse et leurs accessoires :
  - lignes veineuses, lignes artérielles, lignes péritonéales et leurs accessoires dont les tubulures et leurs aiguilles ;
  - aiguille à fistule ;
  - connecteurs à cathéter ;
  - capuchon protecteur stérile ;
  - cathéter de Tenchkoff ;

- corps de pompes d'hémodialyse ;
- poches de dialyse péritonéale ;
- concentrés et solutés de dialyse péritonéale ;
- concentrés d'hémodialyse ;
- solutés de dialyse péritonéale.

19) Les médicaments anticancéreux, les médicaments antiviraux des hépatites B et C et les médicaments destinés au traitement du diabète, de l'asthme, des maladies cardio-vasculaires et de la maladie du SIDA.

20) Les biens, marchandises, travaux et prestations de services destinés à être livrés à titre de don par les personnes physiques ou morales marocaines ou étrangères, à l'Etat, aux collectivités locales, aux établissements publics et aux associations reconnues d'utilité publique s'occupant des conditions sociales et sanitaires des personnes handicapées ou en situation précaire.

21) Les biens, marchandises, travaux et prestations de services destinés à être livrés à titre de don dans le cadre de la coopération internationale à l'Etat, aux collectivités locales, aux établissements publics et aux associations reconnues d'utilité publique, par les gouvernements étrangers ou par les organisations internationales.

22) Les biens, marchandises, travaux et prestations de services destinés à être livrés à titre de don aux gouvernements étrangers, par le gouvernement du Royaume du Maroc.

23) Les biens, marchandises, travaux et prestations de services financés par des dons de l'Union Européenne.

24) Les acquisitions de biens, matériels et marchandises effectuées par la Banque Islamique de développement conformément au dahir n°1-77-4 précité.

25) Les biens mobiliers ou immobiliers acquis par l'Agence Baït Mal Al Qods Acharif en application du Dahir n°1-99-330 du 15 mai 2000 précité.

26) Les activités de Bank Al-Maghrib se rapportant :

- à l'émission monétaire et à la fabrication des billets, monnaies et autres valeurs et documents de sécurité ;
- aux services rendus à l'Etat ;
- et de manière générale, à toute activité à caractère non lucratif se rapportant aux missions qui lui sont dévolues par les lois et règlements en vigueur.

27)

- a) Les banques offshore pour :
  - les intérêts et commissions sur les opérations de prêt et de toutes autres prestations de service effectuées par ces banques ;
  - les intérêts servis par les dépôts et autres placements effectués en monnaies étrangères convertibles auprès desdites banques ;
  - les biens d'équipement à l'état neuf nécessaires à l'exploitation acquis localement par lesdites banques ;
  - les fournitures de bureau nécessaires à l'exercice de l'activité desdites banques.
- b) Les sociétés holding offshore pour :
  - les opérations faites par ces sociétés régies par la loi n°58-90 précitée et effectuées au profit des banques offshore ou de personnes physiques ou morales non-résidentes et payées en monnaies étrangères convertibles.
  - les opérations effectuées par les sociétés holding offshore bénéficient du droit à déduction au prorata du chiffre d'affaires exonéré, dans les conditions prévues par le présent Code.

28) Les opérations de cession de logements sociaux à usage d'habitation principale dont la superficie couverte est comprise

entre cinquante et cent m² et le prix de vente n'excède pas 250.000 DH, hors TVA.

Cette exonération est subordonnée aux conditions prévues à l'article 93-I ci-après.

29) Les constructions de cités, résidences et campus universitaires réalisées par les promoteurs immobiliers pendant une période maximum de trois ans courant à compter de la date de l'autorisation de construire des ouvrages constitués d'au moins cinquante chambres, dont la capacité d'hébergement est au maximum de deux lits par chambre, dans le cadre d'une convention conclue avec l'Etat, assortie d'un cahier des charges.

30) Les opérations de réalisation de logements sociaux afférents au projet « Annassim » situé dans les communes de Dar Bouazza et Lissasfa par la Société Nationale d'Aménagement Collectif.

31) Les opérations réalisées par la société « Sala Al Jadida » dans le cadre de son activité.

32) La restauration des monuments historiques classés et des équipements de base d'utilité publique effectuée par des personnes physiques ou morales.

33) Les opérations de vente, de réparation et de transformation portant sur les bâtiments de mer.

Par bâtiments de mer, on doit entendre les navires, bâtiments, bateaux et embarcations capables, par leurs propres moyens, de tenir la mer comme moyen de transport et effectuant une navigation principalement maritime.

34) Les ventes aux compagnies de navigation, aux pêcheurs professionnels et aux armateurs de la pêche de produits destinés à être incorporés dans les bâtiments visés au 7° ci-dessus.

35) Les opérations de transport international, les prestations de services qui leur sont liées ainsi que les opérations de réparation, d'entretien, de maintenance, de transformation, d'affrètement et de location portant sur les différents moyens dudit transport.

36) Les produits livrés et les prestations de services rendues aux zones franches d'exportation et provenant du territoire assujetti.

Les opérations effectuées à l'intérieur et entre lesdites zones demeurent hors champ d'application de la TVA.

37) L'ensemble des actes, activités ou opérations réalisées par la société dénommée « Agence spéciale Tanger méditerranée » créée par le décret-loi n°2-02-644 précité.

38) Les biens et services acquis ou loués par les entreprises étrangères de productions audiovisuelles, cinématographiques et télévisuelles, à l'occasion de tournage de films au Maroc.

Cette exonération s'applique à toute dépense égale ou supérieure à 5.000 DH et payée sur un compte bancaire en devises convertibles ouvert au nom desdites entreprises.

39) Les biens et marchandises acquis à l'intérieur par les personnes physiques non résidentes au moment de quitter le territoire marocain et ce pour tout achat égal ou supérieur à 2.000 DH TVA comprise.

Sont exclus de cette exonération les produits alimentaires (solides et liquides), les tabacs manufacturés, les médicaments, les pierres précieuses non montées et les armes ainsi que les moyens de transports à usage privé, leurs biens d'équipement et d'avitaillement et les biens culturels.

40) Les opérations d'acquisition des biens et services nécessaires à l'activité des titu-

laires d'autorisations de reconnaissances, de permis de recherches ou de concessionnaires d'exploitation, ainsi que leurs contractants et sous-contractants, conformément aux dispositions de la loi n°21-90 précitée relative à la recherche et à l'exploitation des gisements d'hydrocarbures.

41) Les prestations de restauration fournies directement par l'entreprise à son personnel salarié.

42) Les véhicules neufs acquis par les personnes physiques et destinés exclusivement à être exploités en tant que voiture de location (taxi).

43) Les opérations de construction de mosquées.

44) Les biens, matériels, marchandises et services acquis ainsi que les prestations effectuées par la Fondation Mohammed VI pour la promotion des œuvres sociales des préposés religieux, créée par le dahir n°1-09-200 du 23 février 2010, conformément aux missions qui lui sont dévolues.

Art.92-II.- Sous réserve de la réciprocité, les marchandises, travaux ou prestations qu'acquièrent ou dont bénéficient, auprès d'assujettis à la taxe, les missions diplomatiques ou consulaires et leurs membres accrédités au Maroc, ayant le statut diplomatique.

Cette exonération profite également aux organisations internationales et régionales ainsi qu'à leurs membres accrédités au Maroc qui bénéficient du statut diplomatique.

Conditions d'exonérations

Art.93-I.- Conditions d'exonération du logement social

La superficie de logement social bénéficiant de l'exonération de la TVA en vertu de l'article 92-I-28° ci-dessus s'entend des superficies brutes, comprenant outre les murs et les pièces principales, les annexes suivantes : vestibule, salle de bain ou cabinet de toilette, clôtures et dépendances (cave, buanderie et garage) que celles-ci soient ou non comprises dans la construction principale.

Lorsqu'il s'agit d'un appartement constituant partie divise d'un immeuble, les superficies comprennent, outre la superficie des locaux d'habitation telle que définie ci-dessus, la fraction des parties communes affectées à l'appartement considéré, celle-ci étant comptée au minimum à 10 %.

Le montant de la TVA afférente au logement social exonéré en vertu de l'article 92-I-28°ci-dessus, est versé au bénéfice de l'acquéreur dans les conditions suivantes :

1) Ledit logement doit être acquis auprès des promoteurs immobiliers, personnes physiques ou morales ayant conclu une convention avec l'Etat, dans les conditions prévues à l'article 247-XVI ci-dessous.

2) Le compromis de vente et le contrat de vente définitif doivent être passés par devant notaire.

Le montant précité est versé par le receveur de l'administration fiscale au notaire sous forme d'une partie du prix égale au montant de la TVA indiqué dans le contrat de vente établi sur la base du compromis de vente.

3) Le contrat de vente définitif doit indiquer le prix de vente et le montant de la TVA correspondant, ainsi que l'engagement de l'acquéreur à :

- affecter le logement social à son habitation principale pendant une durée de quatre années à compter de la date de conclusion du contrat d'acquisition définitif. A cet effet, l'acquéreur est tenu de fournir au promoteur immobilier concerné une attestation délivrée par l'administration fiscale attestant qu'il n'est pas assujetti à l'impôt sur le reve-

nu au titre des revenus fonciers, la taxe d'habitation et la taxe de services communaux assise sur les immeubles soumis à la taxe d'habitation ;
- consentir au profit de l'Etat une hypothèque de premier ou de deuxième rang, en garantie du paiement de la TVA versée par l'Etat ainsi que des pénalités et majorations exigibles en vertu de l'article 191-IV ci-dessous, en cas de manquement à l'engagement précité.

A cet effet, le notaire est tenu de produire au receveur de l'administration fiscale dont dépend son domicile fiscal les documents suivants :
- une copie du compromis de vente ;
- un engagement de produire au receveur de l'administration fiscale une copie du contrat de vente définitif précité ;
- une attestation bancaire indiquant le relevé de son identité bancaire (RIB).

Au vu desdits documents, le receveur de l'administration fiscale procède à l'établissement d'un ordre de paiement au nom du notaire du montant de la TVA indiqué dans le compromis de vente, avec envoi audit notaire d'un état individuel ou collectif comportant le ou les noms des bénéficiaires ainsi que les montants y afférents.

La mainlevée de l'hypothèque ne peut être délivrée par le receveur de l'administration fiscale qu'après production par l'intéressé des documents justifiant que le logement social a été affecté à son habitation principale pendant une durée de quatre ans. Ces documents sont :
- une demande de mainlevée ;
- une copie du contrat de vente ;
- une copie certifiée conforme de la carte d'identité nationale comportant l'adresse du logement objet de l'hypothèque ou un certificat de résidence indiquant la durée d'habitation effective à ladite adresse ;
- des copies des quittances de paiement de la taxe de services communaux.

4) Le notaire est tenu d'établir le contrat définitif dans un délai de trente jours maximum à partir de la date du virement du montant prévu au paragraphe 2 ci-dessus et de présenter ledit contrat à l'enregistrement dans le délai légal.

Au cas où la vente n'a pas abouti, le notaire est tenu d'adresser au receveur de l'administration fiscale une lettre recommandée avec accusé de réception, attestant de la non réalisation de la vente, accompagnée du chèque de récupération du montant de la TVA.

Au vu de cette lettre, le receveur de l'administration fiscale procède à l'encaissement du chèque et à l'établissement d'un titre d'annulation de l'opération.

Art.93-II.- Conditions d'exonération des coopératives

L'exonération prévue à l'article 91-IV-1° ci-dessus s'applique aux coopératives :
- lorsque leurs activités se limitent à la collecte de matières premières auprès des adhérents et à leur commercialisation ;
- ou lorsque leur chiffre d'affaires annuel est inférieur à 5.000.000 DH hors TVA, si elles exercent une activité de transformation de matières premières collectées auprès de leurs adhérents ou d'intrants, à l'aide d'équipements, matériels et autres moyens de production similaires à ceux utilisés par les entreprises industrielles soumises à l'impôt sur les sociétés et de commercialisation des produits qu'elles ont transformés.

Régime suspensif

Art.94.- I. Les entreprises exportatrices de produits peuvent, sur leur demande et dans la limite du montant du chiffre d'affaires réalisé au cours de l'année écoulée au titre de leurs opérations d'exportation, être autorisées à recevoir en suspension de la TVA à l'intérieur, les marchandises, les matières premières, les emballages irrécupérables et les services nécessaires auxdites opérations et susceptibles d'ouvrir droit à déduction et au remboursement prévus aux articles 101 à 104 ci-dessous.

II. Les entreprises exportatrices de services peuvent sur leur demande et dans la limite du montant du chiffre d'affaires réalisé au cours de l'année écoulée au titre de leurs opérations d'exportation, être autorisées à recevoir en suspension de la TVA à l'intérieur, les produits et les services nécessaires auxdites opérations et susceptibles d'ouvrir droit à déduction et au remboursement prévus aux articles 101 à 104 ci-dessous.

Bénéficient de ce régime, les entreprises catégorisées qui remplissent les conditions prévues par le décret pris pour l'application de la TVA.

Chapitre 2 - Règles d'assiette

Art.95.- Fait générateur

Le fait générateur de la TVA est constitué par l'encaissement total ou partiel du prix des marchandises, des travaux ou des services.

Toutefois, les contribuables qui en font la déclaration avant le 1er janvier ou dans les trente jours qui suivent la date du début de leur activité, sont autorisés à acquitter la taxe d'après le débit, lequel coïncide avec la facturation ou l'inscription en comptabilité de la créance. Cependant les encaissements partiels et les livraisons effectuées avant l'établissement du débit sont taxables.

Les contribuables placés sous le régime de l'encaissement et qui optent, dans les conditions visées à l'alinéa précédent, pour le régime des débits, sont tenus de joindre à leur déclaration la liste des clients débiteurs éventuels et d'acquitter la taxe y afférente dans les trente jours qui suivent la date d'envoi de ladite déclaration au service local des impôts dont ils relèvent.

Lorsque le règlement des marchandises, des travaux ou des services a lieu par voie de compensation ou d'échange ou lorsqu'il s'agit de livraisons visées à l'article 89 ci-dessus, le fait générateur se situe au moment de la livraison des marchandises, de l'achèvement des travaux ou de l'exécution du service.

Art.96.- Détermination de la base imposable

Sous réserve des dispositions de l'article 100 ci-dessous le chiffre d'affaires imposable comprend le prix des marchandises, des travaux ou des services et les recettes accessoires qui s'y rapportent, ainsi que les frais, droits et taxes y afférents à l'exception de la TVA.

Le chiffre d'affaires est constitué :

1) Pour les ventes, par le montant des ventes.

En cas de vente avec livraison à domicile, les frais de transport, même facturés séparément, ne peuvent être soustraits du chiffre d'affaires imposable lorsqu'ils restent à la charge du vendeur.

Lorsqu'une entreprise vendeuse assujettie et une entreprise acheteuse non assujettie ou exonérée sont, quelle que soit leur forme juridique, dans la dépendance l'une de l'autre, la taxe due par l'entreprise vendeuse doit être assise sur le prix de vente pratiqué par l'entreprise acheteuse ou, à défaut de vente, sur la valeur normale du bien.

Les modalités d'application sont fixées par voie réglementaire.

Est considérée comme placée sous la dépendance d'une autre entreprise, toute entreprise effectivement dirigée par elle ou dans laquelle, directement ou par personnes interposées, cette autre entreprise exerce le pouvoir de décision ou possède, soit une part prépondérante dans le capital, soit la majorité absolue des suffrages susceptibles de s'exprimer dans les assemblées d'associés ou d'actionnaires.

Sont réputées personnes interposées :

- le propriétaire, les gérants et administrateurs, les directeurs et employés salariés de l'entreprise dirigeante ;
- les ascendants et descendants et le conjoint du propriétaire, des gérants, des administrateurs et des directeurs de l'entreprise dirigeante ;
- toute autre entreprise filiale de l'entreprise dirigeante.

2) Pour les opérations de vente par les commerçants importateurs, par le montant des ventes de marchandises, produits ou articles importés.

3) Pour les travaux immobiliers, par le montant des marchés, mémoires ou factures des travaux exécutés.

4) Pour les opérations de promotion immobilière, par le prix de cession de l'ouvrage diminué du prix du terrain actualisé par référence aux coefficients prévus à l'article 65 ci-dessus. Toutefois lorsqu'il s'agit d'immeuble destiné autrement qu'à la vente, la base d'imposition est constituée par le prix de revient de la construction, et, en cas de cession avant la quatrième année qui suit celle de l'achèvement des travaux, la base imposable initiale est réajustée en fonction du prix de cession. Dans ce cas, la nouvelle base d'imposition ne doit pas être inférieure à la base initiale. [*NB - Voir le tableau des coefficients de réévaluation foncière sous TFNC 4.1*]

Dans le cas où l'administration est amenée à évaluer le prix de revient de la construction, dans le cadre des procédures prévues aux articles 220, 221, 224, 228 et 229 ci-dessous, la base d'imposition est déterminée à partir d'un barème fixé par voie réglementaire, en fonction de l'indice du coût des divers éléments entrant dans la construction.

5) Pour les opérations de lotissement, par le coût des travaux d'aménagement et de viabilisation.

6) Pour les opérations d'échange ou de livraison à soi-même par le prix normal des marchandises, des travaux ou des services au moment de la réalisation des opérations.

7) Pour les opérations réalisées dans le cadre de l'exercice des professions énumérées à l'article 89-I-12° ci-dessus et pour les commissionnaires, courtiers, mandataires, représentants et autres intermédiaires, loueurs de choses ou de services, par le montant brut des honoraires, des commissions, courtages ou autres rémunérations ou prix des locations diminué, éventuellement, des dépenses se rattachant directement à la prestation, engagées par le prestataire pour le compte du commettant et remboursées par celui-ci à l'identique.

8) Pour les opérations réalisées par les banquiers, changeurs, escompteurs, par le montant des intérêts, escomptes, agios et autres produits.

9) Pour les opérations réalisées par les personnes louant en meublé ou en garni, ou louant des établissements industriels ou commerciaux, par le montant brut de la location, y compris la valeur locative des locaux nus et les charges mises par le bailleur sur le compte du locataire.

10) Pour les opérations réalisées par les entrepreneurs de pose, les installateurs, les façonniers et les réparateurs en tous genres, par le montant des sommes reçues ou facturées.

Art.97.- Détermination de la base suivant un accord préalable

Les personnes exerçant à la fois des activités passibles de la TVA et des activités non passibles ou exonérées, ou imposées différemment au regard de ladite taxe, peuvent déterminer le montant imposable de leur chiffre d'affaires sur la base d'un accord préalable.

Chapitre 3 - Taux de la taxe

Taux normal

Art.98.- Le taux normal de la TVA est fixé à 20 %.

Taux réduits

Art.99.- Sont soumis à la taxe aux taux réduits :

1) De 7 % avec droit à déduction :

Les ventes et les livraisons portant sur :

- l'eau livrée aux réseaux de distribution publique ainsi que les prestations d'assainissement fournies aux abonnés par les organismes chargés de l'assainissement ;
- la location de compteurs d'eau et d'électricité ;
- les produits pharmaceutiques, les matières premières et les produits entrant intégralement ou pour une partie de leurs éléments dans la composition des produits pharmaceutiques ;
- les emballages non récupérables des produits pharmaceutiques ainsi que les produits et matières entrant dans leur fabrication. L'application du taux réduit est subordonnée à l'accomplissement des formalités définies par voie réglementaire ;
- les fournitures scolaires, les produits et matières entrant dans leur composition. L'application du taux réduit aux produits et matières entrant dans la composition des fournitures scolaires est subordonnée à l'accomplissement de formalités définies par voie réglementaire ;
- les aliments destinés à l'alimentation de bétail et des animaux de basse-cour à l'exclusion des autres aliments simples tels que céréales, issues, pulpes, drêches et pailles ;
- le sucre raffiné ou aggloméré, y compris les vergeoises, les candis et les sirops de sucre pur non aromatisés ni colorés à l'exclusion de tous autres produits sucrés ne répondant pas à la définition ci-dessus ;
- les conserves de sardines ;
- le lait en poudre ;
- le savon de ménage (en morceaux ou en pain) ;
- la voiture automobile de tourisme dite « voiture économique » et tous les produits, et matières entrant dans sa fabrication ainsi que les prestations de montage de ladite voiture économique. L'application du taux susvisé aux produits et matières entrant dans la fabrication de la voiture économique et aux prestations de montage de ladite voiture économique, est subordonnée à l'accomplissement de formalités définies par voie réglementaire.

2) De 10 % avec droit à déduction :

- les opérations de vente de denrées ou de boissons à consommer sur place et les opérations de fourniture de logements réalisées par les hôtels à voyageurs, les restaurants exploités dans les hôtels à voyageurs et les ensembles immobiliers à destination touristique ;
- les opérations de vente de denrées ou de boissons à consommer sur place, réalisées dans les restaurants ;
- les opérations de restauration fournies par les prestataires de services au personnel salarié des entreprises ;
- les opérations de location d'immeubles à usage d'hôtels, de motels, de villages de vacances ou d'ensembles immobiliers à destination touristique, équipés totalement ou partiellement, y compris

le restaurant, le bar, le dancing, la piscine, dans la mesure où ils font partie intégrante de l'ensemble touristique ;

- les huiles fluides alimentaires ;
- le sel de cuisine (gemme ou marin) ;
- le riz usiné, les farines et semoules de riz et les farines de féculents ;
- les pâtes alimentaires ;
- les tourteaux servant à la fabrication des aliments destinés à l'alimentation du bétail et des animaux de basse-cour ;
- le gaz de pétrole et autres hydrocarbures gazeux ;
- les huiles de pétrole ou de schistes, brutes ou raffinées ;
- les opérations de banque et de crédit et les commissions de change visées à l'article 89-I-11° ci-dessus, sous réserve de l'exonération prévue à l'article 91-III-2° ci-dessus ;
- les transactions relatives aux valeurs mobilières effectuées par les sociétés de bourse visées au titre III du dahir portant loi n°1.93.211 précité ;
- les transactions portant sur les actions et parts sociales émises par les OPCVM visés par le dahir portant loi n°1.93.213 précité ;
- les opérations effectuées dans le cadre de leur profession, par les personnes visées à l'article 89-I-12° a) et c) ci-dessus ;
- le péage dû pour emprunter les autoroutes exploitées par les sociétés concessionnaires.

3) De 14 % :

- a) avec droit à déduction :
  - le beurre à l'exclusion du beurre de fabrication artisanale visé à l'article 91 (I.A.2) ci-dessus ;
  - les graisses alimentaires (animales ou végétales), margarines et saindoux ;
  - le thé (en vrac ou conditionné) ;
  - les opérations de transport de voyageurs et de marchandises ;
  - le véhicule automobile pour le transport de marchandises dit « véhicule utilitaire léger économique » ainsi que le cyclomoteur dit « cyclomoteur économique » ainsi que tous les produits et matières entrant dans leur fabrication. L'application du taux précité aux produits et matières entrant dans la fabrication desdits véhicules est subordonnée à l'accomplissement de formalités définies par voie réglementaire ;
  - l'énergie électrique et les chauffe-eau solaires.
- b) sans droit à déduction :
  - les prestations de services rendues par tout agent démarcheur ou courtier d'assurances à raison de contrats apportés par lui à une entreprise d'assurances.

Taux spécifiques

Art.100.- *(L.F.2011)* Par dérogation aux dispositions de l'article 96 ci-dessus, les livraisons et les ventes autrement qu'à consommer sur place, portant sur les vins et les boissons alcoolisées, sont soumises à la TVA au tarif de 100 DH par hectolitre.

Les livraisons et les ventes de tous ouvrages ou articles, autres que les outils, composés en tout ou en partie d'or, de platine ou d'argent sont soumises à la TVA fixée à 5 DH par gramme d'or et de platine et à 0,10 DH par gramme d'argent.

Chapitre 4 - Déductions et remboursements

Règle générale

Art.101.- 1) La TVA qui a grevé les éléments du prix d'une opération imposable est déductible de la TVA applicable à cette opération.

Les assujettis opèrent globalement l'imputation de la TVA et doivent procéder à une régularisation dans les cas de disparition de marchandise ou lorsque l'opération n'est pas effectivement soumise à la taxe.

Les régularisations n'interviennent pas dans le cas de destruction accidentelle ou volontaire justifiée.

2) Au cas où le volume de la taxe due au titre d'une période ne permet pas l'imputation totale de la taxe déductible, le reliquat de taxe est reporté sur le mois ou le trimestre qui suit.

3) Le droit à déduction prend naissance à l'expiration du mois qui suit celui de l'établissement des quittances de douane ou de paiement partiel ou intégral des factures ou mémoires établis au nom du bénéficiaire.

Toutefois, ce délai n'est pas exigé en ce qui concerne les biens visés à l'article 102 ci-après.

Régime des biens amortissables

Art.102.- Les biens susceptibles d'amortissement éligibles au droit à déduction, doivent être inscrits dans un compte d'immobilisation.

Ils doivent, en outre, être conservés pendant une période de cinq années suivant leur date d'acquisition et être affectés à la réalisation d'opérations soumises à la TVA ou exonérées en vertu des articles 92 et 94 ci-dessus.

Les dispositions précitées s'appliquent également aux biens d'équipement acquis par les établissements privés d'enseignement et de formation professionnelle.

A défaut de conservation du bien déductible pendant le délai précité et dans le cas où celui-ci est affecté concurremment à la réalisation d'opérations taxables et d'opérations situées en dehors du champ d'application de la TVA ou exonérées en vertu de l'article 91 ci-dessus, la déduction initialement opérée donne lieu à régularisation, conformément aux dispositions prévues à l'article 104-II ci-dessous.

Remboursement

Art.103.- Sauf dans les cas énumérés aux 1°, 2°, 3° et 4° ci-dessous, le crédit de taxe ne peut aboutir à un remboursement, même partiel, de la taxe ayant grevé une opération déterminée.

1) Dans le cas d'opérations réalisées sous le bénéfice des exonérations ou du régime suspensif prévus aux articles 92 et 94 ci-dessus, si le volume de la taxe due ne permet pas l'imputation intégrale de la taxe, le surplus est remboursé dans les conditions et selon les modalités définies par voie réglementaire. Sont exclues dudit remboursement les entreprises exportatrices des métaux de récupération.

2) Dans le cas de cessation d'activité taxable, le crédit de taxe résultant de l'application des dispositions prévues à l'article 101-3° ci-dessus est remboursé dans les conditions et selon les modalités fixées par voie réglementaire.

3) Les entreprises assujetties qui ont acquitté la taxe à l'occasion de l'importation ou de l'acquisition locale des biens visés à l'article 92-I-6° ci-dessus et à l'article 123-22° ci-dessous bénéficient du droit au remboursement selon les modalités prévues par voie réglementaire.

4) Les entreprises de crédit-bail (leasing) bénéficient du droit au remboursement relatif au crédit de taxe déductible non imputable selon les modalités prévues par voie réglementaire.

5) Les remboursements de taxe prévus au 1°, 2°, 3° et 4° ci-dessus sont liquidés dans

un délai maximum de trois mois à partir de la date de dépôt de la demande.

Cette demande de remboursement doit être déposée auprès du service local des impôts dont dépend le bénéficiaire, à la fin de chaque trimestre de l'année civile au titre des opérations réalisées au cours du ou des trimestres écoulés.

Ce dépôt est effectué dans un délai n'excédant pas l'année suivant le trimestre pour lequel le remboursement est demandé.

6) Les remboursements sont liquidés dans la limite du montant de la TVA calculée fictivement sur la base du chiffre d'affaires déclaré pour la période considérée, au titre des opérations réalisées sous le bénéfice des exonérations et suspensions prévues aux articles 92 et 94 ci-dessus.

Cette limite est ajustée en fonction des exonérations de taxe obtenues, le cas échéant, en vertu des articles 92 et 94 précités.

Lorsque le montant de la taxe à rembourser est inférieur à la limite fixée ci-dessus, la différence peut être utilisée pour la détermination de la limite de remboursement concernant la ou les périodes suivantes.

Les remboursements liquidés font l'objet de décisions du Ministre des finances ou de la personne déléguée par lui à cet effet et donnent lieu à l'établissement d'ordre de restitution.

Montant de la taxe déductible ou remboursable

Art.104-I.- Détermination du droit à déduction

La déduction ou le remboursement sont admis jusqu'à concurrence :

- a) de la taxe dont le paiement à l'importation peut être justifié pour les importations directes ;
- b) de la taxe acquittée figurant sur les factures d'achat ou mémoires pour les façons, les travaux et les services effectués à l'intérieur auprès d'assujettis à la TVA ;
- c) de la taxe ayant grevé les livraisons à soi-même portant sur les biens éligibles au droit à déduction.

Pour les assujettis effectuant concurremment des opérations taxables et des opérations situées en dehors du champ d'application de la taxe ou exonérées en vertu des dispositions de l'article 91 ci-dessus, le montant de la taxe déductible ou remboursable est affecté d'un prorata de déduction calculé comme suit :

- au numérateur, le montant du chiffre d'affaires soumis à la TVA au titre des opérations imposables, y compris celles réalisées sous le bénéfice de l'exonération ou de la suspension prévues aux articles 92 et 94 ci-dessus ;
- au dénominateur, le montant du chiffre d'affaires figurant au numérateur augmenté du montant du chiffre d'affaires provenant d'opérations exonérées en vertu de l'article 91 ci-dessus ou situées en dehors du champ d'application de la taxe.

Les sommes à retenir pour le calcul du prorata visé ci-dessus comprennent non seulement la taxe exigible, mais aussi pour les opérations réalisées sous le bénéfice de l'exonération ou de la suspension visées aux articles 92 et 94 ci-dessus, la TVA dont le paiement n'est pas exigé.

Lorsque des entreprises englobent des secteurs d'activité réglementés différemment au regard de la TVA, la détermination du prorata annuel de déduction peut être effectuée distinctement pour chaque secteur après accord de l'administration fiscale.

Ledit prorata est déterminé par l'assujetti à la fin de chaque année civile à partir des opérations réalisées au cours de ladite année.

Ce prorata est retenu pour le calcul de la taxe à déduire au cours de l'année suivante.

Pour les entreprises nouvelles, un prorata de déduction provisoire applicable jusqu'à la fin de l'année suivant celle de la création de l'entreprise est déterminé par celle-ci d'après ses prévisions d'exploitation. Ce prorata est définitivement retenu pour la période écoulée si à la date d'expiration, le prorata dégagé pour ladite période ne marque pas une variation de plus d'un dixième par rapport au prorata provisoire. Dans l'hypothèse inverse, et en ce qui concerne les biens immobilisables, la situation est régularisée sur la base du prorata réel dans les conditions prévues au II ci-après.

Art.104-II.- Régularisation de la déduction portant sur les biens immobilisés

1) Régularisation suite à variation du prorata

En ce qui concerne les biens inscrits dans un compte d'immobilisation visés à l'article 102 ci-dessus, lorsque au cours de la période de cinq années suivant la date d'acquisition desdits biens, le prorata de déduction calculée dans les conditions prévues au I ci-dessus, pour l'une de ces cinq années, se révèle supérieur de plus de cinq centièmes au prorata initial, les entreprises peuvent opérer une déduction complémentaire. Celle-ci est égale au cinquième de la différence entre la déduction calculée sur la base du prorata dégagé à la fin de l'année considérée et le montant de la déduction opérée dans les conditions au I du présent article.

En ce qui concerne les mêmes biens, si au cours de la même période, le prorata dégagé à la fin d'une année se révèle, inférieur de plus de cinq centièmes au prorata initial, les entreprises doivent opérer un reversement de taxe dans le délai prévu à l'article 113 ci-dessous. Ce reversement est égal au cinquième de la différence entre la déduction opérée dans les conditions prévues au I ci-dessus et la déduction calculée sur la base du prorata dégagé à la fin de l'année considérée.

2) Régularisation pour défaut de conservation

La régularisation prévue au dernier alinéa de l'article 102 ci-dessus, pour défaut de conservation pendant un délai de cinq années des biens déductibles inscrits dans un compte d'immobilisation, s'effectue comme suit :

Le bénéficiaire de la déduction est tenu de reverser au Trésor une somme égale au montant de la déduction initialement opérée au titre desdits biens, diminuée d'un cinquième par année ou fraction d'année écoulée depuis la date d'acquisition de ces biens.

Les régularisations prévues au 1° et 2° du II du présent article doivent intervenir dans les délais prévus aux articles 110 et 111 ci-dessous.

Pour l'application des dispositions du présent article, l'année d'acquisition ou de cession d'un bien est comptée comme une année entière.

Marché clefs en main, fusion ou transformation de la forme juridique

Art.105.- 1) Lorsque deux entreprises sont liées par un contrat pour la réalisation d'un marché clé en mains et que le maître d'œuvre importe en son nom tout ou partie des fournitures prévues dans le contrat, la TVA réglée en douane ouvre droit à déduction chez l'entreprise qui a réalisé l'ouvrage.

2) Dans les cas de concentration, de fusion, de scission ou de transformation dans la forme juridique d'un établissement, la TVA réglée au titre des valeurs d'exploitation est transférée sur le nouvel établis-

sement assujetti ou sur l'entreprise absorbante à condition que lesdites valeurs soient inscrites dans l'acte de cession pour leurs montants initiaux.

Opérations exclues du droit à déduction

Art.106.- *(L.F.2011, 2012)* I. N'ouvre pas droit à déduction, la taxe ayant grevé :

- 1° les biens, produits, matières et services non utilisés pour les besoins de l'exploitation ;
- 2° les immeubles et locaux non liés à l'exploitation ;
- 3° les véhicules de transport de personnes, à l'exclusion de ceux utilisés pour les besoins du transport public ou du transport collectif du personnel des entreprises ;
- 4° les produits pétroliers non utilisés comme combustibles, matières premières ou agents de fabrication, à l'exclusion du : gasoil utilisé pour les besoins d'exploitation des véhicules de transport collectif routier des personnes et des marchandises ainsi que le transport routier des marchandises effectué par les assujettis pour leur compte et par leurs propres moyens ; gasoil utilisé pour les besoins d'exploitation des véhicules de transport ferroviaire des personnes et des marchandises ; gasoil et kérosène utilisés pour les besoins du transport aérien. Les modalités d'application de cette disposition sont fixées par voie réglementaire ;
- 5° les achats et prestations revêtant un caractère de libéralité ;
- 6° les frais de mission, de réception ou de représentation ;
- 7° les opérations énumérées à l'article 99-3° b) ci-dessus ;
- 8° les opérations de vente et de livraison portant sur les produits, ouvrages et articles visés à l'article 100 ci-dessus.

II. N'est déductible qu'à concurrence de 50 % de son montant, la taxe ayant grevé les achats, travaux ou services dont le montant est égal ou supérieur à 10.000 DH et dont le règlement n'est pas justifié par chèque barré non endossable, effet de commerce, moyen magnétique de paiement, virement bancaire, procédé électronique ou par compensation avec une créance à l'égard d'une même personne, à condition que cette compensation soit effectuée sur la base de documents dûment datés et signés par les parties concernées et portant acceptation du principe de la compensation.

Toutefois, les conditions de paiement prévues ci-dessus ne sont pas applicables aux achats d'animaux vivants et produits agricoles non transformés.

Chapitre 5 - Régimes d'imposition

Art.107.- Modalités de déclaration

I. La TVA est due par les personnes qui réalisent les opérations situées obligatoirement ou par option dans le champ d'application de la taxe.

L'imposition des contribuables s'effectue soit sous le régime de la déclaration mensuelle soit sous celui de la déclaration trimestrielle.

II. Les déclarations mensuelles ou trimestrielles souscrites en vue de l'imposition doivent englober l'ensemble des opérations réalisées par un même contribuable.

Art.108.- Périodicité de la déclaration

I. Déclaration mensuelle

Sont obligatoirement imposés sous le régime de la déclaration mensuelle :

- les contribuables dont le chiffre d'affaires taxable réalisé au cours de l'année écoulée atteint ou dépasse 1.000.000 DH ;

- toute personne n'ayant pas d'établissement au Maroc et y effectuant des opérations imposables.

II. Déclaration trimestrielle

Sont imposés sous le régime de la déclaration trimestrielle :
- 1° les contribuables dont le chiffre d'affaires taxable réalisé au cours de l'année écoulée est inférieur à 1.000.000 DH ;
- 2° les contribuables exploitant des établissements saisonniers, ainsi que ceux exerçant une activité périodique ou effectuant des opérations occasionnelles ;
- 3° les nouveaux contribuables pour la période de l'année civile en cours.

Les contribuables visés ci-dessus qui en font la demande avant le 31 janvier sont autorisés à être imposés sous le régime de la déclaration mensuelle.

Chapitre 6 - Obligations des contribuables

Section 1 - Obligations déclaratives

Art.109.- Déclaration d'existence

Toute personne assujettie à la TVA, doit souscrire au service local des impôts dont elle dépend, la déclaration d'existence prévue à l'article 148 ci-dessous.

Art.110.- Déclaration mensuelle

Les contribuables imposés sous le régime de la déclaration mensuelle doivent déposer avant le vingt de chaque mois auprès du receveur de l'administration fiscale, une déclaration du chiffre d'affaires réalisé au cours du mois précédent et verser, en même temps, la taxe correspondante.

Toutefois, pour les contribuables qui effectuent leur déclaration par procédé électronique prévue à l'article 155 ci-dessous, celle-ci doit être souscrite avant l'expiration de chaque mois.

Art.111.- Déclaration trimestrielle

Les contribuables imposés sous le régime de la déclaration trimestrielle doivent déposer, avant le vingt du premier mois de chaque trimestre, auprès du receveur de l'administration fiscale, une déclaration du chiffre d'affaires réalisé au cours du trimestre écoulé et verser, en même temps, la taxe correspondante.

Toutefois, pour les contribuables qui effectuent leur déclaration par procédé électronique prévue à l'article 155 ci-dessous, celle-ci doit être souscrite avant l'expiration du premier mois de chaque trimestre.

Art.112.- Contenu de la déclaration et pièces annexes

I. La déclaration doit être faite sur un imprimé-modèle établi par l'administration, lequel comporte notamment :
- 1° l'identité du contribuable ;
- 2° le montant total des affaires réalisées ;
- 3° le montant des affaires non taxables ;
- 4° le montant des affaires exonérées ;
- 5° le montant du chiffre d'affaires taxable par nature d'activité et par taux ;
- 6° le montant de la taxe exigible ;
- 7° le montant du crédit de taxe de la période précédente, le cas échéant ;
- 8° le montant de la taxe dont la déduction est opérée, faisant ressortir la valeur hors-taxe, et en distinguant entre :
  - a) pour les achats non immobilisés : les prestations de services ; les importations, les achats et les travaux à façon ;
  - b) pour les immobilisations : les importations, les achats, les livraisons à soi-même, les travaux d'installation et de pose, ainsi que les

prestations de services ou autres dépenses passées en immobilisation ;
- 9° le montant de la taxe à verser ou, le cas échéant, le crédit reportable.

II. La déclaration visée au I du présent article doit être accompagnée d'un relevé détaillé de déductions comportant la référence des factures, la désignation exacte des biens services ou travaux, leur valeur, le montant de la taxe figurant sur la facture ou mémoire et le mode, et références de paiement.

Art.113.- Déclaration du prorata

Les assujettis effectuant concurremment des opérations taxables et des opérations situées en dehors du champ d'application de la taxe ou exonérées en vertu des dispositions de l'article 91 ci-dessus, sont tenus de déposer avant le 1er avril au service local des impôts dont ils dépendent une déclaration du prorata établie sur ou d'après un imprimé-modèle de l'administration.

Cette déclaration doit contenir les mentions suivantes :
- a) le prorata de déduction prévu à l'article 104 ci-dessus qu'ils appliquent pendant l'année en cours et les éléments globaux utilisés pour la détermination de ce prorata ;
- b) le prix d'achat ou de revient, TVA comprise, de l'ensemble des biens inscrits dans un compte d'immobilisations acquis au cours de l'année précédente, ainsi que le montant de la taxe afférente à ce prix d'achat ou de revient, pour les achats à des contribuables de la TVA.

Art.114.- Déclaration de cession, de cessation et de transformation de la forme juridique de l'entreprise

En cas de changement dans la personne du contribuable, pour quelque cause que ce soit, de transfert ou de cessation d'entreprise, une déclaration identique à celle prévue à l'article 109 ci-dessus doit être souscrite dans le même délai par le successeur ou cessionnaire.

Tout contribuable qui cède son entreprise, ou en cesse l'exploitation, doit fournir dans les trente jours qui suivent la date de cession ou de cessation, une déclaration contenant les indications nécessaires à la liquidation de la taxe due jusqu'à cette date et à la régularisation des déductions dans les conditions prévues aux articles 101 à 105 ci-dessus. La taxe due est exigible dans le délai précité.

Toutefois, le paiement de la taxe due au titre des clients débiteurs et de la régularisation des déductions prévues à l'alinéa précédent n'est pas exigé en cas de fusion, de scission, d'apport en société ou de transformation dans la forme juridique de l'entreprise, à condition que la ou les nouvelles entités s'engagent à acquitter, au fur et à mesure des encaissements, la taxe correspondante.

Art.115.- Obligations des contribuables non résidents

Toute personne n'ayant pas d'établissement au Maroc et y effectuant des opérations imposables doit faire accréditer auprès de l'Administration fiscale un représentant domicilié au Maroc, qui s'engage à se conformer aux obligations auxquelles sont soumis les redevables exerçant au Maroc, et à payer la TVA exigible. A défaut, celle-ci et, le cas échéant, les pénalités y afférentes, sont dues par la personne cliente pour le compte de la personne n'ayant pas d'établissement au Maroc.

Les personnes agissant pour le compte des contribuables désignés ci-dessus, sont soumises aux obligations édictées par le présent Code.

Section 2 - Obligations de retenue à la source

Art.116.- Retenue à la source sur le montant des commissions allouées par les sociétés d'assurances à leurs courtiers

La taxe due sur les services rendus par tout agent, démarcheur ou courtier à raison des contrats apportés par lui à une entreprise d'assurances, est retenue sur le montant des commissions, courtages et autres rémunérations allouées par ladite entreprise qui en est débitrice envers le Trésor.

Art.117.- Retenue à la source sur les intérêts servis par les établissements de crédit pour leur compte ou pour le compte de tiers

La TVA due sur les intérêts servis par les établissements de crédit et organismes assimilés pour leur compte ou pour le compte de tiers, est perçue par ces établissements, pour le compte du Trésor, par voie de retenue à la source.

Section 3 - Obligations comptables

Art.118.- Règles comptables

Toute personne assujettie à la TVA doit :

- 1° tenir une comptabilité régulière permettant de déterminer le chiffre d'affaires et de dégager le montant de la taxe dont elle opère la déduction ou revendique le remboursement ;
- 2° si elle exerce concurremment des activités imposées différemment au regard de la TVA, avoir une comptabilité lui permettant de déterminer le chiffre d'affaires taxable de son entreprise, en appliquant à chacune de ces activités les règles qui lui sont propres compte tenu, le cas échéant, des dispositions des articles 97 et 104 ci-dessus.

Art.119.- Facturation

I. Les personnes effectuant les opérations soumises à la TVA sont tenues de délivrer à leurs acheteurs ou clients passibles de ladite taxe des factures établies conformément aux dispositions de l'article 145-III ci-dessous.

II. Toute personne qui mentionne la taxe sur les factures qu'elle établit en est personnellement redevable du seul fait de sa facturation.

Sous-titre 2 - Régime de la TVA à l'importation

Art.120.- Compétence

L'application de la TVA à l'importation incombe à l'administration des douanes et impôts indirects, conformément aux dispositions du présent Code.

Art.121.- *(L.F.2011, 2012)* Fait générateur et assiette

Le fait générateur de la TVA est constitué, à l'importation, par le dédouanement des marchandises.

Le taux de la taxe est fixé à 20 % ad valorem.

Ce taux est réduit à :

- 1° 7 % :
  - pour les produits énumérés à l'article 99-1° ci-dessus ;
  - pour le maïs et l'orge destinés à la fabrication des aliments du bétail et des animaux de basse-cour 153 ;
  - pour le manioc et le sorgho à grains.
- 2° 10 % :
  - pour les produits énumérés à l'article 99-2° ci-dessus ;
  - pour les huiles fluides alimentaires, raffinées ou non raffinées, ainsi que les graines, les fruits oléagineux et les huiles végétales utilisés pour la

fabrication des huiles fluides alimentaires ;
- pour les tourteaux destinés à la fabrication des aliments du bétail et des animaux de basse-cour ;
- pour les veaux destinés à l'engraissement visés à l'article 4 du paragraphe 2 de la loi de finances n°48-09 pour l'année budgétaire 2010. Ce taux est applicable à compter de la date de publication de la loi de finances n°22-12 pour l'année budgétaire 2012 au Bulletin officiel jusqu'au 31 décembre 2012.

- 3° 14 % pour les produits énumérés à l'article 99-3° a ci-dessus.

La valeur à considérer pour l'application de la taxe est celle qui est retenue ou qui serait susceptible d'être retenue pour l'assiette des droits de douane, dûment majorée du montant des droits d'entrée et taxes dont sont passibles ou peuvent être passibles les marchandises importées à l'exclusion de la TVA elle-même.

Toutefois, les importations de vins et boissons alcoolisées sont passibles, en outre, de la taxe au tarif de 100 DH par hectolitre.

Art.122.- Liquidation

La taxe est liquidée et perçue, les contraventions sont constatées et réprimées, les poursuites sont effectuées et les instances sont introduites, instruites et jugées comme en matière de droits de douane, par les tribunaux compétents en cette matière.

Le produit des amendes et transactions est réparti comme en matière de douane.

Art.123.- *(L.F.2011, 2012)* Exonérations

Sont exonérés de la TVA à l'importation :

1) Les marchandises visées à l'article 91 (I-A-1°, 2° et 3° et C-1°) ci-dessus.

2) Les marchandises, denrées, fournitures placées sous les régimes économiques en douane.

En cas de mise à la consommation, la taxe est perçue dans les conditions fixées aux articles 121 et 122 ci-dessus.

3) Les échantillons sans valeur marchande.

4) Les marchandises renvoyées à l'expéditeur aux bénéfices du régime des retours, sous réserve qu'il ne s'agisse point de produits ayant bénéficié du remboursement de l'impôt lors de leur exportation du Maroc.

5) Les livres brochés ou avec reliure autre que de luxe, les journaux, publications et périodiques visés par le dahir n°1-58-378 du 15 novembre 1958 formant Code de la presse et de l'édition, ainsi que la musique imprimée et les CD-ROM reproduisant les publications et les livres.

6) Les papiers destinés à l'impression des journaux et publications périodiques ainsi qu'à l'édition, lorsqu'ils sont dirigés, sur une imprimerie.

7) Les publications de propagande, tels que guides, dépliants, même illustrées, qui ont pour objet essentiel d'amener le public à visiter un pays, une localité, une foire, une exposition présentant un caractère général, destinées à être distribuées gratuitement et ne renfermant aucun texte de publicité commerciale.

8) Les hydrocarbures destinés à l'avitaillement des navires effectuant une navigation en haute mer et des appareils aéronautiques, effectuant une navigation au-delà des frontières à destination de l'étranger et admis en franchise des droits de douane dans les conditions fixées par le Code des douanes et impôts indirects relevant de l'administration des douanes et impôts indirects approuvé par le dahir portant loi n°1-77-339 du 9 octobre 1977.

9) Les bateaux de tout tonnage servant à la pêche maritime, les engins et filets de pêche, les rogues de morues et appâts destinés aux bateaux pêcheurs ainsi que les appareils aéronautiques destinés aux armateurs et aux professionnels de la pêche en haute mer et utilisés exclusivement pour le repérage des bancs de poissons.

10) Les bâtiments de mer, les navires, bateaux, paquebots et embarcations capables, par leurs propres moyens, de tenir la mer, comme moyens de transport et effectuant une navigation principalement maritime.

11) Les produits de la pêche maritime marocaine.

12) Les animaux vivants de race pure des espèces équidés, bovine et ovine ainsi que les caprins, les camélidés, les autruches et les œufs à couver des autruches.

13) Les engrais relevant du chapitre 31 du tarif des droits de douane, le nitrate de potassium à usage d'engrais (rubrique tarifaire 2834.21.10), le phosphate de potassium à usage d'engrais (rubrique tarifaire 2835.24.10), le polyphosphate de potassium à usage d'engrais (rubrique tarifaire 2835.39.10), les salins de betteraves (rubriques tarifaires 2621.00.20/30) et les autres nitrates (rubriques tarifaires 2834.29.10/90).

14) Les bulbes, oignons, tubercules, racines tubéreuses, griffes et rhizomes, en repos végétatif.

15) Les produits et matériels visés au 5° du I de l'article 92 ci-dessus.

16) Les pois chiches, lentilles et fèves à l'état naturel.

17) L'or fin en lingots ou en barres.

18) Les monnaies ayant cours légal, ainsi que tous métaux précieux destinés aux opérations effectuées par Bank Al Maghrib, pour son propre compte.

19) Les biens, marchandises destinés à être livrés à titre de don par les personnes physiques ou morales marocaines ou étrangères à l'Etat, aux collectivités locales, aux établissements publics et aux associations reconnues d'utilité publique s'occupant des conditions sociales et sanitaires des personnes handicapées ou en situation précaire.

20) Les biens et marchandises destinés à être livrés à titre de don dans le cadre de la coopération internationale, à l'Etat, aux collectivités locales, aux établissements publics et aux associations reconnues d'utilité publique, par les gouvernements étrangers ou par les organisations internationales.

21) Les biens et marchandises relatifs aux marchés financés par des dons de l'Union Européenne.

22-a) Les biens d'investissement à inscrire dans un compte d'immobilisation et ouvrant droit à la déduction prévue à l'article 101 ci-dessus, importés par les assujetties pendant une durée de vingt-quatre mois à compter du début d'activité tel que défini à l'article 92-I-6° ci-dessus.

Pour les entreprises qui procèdent aux constructions de leurs projets d'investissement, le délai de vingt-quatre mois commence à courir à partir de la date de délivrance de l'autorisation de construire avec un délai supplémentaire de six mois en cas de force majeure, renouvelable une seule fois.

22-b) Les biens d'équipement, matériels et outillages nécessaires à la réalisation des projets d'investissement portant sur un montant égal ou supérieur à 200.000.000 DH, dans le cadre d'une convention conclue avec l'Etat, acquis par les assujettis pendant une durée de trente-six mois à compter du début d'activité tel que défini à l'article 92-I-6° ci-dessus.

Cette exonération est accordée également aux parties, pièces détachées et accessoires importés en même temps que les équipements précités.

Pour les entreprises qui procèdent aux constructions de leurs projets d'investissement, le délai de trente-six mois commence à courir à partir de la date de délivrance de l'autorisation de construire avec un délai supplémentaire de six mois en cas de force majeure, renouvelable une seule fois.

23) Les autocars, les camions et les biens d'équipement y afférents, à inscrire dans un compte d'immobilisation, acquis par les entreprises de transport international routier, sous réserve que lesdites entreprises remplissent les conditions prévues par l'article 102 ci-dessus.

Cette exonération s'applique dans les conditions prévues à l'article 92-I-6° ci-dessus.

24) Les biens d'équipement destinés à l'enseignement privé ou à la formation professionnelle à inscrire dans un compte d'immobilisation, acquis par les établissements privés d'enseignement ou de formation professionnelle, à l'exclusion des véhicules automobiles autres que ceux réservés au transport scolaire collectif et aménagés spécialement à cet effet.

Cette exonération s'applique dans les conditions prévues à l'article 92-I-6° ci-dessus.

25) Les biens d'équipement, matériels ou outillages neufs ou d'occasions, dont l'importation est autorisée par l'administration, importés par les diplômés de la formation professionnelle.

Cette exonération s'applique dans les conditions prévues à l'article 92-I-6° ci-dessus.

26) Les matériels éducatifs, scientifiques ou culturels importés dans le cadre des accords de l'UNESCO auxquels le Maroc a adhéré en vertu des dahirs n°1.60.201 et 1.60.202 du 3 octobre 1963.

27) Les acquisitions de biens, matériels et marchandises effectués par l'Université Al Akhawayn d'Ifrane instituée par le dahir portant loi n°1-93-227 précité.

28) Les films documentaires ou éducatifs destinés exclusivement à être projetés dans les établissements d'enseignement ou au cours de causeries ou conférences gratuites et qui ne sont pas importés dans un but lucratif.

29) Les biens d'équipement, matériels et outillages acquis par les associations à but non lucratif s'occupant des personnes handicapées, destinés à être utilisés par lesdites associations dans le cadre de leur objet statutaire.

30) Les biens d'équipement, matériels et outillages acquis par le Croissant Rouge Marocain, destinés à être utilisés par lui dans le cadre de son objet statutaire.

31) Les biens d'équipement, matériels et outillages acquis par :

- a) la Fondation Cheikh Zaïd Ibn Soltan créée par le dahir portant loi n°1-93-228 précité, dans le cadre des missions qui lui sont dévolues ;
- b) la Fondation Cheikh khalifa Ibn Zaïd créée par la loi n°12-07 précitée, dans le cadre des missions qui lui sont dévolues.

32) Les opérations d'importation de biens, matériels et marchandises nécessaires à l'accomplissement de sa mission, effectuées par la fondation Hassan II pour la

lutte contre le cancer créée par le dahir portant loi n°1-77-335 précité.

33) Les opérations d'importation de biens, matériels et marchandises effectuées par la Ligue Nationale de Lutte contre les Maladies Cardio-Vasculaires dans le cadre de sa mission prévue par le dahir portant loi n°1-77-334 précité.

34) Les équipements et matériels destinés exclusivement au fonctionnement des associations de micro-crédit. Cette exonération est applicable du 1er janvier 2012 au 31 décembre 2012.

35) Les produits et équipements pour hémodialyse ci-après cités :

- dialyseurs, générateurs d'hémodialyse, générateurs à hémofiltration utilisés pour l'hémodialyse et leurs accessoires :
  - lignes veineuses, lignes artérielles, lignes péritonéales et leurs accessoires dont les tubulures et leurs aiguilles ;
  - aiguilles à fistule ;
  - connecteurs à cathéter ;
  - capuchon protecteur stérile ;
  - cathéter de Tenchkoff ;
  - corps de pompes d'hémodialyse ;
  - poches de dialyse péritonéale ;
- concentrés et solutés de dialyse péritonéale ;
- concentrés d'homédialyse ;
- solutés de dialyse péritonéale.

36) Abrogé

37) Les médicaments anticancéreux, les médicaments antiviraux des hépatites B et C et les médicaments destinés au traitement du diabète, de l'asthme, des maladies cardio-vasculaires et de la maladie du SIDA.

38) Les biens mobiliers ou immobiliers acquis à l'importation par l'agence Bayt Mal Qods Acharif en application du Dahir n°1-99-330 précité.

39) Les opérations d'importation de biens, matériels et marchandises effectuées par la Banque Islamique de Développement conformément au dahir n°1-77-4 précité.

40) Les viandes et les poissons destinés aux établissements de restauration, définis dans la nomenclature douanière comme suit :

- viande hachée présentée sous forme de galettes de 45 à 150 grammes en sachets en polyéthylène, d'une teneur en matière grasse de 17,5 % à 21 % ;
- préparation de viande de poulet présentée sous forme de galettes ou portions, panées, précuites, congelées, d'un poids n'excédant pas 100 grammes et emballées dans un sachet en matière plastique ;
- préparation à base de filet de poisson sous forme d'un pavé rectangulaire de 70 grammes.

41) Les biens et services importés par les titulaires d'autorisation de reconnaissances, de permis de recherches ou de concessionnaires d'exploitation nécessaires à leurs activités ainsi que par leurs contractants et sous-contractants, conformément aux dispositions de la loi n°21.90 relative à la recherche et à l'exploitation des gisements d'hydrocarbures.

42) Les engins, équipements et matériels militaires, armes, munitions ainsi que leurs parties et accessoires importés par l'administration de la Défense Nationale.

43) Les biens, matériels, marchandises et services acquis par la Fondation Mohammed VI pour la promotion des œuvres sociales des préposés religieux créée par le dahir n°1-09-200 du 23 février 2010, conformément aux missions qui lui sont dévolues.

Sous-titre 3 - Dispositions diverses

Art.124.- *(L.F.2012)* Modalités d'exonérations

I. Les exonérations prévues aux articles 91 (I-E-2), 92 (I-3, 6, 7, 8, 9, 10, 11, 12, 13, 14, 15, 16, 17, 20, 21, 22, 23, 24, 25, 29, 32, 33, 34, 35, 37, 38, 39, 40, 42, 43, 44 et II), 123 (22 a), 23, 24, 25, 27, 29, 30, 31, 32, 33, 34, 38, 39, 41 et 43) ci-dessus et 247 XII ci-dessous ainsi que les suspensions de la taxe prévues à l'article 94 (I et II) ci-dessus doivent être accordées conformément aux formalités prévues par le décret pris pour l'application du titre III du présent Code relatif à la TVA.

II. L'exonération prévue à l'article 92-I-39 est accordée sous forme de restitution.

Cette restitution peut être déléguée à une société privée dans le cadre d'une convention à conclure avec l'Administration fiscale, les modalités de cette exonération sont fixées conformément aux dispositions prévues par le décret visé au I ci-dessus.

Art.125.- Affectation du produit de la taxe et mesures transitoires

I. Le produit de la taxe est pris en recette, au budget général de l'Etat et, dans une proportion ne pouvant être inférieure à 30 % et qui sera fixée par les lois de finances, aux budgets des collectivités locales après déduction, sur le produit de la taxe perçue à l'intérieur, des remboursements et des restitutions prévus par le présent Code.

II. A titre dérogatoire et transitoire, toute personne nouvellement assujettie à la TVA, est tenue de déposer avant le 1er mars de l'année de l'assujettissement au service local des impôts dont elle relève, l'inventaire des produits, matières premières et emballages détenus dans le stock au 31 décembre de l'année précédente.

La taxe ayant grevé lesdits stocks antérieurement au 1er janvier de l'année en cours est déductible de la taxe due sur les opérations de ventes imposables à ladite taxe, réalisées à compter de la même date, à concurrence du montant desdites ventes.

La TVA ayant grevé les biens prévus à l'article 102 ci-dessus et acquis par les contribuables visés au premier alinéa du présent paragraphe antérieurement au 1er janvier de l'année en cours n'ouvre pas droit à déduction.

III. A titre transitoire et par dérogation aux dispositions de l'article 95 ci-dessus, les sommes perçues à compter du 1er janvier de l'année d'assujettissement par les contribuables assujettis aux taux de 7 %, 10 %, 14 % et 20 % à compter de ladite date, en paiement de ventes, de travaux ou de services entièrement exécutés et facturés avant cette date, sont soumises au régime fiscal applicable à la date d'exécution de ces opérations.

IV. Les contribuables concernés par les dispositions qui précèdent et pour lesquels le fait générateur est constitué par l'encaissement doivent adresser avant le 1er mars de l'année en cours au service local des impôts dont ils relèvent, une liste nominative des clients débiteurs au 31 décembre de l'année précédente, en indiquant pour chacun d'eux, le montant des sommes dues au titre des affaires soumises au taux de la TVA en vigueur au 31 décembre de ladite année.

La taxe due par les contribuables au titre des affaires visées ci-dessus sera acquittée au fur et à mesure de l'encaissement des sommes dues.

V. Les redevables qui ont conclu avec l'Etat, avant le 1er janvier 2007, les conventions d'investissement prévues à l'article 123-22°-b ci-dessus, continuent à bénéficier de l'exonération de la TVA à l'intérieur relative aux biens d'équipement, matériels et outillages acquis dans un délai de trente six mois à compter de la date de signature desdites conventions.

VI. Les entreprises prévues à l'article 103-4° ci-dessus bénéficient du remboursement du crédit de taxe déductible non imputable relatif aux opérations réalisées à compter du 1er janvier 2008.

Annexe - Décret d'application de la TVA

[*NB - Décret n°2-06-574 du 31 décembre 2006 pris pour l'application de la TVA, modifié par le décret n°2-08-103 du 30 octobre 2008, le décret n°2-10-268 du 29 octobre 2010 et le décret n°2-12-85 du 16 mai 2012.*]

Papiers destinés à l'impression

Art.1.- L'exonération de la TVA, prévue à l'article 91 (I-E-2°) du CGI, est subordonnée à la remise par l'imprimeur à son fournisseur d'un bon de commande indiquant, en quantité et en valeur, le volume de papier à acheter et portant engagement, de sa part, de verser la taxe au lieu et place du fournisseur dans le cas où les papiers ne recevraient pas l'affectation qui justifie l'exonération.

Ce bon de commande, établi en trois exemplaires, doit être visé par le service local des impôts dont l'imprimeur dépend.

Les factures et tout document se rapportant aux ventes réalisées sous le bénéfice de l'exonération prévue ci-dessus doivent être revêtus d'un cachet portant la mention « vente en exonération de la TVA - Article 91 (I-E-2°) du CGI ».

Appareillages pour handicapés

Art.2.- *Abrogé (Décret n°2-12-85)*

Engins et filets de pêche

Art.3.- L'exonération prévue à l'article 92 (I-3°) du CGI est subordonnée à la remise, par l'acheteur à son fournisseur, d'un bon de commande indiquant la nature des marchandises ainsi que le nom et le numéro de matricule du navire auquel elles sont destinées.

Le bon doit être visé et certifié par le service de l'inscription du quartier maritime dont dépend le pêcheur ou l'armateur propriétaire du navire.

Toutefois, sont dispensés du visa et de la certification du service précité, les bons de commande concernant l'acquisition des engins et filets de pêche arrêtés dans la liste fixée par le décret susvisé n°2-98-938 du 5 janvier 1999.

Le fabricant d'engins ou de filets de pêche peut obtenir l'exonération sur ces produits qu'il fabrique et qu'il vend, soit directement aux professionnels de la pêche maritime, soit à des commerçants revendeurs qui approvisionnent ces professionnels, à condition d'en justifier la destination par la présentation de bons établis dans les conditions qui précèdent.

Le fabricant tient, à cet effet, un registre spécial sur lequel il inscrit les bons reçus en indiquant leur numéro, leur date, le quartier maritime qui les a visés et certifiés, le nom des acheteurs professionnels de la pêche maritime ou revendeurs, ainsi que la nature, la quantité et la valeur des marchandises, cette valeur étant le prix de vente appliqué par le fabricant.

Les valeurs mentionnées au registre précité sont totalisées et leur montant vient en déduction du chiffre d'affaires imposable du fabricant. Celui-ci remet les bons de commande collectés, au service local des impôts, en même temps que la déclaration mensuelle ou trimestrielle qu'il souscrit en vue du paiement de la TVA.

Achats en exonération de la TVA des biens d'investissement immobilisables

Art.4-I.- Biens d'investissement immobilisables acquis par les assujettis

A. Exonération à l'intérieur :

Pour bénéficier de l'exonération de la TVA pour les biens d'investissement immobilisables prévue à l'article 92 (I-6°) du CGI, les assujettis doivent en faire la demande et justifier de la tenue d'une comptabilité régulière permettant l'inscription desdits biens à un compte d'immobilisation donnant lieu à amortissement.

La demande susvisée doit être formulée sur un imprimé fourni par l'administration fiscale et adressée au service local des impôts dont dépend l'établissement principal ou le siège social de l'assujetti, accompagnée des pièces suivantes :

a) Un état descriptif, établi en triple exemplaire, qui précise le nom et adresse des fournisseurs, la nature et l'utilisation des biens destinés à être achetés sur le marché intérieur en exonération de la TVA, leur valeur en dirhams ainsi que l'intitulé du compte où ils seront inscrits en comptabilité.

Cet état doit comporter en outre, le numéro d'identification des fournisseurs attribué par le service local des impôts, le taux et le montant de la taxe dont l'exonération est sollicitée.

b) Les factures proforma ou devis de travaux en triple exemplaire.

Au vu de cette demande, le service local des impôts établit une attestation d'exonération, en triple exemplaire. Le premier est conservé par ledit service, et les deux autres sont remis au bénéficiaire qui fait parvenir un exemplaire à son fournisseur.

Les factures et tout document se rapportant auxdits achats doivent être revêtus de la mention « exonération de la TVA en vertu de l'article 92 (I-6° du CGI ».

B. Exonération à l'importation :

L'exonération des biens d'investissement à l'importation est subordonnée à la production par l'importateur d'un engagement établi sur un imprimé fourni par l'administration et comportant le numéro d'identification fiscal par lequel l'intéressé s'engage à inscrire dans un compte d'immobilisation les biens d'investissement importés susceptibles d'ouvrir droit à la déduction prévue à l'article 101 du CGI.

Art.4-II.- Biens d'équipement matériel et outillages acquis par les diplômés de la formation professionnelle ainsi que les biens et services acquis par les titulaires de reconnaissance de permis de recherche ou des concessionnaires d'exploitation des gisements d'hydrocarbures ainsi que leurs contractants et sous contractants.

Pour bénéficier des exonérations prévues aux articles 92 (I-9° et 40°) et 123 (25° et 41°), les intéressés doivent se conformer aux mêmes formalités prévues au I du présent article.

Art.4-III.- En application des dispositions du dernier alinéa de l'article 102 du Code précité, l'exonération accordée conformément à l'article 92 (I-6°) ci-dessus équivaut à une déduction initiale de 100 % susceptible de régularisation dans les conditions fixées aux articles 101 et 104 dudit Code.

Autocars, camions et biens d'équipement y afférents acquis par les entreprises de transport international routier

Art.5.- Pour bénéficier des exonérations de la TVA prévues aux articles 92 (I-7°) et 123-23° du CGI, les personnes éligibles à l'exonération doivent adresser au service local des impôts dont ils dépendent, une attestation ou toute autre pièce justifiant l'exercice de l'activité de transport international routier délivrée par les autorités compétentes ainsi qu'une demande formulée sur ou d'après un imprimé établi par l'administration.

Les intéressés doivent fournir à l'appui de cette demande :

a) Un état descriptif établi en triple exemplaire qui précise les nom, raison sociale ou dénomination, adresse des fournisseurs et la nature des biens destinés à être achetés sur le marché intérieur ou importés en exonération de la taxe, leur valeur en dirhams ainsi que l'intitulé du compte où ils seront inscrits en comptabilité.

Cet état doit comporter, en outre :

- pour les achats à l'intérieur, le numéro d'identification fiscale des fournisseurs, le taux et le montant de la taxe dont l'exonération est demandée ;
- pour les importations, le port de débarquement et, éventuellement, le nom et l'adresse du transitaire.

b) Les factures proforma ou devis en triple exemplaire indiquant la valeur hors taxe des biens d'équipement acquis ainsi que le montant de la taxe dont l'exonération est demandée.

Au vu de cette demande :

1) Pour les achats à l'intérieur, l'administration établit, par fournisseur, une attestation d'achat en exonération de la TVA en triple exemplaire.

Un exemplaire de l'attestation est conservé par l'acquéreur qui remet un exemplaire à son fournisseur. Le troisième exemplaire est envoyé à l'inspecteur qui gère le dossier du fournisseur.

Les factures et tout document se rapportant aux ventes réalisées sous le bénéfice de l'exonération à l'intérieur doivent être revêtues d'un cachet portant la mention « Vente en exonération de la TVA en vertu de l'article 92 (I-7°) du CGI ».

2) Pour les importations, l'administration établit une attestation d'importation en exonération de la TVA en triple exemplaire dont l'un est conservé par le service, les deux autres sont remis au bénéficiaire importateur qui remet un exemplaire à l'administration des douanes et impôts indirects.

Biens d'équipement acquis par les établissements privés d'enseignement ou de formation professionnelle

Art.6.- Pour bénéficier des exonérations de la TVA prévues à l'article 92 (I-8°) et à l'article 123-24° du CGI, les personnes éligibles à l'exonération doivent adresser au service local des impôts dont elles dépendent, une demande formulée sur ou d'après un imprimé établi par l'administration.

Les intéressés doivent fournir à l'appui de cette demande :

a) Un état descriptif établi en triple exemplaire qui précise les nom, raison sociale ou dénomination, adresse des fournisseurs et la nature des biens destinés à être achetés sur le marché intérieur ou importés en exonération de la taxe, leur valeur en dirhams ainsi que l'intitulé du compte où ils seront inscrits en comptabilité.

Cet état doit comporter en outre :

- pour les achats à l'intérieur, le numéro d'identification fiscale des fournisseurs, le taux et le montant de la taxe dont l'exonération est sollicitée ;
- pour les importations, le port de débarquement et, éventuellement, le nom et l'adresse du transitaire.

b) Les factures proforma ou devis des biens d'équipement acquis en triple exemplaire indiquant la valeur hors taxe ainsi que le montant de la taxe dont l'exonération est sollicitée.

Au vu de cette demande :

1) Pour les achats à l'intérieur, le service local des impôts concernée établit, par fournisseur, une attestation d'achat en exonération de la TVA en triple exemplaire.

Un exemplaire de l'attestation est conservé par l'acquéreur qui remet un exemplaire à son fournisseur. Le troisième exemplaire est envoyé à l'inspecteur qui gère le dossier du fournisseur.

Les factures et tout document se rapportant aux ventes réalisées sous le bénéfice de l'exonération à l'intérieur doivent être revêtus d'un cachet portant la mention « vente en exonération de la TVA en vertu de l'article 92 (I-8°) du CGI ».

2) Pour les importations, le service local des impôts concerné établit une attestation d'importation en exonération de la TVA en triple exemplaire dont l'un est conservé par le service, les deux autres sont remis au bénéficiaire importateur qui remet un exemplaire à l'administration des douanes et impôts indirects.

Matériels éducatifs, scientifiques ou culturels importés dans le cadre des accords de l'UNESCO

Art.7.- Pour bénéficier de l'exonération prévue à l'article 92 (I-10°) du CGI, les établissements destinataires du matériel éducatif, scientifique ou culturel bénéficiant de la franchise des droits et taxes applicables à l'importation dans le cadre des accords de l'UNESCO, doivent adresser au service local des impôts dont ils dépendent, une demande formulée sur ou d'après un imprimé établi par l'administration, accompagnée :

- de l'autorisation d'importation dudit matériel en franchise des droits et taxes dûment visée par l'administration des douanes et impôts indirects ;
- d'une facture proforma établie par le commerçant-importateur dudit matériel.

Au vu de cette demande le service local des impôts établit, au nom de l'établissement acquéreur, une attestation d'achat en exonération en triple exemplaire dont l'un est conservé par le service, les deux autres sont remis à l'acquéreur qui remet un exemplaire à son fournisseur qui le conserve à l'appui de sa comptabilité.

Les factures et tout document se rapportant aux ventes réalisées sous le bénéfice de l'exonération précitée, doivent être revêtus de la mention « vente en exonération de la TVA en vertu de l'article 92 (I-10°) du CGI ».

Biens d'équipement, matériels et outillages acquis par certaines associations et institutions

Art.8-I.- Biens d'équipement, matériels et outillages acquis par les associations à but non lucratif s'occupant des personnes handicapées et par le « croissant rouge marocain ».

Pour bénéficier de l'exonération de la TVA prévue à l'article 92 (I-12° et 13°) et à l'article 123-29° et 30° du CGI, les associations éligibles à l'exonération doivent adresser une demande, au service local des impôts dont elles dépendent.

A l'appui de cette demande, lesdites associations doivent fournir :

- une copie conforme des statuts de l'association ;
- les factures proforma ou devis des biens d'équipement acquis, en triple exemplaire, indiquant la valeur en hors taxe ainsi que le montant de la taxe y afférent ;
- un état descriptif établi en triple exemplaire qui précise le nom, raison sociale

ou dénomination, adresse des fournisseurs et la nature des biens destinés à être achetés sur le marché intérieur ou importés en exonération et être utilisés dans le cadre de l'objet statutaire de l'association.

Cet état doit comporter en outre :

- pour les achats à l'intérieur, le numéro d'identification fiscale des fournisseurs, la valeur des biens hors taxe et le montant de la taxe dont l'exonération est sollicitée ;
- pour les importations, le port de débarquement et, éventuellement, le nom et l'adresse du transitaire.

Au vu de cette demande :

1) Pour les achats à l'intérieur, l'administration établit, par fournisseur, une attestation d'achat en exonération en triple exemplaire.

Un exemplaire de l'attestation et de la liste des biens est conservé par l'association bénéficiaire qui remet un exemplaire à son fournisseur. Le troisième exemplaire est envoyé à l'inspecteur qui gère le dossier du fournisseur.

Une copie de l'attestation est remise à l'inspecteur dont dépend le siège de l'association bénéficiaire. Un dossier fiscal doit être tenu au nom de ladite association.

Les factures et tous documents se rapportant aux ventes réalisées sous le bénéfice de l'exonération prévue ci-dessus, doivent être revêtus d'un cachet portant la mention « vente en exonération de la TVA - Article 92 (I-12° et 13°) du CGI ».

2) Pour les importations, l'administration établit une attestation d'importation en exonération de la TVA en triple exemplaire dont l'un est conservé par le service, les deux autres sont remis à l'association importatrice qui remet un exemplaire à l'administration des douanes et impôts indirects.

Art.8-II.- *(Décret n°2-08-103, Décret n°2-12-85)* Les formalités prévues au I du présent article s'appliquent également aux exonérations prévues aux articles 92-I (11, 14, 15, 16, 17, 24, 25, 37 et 44) et 123 (27, 31, 32, 33, 38, 39 et 43) du CGI au profit de la Fondation Cheikh Zaïd Ibn Soltan, la Fondation Cheikh Khalifa Ibn Zaid, la Fondation Bait Mal Al Qods, la Fondation Hassan II pour la lutte contre le cancer, la Fondation Mohammed VI de promotion des œuvres sociales de l'éducation formation, la ligue Nationale de lutte contre les maladies cardio-vasculaires, l'Agence spéciale Tanger Méditerranée, la Banque Islamique de Développement, l'Université Al Akhawayn d'Ifrane et la Fondation Mohamed VI pour la promotion des œuvres sociales des préposés religieux.

Dons

Art.9.- Pour l'application de l'exonération de la TVA prévue par l'article 92 (I-20°, 21°, 22° et 23°) du CGI, le donateur doit adresser à la DGI à Rabat, une demande d'achat en exonération de taxe, revêtue du visa de l'organisme bénéficiaire du don et indiquant le nom du fournisseur, son numéro d'identification fiscale, la nature du bien, de la marchandise, des travaux ou des prestations de services destinés à être livrés à titre de don et leur prix hors TVA.

Au vu de cette demande, le service visé à l'alinéa précédent établit au nom du fournisseur, une attestation d'achat en exonération en double exemplaire, dont l'un est remis au fournisseur qui le conserve à l'appui de sa comptabilité.

Les factures et tous documents se rapportant aux ventes réalisées sous le bénéfice de l'exonération prévue ci-dessus doivent être revêtus d'un cachet portant la mention « vente en exonération de la TVA, selon le cas, article 92 (I-20°), article 92 (I-21°), article 92 (I-22°) et article 92 (I-23°) du CGI ».

Locaux à usage de logement social

Art.10.- *(Décret n°2-08-103)* La demande de remboursement de la taxe ayant grevé les opérations visées aux articles 92 (I-28°) et 247-XII du CGI doit être établie sur un imprimé modèle fourni à cet effet par l'administration et déposé auprès du service local des impôts dont dépend le bénéficiaire.

Le dépôt de ladite demande doit être effectué dans un délai d'une année à compter de la date de délivrance du permis d'habiter.

Les personnes réalisant les opérations susvisées doivent fournir en plus des justificatifs de leurs achats de biens et services visés à l'article 25 ci-dessous, les documents ci-après :

- copie certifiée conforme du permis de construire accompagnée du plan de construction ;
- copie certifiée conforme du permis d'habiter ;
- copie certifiée conforme du contrat de vente.

Les promoteurs immobiliers visés à l'article 89-II-5° du Code précité, doivent tenir une comptabilité séparée au titre des opérations de construction de locaux à usage d'habitation visées à l'article 92-I-28° dudit Code.

Construction de cités, résidences ou campus universitaires par les entreprises privées

Art.11.- Pour bénéficier de l'exonération de la TVA prévue à l'article 92 (I-29°) du CGI, les personnes qui procèdent à la construction de cités, résidences ou campus universitaires doivent adresser, au service local des impôts dont ils relèvent une demande d'exonération formulée sur ou d'après un imprimé établi par l'administration.

Cette demande doit être accompagnée des documents ci-après :

- une copie certifiée conforme de l'autorisation de construire et du plan de construction ;
- une copie de la convention signée entre le promoteur immobilier et le ministère chargé de l'enseignement supérieur ;
- une copie du marché des travaux justifiant le montant global ainsi que le montant de la TVA demandée en exonération.

Au vu de cette demande, le service local des Impôts établit une attestation d'exonération en triple exemplaire dont l'un est conservé par le service, les deux autres sont remis à l'acquéreur qui remet un exemplaire à l'entrepreneur de travaux adjudicataire du marché de construction des ouvrages précités.

Toutefois, dans le cas où des personnes physiques ou morales se livrent à elles mêmes la construction des ouvrages précités, elles doivent déposer en même temps que leur déclaration de chiffre d'affaires au titre de la livraison à soi même desdites constructions, une demande d'exonération faite sur ou d'après un imprimé établi par l'administration.

Cette demande doit être accompagnée en outre des copies de la convention et de l'autorisation de construction citées ci-dessus, des factures ou mémoires justifiant le coût de la construction ainsi qu'un état descriptif les récapitulant.

Au vu de cette demande le service local des impôts établit en double exemplaire, au nom du promoteur immobilier, une attestation d'exonération de l'opération de livraison à soi-même dont le modèle est établi par l'administration, lui conférant le droit au remboursement prévu à l'article 103 du Code précité. Le premier exemplaire est conservé par ledit service et le second est remis au bénéficiaire du remboursement de la TVA.

Restauration des monuments historiques classés et des équipements de base d'utilité publique

Art.12.- Les personnes physiques et morales bénéficiant de l'exonération au titre des opérations de restauration de monuments historiques classés et des équipements de base d'utilité publique prévues à l'article 92 (I-32°) du CGI doivent adresser au service local des impôts compétent une demande en restitution de la taxe payée sur les achats des matériels, travaux ou services acquis auprès d'assujettis à la TVA accompagnée des factures d'achat correspondantes, établies en leur nom.

Cette demande doit être formulée sur ou d'après un imprimé établi par l'administration fiscale.

Au vu de cette demande et des factures d'achat, le Ministre chargé des finances ou la personne délégué par lui à cet effet, établit un ordre de restitution du montant de la taxe payée.

Opérations de vente, de réparation et de transformation portant sur les bâtiments de mer

Art.13.- Pour bénéficier des exonérations de la TVA prévues à l'article 92-I (33 et 34) du CGI, le bénéficiaire doit adresser au service local des impôts dont il relève une demande d'exonération formulée sur ou d'après un imprimé établi par l'administration.

Cette demande doit être accompagnée d'une facture proforma établie par le fournisseur indiquant la nature des marchandises ou de la prestation fournie ainsi que le nom et le numéro de matricule du navire auquel elles sont destinées. Cette facture proforma doit être visée par le quartier maritime dont dépend le pêcheur ou l'armateur propriétaire du navire.

Au vue de cette demande, le service local des impôts établit une attestation d'achat en exonération en triple exemplaire dont l'un est conservé par le service, les deux autres sont remis à l'acquéreur qui remet un exemplaire à son fournisseur qui le réserve à l'appui de sa comptabilité.

Les factures et tout document se rapportant aux ventes sous le bénéfice des exonérations prévus ci-dessus doivent être revêtus d'un cachet portant la mention « vente en exonération de la TVA article 92-I (33 et 34) du CGI ».

Prestations de services liées au transport international

Art.14.- Pour bénéficier de l'exonération des prestations et opérations liées au transport international visé à l'article 92 (I-35°) du CGI, les entreprises de transport international, doivent délivrer un bon de commande à leurs prestataires de service.

Ce bon de commande doit comporter, outre l'engagement du transporteur de verser la TVA exigible, au cas où lesdites prestations ne recevraient pas la destination qui justifie leur exonération, les renseignements ci-après :

1) Pour le transport routier :
- les nom, prénom, raison sociale ou dénomination du bénéficiaire ;
- la référence de l'agrément exploité ainsi que le numéro d'immatriculation du véhicule ;
- la nature de la prestation sollicitée ;
- les nom, prénom, raison sociale ou dénomination du prestataire de service ainsi que son adresse et son numéro d'identification fiscale.

2) Pour le transport maritime :
- la raison sociale ou la dénomination de la compagnie maritime ;

- les nom, numéro de matricule, nationalité du bâtiment de mer ainsi que toutes autres indications nécessaires à l'identification du navire ;
- la nature de la prestation sollicitée ;
- les nom, prénom, raison sociale ou dénomination du prestataire de service ainsi que son adresse et son numéro d'identification fiscale.

3) Pour le transport aérien :
- la raison sociale ou la dénomination et la nationalité de la compagnie aérienne ainsi que toutes indications nécessaires à l'identification de l'aéronef ;
- la nature de la prestation sollicitée ;
- les nom, prénom, raison sociale ou dénomination du prestataire de service ainsi que son adresse et son numéro d'identification.

Au vu de ce bon de commande, le prestataire de service est autorisé à effectuer ladite prestation en exonération de la TVA et doit le conserver à l'appui de sa comptabilité.

Les factures et tout document se rapportant aux ventes réalisées sous le bénéfice de l'exonération prévue ci-dessus doivent être revêtus d'un cachet portant la mention « vente en exonération de la TVA - Article 92 (I-35°) du CGI ».

Biens et services nécessaires au tournage de films cinématographiques

Art.15.- Le bénéfice de l'exonération prévue à l'article 92 (I-38°) du CGI est subordonné à l'obtention d'une autorisation d'achat en exonération valable pour toute la durée du tournage de films.

Les modalités de délivrance de ladite autorisation sont fixées comme suit :

Les entreprises étrangères de production de films audiovisuelles, cinématographiques ou télévisuelles visées à l'article 92 (I-38°) précité doivent adresser au service local des impôts de leur choix, une demande d'achat en exonération de la taxe.

Cette demande doit être accompagnée de :
- une copie certifiée conforme de l'autorisation de tournage ;
- une attestation bancaire justifiant l'ouverture d'un compte ouvert en devises convertibles.

Au vu de ces documents, le service local des impôts doit délivrer, dans les quarante-huit heures au maximum qui suivent le dépôt de ladite demande, une autorisation valable pour toute la durée du tournage en vue d'acquérir ou de louer tous les biens et services nécessaires pour la réalisation desdits films.

Cette autorisation doit comporter :
- le nom de la personne physique ou de la société bénéficiaire ;
- le numéro du compte bancaire ouvert en devises ;
- la durée du tournage du film.

Les fournisseurs desdits biens et services en exonération, sont tenus :
- de ne se faire payer que par chèque tiré sur le compte bancaire dont le numéro est indiqué sur l'autorisation délivrée à cet effet par le service ;
- d'indiquer sur la copie de la facture de vente d'une part, les références de paiement et d'autre part, le numéro, la date de l'autorisation ainsi que le service local des impôts qui a visé ladite autorisation.

Les factures et tout document se rapportant aux ventes réalisées en exonération de la taxe, doivent être revêtus d'un cachet portant la mention « vente en exonération de la TVA en vertu de l'article 92 (I-38°) du CGI ».

Véhicules automobiles destinés à usage de taxi

Art.16.- Pour bénéficier de l'exonération de la TVA prévue à l'article 92 (I-42°) du CGI, les personnes éligibles à l'exonération doivent adresser une demande au service local des impôts dont elles dépendent.

A l'appui de cette demande, l'intéressé doit fournir :

- un engagement établi sur ou d'après un imprimé établi par l'administration par lequel il s'engage à affecter exclusivement à usage de taxi, le véhicule objet de sa demande d'exonération ;
- une facture proforma ou devis établi par le fournisseur du véhicule, en triple exemplaire indiquant la valeur hors taxe ainsi que le montant de la taxe y afférente.

Au vu de cette demande, le service local des impôts établit au nom du fournisseur, une attestation d'achat en exonération en triple exemplaire dont l'un est conservé par le service, les deux autres sont remis au bénéficiaire qui fait parvenir un exemplaire à son fournisseur.

Les factures et tout document se rapportant aux ventes réalisées sous le bénéfice de l'exonération précitée doivent être revêtus de la mention « vente en exonération de la TVA en vertu de l'article 92 (I-42°) du CGI ».

Les véhicules ayant bénéficié de l'exonération précitée ne doivent, pendant un délai de 60 mois suivant celui de leur acquisition, faire l'objet de cession ou recevoir d'autres utilisations que celle pour laquelle ils ont été initialement acquis.

Les personnes ayant acquis en exonération de taxe les véhicules concernés doivent en outre joindre à leurs déclarations fiscales annuelles en matière d'impôt sur le revenu :

- a) une copie certifiée conforme de la carte grise du véhicule concerné et ce, au titre de chacun des exercices compris dans la période des 60 mois précitée ;
- b) une copie d'attestation d'assurance afférente audit véhicule.

Opérations de construction des mosquées

Art.16 bis.- *(Décret n°2-10-268)* Les personnes physiques et morales bénéficiant de l'exonération au titre des opérations de construction des mosquées prévues à l'article 92 (I-43°) du CGI, doivent adresser au service local des impôts dont ils dépendent une demande en restitution de la taxe payée sur les achats des matériaux de construction, travaux ou services acquis auprès d'assujettis à la TVA, accompagnée d'une autorisation délivrée par le ministère des habous et des affaires islamiques.

Cette demande formulée par écrit doit être accompagnée des documents ci-après :

- copie certifiée conforme de l'autorisation de construire ;
- les originaux des factures d'achat et mémoires des travaux ;
- et, le cas échéant, copie du marché au titre duquel l'entreprise a été déclarée adjudicataire.

Au vu de cette demande, le Ministre chargé des finances ou la personne déléguée par lui à cet effet, établit un ordre de restitution du montant de la taxe acquittée à hauteur de 50 % de la valeur globale.

Equipements et matériels importés par les associations de micro-crédit

Art.17.- L'exonération des équipements et matériels à l'importation prévue à l'article 123-34° du CGI est subordonnée à la production par les associations de micro crédit d'un engagement sur ou d'après un imprimé établi par l'Administration et comportant le numéro d'identification fiscal par lequel elles s'engagent à affecter les équipements et matériels précités exclusivement à l'activité prévue par leurs statuts et à les conserver pendant la durée prévue à l'article 102 du Code précité.

Achats effectués par les diplomates

Art.18.- Pour bénéficier de l'exonération prévue à l'article 92-II du CGI, les missions diplomatiques ou consulaires, les organisations internationales et régionales ainsi que leurs membres accrédités au Maroc, ayant le statut diplomatique doivent adresser à la Direction des Impôts à Rabat une demande en restitution de la taxe payée sur leurs achats de marchandises, travaux ou services acquis auprès d'assujettis à la TVA, accompagnée des factures d'achat correspondantes, établies en leur nom.

Cette demande est formulée sur ou d'après un imprimé établi par l'Administration.

Au vu de cette demande et des factures d'achat, le Ministre chargé des finances ou la personne déléguée par lui à cet effet établit un ordre de restitution du montant de la taxe payée.

Ventes en suspension de la taxe

Art.19.- *(Décret n°2-08-103)* Les entreprises catégorisées visées à l'article 94 (I et II) du CGI qui désirent effectuer leurs achats en suspension de la TVA doivent remplir les conditions suivantes :

- être en situation régulière vis à vis des déclarations et des paiements des impôts, droits et taxes prévus à l'article 164 du CGI, pour bénéficier desdits achats en suspension de la TVA et opérer, le cas échéant, le remboursement y afférent, et en conséquence présenter une attestation de catégorisation délivrée par l'administration fiscale ;
- justifier du chiffre d'affaires réalisé à l'exportation au cours de l'année n-1.

En outre, lesdites entreprises doivent adresser au service local des impôts, une demande sur ou d'après un imprimé établi par l'Administration et tenir une comptabilité régulière et un compte matières.

Ce compte matières doit faire ressortir, d'une part, la quantité des marchandises, des matières premières et des emballages irrécupérables, effectivement utilisés dans les opérations de fabrication ou d'exportation, visées à l'article 94 dudit Code, d'autre part, la quantité de produits fabriqués ou conditionnés qui ont été vendus à l'exportation ou qui se trouvent en stock à la clôture de l'exercice comptable.

Les bénéficiaires de ce régime sont tenus, en outre, de fournir à l'appui de leur demande les pièces justificatives de leur chiffre d'affaires réalisé au cours de l'année au titre de leurs opérations d'exportation.

La demande visée au premier alinéa du présent article doit être accompagnée de la liste des fournisseurs avec l'indication du nom, de la raison ou de la dénomination sociale, de la profession, de l'adresse et du numéro d'identification attribué par le service local des impôts à chacun d'eux, de la nature des opérations qu'ils réalisent en qualité d'assujettis à la TVA.

Le service local des impôts, après contrôle sur pièce ou le cas échéant sur place, établit en triple exemplaire, une attestation d'achat en exonération de la TVA, par fournisseur.

Cette attestation n'est valable que pour l'année de sa délivrance.

L'un des exemplaires est conservé par le service local des impôts, les deux autres sont remis au demandeur qui fait parvenir un exemplaire à son fournisseur et conserve l'autre à l'appui de sa comptabilité.

Les factures et tout document se rapportant aux ventes réalisées en suspension de la taxe doivent être revêtus d'un cachet portant la mention « vente en suspension de la TVA en vertu de l'article 94 du CGI ».

Entreprises dépendantes

Art.20.- Aux fins de la détermination de la base imposable prévue à l'article 96-1° du Code précité :

1) Les entreprises assujetties à la TVA vendant à une entreprise dépendante ou dont elles dépendent doivent, lorsque l'entreprise acheteuse n'est pas assujettie à la TVA ou en est exonérée et si leur comptabilité ne permet pas de dégager nettement les éléments désignés ci-dessous, tenir un livre spécial, dans lequel elles inscrivent :

- dans une première partie : le montant de leurs ventes directes ou indirectes, à l'entreprise acheteuse, avec la désignation sommaire des produits vendus ;
- dans une deuxième partie : le montant des prix de vente des mêmes produits, pratiqués par l'entreprise acheteuse.

2) Les entreprises non assujetties à la TVA ou qui en sont exonérées achetant, directement ou indirectement, à une entreprise dépendante ou dont elles dépendent doivent, si leur comptabilité ne permet pas d'obtenir directement les éléments désignés ci-dessous, tenir un livre spécial dans lequel elles inscrivent :

- dans une première partie : le montant de leurs achats, directs ou indirects, à l'entreprise vendeuse, avec la désignation sommaire des produits achetés ;
- dans la deuxième partie : le montant de leurs ventes desdits produits.

Détermination de la base imposable des livraisons à soi-même en matière de construction

Art.21.- En application de l'article 96-4° alinéa 2 du Code précité, le prix de revient de la construction servant comme base d'imposition des livraisons à soi-même en matière de construction personnelle effectuée par les personnes physiques, est déterminé à partir d'un barème.

Ce barème fixe pour chaque région le prix du mètre carré couvert. Ce prix variera pour une même localité suivant la qualité de la construction.

Le Ministre des finances est habilité à fixer par arrêté le barème précité qui sera actualisé en fonction de l'évolution de l'indice du coût des divers éléments entrant dans la construction.

Véhicules économiques

Art.22.- 1) Pour l'application du taux réduit de 7 % ou de 14 % prévu respectivement au 1° et 3° de l'article 99 du CGI, au titre des produits et matières entrant dans la fabrication de la voiture économique ainsi que des prestations de montage y afférentes et des produits et matières entrant dans la fabrication du véhicule utilitaire léger pour le transport des marchandises et du cyclomoteur économique appelés dans le présent texte « véhicules économiques », le fabricant doit adresser au service local des impôts dont il dépend une demande formulée sur ou d'après un imprimé établi par l'administration et tenir un compte matières.

Ce compte doit faire ressortir, d'une part, la quantité des produits et matières importés ou acquis localement sous le bénéfice des taux réduits et effectivement utilisés dans la fabrication des véhicules économiques et d'autre part, le nombre des véhicules économiques qui ont été vendus ou qui se trouvent en stock à la clôture de l'exercice comptable.

La demande visée au premier alinéa du présent article doit être accompagnée des pièces suivantes :

- un état descriptif établi en triple exemplaire qui précise les nom, raison sociale ou dénomination et adresse des fournisseurs, la nature et l'utilisation des produits, matières et prestations de montage destinés à être achetés sur le marché intérieur ou importés sous le bénéfice des taux réduits ainsi que leur quantité et leur valeur en dirhams ;

- les factures proforma ou devis en triple exemplaire.

Au vu de ladite demande, l'administration délivre les attestations d'achat aux taux réduit des produits, matières et, le cas échéant, des prestations de montage acquis localement.

La valeur des produits et matières importés ainsi que le montant des achats et des prestations de montage réalisés sur le marché local, sont soumis au taux réduit de 7 % ou de 14 % dans la limite du montant du chiffre d'affaires réalisé au cours de l'année écoulée sous le bénéfice dudit taux réduit.

Toutefois, cette limite n'est pas applicable pour la première année d'activité de fabrication des véhicules économiques.

2) Le fabricant de véhicules économiques ayant réalisé des achats en taxe acquittée à des taux supérieurs aux taux appliqués auxdits véhicules bénéficie, sur sa demande, de la restitution du montant de la différence entre la taxe effectivement acquittée et celle normalement due.

Cette demande doit être faite sur ou d'après un imprimé établi par l'administration, accompagnée des pièces visées à l'article 25 ci-dessous pour la justification des achats et des importations.

Il doit, en outre, fournir :

- les copies des factures de ventes effectuées au titre des véhicules économiques bénéficiant du taux réduit récapitulées sur des relevés distincts ;
- les copies des factures de ventes effectuées éventuellement au titre d'autres véhicules soumis au taux normal récapitulées sur relevés distincts.

Le dépôt de la demande précitée et des documents y annexés doit être effectué, auprès du service local des impôts, à la fin de chaque trimestre de l'année civile au titre des opérations réalisées au cours du ou des trimestres écoulés.

Ce dépôt est effectué dans un délai n'excédant pas l'année suivant le trimestre pour lequel la restitution est demandée.

Le montant à restituer est égal au montant global de la taxe initialement payé au titre des achats réalisés au cours de la période considérée, diminué du montant hors taxe desdits achats affecté, selon le cas, du taux de 7 % ou de 14 %.

Lorsque le fabricant exerce des activités soumises à différents taux de la TVA et à défaut de comptabilité séparée permettant d'une manière distincte de différencier entre les éléments destinés exclusivement à la fabrication de véhicules économiques et ceux destinés à la fabrication d'autres véhicules, le montant restituable au titre de l'ensemble des achats est calculé en fonction du prorata du chiffre d'affaires afférent aux véhicules économiques par rapport au chiffre d'affaires total.

Toutefois, ce montant restituable ne doit, en aucun cas, être supérieur au montant de la TVA qui est normalement exigible au titre du chiffre d'affaires soumis au taux réduit de 7 % ou de 14 %.

Les restitutions sont prononcées par décision du Ministre chargé des finances ou de la personne déléguée par lui à cet effet et donnent lieu à l'établissement d'ordre de restitution.

Produits et matières premières entrant dans la fabrication des fournitures scolaires

Art.23.- Pour bénéficier du taux réduit de 7 % prévu par les dispositions de l'article 99-1° du CGI au titre de leurs achats de produits et matières entrant dans la composition des fournitures scolaires, les fabricants doivent adresser au service local des impôts, avant le 1er février de chaque année, une demande comportant l'indication du montant de leurs achats effectués au cours de l'année écoulée et l'engagement de tenir un compte matières des produits à acquérir au taux réduit.

Ce compte matière doit faire ressortir, d'une part, la quantité des produits et matières acquis sous le bénéfice du taux réduit et effectivement utilisés dans les opérations de fabrication des fournitures scolaires, et d'autre part la quantité d'articles scolaires fabriqués qui ont été vendus ou qui se trouvent en stock à la fin de l'exercice comptable.

Au vu de la demande visée au premier alinéa ci-dessus, le service local des impôts établit en trois exemplaires une attestation d'achat par fournisseur, laquelle n'est valable que pour l'année de sa délivrance.

Les factures et tout document se rapportant aux ventes réalisées sous le bénéfice du taux réduit doivent comporter la mention « vente en application du taux réduit de la TVA en vertu de l'article 99-1° du CGI ».

Produits et matières premières entrant dans la composition des emballages des produits pharmaceutiques

Art.24.- Pour bénéficier du taux réduit de 7 % prévu par les dispositions de l'article 99-1° du CGI, au titre de leurs achats de produits et matières entrant dans la composition des emballages des produits pharmaceutiques, les fabricants doivent adresser au service local des impôts dont ils dépendent, une demande comportant l'indication du montant de leurs achats effectués au cours de l'année écoulée et l'engagement de tenir un compte matières des produits à acquérir au taux réduit.

Ce compte matières doit faire ressortir, d'une part, la quantité des produits et matières acquis sous le bénéfice du taux réduit et effectivement utilisés dans les opérations de fabrication d'emballages des produits pharmaceutiques et d'autre part, la quantité des produits finis fabriqués qui ont été vendus ou qui se trouvent en stock à la fin de l'exercice comptable.

Au vu de la demande visée au premier alinéa ci-dessus, le service local des impôts établit en triple exemplaire, une attestation d'achat par fournisseur, laquelle n'est valable que pour l'année de sa délivrance.

Les factures et tout document se rapportant aux ventes réalisées sous le bénéfice du taux réduit doivent comporter la mention « vente en application du taux réduit de la TVA en vertu de l'article 99-1 du CGI ».

Remboursement

Art.25.- *(Décret n°2-08-103)* I. La demande du remboursement visé au 1° de l'article 103 du CGI, doit être formulée sur ou d'après un imprimé établi par l'administration, accompagnée des pièces justificatives suivantes :

1) Pour les importations directes par les bénéficiaires et ouvrant droit à remboursement : une copie des factures d'achat, une copie de la déclaration d'importation et de la quittance de règlement de la TVA y afférente, ainsi qu'un relevé mentionnant, pour chaque importation, le numéro de la déclaration d'importation, le numéro et la date de quittance de douane constatant le paiement définitif des droits et nature exacte des marchandises, la valeur retenue pour le calcul de la TVA et le montant de celle qui a été versée.

2) Pour les achats de biens et services, les livraisons, les façons et les travaux effectués au Maroc, la copie des factures ou mémoires ouvrant droit au remboursement,

accompagnée d'un relevé récapitulatif comportant :

- a) la référence aux factures ou mémoires ainsi que le numéro d'identification attribué par le service des impôts y figurant ;
- b) la nature exacte des marchandises, biens, services, façons ou travaux, le montant des mémoires ou factures correspondants et, le cas échéant, le taux et le montant de la TVA mentionnés sur ces factures ou mémoires ;
- c) la référence et les modalités de paiement se rapportant à ces factures ou mémoires.

Les relevés visés ci-dessus doivent comporter, en outre, dans une colonne distincte, le numéro d'inscription des factures d'achat et de façon ou des documents douaniers en tenant lieu, aux livres comptables dont la tenue est prescrite par l'article 118 du Code précité.

Les valeurs figurant auxdits relevés sont totalisées par catégorie et leur montant doit correspondre à celui des importations, des achats de biens et services, des livraisons, des façons et des travaux figurant sur la ou les déclarations du chiffre d'affaires annexées à la demande de remboursement.

Les exportateurs doivent, en outre, joindre aux documents visés ci-dessus, les avis d'exportation établis conformément à un imprimé fourni par la DGI et les copies de factures de vente établies au nom des destinataires à l'étranger, revêtus du visa des services de la douane et récapitulés sur des relevés distincts.

Les personnes effectuant des opérations réalisées sous le bénéfice des exonérations ou de la suspension prévues aux articles 92 (I-3° et 6°) et 94 du Code précité doivent joindre à leur demande de remboursement les attestations de vente en exonération ou de suspension de la taxe et les factures justifiant de la réalisation effective de ces opérations.

II. La demande de remboursement visée à l'article 103-2° du Code précité doit être établie dans les conditions prévues aux 1° et 2° du I ci-dessus et accompagnée de la déclaration de cessation d'activité visée au deuxième alinéa de l'article 114 dudit Code.

III. La demande de remboursement visée à l'article 103-3° du Code précité doit être établie dans les conditions prévues aux 1° et 2° du I ci-dessus et les remboursements demandés sont liquidés à concurrence du montant de la TVA ayant grevé l'acquisition des biens visés aux articles 92-6° et 123-22° du CGI.

IV. La demande du remboursement visé à l'article 103-4° du Code précité doit être établie selon les modalités prévues aux 1° et 2° du I ci-dessus.

Conformément à l'article 125 (VI) du Code précité, les remboursements demandés sont liquidés à concurrence du montant du crédit de TVA déductible et non imputable, relatif aux opérations réalisées à compter du 1er janvier 2008.

Restitution de la TVA aux personnes physiques non-résidentes

Art.26.- I. Le bénéfice de l'exonération visée aux articles 92-I-39° et 124-II du CGI est subordonné aux conditions et formalités suivantes :

1) La vente doit être effectuée au détail et ne pas avoir un caractère commercial. Elle doit être accomplie, le même jour, chez un même vendeur et le montant y afférent doit être d'une contre valeur supérieure ou égale à 2.000 DH TVA comprise.

2) Le vendeur doit être un assujetti à la TVA et accepter d'accomplir les formalités de la vente ouvrant droit à la restitution de la TVA. A cet effet, il doit remplir au moment de la vente, un bordereau de vente à

l'exportation constitué d'une copie originale et de trois exemplaires :

La copie originale ainsi que deux exemplaires sont remis à l'acheteur accompagnés d'une enveloppe dispensée d'affranchissement portant l'adresse de l'administration fiscale.

Un exemplaire est conservé par le vendeur.

Ce bordereau, formulé sur ou d'après un imprimé établi par l'Administration fiscale, doit être accompagné des factures détaillées des achats effectués revêtues du cachet du vendeur et comporter les renseignements suivants :

- les nom et prénom ou raison sociale du vendeur, son adresse ainsi que son numéro d'identification fiscale ;
- le nom, prénom, nationalité et adresse complète de l'acheteur ;
- le numéro de compte bancaire ouvert au Maroc (RIB) ou à l'étranger ainsi que l'intitulé de la banque ;
- la nature, la quantité et le prix unitaire des biens vendus ;
- le montant des achats TVA comprise et le taux de la TVA correspondant ;
- le montant de la TVA à restituer (détaxe) ;
- les signatures de l'acheteur et du vendeur.

3) L'acheteur qui veut bénéficier de la restitution de la TVA sur l'acquisition des biens et marchandises à l'intérieur, doit être une personne physique non-résidente en court séjour au Maroc. Il doit présenter lui-même les marchandises, la copie originale du bordereau ainsi que les deux exemplaires remis par le vendeur accompagnés des factures à la douane au moment de quitter le territoire marocain et ce, avant l'expiration du troisième mois qui suit la date de l'achat.

4) Le bureau de la douane appose son visa sur la copie originale du bordereau ainsi que les deux exemplaires précités après vérification des renseignements figurant sur lesdits documents et des marchandises transportées dans les bagages de l'acheteur et garde un exemplaire.

5) L'acheteur doit adresser dans un délai de trente jours, à compter de la date de sa sortie du territoire national, la copie originale à l'administration fiscale et conserver un exemplaire.

6) Lorsque les formalités citées ci-dessus sont remplies, l'Administration fiscale procède à la restitution de la TVA, conformément aux indications bancaires figurant sur le bordereau.

II. Dans le cas où la restitution de la TVA est prise en charge par une société privée, des modalités particulières peuvent être fixées par une convention conclue entre l'Administration fiscale et ladite société.

Déductibilité du gasoil utilisé comme carburant

Art.27.- Pour bénéficier de la déductibilité du gasoil utilisé comme carburant prévue à l'article 106 (I-4°) du CGI, les personnes concernées sont tenues de déposer au service local des impôts dont elles dépendent, avant le 1er février de chaque année, un état descriptif établi en double exemplaire qui précise les nom, raison social ou dénomination commerciale, adresse, numéro d'identification fiscale, montant et volume des achats de gasoil effectués au cours de l'année civile écoulée ainsi que le nombre de kilomètres parcourus.

Détermination de la base imposable

Art.28.- L'accord préalable pour la détermination du montant imposable du chiffre d'affaires des personnes visées à l'article 97 du CGI est donné par le Ministre chargé des finances ou la personne déléguée par lui à cet effet.

Dispositions finales

Art.29.- Le Ministre des finances et de la privatisation est chargé de l'exécution du présent décret qui abroge et remplace à compter du 1er janvier 2007 le décret n°2-86-99 du 14 mars 1986 pris pour l'application de la TVA prévue au Titre 3 du CGI.

Titre 4 - Les droits d'enregistrement

Chapitre 1 - Champ d'application

Définition et effets de la formalité de l'enregistrement

Art.126.- I. Définition de la formalité de l'enregistrement

L'enregistrement est une formalité à laquelle sont soumis les actes et conventions. Il donne lieu à la perception d'un impôt dit « droit d'enregistrement ».

II. Effets de la formalité de l'enregistrement

La formalité de l'enregistrement a pour effet de faire acquérir date certaine aux conventions sous seing privé au moyen de leur inscription sur un registre dit « registre des entrées » et d'assurer la conservation des actes.

Au regard du Trésor, l'enregistrement fait foi de l'existence de l'acte et de sa date. L'enregistrement doit être réputé exact jusqu'à preuve du contraire en ce qui concerne la désignation des parties et l'analyse des clauses de l'acte.

Les parties ne peuvent se prévaloir de la copie de l'enregistrement d'un acte pour exiger son exécution. A l'égard des parties, l'enregistrement ne constitue ni une preuve complète, ni même, à lui seul, un commencement de preuve par écrit.

Actes et conventions imposables

Art.127-I.- Enregistrement obligatoire

Sont obligatoirement assujettis à la formalité et aux droits d'enregistrement, alors même qu'à raison du vice de leur forme ils seraient sans valeur :

A. Toutes conventions, écrites ou verbales et quelle que soit la forme de l'acte qui les constate, sous seing privé ou authentique (notarié, adoulaire, hébraïque, judiciaire ou extrajudiciaire) portant :

- 1° Mutation entre vifs, à titre gratuit ou onéreux, tels que vente, donation ou échange :
  - a) d'immeubles, immatriculés ou non immatriculés, ou de droits réels portant sur de tels immeubles ;
  - b) de propriété, de nue propriété ou d'usufruit de fonds de commerce ou de clientèles ;
  - c) cessions de parts dans les groupements d'intérêt économique, de parts et d'actions des sociétés non cotées en bourse et d'actions et de parts dans les sociétés immobilières ou dans les sociétés à prépondérance immobilière visées, respectivement, à l'article 3-3° et à l'article 61-II ci-dessus.
- 2° bail à rente perpétuelle de biens immeubles, bail emphytéotique, bail à vie et celui dont la durée est illimitée ;
- 3° cession d'un droit au bail ou du bénéfice d'une promesse de bail portant sur tout ou partie d'un immeuble, qu'elle soit qualifiée cession de pas de porte, indemnité de départ ou autrement ;
- 4° bail, cession de bail, sous-location d'immeubles, de droits immobiliers ou de fonds de commerce.

B. Tous actes sous seing privé ou authentiques portant :

- 1° constitution ou mainlevée d'hypothèque, cession ou délégation de créance hypothécaire. Ces mêmes actes, bien que passés dans un pays étranger, sont également assujettis lorsqu'il en est fait usage par les conservateurs de la propriété foncière et des hypothèques ;

- 2° constitution, augmentation de capital, prorogation ou dissolution de sociétés ou de groupements d'intérêt économique, ainsi que tous actes modificatifs du contrat ou des statuts ;
- 3° cessions d'actions des sociétés cotées en bourse ;
- 4° partage de biens meubles ou immeubles ;
- 5° antichrèse ou nantissement de biens immeubles et leurs cessions.

C. Les actes ci-après, constatant des opérations autres que celles visées aux A et B ci-dessus :

- 1° les actes authentiques ou sous seing privé établis par les notaires ou fonctionnaires chargés du notariat, ainsi que les actes sous seing privé dont ces notaires ou fonctionnaires font usage dans leurs actes authentiques, qu'ils annexent auxdits actes ou qu'ils reçoivent en dépôt ;
- 2° les actes d'adoul et de notaires hébraïques portant :
  - titres constitutifs de propriété ;
  - inventaires après décès ;
  - renonciations au droit de chefaâ ou de retrait en cas de vente sefqa ;
  - retraits de réméré ;
  - mainlevées d'oppositions en matière immobilière ;
  - ventes de meubles ou d'objets mobiliers quelconques ;
  - donations de meubles ;
  - obligations, reconnaissances de dettes et cessions de créances ;
  - procurations, quelle que soit la nature du mandat ;
  - quittances pour achat d'immeubles.
- 3° les décisions de justice, les actes judiciaires et extrajudiciaires des greffiers, ainsi que les sentences arbitrales qui, par leur nature ou en raison de leur contenu, sont passibles du droit proportionnel d'enregistrement.

D. Ventes de produits forestiers, effectuées en vertu des articles 3 et suivants du dahir du 10 octobre 1917 sur la conservation et l'exploitation des forêts et les ventes effectuées par les agents des domaines ou des douanes.

Art.127-II.- Enregistrement sur option

Les actes autres que ceux visés au I ci-dessus peuvent être enregistrés sur réquisition des parties à l'acte ou de l'une d'entre elles.

Délais d'enregistrement

Art.128.- I. Sont assujettis à l'enregistrement et au paiement des droits dans le délai de trente jours :

- A. à compter de leur date :
  - les actes et les conventions énumérés à l'article 127 (I-A, B et C) ci-dessus, sous réserve des dispositions citées au B du présent paragraphe et au II ci-après ;
  - les procès-verbaux constatant les ventes de produits forestiers et les ventes effectuées par les agents des domaines ou des douanes, visés à l'article 127-I-D ci-dessus ;
  - les procès-verbaux d'adjudication d'immeubles, de fonds de commerce ou d'autres meubles ;
- B. à compter de la date de réception de la déclaration des parties, pour ce qui concerne les actes établis par les adoul.

II. Sont assujettis à l'enregistrement dans le délai de trois mois :

- à compter de la date du décès du testateur, pour les actes de libéralité pour cause de mort ;
- à compter de leur date pour les ordonnances, jugements et arrêts des diverses juridictions.

Exonérations

Art.129.- Sont exonérés des droits d'enregistrement :

Art.129-I.- Actes présentant un intérêt public :

- 1° les acquisitions par les Etats étrangers d'immeubles destinés à l'installation de leur représentation diplomatique ou consulaire au Maroc ou à l'habitation du chef de poste, à condition que la réciprocité soit accordée à l'Etat marocain ;
- 2° les actes constatant des opérations immobilières, ainsi que des locations et des cessions de droits d'eau en vertu du dahir du 13 juillet 1938 ;
- 3° les actes et écrits relatifs au recouvrement forcé des créances publiques dressés en vertu des dispositions de la loi n°15-97 formant Code de recouvrement des créances publiques, promulguée par le dahir n°1-00-175 du 3 mai 2000 ;
- 4° les actes et écrits faits en exécution de la loi n°7-81 relative à l'expropriation pour cause d'utilité publique et à l'occupation temporaire, promulguée par le dahir n°1-81-252 du 6 mai 1982, lorsqu'il y a lieu à la formalité.

Art.129-II.- Actes concernant les collectivités publiques :

- 1° les acquisitions de l'Etat, les échanges, les donations et conventions qui lui profitent ; les constitutions de biens habous, les conventions de toute nature passées par les Habous avec l'Etat ;
- 2° les acquisitions et échanges d'immeubles effectués par les collectivités locales et destinés à l'enseignement public, à l'assistance et à l'hygiène sociales, ainsi qu'aux travaux d'urbanisme et aux constructions d'intérêt communal.

Art.129-III.- Actes présentant un intérêt social :

- 1° tous actes et écrits établis en application du dahir du 1er mars 1944 relatif à la réparation des dommages causés par faits de guerre et des arrêtés pris pour l'exécution de ce dahir ou qui en seront la conséquence, à condition de s'y référer expressément ;
- 2° Abrogé
- 3° les contrats de louage de services, s'ils sont constatés par écrit ;
- 4° et 5° Abrogés
- 6° les actes d'acquisition des immeubles strictement nécessaires à l'accomplissement de leur objet par les associations à but non lucratif s'occupant des personnes handicapées ;
- 7° les actes, écrits et mutations qui profitent aux organismes ci-après, afférents à la création, à l'activité et, éventuellement, à la dissolution :
  - de l'Entraide nationale créée par le dahir n°1-57-009 précité ;
  - des associations de bienfaisance subventionnées par l'Entraide nationale, notamment les associations d'aveugles et de paralytiques ;
  - du Croissant rouge marocain ;
  - de la Ligue nationale de lutte contre les maladies cardio-vasculaires, créée par le dahir portant loi n°1-77-334 précité ;
- 8° les actes afférents à l'activité et aux opérations de la société Sala Al Jadida ;
- 9° les actes et opérations de la Société nationale d'aménagement collectif (SONADAC) se rapportant à la réalisation de logements sociaux afférents aux projets « Annassim », situés dans les communes de Dar Bouazza et Lyssasfa et destinés au recasement des habitants de l'ancienne médina de Casablanca ;
- 10° les actes afférents à l'activité et aux opérations :
  - de la Fondation Hassan II pour la lutte contre le cancer, créée par le dahir portant loi n°1-77-335 précité ;
  - de la Fondation Mohamed VI de promotion des œuvres sociales de

l'éducation formation, créée par la loi n°73-00 précitée ;
- de la Fondation Cheikh Zaîd Ibn Soltan, créée par le dahir portant loi n°1-93-228 précité ;
- de la Fondation khalifa Ibn Zaïd, créée par la loi n°12-07 précitée ;

- 11° les opérations des associations syndicales de propriétaires urbains, dans la mesure où elles n'apportent aux associés aucun enrichissement provenant du paiement d'indemnités ou de l'augmentation de contenance de leurs propriétés ;
- 12° Abrogé
- 13° les actes constatant la vente ou la location par bail emphytéotique de lots domaniaux équipés par l'Etat ou les collectivités locales et destinés au recasement des habitants des quartiers insalubres ou des bidonvilles ;
- 14° les baux, cessions de baux, sous locations d'immeubles ou de droits réels immobiliers conclus verbalement ;
- 15° les actes et écrits ayant pour objet la protection des pupilles de la nation en application de la loi n°33-97 relative aux pupilles de la nation, promulguée par le dahir n°1-99-191 du 25 août 1999 ;
- 16° les actes d'attribution de lots domaniaux agricoles ou à vocation agricole appartenant au domaine privé de l'Etat, réalisés dans le cadre du dahir portant loi n°1-72-454 du 17 décembre 1976 étendant aux lots agricoles ou à vocation agricole attribués, avant le 9 juillet 1966, la législation et la réglementation sur la réforme agraire.

Art.129-IV.- *(L.F.2012)* Actes relatifs à l'investissement :

1) Abrogé

2) Les acquisitions par les promoteurs immobiliers, personnes morales ou personnes physiques relevant du régime du résultat net réel, de terrains nus ou comportant des constructions destinées à être démolies et réservés à la réalisation d'opérations de construction de cités, résidences ou campus universitaires.

Cette exonération est acquise sous réserve des conditions prévues à l'article 130-II ci-après.

3 et 4) Abrogés

5) Les actes de constitution et d'augmentation de capital des sociétés installées dans les zones franches d'exportation, prévues par la loi n°19-94 précitée.

Bénéficient également de l'exonération, les acquisitions par les entreprises installées dans les zones franches d'exportation de terrains nécessaires à la réalisation de leur projet d'investissement.

6) Les actes de constitution et d'augmentation de capital des banques et des sociétés holding offshore, prévues par la loi n°58-90 précitée.

Bénéficient également de l'exonération, les acquisitions par lesdites banques et sociétés holding d'immeubles, nécessaires à l'établissement de leurs sièges, agences et succursales, sous réserve de la condition d'exonération prévue à l'article 130-VI ci-après.

7) Le transfert à la société dénommée « Agence spéciale Tanger-Méditerranée », en pleine propriété et à titre gratuit, des biens du domaine privé de l'Etat qui lui sont nécessaires pour la réalisation de ses missions d'ordre public et dont la liste est fixée par la convention prévue par l'article 2 du décret-loi n°2-02-644 précité.

L'Agence spéciale Tanger-Méditerranée, ainsi que les sociétés intervenant dans la réalisation, l'aménagement, l'exploitation et l'entretien du projet de la zone spéciale de développement Tanger-Méditerranée et qui s'installent dans les zones franches d'exportation visées à l'article premier du décret-loi n°2-02-644 précité, bénéficient des exonérations prévues au 5° ci-dessus.

8) Les opérations prévues à l'article 133 (I-D-10°) ci-dessous, en ce qui concerne les droits de mutation afférents à la prise en charge du passif, s'il y a lieu, dans les cas suivants :

- a) les sociétés ou groupements d'intérêt économique qui procèdent, dans les trois années de la réduction de leur capital, à la reconstitution totale ou partielle de ce capital ;
- b) la fusion de sociétés par actions ou à responsabilité limitée, que la fusion ait lieu par voie d'absorption ou par la création d'une société nouvelle ;
- c) l'augmentation de capital des sociétés dont les actions sont introduites à la cote de la bourse des valeurs, ou dont l'introduction à la cote a été demandée, sous réserve que ces actions représentent au moins 20 % du capital desdites sociétés ;
- d et e) Abrogés

9) Abrogé

10) Les actes relatifs aux variations du capital et aux modifications des statuts ou des règlements de gestion des OPCVM, soumis aux dispositions du dahir portant loi n°1-93-213 précitée.

11) Les actes relatifs aux variations du capital et aux modifications des statuts ou des règlements de gestion des OPCR, institués par la loi n°41-05 précitée.

12) Les actes relatifs à la constitution des Fonds de placements collectifs en titrisation, soumis aux dispositions de la loi n°10-98 précitée, à l'acquisition d'actifs, à l'émission et à la cession d'obligations et de parts, à la modification des règlements de gestion et aux autres actes relatifs au fonctionnement desdits fonds conformément aux textes réglementaires en vigueur.

13 à 16) Abrogés

17) Les actes de cautionnement bancaire ou d'hypothèque produits ou consentis en garantie du paiement des droits d'enregistrement, ainsi que les mainlevées délivrées par l'inspecteur des impôts chargé de l'enregistrement, prévus à l'article 130 (II-B) ci-après et à l'article 134-I ci-dessous.

18) Les actes, activités ou opérations de l'Université AL Akhawayn d'Ifrane, créée par le dahir portant loi n°1.93.227 précité.

19) Les actes de transfert, à titre gratuit et en pleine propriété, à l'Agence d'aménagement et de mise en valeur de la vallée du Bou Regreg, créée par la loi n°16-04, promulguée par le dahir n°1.05.70 du 23 novembre 2005 des biens du domaine privé de l'Etat et des terrains distraits d'office du domaine forestier dont la liste est fixée par voie réglementaire, situés dans la zone d'intervention de ladite agence et qui lui sont nécessaires pour la réalisation des aménagements publics ou d'intérêt public.

20) Les opérations d'apport, ainsi que la prise en charge du passif résultant de la transformation d'un établissement public en société anonyme.

21) Les actes d'hypothèque consentis en garantie du paiement de la TVA versée par l'Etat, ainsi que la mainlevée délivrée par la receveur de l'administration fiscale tel que cela est prévu à l'article 93-I ci-dessus.

Art.129-V.- Actes relatifs aux opérations de crédit :

- 1° les actes concernant les opérations effectuées par la Banque africaine de développement, conformément au dahir n°1.63.316 précité, ainsi que les acquisitions réalisées à son profit, lorsque la banque doit supporter seule et définitivement la charge de l'impôt ;
- 2° les actes et écrits concernant les opérations effectuées par la Banque islamique de développement et ses succursales, ainsi que les acquisitions qui leur profitent ;

- 3° les actes d'avances sur titres de fonds d'Etat et de valeurs émises par le Trésor ;
- 4° les actes constatant les opérations de crédit passées entre des particuliers et des établissements de crédit et organismes assimilés, régis par la loi n°34-03 précitée, ainsi que les opérations de crédit immobilier conclues entre les particuliers et les sociétés de financement et celles passées entre les entreprises et leurs salariés ou entre les associations des œuvres sociales du secteur public, semi-public ou privé et leurs adhérents pour l'acquisition ou la construction de leur habitation principale ;
- 5 à 7° Abrogés

Conditions d'exonération

Art.130.- *(L.F.2011, 2012)* I. Abrogé

II. L'exonération prévue à l'article 129-IV-2° ci-dessus est acquise aux conditions suivantes :

A. Les promoteurs immobiliers doivent réaliser leurs opérations dans le cadre d'une convention conclue avec l'Etat, assortie d'un cahier des charges, en vue de réaliser des opérations de construction de cités, résidences et campus universitaires constitués d'au moins cinquante chambres dont la capacité d'hébergement est au maximum de deux lits par chambre, dans un délai maximum de trois ans à compter de la date de l'autorisation de construire.

B. Les promoteurs immobiliers doivent, en garantie du paiement des droits simples calculés au taux de 6 % prévu à l'article 133-I-A ci-dessous et, le cas échéant, de la pénalité et des majorations prévues à l'article 205-I et à l'article 208 ci-dessous, qui seraient exigibles au cas où l'engagement visé ci-dessus n'aurait pas été respecté :

- fournir un cautionnement bancaire qui doit être déposé entre les mains de l'inspecteur des impôts chargé de l'enregistrement ;
- ou consentir au profit de l'Etat, dans l'acte d'acquisition ou dans un acte y annexé, une hypothèque sur le terrain acquis ou sur tout autre immeuble, de premier rang ou, à défaut, de second rang après celle consentie au profit des établissements de crédit agréés.

Le cautionnement bancaire ne sera restitué et la mainlevée de l'hypothèque ne sera délivrée par l'inspecteur des impôts chargé de l'enregistrement compétent que sur présentation, selon le cas, des copies certifiées conformes du certificat de réception provisoire ou du certificat de conformité prévus par la loi n°25-90 relative aux lotissements, groupes d'habitations et morcellements, promulguée par le dahir n°1-92-7 du 17 juin 1992.

III à V. Abrogés

VI. L'exonération prévue à l'article 129 (IV-6° alinéa 2) ci-dessus est acquise, sous réserve que les immeubles acquis demeurent à l'actif des banques et sociétés holding offshore pendant au moins dix ans à compter de la date de l'obtention de l'agrément prévu par l'article 5 de la loi n°58-90 précitée relative aux places financières offshore.

Chapitre 2 - Base imposable et liquidation

Art.131.- Base imposable

Pour la liquidation des droits, la valeur de la propriété, de la nue-propriété, de l'usufruit et de la jouissance des biens meubles et immeubles et, d'une manière générale, la base imposable est déterminée comme suit :

1) Pour les ventes et autres transmissions à titre onéreux, par le prix exprimé et les charges qui peuvent s'ajouter au prix.

Toutefois, la valeur imposable est constituée :

- pour les acquisitions d'immeubles ou de fonds de commerce dans le cadre d'un contrat de mourabaha, par le prix d'acquisition desdits biens par l'établissement de crédit ;
- pour les adjudications à la folle enchère ou surenchère de biens immeubles, par le prix exprimé en y ajoutant les charges, sous déduction du prix de la précédente adjudication qui a supporté les droits d'enregistrement ;
- pour les cessions à titre onéreux de fonds de commerce, par le prix de l'achalandage, du droit au bail, des objets mobiliers servant à l'exploitation du fonds et des marchandises en stock.

2) Pour les échanges, par l'estimation du bien dont la valeur est la plus élevée.

Dans le cas d'échange de nue-propriété ou d'usufruit, les parties doivent indiquer la valeur vénale de la pleine propriété de l'immeuble ; l'estimation de la nue-propriété ou de l'usufruit est effectuée comme indiqué au 4° ci-après.

3) Pour les partages de biens meubles ou immeubles entre copropriétaires, cohéritiers et coassociés, à quelque titre que ce soit, par le montant de l'actif net à partager.

4) Pour les mutations entre vifs et à titre gratuit, par l'évaluation souscrite par les parties de la valeur des biens donnés, sans déduction des charges.

Toutefois, la base imposable est constituée :

- pour les mêmes opérations portant sur les fonds de commerce, par l'évaluation de l'achalandage, du droit au bail, des objets mobiliers servant à l'exploitation du fonds et des marchandises en stock ;
- pour les mutations à titre gratuit de l'usufruit et de la nue-propriété, par la valeur correspondante, calculée à partir de la valeur vénale de la pleine propriété et en fonction de l'âge de l'usufruitier, conformément au tableau ci-après :

Age de l'usufruitier	Valeur de l'usufruit	Valeur de la nue-propriété
Moins de 20 ans révolus	7/10	3/10
Moins de 30 ans révolus	6/10	4/10
Moins de 40 ans révolus	5/10	5/10
Moins de 50 ans révolus	4/10	6/10
Moins de 60 ans révolus	3/10	7/10
Moins de 70 ans révolus	2/10	8/10
Plus de 70 ans révolus	1/10	9/10

Dans les conventions soumises à l'homologation du cadi, l'âge de l'usufruitier est attesté par les adoul lorsqu'il ne peut être justifié d'un état civil régulier.

Dans les autres cas, l'âge de l'usufruitier fait l'objet d'une déclaration des parties dans l'acte.

5) Pour les titres constitutifs de propriété, par la valeur des immeubles qui en font l'objet. Chaque immeuble ou chaque parcelle, dont la valeur doit être estimée distinctement, est désigné avec précision par ses limites, sa superficie, sa nature et sa situation.

6) Pour les constitutions d'hypothèques ou de nantissements de fonds de commerce, par le montant de la somme garantie en capital, frais accessoires et intérêts, dans la limite de deux annuités.

7) Pour les antichrèses et nantissements de biens immeubles, par le prix et les sommes pour lesquelles ces actes sont faits.

8) Pour le droit d'apport en société, à titre pur et simple, par le montant ou la valeur de l'apport.

9) Pour les cessions d'actions ou de parts sociales des sociétés ou de parts des groupements d'intérêt économique, par le montant de la valeur négociée, déduction faite des versements restant à faire sur les titres non entièrement libérés.

10) Pour les cessions de titres d'obligations des sociétés ou entreprises et de titres d'obligations des collectivités locales et établissements publics, par le montant de la valeur négociée.

11) Pour les créances à terme, les prorogations de délai de paiement de ces créances, leurs donations, cessions et transports, les obligations de sommes et autres actes d'obligations, par le capital exprimé dans l'acte et qui en fait l'objet.

12) Pour les opérations de crédits, par le montant du crédit.

13) Pour les quittances et tous autres actes de libération, par le total des sommes ou capitaux dont le débiteur se trouve libéré.

14) Pour les constitutions, donations, cessions et transports de rentes perpétuelles et viagères et de pensions, par le capital constitué et aliéné et, à défaut de capital exprimé, par un capital égal à vingt fois la rente perpétuelle et à dix fois la rente viagère ou la pension, quel que soit le prix stipulé pour le transport ou l'amortissement.

15) Pour les cautionnements de sommes, valeurs et objets mobiliers, les garanties mobilières et indemnités de même nature, par le montant du cautionnement ou des garanties et indemnités.

16) Pour les louages d'industrie, marchés pour constructions, réparations et entretiens et tous autres biens meubles susceptibles d'estimation faits entre particuliers et qui ne contiennent ni vente, ni promesse de livrer des marchandises, denrées ou autres biens meubles, par le prix exprimé augmenté des charges ou l'évaluation des objets qui en sont susceptibles.

17) Pour les inventaires après décès, par l'actif brut, à l'exclusion du linge, des vêtements et des meubles meublant les maisons d'habitation.

18) Pour les délivrances de legs, par le montant des sommes ou la valeur des objets légués.

19) Pour les baux à rentes perpétuelles de biens immeubles, les baux emphytéotiques et ceux dont la durée est illimitée, par un capital égal à vingt fois la rente ou le prix annuel, augmenté des charges.

20) Pour les baux à vie d'immeubles, quel que soit le nombre des bénéficiaires successifs, par un capital égal à dix fois le prix augmenté des charges.

Art.132.- Liquidation de l'impôt

I. Les droits d'enregistrement sont applicables, selon les motifs des conventions et les obligations qu'elles imposent, aux actes et déclarations soumis obligatoirement à l'enregistrement. Il en est de même pour les actes sous signature privée volontairement présentés à cette formalité.

II. Lorsqu'un même acte comprend plusieurs conventions dérivant ou dépendant les unes des autres, il n'est perçu que le droit applicable à la convention donnant lieu à la perception la plus élevée.

Mais lorsque, dans un acte quelconque, il y a plusieurs dispositions indépendantes, il est dû pour chacune d'elles et selon sa nature un droit particulier.

Pour les contrats de mourabaha visés à l'article 131-1° ci-dessus, les droits sont liquidés comme indiqué au premier alinéa du présent II.

III. Lorsqu'un acte translatif de propriété ou d'usufruit porte à la fois sur des biens meubles et immeubles, le droit est perçu sur la totalité du prix et au taux prévu pour les immeubles.

Toutefois, lorsqu'il est stipulé un prix particulier pour les biens meubles et qu'ils sont estimés et suffisamment désignés dans le contrat, il est appliqué, pour chaque catégorie de biens, le taux correspondant.

Chapitre 3 - Tarif

1) Droits proportionnels

Taux applicables

Art.133-I-A.- *(L.F.2011)* Sont soumis au taux de 6 % :

- 1° les actes et conventions prévus à l'article 127 (I-A-1°-a et b) ci-dessus ;
- 2° les cessions, à titre gratuit ou onéreux, d'actions ou de parts sociales des sociétés immobilières, ainsi que des sociétés à prépondérance immobilière visées, respectivement aux articles 3-3° et 61-II ci-dessus ;
- 3° les baux à rentes perpétuelles de biens immeubles, baux emphytéotiques, ceux à vie et ceux dont la durée est illimitée, visés à l'article 127 (I-A-2°) ci-dessus ;
- 4° les cessions de droit au bail ou du bénéfice d'une promesse de bail, visées à l'article 127 (I-A-3°) ci-dessus ;
- 5° les retraits de réméré exercés en matière immobilière après expiration des délais prévus pour l'exercice du droit de réméré ;
- 6° Abrogé

Art.133-I-B.- *(L.F.2011, 2012)* Sont soumis au taux de 3 % :

1) Les cessions de parts dans les groupements d'intérêt économique, d'actions ou de parts sociales dans les sociétés autres que celles visées au I-A-2° du présent article.

Par dérogation aux dispositions de l'alinéa précédent, est soumise au droit de mutation à titre onéreux, selon la nature des biens concernés, la cession par un associé qui a apporté des biens en nature à un groupement d'intérêt économique ou à une société, des parts ou actions représentatives des biens précités dans le délai de quatre années à compter de la date de l'apport desdits biens.

2) Les cessions et transferts de rentes perpétuelles et viagères et de pensions à titre onéreux.

3 et 4) Abrogés

5) Les adjudications, ventes, reventes, cessions, rétrocessions, marchés et tous autres actes civils ou judiciaires translatifs de propriété, à titre gratuit ou onéreux, de biens meubles.

6) Les titres constitutifs de propriété d'immeubles visés à l'article 127 (I-C-2°) ci-dessus.

7) La première vente de logements sociaux et de logements à faible valeur immobilière tels que définis, respectivement, aux articles 92 (I-28°) ci-dessus et 247 (XII-A) ci-dessous.

Art.133-I-C.- Sont soumis au taux de 1,50 % :

1) Les antichrèses et nantissements de biens immeubles.

2) Les actes portant constitution d'hypothèque ou de nantissement sur un fonds de commerce, en garantie d'une créance actuelle ou éventuelle, dont le titre n'a pas été enregistré au droit proportionnel d'obligation de sommes prévu au 5° ci-dessous. Le droit simple acquitté sera imputable sur le droit auquel pourrait donner lieu l'acte portant reconnaissance des droits du créancier.

3) Les louages d'industrie, marchés pour constructions, réparations et entretiens et tous autres biens meubles susceptibles d'estimation faits entre particuliers et qui ne contiennent ni vente, ni promesse de livrer des marchandises, denrées ou autres biens meubles, sauf application du droit fixe prévu par les dispositions de l'article 135-I-5° ci-dessous pour ceux de ces actes réputés actes de commerce.

4) Les cessions à titre gratuit portant sur les biens visés à l'article 127 (I-A-1°, 2° et 3°) ci-dessus, ainsi que les déclarations faites par le donataire ou ses représentants lorsqu'elles interviennent en ligne directe et entre époux, frères et sœurs.

5) Les contrats, transactions, promesses de payer, arrêtés de comptes, billets, mandats, transports, cessions et délégation de créances à terme, délégation de prix stipulée dans un contrat pour acquitter des créances à terme envers un tiers, si ces créances n'ont pas fait l'objet d'un titre déjà enregistré, reconnaissances, celles de dépôts de sommes chez des particuliers, les opérations de crédit et tous autres actes ou écrits qui contiennent obligations de sommes sans libéralité et sans que l'obligation soit le prix d'une transmission de meubles ou d'immeubles non enregistrée.

Il en est de même, en cas de vente du gage, pour :

- les actes de nantissement dressés en application de la législation spéciale sur le nantissement des produits agricoles, des produits appartenant à l'union des docks-silos coopératifs, des produits miniers, de certains produits et matières ;
- les actes de nantissement et les quittances prévus par les articles 356 et 378 de la loi n°15-95 formant Code de commerce, promulguée par dahir n°1-96-83 du 1er août 1996.

6) Les partages de biens meubles ou immeubles entre copropriétaires, cohéritiers et coassociés, à quelque titre que ce soit. Toutefois, lorsque le partage comporte une soulte ou une plus-value, les droits sur ce qui en est l'objet sont perçus aux taux prévus pour les mutations à titre onéreux, au prorata de la valeur respective des différents biens compris dans le lot comportant la soulte ou de la plus-value.

Par dérogation aux dispositions de l'alinéa ci-dessus, l'attribution à un associé, à titre de partage, au cours de la vie d'une société ou à sa dissolution, d'un bien provenant d'un apport fait à ladite société par un autre associé est passible du droit de mutation à titre onéreux suivant la nature du bien retiré et sa valeur à la date de ce retrait, lorsque ce retrait a lieu avant l'expiration d'un délai de quatre ans à compter de la date de l'apport en nature effectué à la société.

Est passible du même droit de mutation, l'attribution, dans le même délai, à titre de partage, à un membre de groupement d'intérêt économique, au cours de la vie dudit groupement ou à sa dissolution, d'un bien provenant d'un apport fait audit groupement par un autre membre.

7) Les constitutions de rentes soit perpétuelles, soit viagères et de pensions à titre onéreux.

8) Abrogé

9) Les actes translatifs entre co-indivisaires de droits indivis de propriétés agricoles situées à l'extérieur du périmètre urbain, sous réserve des conditions prévues à l'article 134-III ci-après.

10) Les marchandises en stock cédées avec le fonds de commerce lorsqu'elles font l'objet d'un inventaire détaillé et d'une estimation séparée.

11) Abrogé

Art.133-I-D.- Sont soumis au taux de 1 % :

1) Les cessions de titres d'obligations dans les sociétés ou entreprises et de titres d'obligations des collectivités locales et des établissements publics.

2) Les cautionnements de sommes, valeurs et objets mobiliers, les garanties mobilières et les indemnités de même nature.

3) Les actes d'adoul qui confirment les conventions passées sous une autre forme et qui stipulent mutation entre vifs de biens immeubles et de droits réels immobiliers. Ces actes ne sont dispensés du paiement du droit de mutation qu'à concurrence du montant des droits déjà perçu.

4) Les délivrances de legs.

5) Les marchés de l'Etat, dont le prix doit être payé par le Trésor public.

6) Les prorogations pures et simples de délai de paiement d'une créance.

7) Les quittances, compensations, renonciations et tous autres actes et écrits portant libération de sommes et valeurs mobilières, ainsi que les retraits de réméré exercés dans les délais stipulés, lorsque l'acte constatant le retrait est présenté à l'enregistrement avant l'expiration de ces délais.

8) Abrogé

9) Les inventaires établis après décès.

10) Les constitutions ou les augmentations de capital des sociétés ou des groupements d'intérêt économique réalisées par apports nouveaux, à titre pur et simple, à l'exclusion du passif affectant ces apports qui est assujetti aux droits de mutation à titre onéreux, selon la nature des biens objet des apports et selon l'importance de chaque élément dans la totalité des apports faits à la société ou au groupement d'intérêt économique.

Le même taux de 1 % est applicable aux augmentations de capital par incorporation de réserves ou de plus-values résultant de la réévaluation de l'actif social.

Art.133-I-E.- *Abrogé*

Art.133-I-F.- *(L.F.2012)* Sont soumis au taux de 4 % :

1) L'acquisition de locaux construits, par des personnes physiques ou morales autres que les établissements de crédit et organismes assimilés, Bank Al-Maghrib, la Caisse de dépôt et de gestion et les sociétés d'assurances et de réassurance, que ces locaux soient à usage d'habitation, commercial, professionnel ou administratif.

Bénéficient également du taux de 4 %, les terrains sur lesquels sont édifiés les locaux précités, dans la limite de cinq fois la superficie couverte.

2) L'acquisition, à titre onéreux, de terrains nus ou comportant des constructions destinées à être démolies et réservés à la réalisation d'opérations de lotissement ou de construction de locaux à usage d'habitation, commercial, professionnel ou administratif, sous réserve des conditions prévues à l'article 134-I ci-après.

Minimum de perception

Art.133-II.- Il ne pourra être perçu moins de 100 DH pour les actes et mutations passibles des droits proportionnels prévus au présent article. Ce montant est porté à 1.000 DH en ce qui concerne les actes de constitution et d'augmentation de capital des sociétés et des groupements d'intérêt économique.

Art.134.- *(L.F.2012)* Conditions d'application des taux réduits

I. Pour l'application du taux réduit de 4 % prévu à l'article 133 (I-F-2°) ci-dessus, l'acte d'acquisition doit comporter l'engagement de l'acquéreur de réaliser les opérations de lotissement ou de construction de locaux dans un délai maximum de sept ans à compter de la date d'acquisition.

L'acquéreur doit, en garantie du paiement du complément des droits simples d'enregistrement et, le cas échéant, de la pénalité et des majorations qui seraient exigibles au cas où l'engagement visé ci-dessus n'aurait pas été respecté, fournir un cautionnement bancaire ou consentir au profit de l'Etat une hypothèque, dans les conditions et modalités prévues à l'article 130-II-B ci-dessus.

Le cautionnement bancaire ne sera restitué et la mainlevée d'hypothèque ne sera délivrée par l'inspecteur des impôts chargé de l'enregistrement compétent que sur présentation, selon le cas, des copies certifiées conformes du certificat de réception provisoire, du permis d'habiter ou du certificat de conformité prévus par la loi n°25-90 précitée relative aux lotissements, groupes d'habitations et morcellements.

II. Abrogé

III. Pour l'application du taux réduit de 1,50 % prévu à l'article 133 (I-C-9°) ci-dessus, le co-indivisaire doit avoir cette qualité depuis plus de quatre ans à compter de la date de son entrée dans l'indivision, à l'exception toutefois des mutations de droits d'un co-indivisaire aux ayants droit à titre universel d'un autre co-indivisaire.

Dans le cas de l'exercice du droit de préemption par un co-indivisaire à l'encontre d'un tiers, le préempteur peut demander la restitution de la différence entre les droits d'enregistrement acquittés sur l'acte d'achat des droits indivis et les droits d'enregistrement au taux réduit, à condition que le préempteur en fasse la demande auprès de l'inspecteur des impôts chargé de l'enregistrement compétent dans le délai prévu à l'article 241 ci-dessous.

2) Droit fixe

Art.135.- Sont enregistrés au droit fixe de 200 DH :

- 1° les renonciations à l'exercice du droit de chefaâ ou de sefqa. Il est dû un droit par co-propriétaire renonçant ;
- 2° les testaments, révocations de testaments et tous actes de libéralité qui ne contiennent que des dispositions soumises à l'événement du décès ;
- 3° les résiliations pures et simples faites dans les vingt quatre heures des actes résiliés et présentés dans ce délai à l'enregistrement ;
- 4° les actes qui ne contiennent que l'exécution, le complément et la consommation d'actes antérieurement enregistrés ;
- 5° les marchés et traités réputés actes de commerce par les articles 6 et suivants de la loi n°15-95 formant Code de commerce, faits ou passés sous signature privée.
- 6° sauf application des dispositions de l'article 133 (I-C-5°) ci-dessus en cas de vente du gage :
  - les actes de nantissement dressés en application de la législation spéciale sur le nantissement des produits agricoles, des produits appartenant à l'union des docks-silos coopéra-

tifs, des produits miniers, de certains produits et matières ;
- les actes de nantissement et les quittances prévus par les articles 356 et 378 de la loi n°15-95 précitée formant Code de commerce.

- 7° les déclarations de command lorsqu'elles sont faites par acte authentique dans les quarante huit heures de l'acte d'acquisition, passé lui-même en la forme authentique et contenant la réserve du droit d'élire command ;
- 8° les baux et locations, cessions de baux et sous-locations d'immeubles ou de fonds de commerce ;
- 9° la cession au coopérateur de son logement après libération intégrale du capital souscrit conformément aux dispositions du décret royal portant loi n°552-67 précité relatif au crédit foncier, au crédit à la construction et au crédit à l'hôtellerie ;
- 10° les actes de prorogation ou de dissolution de sociétés ou de groupements d'intérêt économique qui ne portent ni obligation, ni libération, ni transmission de biens meubles ou immeubles entre les associés, les membres des groupements d'intérêt économique ou autres personnes et qui ne donnent pas ouverture au droit proportionnel ;
- 11° les actes de constitution sans capital des groupements d'intérêt économique ;
- 12° les ventes ou mutations à titre onéreux de propriété ou d'usufruit d'aéronefs, de navires ou de bateaux, à l'exclusion des mutations à titre onéreux de yachts ou de bateaux de plaisance intervenues entre particuliers.
- 13° les contrats de crédit-bail immobilier relatifs aux locaux à usage professionnel ou d'habitation, leur résiliation en cours de bail par consentement mutuel des parties, ainsi que les cessions de ces locaux au profit des preneurs figurant dans les contrats susvisés ;
- 14° sous réserve des dispositions de l'article 129-V-4° ci-dessus :
  - a) les actes relatifs aux opérations de crédit conclus entre les sociétés de financement et les particuliers, de constitutions d'hypothèque et de nantissement sur fonds de commerce consentis en garantie desdites opérations ;
  - b) les actes de mainlevées d'hypothèque et de nantissement sur fonds de commerce.
- 15° tous autres actes innommés qui ne peuvent donner lieu au droit proportionnel.

Chapitre 4 - Obligations

Obligations des parties contractantes

Art.136.- I. A défaut d'actes et sous réserve des dispositions du III ci-après, les conventions visées à l'article 127-I-A ci-dessus doivent faire l'objet de déclarations détaillées et estimatives, à souscrire auprès de l'inspecteur des impôts chargé de l'enregistrement dans les trente jours de l'entrée en possession des biens objet de ces conventions.

II. Les parties qui rédigent un acte sous seing privé soumis à l'enregistrement doivent établir un double sur papier timbré, revêtu des mêmes signatures que l'acte lui-même et qui reste déposé au bureau de l'enregistrement.

Si ce double n'a pas été ou n'a pu être établi, il y est suppléé par une copie certifiée conforme à l'original par l'inspecteur des impôts chargé de l'enregistrement, signée par les parties ou l'une d'entre elles et conservée au bureau.

III. Sont dispensés de leur présentation à l'enregistrement, les actes et conventions exonérés des droits en application des dispositions de l'article 129 ci-dessus, à l'exception de ceux constatant l'une des opérations visées à l'article 127 (I-A-1°,

2°, 3° et B-2°) ci-dessus qui sont enregistrés gratis.

Obligations des notaires, des adoul, des cadi chargés du taoutiq et des secrétaires greffiers

Art.137-I.- *(L.F.2012)* Obligations des notaires

Les notaires sont tenus de faire figurer dans les contrats les indications et les déclarations estimatives nécessaires à la liquidation des droits.

Les notaires hébraïques donnent verbalement à l'inspecteur des impôts chargé de l'enregistrement la traduction de leurs actes et les indications nécessaires à la liquidation des droits.

Les notaires doivent présenter à l'inspecteur les registres minutes pour visa, faire enregistrer les actes et acquitter les droits dans le délai prescrit, au vu d'une expédition qu'ils établissent à cet effet.

Toutefois, les insuffisances de perception ou les compléments de droits exigibles par suite d'un évènement ultérieur sont dus par les parties à l'acte.

Les droits et, le cas échéant, les majorations et la pénalité afférents aux actes sous seing privé rédigés par les notaires sont acquittés par les parties.

Toutefois, le notaire doit déposer au bureau de l'enregistrement compétent le double de l'acte sous seing privé, sous peine de l'application des règles de solidarité édictées par l'article 183-VI alinéa 2 ci-dessous.

Les notaires et les fonctionnaires exerçant des fonctions notariales qui dressent des actes authentiques en vertu et par suite d'actes sous seing privé non enregistrés, ou qui reçoivent de tels actes en dépôt, doivent annexer ces actes sous seing privé à l'acte dans lequel ils sont mentionnés et les soumettre à la formalité de l'enregistrement et verser les droits, la pénalité et les majorations auxquels ces actes sous seing privé donnent ouverture.

Art.137-II.- Obligations des adoul

Les adoul doivent, lorsqu'il s'agit d'actes obligatoirement assujettis à l'enregistrement :

1) Informer les parties contractantes de l'obligation de l'enregistrement et les inviter à régler les droits exigibles dans le délai légal :

- a) soit par elles mêmes au bureau de l'enregistrement compétent, dans les villes où se trouvent des bureaux de l'enregistrement ;
- b) auprès de l'adel ou du fonctionnaire relevant du ministère de la justice, nommés à cet effet dans les villes, centres et localités ne disposant pas de ces bureaux ;
- c) ou par l'un des deux adoul rédacteurs, mandaté à cet effet par les contractants.

2) Rédiger l'acte dès réception de la déclaration et l'adresser, accompagné d'une copie, au bureau de l'enregistrement compétent.

Dans le cas où le paiement des droits est effectué auprès de l'adel ou du fonctionnaire visés à l'alinéa précédent, ceux-ci sont tenus de déposer les actes et les droits correspondants au bureau de l'enregistrement compétent dès la perception desdits droits.

L'adel et le fonctionnaire chargé du recouvrement des droits d'enregistrement sont soumis au contrôle du ministère des finances, conformément aux textes législatifs en vigueur.

En matière d'acquisition d'immeubles ou de droits réels immobiliers, de propriété, de nue-propriété ou d'usufruit de fonds de commerce ou de clientèle, les adoul doivent indiquer les références de l'enregistrement de la précédente mutation sur l'acte qu'ils rédigent.

Dans le cas où ces références ne figureraient pas dans l'acte de la précédente mutation, les adoul sont tenus d'en faire mention dans l'acte soumis à l'enregistrement et de déposer le double de l'acte de cette précédente mutation au bureau de l'enregistrement compétent.

Art.137-III.- Obligation des cadi chargés du taoutiq

Il est fait défense aux cadi chargés du taoutiq d'homologuer les actes assujettis obligatoirement à l'enregistrement avant le paiement des droits exigibles. Ils adressent, après homologation, une copie de l'acte au bureau de l'enregistrement compétent.

Art.137-IV.- Obligations des secrétaires-greffiers

Les secrétaires-greffiers des juridictions sont tenus de transmettre à l'inspecteur des impôts chargé de l'enregistrement exerçant dans le ressort de leurs juridictions avant l'expiration du délai de trois mois prévu à l'article 128-II ci-dessus, une expédition certifiée conforme des jugements, arrêts, ordonnances et sentences arbitrales qui constatent l'une des mutations ou conventions visées à l'article 127-I ci-dessus.

Ils sont également tenus de transmettre à l'inspecteur des impôts précité :

- dans le délai de trente jours prévu à l'article 128-I-A ci-dessus, l'original des actes judiciaires et extrajudiciaires qui, par leur nature, ou en raison de leur contenu sont passibles du droit proportionnel d'enregistrement en vertu de l'article 133 ci-dessus ;
- dans le délai de trente jours de sa production, une copie de l'acte invoqué à l'appui d'une demande lorsque cet acte est soumis obligatoirement à l'enregistrement en vertu des dispositions de l'article 127 ci-dessus et ne comporte pas les références de son enregistrement.

Obligations des inspecteurs des impôts chargés de l'enregistrement

Art.138.- I. L'enregistrement des actes et déclarations doit être fait jour par jour et successivement, au fur et à mesure de leur présentation.

Les inspecteurs des impôts chargés de l'enregistrement ne peuvent différer l'accomplissement de la formalité lorsque les éléments nécessaires à la liquidation de l'impôt sont mentionnés dans les actes ou les déclarations et que les droits, tels qu'ils ont été liquidés, leur ont été versés. Ils peuvent dans le cas contraire, retenir les actes sous-seing privé ou les brevets d'actes authentiques qui leur sont présentés le temps nécessaire pour en faire établir une copie certifiée conforme à l'original.

La formalité ne peut être scindée, un acte ne pouvant être enregistré pour une partie et non enregistré pour une autre.

Le registre des entrées prévu à l'article 126-II alinéa 1 ci-dessus doit être arrêté, daté en toutes lettres et signé chaque jour par l'inspecteur des impôts chargé de l'enregistrement.

Tout acte présenté à l'enregistrement, portant mutation ou cession d'un immeuble, doit être retenu par l'inspecteur des impôts chargé de l'enregistrement, jusqu'à production d'une attestation des services de recouvrement justifiant du paiement des impôts et taxes grevant ledit immeuble et se rapportant à l'année de mutation ou de cession et aux années antérieures.

II. Les inspecteurs des impôts chargés de l'enregistrement ne peuvent enregistrés un acte qui n'aurait pas été régulièrement timbré, qu'après paiement des droits et de l'amende exigibles prévus, respectivement, aux articles 252 et 207 bis ci-dessous.

Obligations communes

Art.139-I.- Nonobstant toutes dispositions contraires, il ne peut être reçu par le conservateur de la propriété foncière et des hypothèques, aux fins d'immatriculation ou d'inscription sur les livres fonciers, aucun acte obligatoirement soumis à l'enregistrement en application du I de l'article 127 ci-dessus, si cet acte n'a pas été préalablement enregistré.

Art.139-II.- Les adoul, les notaires et toutes personnes exerçant des fonctions notariales, les conservateurs de la propriété foncière et des hypothèques, ainsi que les inspecteurs des impôts chargés de l'enregistrement doivent refuser de dresser, de recevoir ou d'enregistrer tous actes constatant des opérations visées par le dahir n°1-63-288 du 26 septembre 1963 relatif au contrôle des opérations immobilières à réaliser par certaines personnes et portant sur des propriétés agricoles rurales ou par l'article 10 du dahir n°1-63-289 de même date fixant les conditions de reprise par l'Etat des lots de colonisation, non assorties de l'autorisation administrative.

Art.139-III.- Les adoul, les notaires et les conservateurs de la propriété foncière et des hypothèques, ainsi que les inspecteurs des impôts chargés de l'enregistrement doivent refuser de dresser, de recevoir ou d'enregistrer tous actes afférents aux opérations de vente, de location ou de partage visées aux articles premier et 58 de la loi n°25-90 précitée, relative aux lotissements, groupes d'habitations et morcellements, s'il n'est pas fourni la copie certifiée conforme :

- soit du procès-verbal de réception provisoire ou de l'autorisation préalable de morcellements visés, respectivement, par les articles 35 et 61 de la loi n°25-90 précitée ;
- soit, le cas échéant, de l'attestation délivrée par le président du conseil communal certifiant que l'opération ne tombe pas sous le coup de la loi précitée.

Art.139-IV.- Il est fait défense aux adoul, aux notaires et à toute personne exerçant des fonctions notariales, d'établir aucun titre emportant mutation ou cession d'un immeuble sans s'être fait présenter une attestation des services de recouvrement justifiant du paiement des impôts et taxes grevant ledit immeuble et se rapportant à l'année de mutation ou de cession et aux années antérieures.

Art.139-V.- Les actes sous seing privé peuvent être enregistrés indistinctement dans tous les bureaux de l'enregistrement.

Toutefois, les conventions prévues à l'article 127-I-A ci-dessus doivent être obligatoirement enregistrées au bureau de la situation des immeubles, des fonds de commerce ou des clientèles qui en font l'objet.

Lorsqu'une même convention a pour objet des biens situés dans le ressort de différents bureaux, la formalité de l'enregistrement peut être accomplie dans l'un quelconque de ces bureaux.

Les actes sous seing privé constatant la formation, la prorogation, la transformation ou la dissolution d'une société ou d'un groupement d'intérêt économique, l'augmentation ou la réduction de leur capital, ainsi que les actes portant cession d'actions ou de parts sociales dans les sociétés ou de parts dans les groupements d'intérêt économique sont enregistrés au bureau de l'enregistrement dans le ressort duquel est situé le siège social de la société ou du groupement d'intérêt économique.

Les actes authentiques doivent être enregistrés au bureau de l'enregistrement situé dans le ressort de la juridiction dont relève l'adel ou le notaire.

Art.139-VI.- Les notaires, les fonctionnaires exerçant des fonctions notariales, les adoul, les notaires hébraïques et toute personne ayant concouru à la rédaction d'un acte soumis à l'enregistrement, doivent donner lecture aux parties des dispositions de l'article 186-B-2°, ainsi que celles des articles 187, 208 et 217 ci-dessous.

Art.139-VII.- Il est fait défense aux adoul, aux notaires, aux inspecteurs des impôts chargés de l'enregistrement et aux conservateurs de la propriété foncière de recevoir, dresser, enregistrer ou inscrire tous actes portant sur une opération contraire aux dispositions de la loi n°34-94 relative à la limitation du morcellement des propriétés agricoles situées à l'intérieur des périmètres d'irrigation et des périmètres de mise en valeur en bour, promulguée par le dahir n°1-95-152 du 11 août 1995.

Chapitre 5 - Dispositions diverses

Art.140.- Moyens de preuve

Dans les instances relatives à l'application des droits d'enregistrement et contrairement à l'article 404 du Code des obligations et contrats, le serment ne peut être déféré par le juge, la preuve testimoniale ne peut être reçue qu'avec un commencement de preuve par écrit quelle que soit l'importance du litige.

Art.141.- Présomptions de mutation

I. La mutation des immeubles et des droits réels immobiliers est suffisamment établie pour la demande des droits d'enregistrement, soit par l'inscription du nouveau possesseur aux rôles de la taxe d'habitation et de la taxe de services communaux et les paiements effectués par lui en vertu de ces rôles, soit par les baux et autres actes passés par lui et qui constatent ses droits sur les immeubles dont il s'agit.

Les conventions stipulant mutation de fonds de commerce sont suffisamment établies, pour la demande des droits, de la pénalité et des majorations, par tous écrits et annonces qui révèlent leur existence ou qui sont destinés à les rendre publiques, ou par le paiement de toutes contributions imposées au nouveau possesseur soit par l'Etat, soit par les collectivités locales et leurs groupements.

II. Nonobstant les dispositions spéciales des textes relatifs à l'immatriculation des immeubles, tous actes, tous jugements, toutes conventions même verbales, ayant pour objet de constituer, transmettre, déclarer, modifier ou éteindre un droit réel portant sur un immeuble immatriculé, doivent, pour l'application des droits d'enregistrement, être considérés comme réalisant par eux-mêmes et indépendamment de toute inscription au titre foncier, lesdites constitution, transmission, déclaration, modification ou extinction de droits réels.

Art.142.- Nullité des contre-lettres

Est nulle et de nul effet toute contre-lettre, toute convention ayant pour but de dissimuler partie du prix d'une vente d'immeuble, d'un fonds de commerce, d'une cession de clientèle, tout ou partie du prix d'une cession de droit au bail ou du bénéfice d'une promesse de bail portant sur tout ou partie d'un immeuble ou de la soulte d'un échange ou d'un partage comportant des biens immeubles, un fonds de commerce ou une clientèle. La nullité encourue, si elle n'a été judiciairement prononcée, ne fera pas obstacle au recouvrement de l'impôt dû au Trésor.

Art.143.- Droit de préemption au profit de l'Etat

Indépendamment du droit de contrôle prévu à l'article 217 ci-dessous, le Ministre chargé des finances ou la personne déléguée par lui à cet effet peut exercer, au profit de l'Etat, un droit de préemption sur les immeubles et droits réels immobiliers ayant fait l'objet d'une mutation volontaire entre vifs, à titre onéreux ou gratuit, à l'exclusion des donations en ligne directe lorsqu'il estime insuffisant le prix de vente déclaré ou la déclaration estimative et que le paiement des droits établis sur estimation de l'administration n'a pu être obtenu à l'amiable.

Le droit de préemption visé ci-dessus est exercé dans les formes et modalités prévues à l'article 218 ci-dessous.

Titre 5 - Dispositions communes

Chapitre 1 - Disposition commune à l'impôt sur les sociétés et à l'impôt sur le revenu

Cotisation minimale en matière d'impôt sur les sociétés et d'impôt sur le revenu au titre des revenus professionnels

Art.144-I-A.- Définition

La cotisation minimale est un minimum d'imposition que les contribuables soumis à l'impôt sur les sociétés ou à l'impôt sur le revenu sont tenus de verser, même en l'absence de bénéfice.

Le montant de l'impôt dû par les sociétés, autres que les sociétés non résidentes imposées forfaitairement conformément aux dispositions de l'article 16 ci-dessus, ne peut être inférieur, pour chaque exercice, quel que soit le résultat fiscal de la société concernée, à une cotisation minimale.

Les contribuables soumis à l'impôt sur le revenu selon le régime du résultat net réel ou du résultat net simplifié sont également soumis à une cotisation minimale au titre de leurs revenus professionnels se rapportant à l'année précédente.

Art.144-I-B.- Base de calcul de la cotisation minimale

La base de calcul de la cotisation minimale est constituée par le montant, hors TVA, des produits suivants :

- le chiffre d'affaires et les autres produits d'exploitation, visés à l'article 9 (I-A-1° et 5°) ci-dessus ;
- les produits financiers visés à l'article 9 (I-B-1° 2° et 3°) ci-dessus ;
- les subventions et dons reçus de l'Etat, des collectivités locales et des tiers figurant parmi les produits d'exploitation visés à l'article 9 (I-A-4°) ci-dessus et/ou les produits non courants visés à l'article 9 (I-C-2° et 4°) ci-dessus.

Art.144-I-C.- Exonération de la cotisation minimale

1) Les sociétés, autres que les sociétés concessionnaires de service public, sont exonérées de la cotisation minimale telle que prévue au A ci-dessus pendant les trente-six premiers mois suivant la date du début de leur exploitation.

Toutefois, cette exonération cesse d'être appliquée à l'expiration des soixante premiers mois qui suivent la date de constitution des sociétés concernées.

2) Les contribuables soumis à l'impôt sur le revenu sont exonérés de la cotisation minimale prévue au I ci-dessus pendant les trois premiers exercices comptables suivant la date du début de leur activité professionnelle.

En cas de reprise de la même activité après une cession ou cessation partielle ou totale, le contribuable qui a déjà bénéficié de l'exonération précitée ne peut prétendre à une nouvelle période d'exonération.

Art.144-I-D.- Taux de la cotisation minimale

Le taux de la cotisation minimale est fixé à 0,50 %.

Ce taux est de :

- 0,25 % pour les opérations effectuées par les entreprises commerciales au titre des ventes portant sur :
  - les produits pétroliers ;
  - le gaz ;
  - le beurre ;
  - l'huile ;

- le sucre ;
- la farine ;
- l'eau ;
- l'électricité.

- 6 % pour les professions définies aux articles 89-I-12° et 91-VI-1°ci-dessus, exercées par les personnes soumises à l'impôt sur le revenu.

Toutefois, pour les contribuables soumis à l'impôt sur les sociétés, le montant de la cotisation minimale, même en l'absence de chiffre d'affaires, ne peut être inférieur à 1.500 DH.

Art.144-I-E.- Imputation de la cotisation minimale

La cotisation minimale acquittée au titre d'un exercice déficitaire ainsi que la partie de la cotisation qui excède le montant de l'impôt acquitté au titre d'un exercice donné, sont imputées sur le montant de l'impôt qui excède celui de la cotisation minimale exigible au titre de l'exercice suivant.

A défaut de cet excédent, ou en cas d'excédent insuffisant pour que l'imputation puisse être opérée en totalité ou en partie, le reliquat de la cotisation minimale peut être déduit du montant de l'impôt sur les sociétés dû, ou de l'impôt sur le revenu dû, au titre des exercices suivants jusqu'au troisième exercice qui suit l'exercice déficitaire ou celui au titre duquel le montant de ladite cotisation excède celui de l'impôt.

La cotisation minimale est imputable sur le montant de l'impôt sur le revenu. Toutefois, lorsque la fraction du montant de l'impôt sur le revenu correspondant au revenu professionnel par rapport au revenu global imposable du contribuable s'avère inférieure au montant de la cotisation prévue au A ci-dessus, la différence reste acquise au Trésor.

Les entreprises déficitaires qui paient la cotisation minimale, ne perdent pas le droit d'imputer leur déficit sur les bénéfices éventuels des exercices suivants, conformément aux dispositions des articles 12 et 37 ci-dessus.

Cotisation minimale en matière d'impôt sur le revenu sur profit foncier

Art.144-II.- Les contribuables qui réalisent les opérations imposables visées à l'article 61-II ci-dessus sont tenus d'acquitter un minimum d'imposition, même en l'absence de profit, qui ne peut être inférieur à 3 % du prix de cession.

Chapitre 2 - Obligations des contribuables en matière d'IS, d'IR et de TVA

Section 1 - Obligations comptables

Tenue de la comptabilité

Art.145-I.- Les contribuables doivent tenir une comptabilité conformément à la législation et la réglementation en vigueur, de manière à permettre à l'administration d'exercer les contrôles prévus par le présent Code.

Art.145-II.- Les contribuables sont tenus d'établir, à la fin de chaque exercice comptable, des inventaires détaillés, en quantités et en valeurs, des marchandises, des produits divers, des emballages ainsi que des matières consommables qu'ils achètent en vue de la revente ou pour les besoins de l'exploitation.

Art.145-III.- Les contribuables sont tenus de délivrer à leurs acheteurs ou clients des factures ou mémoires pré-numérotés et tirés d'une série continue ou édités par un système informatique selon une série continue sur lesquels ils doivent mentionner, en plus des indications habituelles d'ordre commercial :

- 1° l'identité du vendeur ;

- 2° le numéro d'identification fiscale attribué par le service local des impôts, ainsi que le numéro d'article d'imposition à la taxe professionnelle ;
- 3° la date de l'opération ;
- 4° les nom, prénom ou raison sociale et adresse des acheteurs ou clients ;
- 5° les prix, quantité et nature des marchandises vendues, des travaux exécutés ou des services rendus ;
- 6° d'une manière distincte le montant de la TVA réclamée en sus du prix ou comprise dans le prix. En cas d'opérations visées aux articles 91, 92 et 94 ci-dessus, la mention de la taxe est remplacée par l'indication de l'exonération ou du régime suspensif sous lesquels ces opérations sont réalisées ;
- 7° les références et le mode de paiement se rapportant à ces factures ou mémoires ;
- 8° et tous autres renseignements prescrits par les dispositions légales.

Lorsqu'il s'agit de vente de produits ou de marchandises par les entreprises à des particuliers, le ticket de caisse peut tenir lieu de facture.

Le ticket de caisse doit comporter au moins les indications suivantes :

- a) la date de l'opération ;
- b) l'identification du vendeur ou du prestataire de services ;
- c) la désignation du produit ou du service ;
- d) la quantité et le prix de vente avec mention, le cas échéant, de la TVA.

Art.145-IV.- Les cliniques et établissements assimilés sont tenus de délivrer à leurs patients des factures comportant le montant global des honoraires et autres rémunérations de même nature qui leur sont versés par lesdits patients, avec indication de :

- la part des honoraires et rémunérations revenant à la clinique ou à l'établissement et devant faire partie de leur chiffre d'affaires imposable ;
- la part des honoraires et rémunérations revenant aux médecins pour les actes médicaux ou chirurgicaux effectués par eux dans lesdits cliniques ou établissements.

Art.145-V.- Les contribuables qui pratiquent des tournées en vue de la vente directe de leurs produits à des contribuables soumis à la taxe professionnelle, doivent mentionner sur les factures ou les documents en tenant lieu qu'ils délivrent à leurs clients, le numéro d'article du rôle d'imposition desdits clients à la taxe professionnelle.

Art.145-VI.- Les contribuables soumis à l'impôt sur le revenu selon le régime du résultat net simplifié, visé à l'article 38 ci-dessus, doivent tenir, de manière régulière, un ou plusieurs registres tenus régulièrement et sur lesquels sont enregistrées toutes les sommes perçues au titre des ventes, des travaux et des services effectués, ainsi que celles qui sont versées au titre des achats, des frais de personnel et des autres charges d'exploitation.

En outre, les contribuables sont tenus :

- 1° de délivrer à leurs acheteurs ou clients assujettis à l'impôt sur les sociétés, à la TVA ou à l'impôt sur le revenu au titre de revenus professionnels et agissant dans le cadre de leurs activités professionnelles, des factures ou mémoires conformément aux dispositions du III du présent article et dont les doubles sont conservés pendant les dix années suivant celle de leur établissement ;
- 2° d'établir à la fin de chaque exercice :
  - la liste des tiers débiteurs et créditeurs avec l'indication de la nature, de la référence et du montant détaillé des créances et des dettes ;
  - les inventaires détaillés des stocks, en quantités et en valeurs, des mar-

chandises, des produits, des emballages ainsi que des matières consommables qu'ils achètent en vue de la revente ou pour les besoins de la profession.

- 3° d'avoir un registre pour l'inscription des biens d'exploitation amortissables, visé par le chef du service local des impôts et dont les pages sont numérotées.

La déduction des annuités d'amortissement est admise à condition que ces annuités soient inscrites sur le registre précité qui doit comporter en outre pour chacun des éléments amortissables :

- la nature, l'affectation et le lieu d'utilisation ;
- les références de la facture d'achat ou de l'acte d'acquisition ;
- le prix de revient ;
- le taux d'amortissement ;
- le montant de l'annuité déduite à la fin de chaque exercice ;
- la valeur nette d'amortissement après chaque déduction.

Pièces justificatives de dépenses

Art.146.- Tout achat de biens ou services effectué par un contribuable auprès d'un fournisseur soumis à la taxe professionnelle doit être justifié par une facture régulière ou toute autre pièce probante établie au nom de l'intéressé.

La facture ou le document en tenant lieu doit comporter les mêmes indications que celles citées à l'article 145-III ci-dessus.

Obligations des entreprises non résidentes

Art.147.- I. Les entreprises dont le siège est situé à l'étranger et qui ont au Maroc une activité permanente doivent tenir, au lieu de leur principal établissement au Maroc, la comptabilité de l'ensemble de leurs opérations effectuées au Maroc, conformément à la législation en vigueur.

Le livre-journal et le livre d'inventaire sont cotés et paraphés par le tribunal de commerce ou, à défaut, visés par le chef du service local des impôts.

II. Les sociétés non résidentes qui ont opté pour l'imposition forfaitaire, en matière d'impôt sur les sociétés, doivent tenir :

- un registre des encaissements et des transferts ;
- un registre, visé par l'inspecteur du travail, des salaires payés au personnel marocain et étranger, y compris les charges sociales y afférentes ;
- un registre des honoraires, commissions, courtages et autres rémunérations similaires alloués à des tiers, au Maroc ou à l'étranger.

Section 2 - Obligations déclaratives

Déclaration d'existence

Art.148-I.- Les contribuables, qu'ils soient imposables à l'impôt sur les sociétés ou à l'impôt sur le revenu au titre de revenus professionnels ou qu'ils en soient exonérés, doivent adresser une déclaration d'existence sur ou d'après un imprimé-modèle établi par l'administration, par lettre recommandée avec accusé de réception ou remettre contre récépissé, au service local des impôts du lieu de leur siège social ou de leur principal établissement au Maroc ou de leur domicile fiscal dans un délai maximum de trente jours suivant la date :

- soit de leur constitution, s'il s'agit d'une société de droit marocain ou de leur installation, s'il s'agit d'une entreprise non résidente ;
- soit du début de l'activité, s'il s'agit de contribuables personnes physiques ou groupements de personnes physiques, ayant des revenus professionnels.

Cette déclaration doit, en outre, comporter éventuellement, les renseignements nécessaires concernant l'assujettissement des contribuables à la TVA.

Art.148-II.- S'il s'agit d'une société de droit marocain soumise à l'impôt sur les sociétés, cette déclaration doit comporter :

- 1° la forme juridique, la raison sociale et le lieu du siège social de la société ;
- 2° le lieu de tous les établissements et succursales de la société situés au Maroc et, le cas échéant, à l'étranger ;
- 3° le numéro de téléphone du siège social et, le cas échéant, celui du principal établissement au Maroc ;
- 4° les professions et activités exercées dans chaque établissement et succursale mentionnées dans la déclaration ;
- 5° les numéros d'inscription au registre du commerce, à la caisse nationale de sécurité sociale et, le cas échéant, à la taxe professionnelle ;
- 6° les nom et prénoms, la qualité et l'adresse des dirigeants ou représentants de la société habilités à agir au nom de celle-ci ;
- 7° les nom et prénoms ou la raison sociale ainsi que l'adresse de la personne physique ou morale qui s'est chargée des formalités de constitution ;
- 8° la mention, le cas échéant, de l'option pour :
  - l'imposition à l'impôt sur les sociétés en ce qui concerne les sociétés visées à l'article 2-II ci-dessus ;
  - l'assujettissement à la TVA, prévue à l'article 90 ci-dessus.

La déclaration d'existence doit être accompagnée des statuts de la société et de la liste des actionnaires fondateurs.

Art.148-III.- S'il s'agit d'une société non résidente, la déclaration doit comporter :

- 1° la raison sociale et le lieu du siège social de la société ;
- 2° le numéro de téléphone du siège social et, le cas échéant, celui du principal établissement au Maroc ;
- 3° les professions et activités exercées dans chaque établissement et succursale mentionnés dans la déclaration ;
- 4° le lieu de tous les établissements et succursales de la société situés au Maroc ;
- 5° les nom et prénoms ou la raison sociale, la profession ou l'activité ainsi que l'adresse de la personne physique ou morale résidente au Maroc, accréditée auprès de l'administration fiscale ;
- 6° la mention, le cas échéant, de l'option pour l'imposition forfaitaire en matière d'impôt sur les sociétés, prévue au premier alinéa de l'article 16 ci-dessus.

Art.148-IV.- S'il s'agit d'un contribuable personne physique ou de sociétés et autres groupements soumis à l'impôt sur le revenu ayant des revenus professionnels, la déclaration doit comporter :

- 1° les nom, prénoms et le domicile fiscal et, s'il s'agit d'une société, la forme juridique, la raison sociale et le siège social ;
- 2° la nature des activités auxquelles il se livre ;
- 3° l'emplacement de ses établissements ;
- 4° la nature des produits qu'il obtient ou fabrique par lui même ou par un tiers et, s'il y a lieu, celle des autres produits dont il fait le commerce ;
- 5° la raison sociale, la désignation et le siège des entreprises, dont il dépend ou qui dépendent de lui ;
- 6° la mention, le cas échéant, de l'option pour l'assujettissement à la TVA.

Déclaration de transfert de siège social ou changement de résidence

Art.149.- Les entreprises, qu'elles soient imposables à l'impôt sur les sociétés ou à l'impôt sur le revenu ou à la TVA ou qu'elles en soient exonérées, doivent aviser l'inspecteur des impôts du lieu où elles sont initialement imposées, par lettre recommandée avec accusé de réception ou remise de ladite lettre contre récépissé ou par souscription d'une déclaration établie sur ou d'après un imprimé-modèle de l'administration lorsqu'elles procèdent :

- au transfert de leur siège social ou de leur établissement principal situé au Maroc ;
- au changement de leur domicile fiscal ou du lieu de leur principal établissement.

Cette déclaration doit être produite dans les trente jours qui suivent la date du transfert ou du changement. A défaut, le contribuable est notifié et imposé à la dernière adresse connue par l'administration fiscale.

Déclaration de cessation, cession, fusion, scission ou transformation de l'entreprise

Art.150-I.- Les contribuables, qu'ils soient imposables à l'impôt sur les sociétés ou à l'impôt sur le revenu ou qu'ils en soient exonérés, sont tenus de souscrire dans un délai de quarante cinq jours à compter de la date de réalisation de l'un des changements suivants :

- pour les entreprises soumises à l'impôt sur les sociétés, en cas de cessation totale d'activité, de fusion, de scission ou de transformation de la forme juridique entraînant leur exclusion du domaine de l'impôt sur les sociétés ou la création d'une personne morale nouvelle, la déclaration du résultat fiscal de la dernière période d'activité ainsi que, le cas échéant, celle de l'exercice comptable précédant cette période ;
- pour les contribuables soumis à l'impôt sur le revenu au titre d'une activité professionnelle, la déclaration du revenu global et l'inventaire des biens, conforme à l'imprimé-modèle établi par l'administration lorsqu'ils cessent l'exercice de leur activité professionnelle ou lorsqu'ils cèdent tout ou partie de leur entreprise ou de leur clientèle ou lorsqu'ils en font apport à une société relevant ou non de l'impôt sur les sociétés.

Les contribuables doivent joindre à ces documents, s'il y a lieu, une copie certifiée conforme de l'acte de cession des biens précités.

Art.150-II.- Lorsque la cessation totale d'activité est suivie de liquidation, la déclaration du résultat fiscal de la dernière période d'activité doit comporter, en outre, les nom, prénoms et adresse du liquidateur ou du syndic, ainsi que la nature et l'étendue des pouvoirs qui lui ont été conférés.

Le liquidateur ou le syndic est tenu de souscrire :

- pendant la liquidation et dans le délai prévu aux articles 20 et 82 ci-dessus, une déclaration des résultats provisoires obtenus au cours de chaque période de douze mois ;
- dans les quarante cinq jours suivant la clôture des opérations de liquidation, la déclaration du résultat final. Cette déclaration indique le lieu de conservation des documents comptables de la société liquidée.

Art.150-III.- Nonobstant toute disposition contraire, toute entreprise qui demande l'ouverture de la procédure de redressement ou de liquidation judiciaire, doit, préalablement au dépôt de sa demande au greffe du tribunal, souscrire une déclaration à cet effet auprès du service d'assiette du lieu de son imposition.

Le défaut de souscription de la déclaration précitée auprès du service d'assiette, rend inopposable à l'administration fiscale la forclusion des droits se rattachant à la période antérieure à l'ouverture de la procédure de redressement ou de liquidation judiciaire.

Déclaration des rémunérations versées à des tiers

Art.151-I.- Toute entreprise exerçant une activité au Maroc, y compris les sociétés non résidentes ayant opté pour l'imposition forfaitaire, doit lorsqu'elle alloue à des contribuables inscrits à la taxe professionnelle, à l'impôt sur les sociétés ou à l'impôt sur le revenu des honoraires, commissions, courtages et autres rémunérations de même nature ou des rabais, remises et ristournes accordés après facturation, produire, en même temps que les déclarations prévues aux articles 20, 82, 85 et 150 ci-dessus et dans les délais fixés par lesdits articles, une déclaration des sommes comptabilisées au cours de l'exercice comptable précédent au titre des rémunérations précitées.

La déclaration dont il est délivré récépissé, est établie sur ou d'après un imprimé-modèle de l'administration et contient, pour chacun des bénéficiaires, les indications suivantes :

- 1° les nom, prénoms ou raison sociale ;
- 2° la profession ou nature de l'activité et l'adresse ;
- 3° le numéro d'identification à la taxe professionnelle ou l'identification à l'impôt sur les sociétés ou à l'impôt sur le revenu ;
- 4° le numéro d'inscription à la caisse nationale de sécurité sociale ;
- 5° le montant, par catégorie, des sommes allouées au titre des :
  - honoraires ;
  - commissions, courtages et autres rémunérations similaires ;
  - rabais, remises et ristournes accordés après facturation.

Art.151-II.- Pour les médecins soumis à la taxe professionnelle, les cliniques et établissements assimilés sont tenus de produire, en même temps que les déclarations prévues par les articles 20, 82, 85 et 150 ci-dessus et dans les délais fixés par lesdits articles, une déclaration annuelle relative aux actes chirurgicaux ou médicaux que ces médecins y effectuent.

La déclaration dont il est délivré récépissé, doit être établie sur ou d'après un imprimé-modèle de l'administration et contenir, par médecin les indications suivantes :

- 1° les nom, prénoms et adresse professionnelle ;
- 2° la spécialité ;
- 3° le numéro d'identification fiscale ;
- 4° le nombre global annuel des actes médicaux ou chirurgicaux effectués par le médecin, relevant de la lettre clé « K ».

Art.151-III.- Pour les médecins non soumis à la taxe professionnelle, les cliniques et établissements assimilés sont tenus de produire, en même temps que les déclarations prévues par les articles 20, 82, 85 et 150 ci-dessus et dans les délais fixés par lesdits articles, une déclaration annuelle relative aux honoraires et rémunérations qu'ils leur ont versés.

La déclaration dont il est délivré récépissé doit être établie sur ou d'après un imprimé-modèle de l'administration et contenir, par médecin, les indications suivantes :

- 1° les nom, prénoms et adresse personnelle ;
- 2° la spécialité ;
- 3° le lieu de travail et, le cas échéant, le numéro d'identification fiscale ;
- 4° le nombre global annuel des actes médicaux ou chirurgicaux effectués par le médecin, relevant de la lettre clé « K ».

Déclaration des produits des actions, parts sociales et revenus assimilés

Art.152.- Les contribuables qui versent, mettent à la disposition ou inscrivent en compte des produits des actions, parts sociales et revenus assimilés et bénéfices des établissements des sociétés non résidentes visés à l'article 13 ci-dessus, doivent adresser, par lettre recommandée avec accusé de réception ou remettre, contre récépissé, à l'inspecteur des impôts du lieu de leur siège social, de leur principal établissement au Maroc avant le 1er avril de chaque année, la déclaration des produits susvisés, sur ou d'après un imprimé-modèle établi par l'administration, comportant :

- 1° l'identité de la partie versante :
  - nom ou raison sociale ;
  - profession ou nature de l'activité ;
  - adresse ;
  - numéro d'identification à la taxe professionnelle ;
- 2° la raison sociale et l'adresse de l'organisme financier intervenant dans le paiement ;
- 3° Abrogé
- 4° les éléments chiffrés de l'imposition :
  - date et montant des paiements ;
  - montant de l'impôt ;
- 5° le mois au cours duquel la retenue à la source prévue à l'article 158 ci-dessous a été opérée, l'adresse et l'activité de la société débitrice, le montant global distribué par ladite société, ainsi que le montant de l'impôt correspondant.

A cette déclaration, doit être jointe l'attestation de propriété de titres, prévue à l'article 6 (I-C-1°) ci-dessus.

Déclaration des produits de placements à revenu fixe

Art.153.- Les contribuables qui versent, mettent à la disposition ou inscrivent en compte les produits de placements à revenu fixe visés à l'article 14 ci-dessus, doivent adresser, par lettre recommandée avec accusé de réception, ou remettre, contre récépissé, à l'inspecteur des impôts du lieu de leur siège social ou de leur principal établissement au Maroc, avant le 1er avril de chaque année la déclaration des produits susvisés sur ou d'après un imprimé-modèle établi par l'administration comportant les indications visées à l'article 152 ci-dessus.

Déclaration des rémunérations versées à des personnes non résidentes

Art.154.- *(L.F.2011)* Les contribuables résidant ou ayant une profession au Maroc et qui versent, mettent à disposition ou inscrivent en compte des personnes non résidentes, les rémunérations énumérées à l'article 15 ci-dessus doivent produire, en même temps que leur déclaration de résultat fiscal ou de revenu global, une déclaration comportant les renseignements suivants :

- la nature et le montant des paiements passibles ou exonérés de l'impôt, qu'ils ont effectué ;
- le montant des retenues y afférentes ;
- la désignation des personnes bénéficiaires des paiements passibles de l'impôt.

Cette déclaration, établie sur ou d'après un imprimé-modèle de l'administration, est adressée par lettre recommandée avec accusé de réception ou remise, contre récépissé, à l'inspecteur des impôts du lieu du domicile fiscal ou du principal établissement de la personne déclarante.

Télédéclaration

Art.155.- *(L.F.2011)* Les contribuables soumis à l'impôt peuvent souscrire auprès de l'administration fiscale par procédés électroniques les déclarations visées au présent Code et ce dans les conditions fixées par arrêté du Ministre chargé des finances.

Toutefois, les déclarations précitées doivent être souscrites par procédés électroniques auprès de l'Administration fiscale à compter du 1er janvier 2010 par les entreprises dont le chiffre d'affaires est égal ou supérieur à 100.000.000 DH et à compter du 1er janvier 2011 par les entreprises dont le chiffre d'affaires est égal ou supérieur à 50.000.000 DH, hors TVA.

Pour les droits d'enregistrement et de timbre, la formalité peut également être accomplie par procédé électronique et ce, dans les conditions fixées par arrêté du Ministre chargé des finances.

Ces télédéclarations et cette formalité produisent les mêmes effets juridiques que :

- les déclarations souscrites par écrit sur ou d'après un imprimé-modèle de l'administration et prévues par le présent Code ;
- la formalité d'enregistrement et de timbre accomplie sur les actes établis sur support papier.

Pour les contribuables soumis à la TVA, cette télédéclaration doit être accompagnée des versements prévus par le présent Code.

[*NB - Voir :*

- *l'arrêté du Ministre de l'économie et des finances n°1214-08 du 17 juillet 2008 pour la télédéclaration de l'impôt sur les sociétés ;*
- *l'arrêté du Ministre de l'économie et des finances n°695-11 du 22 mars 2011 pour la télédéclaration de l'impôt sur le revenu.*]

Section 3 - Obligations de retenue à la source

Retenue à la source par les employeurs et les débirentiers sur les salaires et rentes viagères

Art.156-I.- La retenue à la source au titre des revenus salariaux définis à l'article 56 ci-dessus doit être opérée par l'employeur ou le débirentier domicilié ou établi au Maroc. Cette retenue est faite pour le compte du Trésor, sur chaque paiement effectué.

Les traitements publics donnent lieu à la retenue opérée par l'administration sur le montant des sommes assujetties et ordonnancées.

Les pensions servies par l'Etat et les pensions ou rentes viagères payées aux caisses des comptables publics et celles servies par les collectivités publiques ou pour leur compte, donnent lieu à la retenue opérée par les comptables payeurs sur les sommes versées aux titulaires.

Les rémunérations et les indemnités, occasionnelles ou non occasionnelles, imposables au titre des revenus salariaux prévus à l'article 56 ci-dessus et qui sont versées par des entreprises ou organismes à des personnes ne faisant pas partie de leur personnel salarié, sont passibles de la retenue à la source au taux prévu à l'article 73 (II-G-1°) ci-dessus.

Toutefois, les revenus visés à l'alinéa précédent qui sont versés par des établissements publics ou privés d'enseignement ou de formation professionnelle aux personnes qui remplissent une fonction d'enseignant et ne faisant pas partie de leur personnel permanent, sont soumis à la retenue à la source au taux prévu à l'article 73-II-D ci-dessus.

La retenue à la source sur les rémunérations visées aux alinéas 4 et 5 du présent article est appliquée sur le montant brut des rémunérations et des indemnités, sans aucune déduction. Elle est perçue à la source comme indiqué au premier alinéa du I du présent article et versée au Trésor dans les conditions prévues à l'article 80 ci-dessus et à l'article 174-I ci-dessous.

La retenue à la source visée à l'article 73 (II-G-1°) ci-dessus ne dispense pas les bénéficiaires des rémunérations qui y sont visés de la déclaration prévue à l'article 82 ci-dessus.

Art.156-II.- Le montant brut des cachets octroyés aux artistes exerçant à titre individuel ou constitués en troupes visés à l'article 60-II ci-dessus, est soumis à la retenue à la source au taux prévu à l'article 73 (II-G-4°) ci-dessus. Cette retenue est liquidée et versée dans les conditions prévues au présent article, à l'article 80 ci-dessus et à l'article 174-I ci-dessous.

Art.156-III.- Les employeurs sont tenus d'effectuer la retenue à la source sur les pourboires remis par les clients, dans les conditions prévues à l'article 58-II-A ci-dessus.

Art.156-IV.- Les employeurs sont tenus d'effectuer la retenue à la source sur les rémunérations versées aux voyageurs, représentants et placiers de commerce ou d'industrie, dans les conditions prévues à l'article 58-II-B ci-dessus.

Retenue à la source sur les honoraires versés aux médecins non soumis à la taxe professionnelle

Art.157.- Les cliniques et établissements assimilés sont tenus d'opérer pour le compte du Trésor, dans les conditions prévues à l'article 151-III ci-dessus, une retenue à la source sur les honoraires et rémunérations versés aux médecins non soumis à la taxe professionnelle qui effectuent des actes médicaux ou chirurgicaux dans lesdits cliniques et établissements.

Retenue à la source sur les produits des actions, parts sociales et revenus assimilés

Art.158.- La retenue à la source sur les produits énumérés à l'article 13 ci-dessus doit être opérée, pour le compte du trésor, par les établissements de crédit, publics et privés, les sociétés et établissements qui versent, mettent à la disposition ou inscrivent en compte des bénéficiaires lesdits produits.

Retenue à la source sur les produits de placements à revenu fixe

Art.159.- I. La retenue à la source sur les produits énumérés à l'article 14 ci-dessus doit être opérée, pour le compte du Trésor, par les établissements de crédit, publics et privés, les sociétés et établissements qui versent, mettent à la disposition ou inscrivent en compte des bénéficiaires lesdits produits.

II. La retenue à la source sur les produits de placements à revenu fixe visés à l'article 14 ci-dessus est imputable sur le montant de l'impôt sur les sociétés ou sur l'impôt sur le revenu, avec droit à restitution.

Toutefois, pour les personnes totalement exonérées ou hors champ d'application de l'impôt sur les sociétés, la retenue à la source n'ouvre pas droit à restitution.

Retenue à la source sur les produits bruts perçus par les personnes physiques ou morales non résidentes

Art.160.- I. La retenue à la source sur les produits bruts énumérés à l'article 15 ci-dessus, doit être opérée pour le compte du Trésor, par les contribuables payant ou intervenant dans le paiement desdits produits, à des personnes physiques ou morales non résidentes.

II. Lorsque la personne physique ou morale non résidente est payée par un tiers non résident, l'impôt est dû par l'entreprise ou l'organisme client au Maroc.

Chapitre 3 - Imposition des plus-values professionnelles

Plus-values constatées ou réalisées en cours ou en fin d'exploitation

Art.161.- *(L.F.2011)* I. Abrogé

II. Les indemnités perçues en contrepartie de la cessation de l'exercice de l'activité ou du transfert de la clientèle sont assimilées à des plus-values de cession imposables.

III. Lorsqu'un élément corporel ou incorporel de l'actif immobilisé est retiré sans contrepartie pécuniaire, l'administration peut l'évaluer. La plus-value résultant, le cas échéant, de cette évaluation est imposée comme une plus-value de cession.

IV. L'opération de transformation d'un établissement public en société anonyme peut être réalisée sans incidence sur son résultat fiscal lorsque le bilan de clôture du dernier exercice comptable de l'établissement concerné est identique au bilan d'ouverture du premier exercice comptable de la société.

Régime particulier des fusions des sociétés

Art.162-I.- Lorsque des sociétés relevant de l'impôt sur les sociétés fusionnent par voie d'absorption, la prime de fusion réalisée par la société absorbante correspondant à la plus-value sur sa participation dans la société absorbée, est comprise dans le résultat fiscal de la société intéressée.

Art.162-II.- A. Sous réserve des conditions prévues ci-après et par dérogation aux dispositions de l'article 9 (I-C-1°) ci-dessus, les sociétés fusionnées ne sont pas imposées sur la plus-value nette réalisée à la suite de l'apport ou de la cession de l'ensemble des éléments de l'actif immobilisé et des titres de participation, à la condition que la société absorbante, ou née de la fusion, dépose au service local des impôts dont dépendent la ou les sociétés fusionnées, en double exemplaire et dans un délai de trente jours suivant la date de l'acte de fusion, une déclaration écrite accompagnée de :

1) Un état récapitulatif des éléments apportés comportant tous les détails relatifs aux plus-values réalisées ou aux moins-values subies et dégageant la plus-value nette qui ne sera pas imposée chez la ou les sociétés fusionnées.

2) Un état concernant, pour chacune de ces sociétés, les provisions figurant au passif du bilan avec indication de celles qui n'ont pas fait l'objet de déduction fiscale.

3) L'acte de fusion dans lequel la société absorbante ou née de la fusion s'engage à :

- a) reprendre, pour leur montant intégral, les provisions dont l'imposition est différée ;
- b) réintégrer, dans ses bénéfices imposables, la plus-value nette réalisée par chacune des sociétés fusionnées sur l'apport :
  - b-1° soit de l'ensemble des titres de participation et des éléments de l'actif immobilisé lorsque, parmi ces éléments, figurent des terrains construits ou non dont la valeur d'apport est égale ou supérieure à 75 % de la valeur globale de l'actif net immobilisé de la société concernée. Dans ce cas, la plus-value nette est réintégrée au résultat du premier exercice comptable clos après la fusion ;
  - b-2° soit, uniquement, des titres de participation et des éléments amortissables lorsque la proportion de 75 % n'est pas atteinte. Dans ce cas, la plus-value nette précitée est réintégrée dans le résultat fiscal, par fractions égales, sur une période maximale de dix ans, et la valeur d'apport des éléments concernés par cette réintégration est prise en considération pour le calcul des amortissements et des plus-values ultérieures ;
- c) ajouter aux plus-values constatées ou réalisées ultérieurement à l'occasion du retrait ou de la cession des éléments non concernés par la réintégration prévue au b-2 ci-dessus, les plus-values qui ont été réalisées par la société fusionnée et dont l'imposition a été différée.

B. Les provisions visées au A-3° a ci-dessus restent affranchies d'impôt dans les conditions prévues à l'article 10 (I-F-2°) ci-dessus.

C. Si la déclaration prévue au A ci-dessus n'est pas déposée dans le délai prescrit ou si cette déclaration n'est pas accompagnée des pièces annexes exigées, l'administration régularise la situation de la ou des sociétés fusionnées dans les conditions prévues à l'article 221 ci-dessous.

Art.162-III.- Les éléments du stock à transférer de la société absorbée à la société absorbante sont évalués, sur option, soit à leur valeur d'origine soit à leur prix du marché.

Les modalités d'application de l'alinéa ci-dessus sont fixées par décret.

Les éléments concernés ne peuvent être inscrits ultérieurement dans un compte autre que celui des stocks.

A défaut, le produit qui aurait résulté de l'évaluation desdits stocks sur la base du prix du marché lors de l'opération de fusion, est imposé entre les mains de la société absorbante au titre de l'exercice au cours duquel le changement d'affectation a eu lieu, sans préjudice de l'application de la pénalité et des majorations prévues aux articles 186 et 208 ci-dessous.

[*NB - Décret n°2-08-125 du 28 mai 2009*

Art.1.- *En application des dispositions de l'article 162-III du CGI, les modalités d'évaluation des éléments du stock à transférer de la société absorbée à la société absorbante sont fixées par le présent décret.*

Art.2.- *La valeur d'origine retenue pour l'évaluation des éléments du stock à transférer de la société absorbée à la société absorbante est le prix de revient initial inscrit à l'actif de la société absorbée.*

Les sociétés absorbantes ayant opté pour l'évaluation des éléments du stock selon cette valeur d'origine doivent produire :

- *1° un état détaillé des éléments évalués à joindre à la convention de fusion. Cet état doit faire ressortir la nature, la quantité, la superficie ou le volume de ces éléments, leur année d'acquisition ainsi que leur valeur d'origine ;*
- *2° un état de suivi des éléments évalués à joindre aux pièces annexes devant accompagner la déclaration du résultat fiscal de la société absorbante prévue à l'article 20-1 du CGI précité. Cet état doit faire ressortir :*
  - *le stock initial ;*
  - *les sorties de stocks au cours de l'exercice et leur affectation ;*
  - *le stock final en fin d'exercice.*

Art.3.- *Les sociétés absorbantes ayant opté pour l'évaluation des éléments du stock selon le prix du marché doivent produire en plus des états prévus à l'article 2 ci-dessus, une note explicative faisant ressortir le mode d'évaluation de ces éléments.*]

Chapitre 4 - Dispositions diverses

Art.163.- Computation des délais et taux en vigueur

I. Computation des délais

Pour la computation des délais prévus au présent Code, le jour qui est le point de départ du délai n'est pas compté. Le délai se termine à l'expiration du dernier jour dudit délai.

Lorsque les délais prévus par le présent Code expirent un jour férié ou chômé légal, l'échéance est reportée au premier jour ouvrable qui suit.

II. Taux en vigueur de l'impôt

A. Les impôts, droits et taxes sont calculés aux taux en vigueur à la date d'expiration des délais de déclaration prévus aux articles 20, 82, 83, 84, 85, 110, 111, 128, 150 et 155 du présent Code.

B. Lorsqu'il est retenu à la source, l'impôt est calculé au taux en vigueur à la date de versement, de mise à la disposition ou d'inscription en compte des rémunérations et produits imposables.

III. Toute disposition fiscale doit être prévue par le présent Code.

Art.164.- Octroi des avantages fiscaux

I. Pour bénéficier des exonérations prévues au présent Code, les entreprises doivent satisfaire aux obligations de déclaration et de paiement des impôts, droits et taxes prévus par le présent Code.

II. En cas d'infraction aux dispositions régissant l'assiette de l'impôt sur les sociétés et de l'impôt sur le revenu, les contrevenants perdent de plein droit, le bénéfice du taux réduit prévu aux articles 6 (I-D-2°) et 31 (I-C-2°) ci-dessus, sans préjudice de l'application de la pénalité et des majorations prévues aux articles 184 et 208 ci-dessous.

Les droits complémentaires ainsi que la pénalité et les majorations y afférentes sont immédiatement établis conformément aux dispositions de l'article 232-VIII ci-dessous.

III. Sont exclues des avantages fiscaux susceptibles d'être obtenus en vertu d'une convention, les personnes physiques et morales qui n'ont pas respecté leurs obligations dans le cadre d'une convention précédente conclue avec l'Etat.

IV. Les organismes bénéficiant de l'exonération totale permanente prévue à l'article 6-I-A ci-dessus sont exclus du bénéfice :

- de l'abattement de 100 % sur les produits des actions, parts sociales et revenus assimilés prévu à l'article 6 (I-C-1°) ci-dessus ;
- et de l'exonération des plus-values sur cession de valeurs mobilières.

Art.164 bis.- *(L.F.2011)* Traitement préférentiel

Peuvent bénéficier d'un traitement préférentiel, de leurs dossiers auprès de l'administration fiscale, les contribuables catégorisés dans les conditions fixées par voie réglementaire et qui sont en situation fiscale régulière.

Art.165.- Non cumul des avantages

I. Les avantages accordés aux entreprises installées dans les zones franches d'exportation en vertu des dispositions de l'article 6 (I-C-1° et II-A) ci-dessus, de l'article 19-II-A ci-dessus, de l'article 31-II-A ci-dessus, de l'article 68-III ci-dessus, de l'article 92-I-36° ci-dessus et de l'article 129-IV-5° ci-dessus, sont exclusifs de tout autre avantage prévu par d'autres dispositions législatives en matière d'encouragement à l'investissement.

II. Les avantages accordés aux banques offshore et aux sociétés holding offshore en vertu des dispositions de l'article 6 (I-C et II-C-3° et 4°) ci-dessus, de l'article 19 (II-B, III-B et C) ci-dessus, de l'article 73-II-F-8° ci-dessus, de l'article 92 (I-27-a et b) ci-dessus et de l'article 129-IV-6° ci-dessus, sont exclusifs de tout autre avantage prévu par d'autres dispositions législatives en matière d'encouragement à l'investissement.

III. L'application des taux prévus aux articles 19 (II-C) et 73 (II-F-7°) ci-dessus n'est pas cumulable avec les provisions non courantes ou toute autre réduction.

Le contribuable a le droit de choisir le dispositif incitatif le plus avantageux.

Partie 2 - Règles de recouvrement

Titre 1 - Dispositions communes

Chapitre 1 - Règles et modalités

Art.166.- Conditions et modalités de recouvrement

Le recouvrement des impôts, droits, taxes et autres créances dont le receveur de l'administration fiscale est chargé en vertu des lois et règlements en vigueur, est effectué dans les conditions et suivant les modalités prévues par la loi n°15-97 promulguée par le dahir n°1-00-175 du 3 mai 2000 formant Code de recouvrement des créances publiques.

Art.167.- Arrondissement du montant de l'impôt

Le résultat fiscal, le revenu imposable, le chiffre d'affaires et les sommes et valeurs servant de base au calcul de l'impôt ou de la taxe sont arrondis à la dizaine de dirhams supérieure et le montant de chaque versement est arrondi au dirham supérieur.

Chapitre 2 - Dispositions diverses

Art.168.- Privilège du Trésor

Pour le recouvrement des impôts, droits, taxes et autres créances, le Trésor possède un privilège général sur les meubles et autres effets mobiliers appartenant aux contribuables en quelque lieu qu'ils se trouvent et s'exerce dans les conditions prévues par la loi n°15-97 précitée.

Art.169.- Télépaiement

Les contribuables soumis à l'impôt peuvent effectuer auprès de l'administration fiscale par procédés électroniques les versements prévus par le présent Code dans les conditions fixées par arrêté du Ministre chargé des finances [*NB - Voir note sous l'article 155*].

Toutefois, les versements précités doivent être souscrits par procédés électroniques auprès de l'administration fiscale à compter du 1er janvier 2010 par les entreprises dont le chiffre d'affaires est égal ou supérieur à 100.000.000 DH et à compter du 1er janvier 2011 par les entreprises dont le chiffre d'affaires est égal ou supérieur à 50.000.000 DH, hors TVA.

Ces télépaiements produisent les mêmes effets juridiques que les paiements prévus par le présent Code.

Titre 2 - Dispositions spécifiques

Chapitre 1 - Recouvrement de l'impôt sur les sociétés

Recouvrement par paiement spontané

Art.170-I.- L'impôt sur les sociétés donne lieu, au titre de l'exercice comptable en cours, au versement par la société de quatre acomptes provisionnels dont chacun est égal à 25 % du montant de l'impôt dû au titre du dernier exercice clos, appelé « exercice de référence ».

Les versements des acomptes provisionnels visés ci-dessus sont effectués spontanément auprès du receveur de l'administration fiscale du lieu du siège social ou du principal établissement au Maroc de la société avant l'expiration des 3e, 6e, 9e et 12e mois suivant la date d'ouverture de l'exercice comptable en cours. Chaque versement est accompagné d'un bordereau-avis conforme à l'imprimé-modèle établi par l'administration, daté et signé par la partie versante.

Toutefois, le paiement du montant de la cotisation minimale prévu à l'article 144-I-D (dernier alinéa) ci-dessus doit être effectué en un seul versement avant l'expiration du troisième mois suivant la date d'ouverture de l'exercice comptable en cours.

Art.170-II.- Lorsque l'exercice de référence est d'une durée inférieure à douze mois, le montant des acomptes est calculé sur celui de l'impôt dû au titre dudit exercice, rapporté à une période de douze mois.

Lorsque l'exercice en cours est d'une durée inférieure à douze mois, toute période dudit exercice égale ou inférieure à trois mois donne lieu au versement d'un acompte avant l'expiration de ladite période.

Art.170-III.- En ce qui concerne les sociétés exonérées temporairement de la cotisation minimale en vertu de l'article 144 (I-C-1°) ci-dessus, ainsi que les sociétés exonérées en totalité de l'impôt sur les sociétés en vertu de l'article 6-I-B ci-dessus, l'exercice de référence est le dernier exercice au titre duquel ces exonérations ont été appliquées.

Les acomptes dus au titre de l'exercice en cours sont alors déterminés d'après l'impôt ou la cotisation minimale qui auraient été dus en l'absence de toute exonération.

Art.170-IV.- La société qui estime que le montant d'un ou de plusieurs acomptes versés au titre d'un exercice est égal ou supérieur à l'impôt dont elle sera finalement redevable pour cet exercice, peut se dispenser d'effectuer de nouveaux versements d'acomptes en remettant à l'inspecteur des impôts du lieu de son siège social ou de son principal établissement au Maroc, quinze jours avant la date d'exigibilité du prochain versement à effectuer, une déclaration datée et signée, conforme à l'imprimé-modèle établi par l'administration.

Si lors de la liquidation de l'impôt, telle que prévue à l'alinéa suivant, il s'avère que le montant de l'impôt effectivement dû est supérieur de plus de 10 % à celui des acomptes versés, la pénalité et la majoration prévues à l'article 208 ci-dessous sont applicables aux montants des acomptes provisionnels qui n'auraient pas été versés aux échéances prévues.

Avant l'expiration du délai de déclaration, prévu aux articles 20 ou 150 ci-dessus, la société procède à la liquidation de l'impôt dû au titre de l'exercice objet de la déclaration en tenant compte des acomptes provisionnels versés pour ledit exercice. S'il résulte de cette liquidation un complément d'impôt au profit du Trésor, ce complément est acquitté par la société dans le délai de déclaration précité.

Dans le cas contraire, l'excédent d'impôt versé par la société est imputé d'office par celle-ci sur le premier acompte provisionnel échu et, le cas échéant, sur les autres acomptes restants. Le reliquat éventuel est restitué d'office à la société par le Ministre chargé des finances ou la personne déléguée par lui à cet effet dans le délai d'un mois à compter de la date d'échéance du dernier acompte provisionnel.

Art.170-V.- Les sociétés doivent effectuer le versement du montant de l'impôt sur les sociétés dû auprès du receveur de l'administration fiscale.

Art.170-VI.- Par dérogation aux dispositions du I du présent article, l'impôt dû par les sociétés non résidentes ayant opté pour l'imposition forfaitaire prévue à l'article 16 ci-dessus est versé spontanément par les intéressées dans le mois qui suit chaque encaissement au receveur de l'administration fiscale.

Art.170-VII.- L'impôt forfaitaire dû par les banques offshore et les sociétés holding offshore doit être versé spontanément au receveur de l'administration fiscale du lieu dont dépend le siège de ces banques et sociétés, avant le 31 décembre de chaque année.

Art.170-VIII.- Le versement de l'impôt dû par les sociétés non résidentes au titre des plus-values résultant des cessions de valeurs mobilières réalisées au Maroc, doit être accompagné du dépôt de la déclaration du résultat fiscal prévue à l'article 20-III ci-dessus, sans préjudice de l'application de la pénalité et des majorations prévues aux articles 184 et 208 ci-dessous.

L'impôt dû est calculé sur la base des plus-values réalisées au taux prévu à l'article 19-I-A ci-dessus.

Chaque versement est accompagné d'un bordereau-avis conforme à l'imprimé modèle établi par l'administration, daté et signé par la partie versante.

Recouvrement par voie de retenue à la source

Art.171.- I. A. L'impôt retenu à la source sur les produits visés aux articles 13, 14 et 15 ci-dessus, doit être versé dans le mois suivant celui du paiement, de la mise à la disposition ou de l'inscription en compte, au receveur de l'administration fiscale du lieu du domicile fiscal, du siège social ou du principal établissement au Maroc de la personne physique ou morale à qui incombe l'obligation d'effectuer la retenue à la source.

B. Dans le cas visé à l'article 160-II ci-dessus, le versement de l'impôt doit être effectué dans le mois suivant celui prévu, pour les paiements des rémunérations, dans le contrat de travaux ou de services.

II. Chaque versement est accompagné d'un bordereau-avis conforme à l'imprimé-modèle établi par l'administration, daté et signé par la partie versante portant les indications prévues à l'article 152 ci-dessus.

Recouvrement par voie de rôle

Art.172.- Les sociétés sont imposées par voie de rôle :

- lorsqu'elles ne versent pas spontanément, au receveur de l'administration fiscale du lieu de leur siège social ou de leur principal établissement au Maroc, l'impôt dont elles sont débitrices, ainsi que, le cas échéant, les majorations et les pénalités y afférentes ;
- dans le cas de taxation d'office ou de rectification des impositions comme prévu aux articles 220, 221, 222, 228 et 229 ci-dessous.

Chapitre 2 - Recouvrement de l'impôt sur le revenu

Recouvrement par paiement spontané

Art.173.- *(L.F.2011)* Recouvrement par paiement spontané

Est versé spontanément :

- le montant de la cotisation minimale prévue à l'article 144-I ci-dessus avant le 1er février de chaque année ;
- l'impôt dû par le cédant afférent aux profits constatés ou réalisés à l'occasion de la cession de biens immobiliers ou de droits réels s'y rattachant, ou de valeurs mobilières et autres titres de capital et de créance, dans le délai de déclaration prévu aux articles 83 et 84 ci-dessus, au receveur de l'administration fiscale soit :
  - du lieu de situation de l'immeuble cédé ;
  - ou du lieu du domicile fiscal du cédant des valeurs mobilières et autres titres de capital et de créance.

L'impôt dû au titre des revenus et profits bruts de capitaux mobiliers de source étrangère, prévus aux articles 25 et 73 (II-C-2° et F-5°) dans le mois suivant celui de leur perception, de leur mise à disposition ou de leur inscription en compte du bénéficiaire.

Le versement de l'impôt s'effectue par bordereau-avis sur ou d'après un imprimé modèle établi par l'administration.

Le bordereau-avis comporte trois volets, dont l'un est remis à la partie versante.

Pour les revenus et profits de capitaux mobiliers de source étrangère, ce bordereau-avis doit être accompagné des pièces justifiant les montants perçus et d'une attestation de l'administration fiscale étrangère indiquant le montant de l'impôt acquitté.

Recouvrement par voie de retenue à la source et restitution d'impôt

Art.174-I.- Revenus salariaux et assimilés

Les retenues à la source prévues aux articles 156 et 157 ci-dessus et afférentes aux paiements effectués par les employeurs et débirentiers pendant un mois déterminé doivent être versées dans le mois qui suit à la caisse du percepteur du lieu du domicile de la personne ou de l'établissement qui les a effectuées.

En cas de transfert de domicile ou d'établissement hors du ressort de la perception, ainsi que dans le cas de cession ou de cessation d'entreprise, les retenues effectuées doivent être versées dans le mois qui suit le transfert, la cession ou la cessation.

En cas de décès de l'employeur ou du débirentier, les retenues opérées doivent être versées par les héritiers ou les ayants droit dans les trois mois qui suivent celui du décès.

Chaque versement est accompagné d'un bordereau-avis daté et signé par la partie versante indiquant la période au cours de laquelle les retenues ont été faites, la désignation, l'adresse et la profession de la personne, société ou association qui les a opérées et le montant des paiements effectués ainsi que celui des retenues correspondantes.

Les sommes retenues par les administrations et les comptables publics sont versées au Trésor au plus tard dans le mois qui suit celui au cours duquel la retenue a été opérée. Chaque versement est accompagné d'un état récapitulatif.

Art.174-II.- Revenus et profits de capitaux mobiliers

Les revenus et profits de capitaux mobiliers sont soumis à l'impôt par voie de retenue à la source, à l'exclusion des profits visés à l'article 84-I ci-dessus.

A. Revenus de capitaux mobiliers

Les retenues à la source visées aux articles 158 et 159 ci-dessus doivent être versées, par les personnes physiques ou morales qui se chargent de leur collecte, à la caisse du percepteur du lieu de leur siège social, ou domicile fiscal dans le mois suivant celui au cours duquel les produits ont été payés, mis à la disposition ou inscrits en compte.

Chaque versement est accompagné d'un bordereau-avis daté et signé par la partie versante indiquant le mois au cours duquel la retenue a été faite, la désignation, l'adresse et la profession de la personne débitrice, le montant global des produits distribués ainsi que le montant de l'impôt correspondant.

Les personnes physiques ou morales visées au II-A du présent article doivent être en mesure de justifier à tout moment des indications figurant sur les bordereaux-avis prévus ci-dessus.

B. Profits de capitaux mobiliers

Pour les profits sur cession de valeurs mobilières et autres titres de capital et de créance, inscrits en compte titre auprès d'intermédiaires financiers habilités teneurs de comptes titres, en vertu des dispositions de l'article 24 de la loi n°35-96 promulguée par le dahir n°1-96-246 du 9 janvier 1997 relative à la création d'un dépositaire central et à l'institution d'un régime général de l'inscription en compte de certaines valeurs, la retenue à la source est effectuée par lesdits intermédiaires.

La retenue doit être versée dans le mois suivant celui au cours duquel les cessions ont été réalisées par lesdits intermédiaires, à la caisse du receveur de l'administration fiscale du lieu de leur siège, le versement s'effectue par bordereau-avis établi sur ou d'après un imprimé modèle de l'administration.

La retenue à la source susvisée est opérée sur la base d'un document portant ordre de cession émanant du cédant ou pour son compte et comportant, selon la nature des titres cédés, le prix et la date de l'acquisition, ainsi que les frais y relatifs ou le coût moyen pondéré desdits titres lorsqu'ils sont acquis à des prix différents.

A défaut de remise par le cédant du document précité, l'intermédiaire financier habilité teneur de compte procède à une retenue à la source de l'impôt au taux de 20 % du prix de cession, lequel taux peut faire l'objet de réclamation dans les conditions prévues à l'article 235 ci-dessous.

Le seuil exonéré prévu à l'article 68-II ci-dessus n'est pas pris en compte. Toutefois, le cédant bénéficie du seuil exonéré lors de la remise de la déclaration visée à l'article 84-II ci-dessus.

Art.174-III.- Produits bruts perçus par les personnes physiques ou morales non résidentes

La retenue à la source sur les produits bruts visés à l'article 45 ci-dessus, perçus par les personnes physiques ou morales non résidentes doit être versée dans le mois suivant celui des paiements à la caisse du percepteur du lieu du domicile fiscal du siège social ou du principal établissement de l'entreprise qui a effectué le versement.

Art.174-IV.- Restitution en matière d'impôt retenu à la source

Lorsque le montant des retenues effectuées à la source et versées au Trésor par l'employeur ou le débirentier visé à l'article 156 ci-dessus ou les personnes physiques et morales visées à l'article 159-II ci-dessus, excède celui de l'impôt correspondant au revenu global annuel du contribuable, celui-ci bénéficie d'office d'une restitution d'impôt. Cette restitution qui est calculée au vu de la déclaration du revenu global du contribuable visée à l'article 82 ci-dessus doit intervenir avant la fin de l'année de la déclaration.

Lorsque le montant des retenues effectuées à la source et versées au Trésor par les intermédiaires financiers habilités teneurs de comptes titres visés au II-B du présent article excède celui de l'impôt correspondant au profit annuel du contribuable, celui-ci bénéficie d'une restitution d'impôt calculée au vu de la déclaration des profits de capitaux mobiliers visée à l'article 84 ci-dessus.

Art.175.- Recouvrement par voie de rôle et d'ordre de recettes

I. Les contribuables sont imposés par voie de rôle :

- lorsqu'ils sont tenus de souscrire une déclaration de revenu global annuel ;
- lorsqu'ils ne paient pas l'impôt spontanément, au percepteur ou au receveur de l'administration fiscale du lieu de leur domicile fiscal, de leur principal établissement au Maroc ou de leur domicile fiscal élu au Maroc ;
- lorsqu'ils sont domiciliés au Maroc et reçoivent des employeurs ou débirentiers publics ou privés, domiciliés, établis ou ayant leur siège hors du Maroc, des revenus salariaux et assimilés visés à l'article 56 ci-dessus ;
- lorsqu'ils sont domiciliés au Maroc et employés par les organismes internationaux et les missions diplomatiques ou consulaires accrédités au Maroc ;
- dans le cas de taxation d'office ou de rectification des impositions comme prévu aux articles 220, 221, 222, 223, 189228 et 229 ci-dessous.

Lorsque le contribuable cesse d'avoir au Maroc son domicile fiscal ou son principal établissement, l'impôt devient exigible immédiatement en totalité.

En cas de décès du contribuable, l'impôt est établi sur le revenu global imposable acquis durant la période allant du 1er janvier à la date du décès et, le cas échéant, sur le revenu global imposable de l'année précédente.

II. Les contribuables sont imposés par voie d'ordre de recettes en matière de profits fonciers dans les cas visés aux articles 224 et 228 ci-dessous.

Chapitre 3 - Recouvrement de la TVA

Art.176.- Recouvrement par paiement spontané

1) Les contribuables imposés sous le régime de la déclaration mensuelle doivent déposer avant le vingt de chaque mois auprès du receveur de l'administration fiscale, une déclaration du chiffre d'affaires réalisé au cours du mois précédent et verser, en même temps, la taxe correspondante.

Toutefois, pour les contribuables qui effectuent leur déclaration par procédé électronique prévue à l'article 155 ci-dessus, ils doivent souscrire avant l'expiration de chaque mois une déclaration du chiffre d'affaires réalisé au cours du mois précédent et verser, en même temps, la taxe correspondante.

2) Les contribuables imposés sous le régime de la déclaration trimestrielle doivent déposer, avant le vingt du premier mois de chaque trimestre, auprès du receveur de l'administration fiscale, une déclaration du chiffre d'affaires réalisé au cours du trimestre écoulé et verser, en même temps, la taxe correspondante.

Toutefois, pour les contribuables qui effectuent leur déclaration par procédé électronique prévue à l'article 155 ci-dessus, ils doivent souscrire avant l'expiration du premier mois de chaque trimestre une déclaration du chiffre d'affaires réalisé au cours du trimestre précédent et verser, en même temps, la taxe correspondante.

Art.177.- Recouvrement par état de produits

La TVA qui n'a pas été versée dans les conditions édictées aux articles 110, 111 et 112 ci-dessus ou celle résultant de taxation d'office ou de rectification de déclarations conformément aux dispositions des articles 220, 221, 228 et 229 ci-dessous, ainsi que les pénalités prévues par le présent Code, font l'objet d'états de produits établis par les agents de l'administration fiscale et rendus exécutoires par le Ministre des finances ou la personne déléguée par lui à cet effet.

Art.178.- Recouvrement par l'administration des Douanes

Par dérogation aux dispositions des articles 110, 111 et 177 ci-dessus, les entreprises redevables de la taxe visée à l'article 100 ci-dessus ressortissent à l'administration des douanes et impôts indirects qui assoie, recouvre la taxe et en verse le produit au fonds commun prévu à l'article 125 ci-dessus.

Pour les ventes et livraisons visées au premier alinéa de l'article 100 ci-dessus, la taxe est perçue auprès des producteurs.

Pour les ventes et livraisons visées au deuxième alinéa de l'article 100 ci-dessus, la taxe est perçue lors de l'apposition du poinçon sur les bijoux en complément des droits d'essai et de garantie.

Chapitre 4 - Recouvrement des droits d'enregistrement et taxes asssimilées

Art.179-I.- Recouvrement par ordre de recettes

Sous réserve des dispositions du II et III ci-après, les droits d'enregistrement, de timbre et la taxe spéciale annuelle sur les véhicules automobiles sont établis et recouvrés par voie d'ordre de recettes.

Ces droits sont exigibles à l'expiration des délais prévus par les articles 128 ci-dessus et 254 et 261 ci-dessous.

Toutefois, sont exigibles à l'expiration d'un délai de trente jours à compter de la date de leur mise en recouvrement, les droits complémentaires dus à l'issue de la procédure de rectification de la base imposable prévue à l'article 220 ci-dessous ou résultant du redressement des insuffisances de perception, des erreurs et omissions totales ou partielles constatées dans la liquidation des droits, prévus à l'article 232 ci-dessous.

Art.179-II.- Autres modes de recouvrement des droits de timbre

Les droits de timbre sont acquittés au moyen de l'apposition d'un ou plusieurs timbres mobiles sur les actes, documents et écrits qui en sont assujettis. Ils peuvent être également acquittés au moyen du papier timbré, du visa pour timbre ou sur déclaration ou par tout autre mode déterminé par décision du Ministre chargé des finances ou la personne déléguée par lui à cet effet.

Toutefois :

- sont perçus par l'apposition sur les passeports, titres de voyage ou laissez-passer spéciaux de timbres mobiles sur les formules lors de leur délivrance. Pour le passeport biométrique, les droits sont perçus au moyen de l'apposition sur le formulaire prévu pour la demande dudit passeport du timbre mobile à oblitérer par l'autorité compétente, conformément aux dispositions de l'article 253 ci-dessous ;
- sont perçus au moyen du visa pour timbre, les droits et, le cas échéant, les pénalités, amendes et majorations exi-

gibles au titre des licences, autorisations et leurs duplicata, visés à l'article 252 (II-D-2°) ci-dessous et des actes visés à l'article 127 (I-C-1°) ci-dessus, ainsi que des actes, documents et écrits en contravention des dispositions des droits de timbre ;

- sont payables sur déclaration, les droits de timbre sur les annonces publicitaires sur écran.

Art.179-III.- Recouvrement de la taxe spéciale annuelle sur les véhicules automobiles

La taxe est acquittée auprès du receveur de l'administration fiscale ou du comptable public dûment habilité par ladite administration. Elle peut également être acquittée auprès des entreprises d'assurances selon les modalités fixées par arrêté du Ministre chargé des finances.

Chapitre 5 - Dispositions relatives à la solidarité

Solidarité en matière d'impôt sur les sociétés

Art.180.- I. En cas de cession portant sur un fonds de commerce ou sur l'ensemble des biens figurant à l'actif d'une société, le cessionnaire peut être tenu, au même titre que la société cédante, au paiement de l'impôt relatif aux bénéfices réalisés par cette dernière pendant les deux derniers exercices d'activité précédant la cession, sans que le montant des droits réclamés au cessionnaire puisse être supérieur à la valeur de vente des éléments qui ont été cédés.

Toutefois, l'obligation du cessionnaire au paiement desdits droits est prescrite à l'expiration du sixième mois qui suit celui au cours duquel la cession a pris date certaine. La mise en cause du cessionnaire par l'agent de recouvrement, durant les six mois précités a, notamment pour effet d'interrompre la prescription prévue en matière de recouvrement des créances de l'Etat.

II. Dans les cas de fusion, de scission ou de transformation de la forme juridique d'une société entraînant son exclusion du domaine de l'impôt sur les sociétés ou la création d'une personne morale nouvelle, les sociétés absorbantes ou les sociétés nées de la fusion, de la scission ou de la transformation sont tenues, au même titre que les sociétés dissoutes, au paiement de l'intégralité des droits dus par ces dernières au titre de l'impôt sur les sociétés et des pénalités et majorations y afférentes.

III. Tous les associés des sociétés visées à l'article 2-II ci-dessus restent solidairement responsables de l'impôt exigible et, le cas échéant, des pénalités et majorations y afférentes.

Solidarité en matière d'impôt sur le revenu au titre des profits fonciers

Art.181.- En cas de dissimulations reconnues par les parties au contrat, en matière de profits immobiliers, le cessionnaire est solidairement responsable avec le cédant du paiement des droits éludés, de la pénalité et des majorations y afférentes.

Solidarité en matière de TVA

Art.182.- La personne qui cesse d'être assujettie à la TVA pour quelque cause que ce soit, doit se conformer aux obligations édictées à l'article 114 ci-dessus.

En cas de cession du fonds de commerce, le cessionnaire est solidairement redevable, de la taxe exigible pour la période du 1er janvier à la date de cession, s'il n'a pas souscrit dans les trente jours qui suivent le commencement de ses opérations, la déclaration d'existence prévue à l'article 109 ci-dessus.

S'il est déjà assujetti, le cessionnaire doit dans le délai précité, aviser le service local des impôts dont il relève, de l'acquisition du fonds de commerce.

Solidarité en matière de droits d'enregistrement

Art.183-A.- I. Pour les actes portant obligation, libération ou transfert de propriété, de nue-propriété ou d'usufruit de meubles ou d'immeubles, les droits d'enregistrement, la pénalité et les majorations dus sur ces actes sont supportés par les débiteurs et nouveaux possesseurs.

Pour les autres actes, les droits, la pénalité et les majorations sont supportés par les parties auxquelles ces actes profitent lorsqu'il n'a pas été énoncé de stipulations contraires.

Pour les actes et conventions obligatoirement soumis à l'enregistrement, toutes les parties contractantes sont solidairement responsables des droits, de la pénalité et des majorations précités.

II. En cas de rectification de la base imposable, les parties contractantes sont solidairement redevables, sauf leur recours entre elles, des droits complémentaires exigibles, de la majoration et, le cas échéant, de la pénalité et de la majoration de retard prévues, respectivement, à l'article 186-A-4° et à l'article 208 ci-dessous.

III. Lorsqu'il est amiablement reconnu ou judiciairement établi que le véritable caractère d'un contrat ou d'une convention a été dissimulé sous l'apparence de stipulations donnant ouverture à des droits moins élevés, les parties sont solidairement redevables, sauf leur recours entre elles, des droits simples liquidés compte tenu du véritable caractère de l'acte ou de la convention, ainsi que de la pénalité et des majorations prévues à l'article 186 (B-2-b) et à l'article 208 ci-dessous.

IV. Lorsque dans l'acte de donation entre vifs visé à l'article 133 (I-C-4°) ci-dessus, le lien de parenté entre le donateur et les donataires a été inexactement indiqué, les parties sont solidairement redevables, sauf leur recours entre elles, des droits simples liquidés compte tenu du véritable lien de parenté, ainsi que de la pénalité et des majorations prévues aux articles 206 et 208 ci-dessous.

V. L'ancien propriétaire ou l'ancien possesseur a la faculté de déposer au bureau de l'enregistrement compétent, dans les trois mois qui suivent l'expiration des délais impartis pour l'enregistrement, les actes sous seing privé stipulant vente ou mutation à titre gratuit d'immeubles, de droits réels immobiliers, de fonds de commerce ou de clientèle ou portant bail, cession de bail ou sous-location de ces mêmes biens.

A défaut d'actes sous seing privé constatant lesdites ventes ou mutations à titre gratuit d'immeubles, de fonds de commerce ou de clientèle, l'ancien propriétaire souscrira une déclaration des accords intervenus au sujet desdits biens.

Du fait de ce dépôt ou de cette déclaration dans le délai susvisé, le vendeur ou l'ancien possesseur ne peut, en aucun cas, être recherché pour le paiement de la pénalité et des majorations encourues.

VI. Les adoul, notaires et toute autre personne exerçant des fonctions notariales sont tenus solidairement avec le contribuable au paiement des impôts et taxes, au cas où ils contreviennent à l'obligation prévue à l'article 139-IV ci-dessus.

Les notaires sont personnellement redevables des droits et, le cas échéant, de la pénalité et des majorations en cas de non respect de l'obligation prévue à l'article 137-I alinéa 6 ci-dessus, sauf leurs recours contre les parties pour les droits seulement.

Solidarité en matière de droits de timbre

Art.183-B.- Sont solidaires pour le paiement des droits de timbre et, le cas échéant, des amendes, de la pénalité et des majorations :

- les signataires pour les actes synallagmatiques ;
- les prêteurs et emprunteurs pour les billets et obligations ;
- les souscripteurs, accepteurs, bénéficiaires ou endosseurs pour les effets négociables ;
- les expéditeurs et capitaines de navires ou voituriers pour les connaissements et lettres de voiture ;
- les créanciers et débiteurs pour les quittances ;
- et d'une manière générale, toute personne qui a établi sur papier libre et sans apposition de timbres mobiles des actes, documents ou écrits assujettis aux droits de timbre.

Pour les actes non exonérés des droits de timbre conclus entre l'Etat ou les collectivités locales et les particuliers, ces droits sont à la charge exclusive des particuliers, nonobstant toutes dispositions contraires.

En cas de décès des débiteurs, les droits en principal, à l'exclusion des pénalités et des majorations, sont dus par les héritiers ou légataires.

Solidarité en matière de taxe spéciale annuelle sur les véhicules automobiles

Art.183-C.- Le paiement de la taxe incombe au propriétaire du véhicule.

En cas de vente d'un véhicule au cours de la période d'imposition, le ou les cessionnaires successifs sont solidairement responsables du paiement de la taxe, de la pénalité et de la majoration prévues à l'article 208 ci-dessous.

Partie 3 - Sanctions

Titre 1 - Sanctions en matière d'assiette

Chapitre 1 - Sanctions communes

Section 1 - Sanctions communes à l'impôt sur les sociétés, à l'IR, à la TVA et aux droits d'enregistrement

Art.184.- Sanctions pour défaut ou retard dans les dépôts des déclarations du résultat fiscal, des plus-values, du revenu global, des profits immobiliers, du chiffre d'affaires et des actes et conventions

Une majoration de 15 % est applicable en matière de déclaration du résultat fiscal, des plus-values, du revenu global, des profits immobiliers, du chiffre d'affaires et des actes et conventions dans les cas suivants :

- imposition établie d'office pour défaut de dépôt de déclaration, déclaration incomplète ou insuffisante ;
- dépôt de déclaration hors délai ;
- défaut de dépôt ou dépôt hors délai des actes et conventions.

La majoration de 15 % précitée est calculée sur le montant :

- 1° soit des droits correspondant au bénéfice, au revenu global ou au chiffre d'affaires de l'exercice comptable ;
- 2° soit de la cotisation minimale prévue à l'article 144 ci-dessus lorsqu'elle est supérieure à ces droits, ou lorsque la déclaration incomplète ou déposée hors délai fait ressortir un résultat nul ou déficitaire ;
- 3° soit de la taxe fraudée, éludée ou compromise ;
- 4° soit des droits simples exigibles ;
- 5° soit des droits théoriques correspondant aux revenus et profits exonérés.

Le montant de la majoration précitée ne peut être inférieur à 500 DH dans les cas visés aux 1°, 2°, 3° et 5° et à 100 DH dans le cas visé au 4° ci-dessus.

Toutefois, en cas de déclaration incomplète ou insuffisante, cette majoration n'est pas appliquée lorsque les éléments manquants ou discordants n'ont pas d'incidence sur la base de l'impôt ou sur son recouvrement.

Art.185.- Sanctions pour infraction aux dispositions relatives au droit de communication

Sont sanctionnées par l'amende et l'astreinte journalière prévues à l'article 191-I ci-dessous, dans les formes prévues à l'article 230 ci-dessous, les infractions relatives au droit de communication prévu par l'article 214 ci-dessous.

Toutefois, ces dispositions ne sont pas applicables aux cadi chargés du taoutiq, aux administrations de l'Etat et aux collectivités locales.

Ces amendes et astreintes journalières sont émises par voie de rôle, d'état de produit ou d'ordre de recettes.

Art.186.- Sanctions applicables en cas de rectification de la base imposable

A. Une majoration de 15 % est applicable :

- 1° en cas de rectification du résultat bénéficiaire ou du chiffre d'affaires d'un exercice comptable ;
- 2° en cas de rectification d'un résultat déficitaire, tant que le déficit n'est pas résorbé ;
- 3° à toute omission, insuffisance ou minoration de recettes ou d'opérations

taxables, toute déduction abusive, toute manœuvre tendant à obtenir indûment le bénéfice d'exonération ou de remboursement ;
- 4° aux insuffisances de prix ou d'évaluation constatées dans les actes et conventions, en application de l'article 220 ci-dessous.

La majoration de 15 % est calculée sur le montant :
- des droits correspondant à cette rectification ;
- de toute réintégration affectant le résultat déficitaire.

B. Le taux de la majoration de 15 % précitée est porté à 100 % :
- 1° quand la mauvaise foi du contribuable est établie ;
- 2° en cas de dissimulation :
  - a) soit dans le prix ou les charges d'une vente d'immeuble, de fonds de commerce ou de clientèle, dans les sommes ou indemnités perçues par le cédant d'un droit au bail ou du bénéfice d'une promesse de bail portant sur tout ou partie d'un immeuble, ou dans la soulte d'un échange ou d'un partage d'immeubles, ainsi que dans les diverses évaluations faites dans les actes ou les déclarations ;
  - b) soit du véritable caractère des contrats ou des conventions et les omissions totales ou partielles dans les actes ou les déclarations ayant entraîné la liquidation de droits d'un montant inférieur à celui qui était réellement dû.

La majoration de 100 % visée au B-2° ci-dessus est applicable avec un minimum de 1.000 DH, sans préjudice de l'application de la pénalité et de la majoration prévues à l'article 208 ci-dessous.

Art.187.- Sanction pour fraude ou complicité de fraude

Une amende égale à 100 % du montant de l'impôt éludé est applicable à toute personne ayant participé aux manœuvres destinées à éluder le paiement de l'impôt, assisté ou conseillé le contribuable dans l'exécution desdites manœuvres, indépendamment de l'action disciplinaire si elle exerce une fonction publique.

Section 2 - Sanctions communes à l'IS, à l'IR, à la TVA et aux droits de timbre

Art.188.- Sanction pour infraction en matière de déclaration d'existence

Est passible d'une amende de 1.000 DH, le contribuable qui ne dépose pas, dans le délai prescrit, la déclaration d'existence prévue à l'article 148 ci-dessus ou qui dépose une déclaration inexacte.

Cette amende est émise par voie de rôle.

Art.189.- Sanction pour infraction en matière de déclaration en cas de changement du lieu d'imposition

Est passible d'une amende de 500 DH, tout contribuable qui, n'avise pas l'administration fiscale du transfert de son siège social ou de son domicile fiscale comme prévu à l'article 149 ci-dessus.

Cette amende est émise par voie de rôle.

Art.190.- Sanction pour infraction aux dispositions relatives à la vente en tournée

Une amende égale à 1 % est applicable, par impôt, au montant de l'opération effectuée par tout contribuable n'ayant pas observé les dispositions prévues à l'article 145-V ci-dessus.

L'amende prévue par le présent article est émise par voie de rôle.

Art.191.- *(L.F.2012)* Sanctions pour infraction aux dispositions relatives au droit de contrôle et aux programmes de logements sociaux ou de cités universitaires.

I. Une amende de 2.000 DH et, le cas échéant, une astreinte de 100 DH par jour de retard dans la limite de 1.000 DH est applicable, dans les conditions prévues à l'article 229 ci-dessous, aux contribuables qui ne présentent pas les documents comptables et pièces justificatives visés aux articles 145 et 146 ci-dessus, ou qui refusent de se soumettre au contrôle fiscal prévu à l'article 212 ci-dessous.

Toutefois, en matière d'impôt sur le revenu, le montant de cette amende varie de 500 à 2.000 DH.

II. A défaut de réalisation, dans les conditions définies par l'article 7-II ci-dessus, de tout ou partie des programmes de construction de logements sociaux ou de cités, résidences et campus universitaires, prévus dans le cadre d'une convention conclue avec l'Etat, les impôts, droits et taxes exigibles sont mis en recouvrement, nonobstant toute disposition contraire, sans préjudice de l'application de la pénalité et des majorations y afférentes, prévues aux articles 186 ci-dessus et 208 ci-dessous.

III. A défaut de réalisation de tout ou partie des programmes de construction de logements sociaux, prévus dans le cadre d'une convention conclue avec l'Etat, dans les conditions définies par les articles 92-I-28° et 93-I ci-dessus, une sanction égale à 15 % du montant de la TVA exigible sur le chiffre d'affaires réalisé au titre de la cession desdits logements sociaux est émise par voie d'état de produit à l'encontre des promoteurs immobiliers, sans avoir recours à la procédure de rectification des bases d'imposition.

IV. Une amende de 15 % du montant de la TVA est appliquée aux bénéficiaires qui n'ont pas respecté les conditions prévues à l'article 93-I ci-dessus, assortie des sanctions pour paiement tardif prévues à l'article 208 ci-dessous et ce, à compter du mois suivant celui de l'encaissement du montant précité.

V. Une amende de 15 % du montant de l'impôt sur les sociétés ou de l'impôt sur le revenu est applicable aux bailleurs qui n'ont pas respecté les conditions prévues à l'article 247-XVI-B bis ci-dessous, assortie des sanctions pour paiement tardif prévues à l'article 208 ci-dessous.

Art.192.- Sanctions pénales

I. Indépendamment des sanctions fiscales édictées par le présent Code, est punie d'une amende de 5.000 à 50.000 DH, toute personne qui, en vue de se soustraire à sa qualité de contribuable ou au paiement de l'impôt ou en vue d'obtenir des déductions ou remboursements indus, utilise l'un des moyens suivants :

- délivrance ou production de factures fictives ;
- production d'écritures comptables fausses ou fictives ;
- vente sans factures de manière répétitive ;
- soustraction ou destruction de pièces comptables légalement exigibles ;
- dissimulation de tout ou partie de l'actif de la société ou augmentation frauduleuse de son passif en vue d'organiser son insolvabilité.

En cas de récidive, avant l'expiration d'un délai de cinq ans qui suit un jugement de condamnation à l'amende précitée, ayant acquis l'autorité de la chose jugée, le contrevenant est puni, outre de l'amende prévue ci-dessus, d'une peine d'emprisonnement de un à trois mois.

L'application des dispositions ci-dessus s'effectue dans les formes et les conditions prévues à l'article 231 ci-dessous.

II. Sans préjudice de sanctions plus graves, ceux qui ont sciemment employé, vendu ou tenté de vendre des timbres mobiles ayant servi, sont punis d'une amende de 120 à 1.200 DH.

En cas de récidive, la peine pourra être portée au double.

Sans préjudice de sanctions plus graves, la fabrication, le colportage ou la vente de timbres imités sont punis d'un emprisonnement de cinq jours à six mois et d'une amende de 1.200 à 4.800 DH.

Section 3 - Sanctions communes à l'impôt sur les sociétés et à l'impôt sur le revenu

Art.193.- *(L.F.2011)* Sanction pour infraction aux dispositions relatives au règlement des transactions

Indépendamment des autres sanctions fiscales, tout règlement d'une transaction dont le montant est égal ou supérieur à 20.000 DH, effectuée autrement que par chèque barré non endossable, effet de commerce, moyen magnétique de paiement, virement bancaire, procédé électronique ou par compensation avec une créance à l'égard d'une même personne, à condition que cette compensation soit effectuée sur la base de documents dûment datés et signés par les parties concernées et portant acceptation du principe de la compensation, donne lieu à l'application à l'encontre de l'entreprise venderesse ou prestataire de services, vérifiée, d'une amende de 6 % du montant de la transaction effectuée :

- soit entre une société soumise à l'impôt sur les sociétés et des personnes assujetties à l'impôt sur le revenu, à l'impôt sur les sociétés ou à la TVA et agissant pour les besoins de leur activité professionnelle ;
- soit avec des particuliers n'agissant pas pour les besoins d'une activité professionnelle.

Toutefois, les dispositions de l'alinéa ci-dessus ne sont pas applicables aux transactions concernant les animaux vivants et les produits agricoles non transformés à l'exception des transactions effectuées entre commerçants.

Art.194.- Sanctions pour infraction en matière de déclaration de rémunérations allouées ou versées à des tiers

I. Une majoration de 25 % est appliquée :

- lorsque le contribuable ne produit pas la déclaration prévue à l'article 151-I ci-dessus ou lorsque la déclaration est produite hors délai. Cette majoration est calculée sur le montant des rémunérations allouées ou versées à des tiers ;
- lorsque le contribuable produit une déclaration comportant des renseignements incomplets ou lorsque les montants déclarés ou versés sont insuffisants. Cette majoration est calculée sur les montants correspondant aux renseignements incomplets ou aux montants insuffisants.

II. Une majoration de 25 % est applicable aux cliniques et établissements assimilés qui :

- ne produisent pas la déclaration prévue à l'article 151-II ci-dessus ou qui la produisent hors délai. Cette majoration est calculée sur la valeur correspondant au nombre global annuel des actes médicaux et chirurgicaux relevant de la lettre clé « K » effectués par les médecins soumis à la taxe professionnelle durant l'exercice comptable concerné ;
- produisent une déclaration comportant des renseignements incomplets ou lorsque les montants déclarés ou versées sont insuffisants. Cette majoration est calculée sur les montants correspondant aux renseignements incomplets ou aux montants insuffisants.

III. Une majoration de 15 % est applicable aux cliniques et établissements assimilés qui :

- ne produisent pas la déclaration prévue à l'article 151-III ci-dessus ou qui produisent une déclaration hors délai. Cette majoration est calculée comme prévu à l'article 184 ci-dessus sur le montant de l'impôt retenu à la source sur les honoraires versés aux médecins non soumis à la taxe professionnelle ;
- produisent une déclaration comportant des renseignements incomplets ou lorsque les montants déclarés ou versés sont insuffisants. Cette majoration est calculée sur l'impôt retenu à la source correspondant aux renseignements incomplets ou aux montants insuffisants.

IV. Le montant des majorations prévues au I, II et III ci-dessus ne peut être inférieur à 500 DH.

Art.195.- Sanction pour infraction en matière de déclaration des rémunérations versées à des personnes non résidentes

Une majoration de 15 % est applicable aux contribuables qui :

- n'ont pas produit la déclaration prévue à l'article 154 ci-dessus ou qui ont produit une déclaration hors délai. Cette majoration est calculée sur le montant de l'impôt retenu à la source ;
- produisent une déclaration ne comportant pas, en totalité ou en partie, les renseignements visés à l'article 154 ci-dessus ou lorsque les montants déclarés ou versés sont insuffisants. Cette majoration est calculée sur le montant de l'impôt retenu à la source afférent aux renseignements incomplets ou sur le montant de l'impôt non déclaré ou non versé.

Le montant de cette majoration ne peut être inférieur à 500 DH.

Art.196.- Sanction pour infraction en matière de revenus de capitaux mobiliers

Une majoration de 15 % est applicable aux contribuables :

- qui ne produisent pas les déclarations prévues aux articles 152 et 153 ci-dessus ou qui les produisent hors délai ;
- ou qui déposent une déclaration incomplète ou insuffisante.

Cette majoration est calculée sur le montant de l'impôt non déclaré.

Le montant de cette majoration ne peut être inférieur à 500 DH.

Art.197.- Sanctions pour infraction aux obligations des entreprises installées dans les plates-formes d'exportation et de leurs fournisseurs

I. Les entreprises qui vendent des produits finis aux sociétés installées dans les plates-formes d'exportation et qui ne produisent pas l'attestation prévue à l'article 7-V ci-dessus, perdent le droit à l'exonération ou le bénéfice du taux réduit prévus à l'article 6 (I-B-2°) ci-dessus, sans préjudice de l'application de la pénalité et des majorations prévues à l'article 184 ci-dessus et à l'article 208 ci-dessous.

II. Le chiffre d'affaires correspondant aux produits finis, acquis par les entreprises installées dans les plates-formes d'exportation et ayant reçu une destination autre que celle prévue par le présent Code, doit être imposé, entre les mains desdites entreprises, dans les conditions de droit commun avec application d'une majoration de 100 % des droits dus, de la pénalité et des majorations prévues à l'article 184 ci-dessus et à l'article 208 ci-dessous.

III. Lorsque les entreprises installées dans les plates-formes d'exportation ne produisent pas l'état prévu à l'article 7-V ci-dessus ou produisent ledit état hors délai, insuffisant ou incomplet, il est appliqué une majoration de 25 % du montant correspondant aux opérations d'achat ou d'exportation des produits finis.

Cette sanction est assortie de la pénalité et des majorations prévues à l'article 184 ci-dessus et à l'article 208 ci-dessous.

Le montant de cette majoration ne peut être inférieur à 500 DH.

Art.198.- Sanctions pour infraction aux dispositions relatives à la retenue à la source

Sont personnellement redevables des sommes non versées, les personnes physiques ou morales et les établissements des sociétés non résidentes qui n'ont pas versé spontanément au Trésor, dans les délais prescrits, les sommes dont elles sont responsables, que la retenue à la source ait été ou non effectuée en totalité ou en partie.

Les sommes non versées sont augmentées de la pénalité et des majorations prévues à l'article 208 ci-dessous.

Art.198 bis.- *(L.F.2012)* Sanction pour défaut de présentation de l'état explicatif de l'origine du déficit ou du résultat nul déclaré

Lorsque le contribuable ne produit pas l'état explicatif de l'origine du déficit ou du résultat nul déclaré prévu aux articles 20-IV et 82-IV ci-dessus, il est invité par lettre, dans les formes prévues à l'article 219 ci-dessous, à déposer ledit état dans un délai de quinze jours suivant la date de réception de ladite lettre.

A défaut de présentation de l'état susvisé dans le délai précité, l'administration informe le contribuable par lettre notifiée, dans les formes prévues à l'article 219 ci-dessous, de l'application d'une amende de 2.000 DH.

Cette amende est émise par voie de rôle.

Chapitre 2 - Sanctions spécifiques

Section 1 - Sanctions spécifiques à l'impôt sur les sociétés

Art.199.- Sanctions pour infraction aux obligations des sociétés à prépondérance immobilière

Une amende de 10.000 DH est applicable aux sociétés à prépondérance immobilière, telles que définies à l'article 61-II ci-dessus, qui ne produisent pas, dans le délai prescrit, en même temps que la déclaration de leur résultat fiscal, la liste nominative de l'ensemble des détenteurs de leurs actions ou parts sociales à la clôture de chaque exercice, prévue au quatrième alinéa de l'article 83 ci-dessus.

Une amende de 200 DH est applicable par omission ou inexactitude, sans que cette amende puisse excéder 5.000 DH aux sociétés susvisées, si la liste produite comporte des omissions ou des inexactitudes.

Section 2 - Sanctions spécifiques à l'impôt sur le revenu

Art.200.- Sanctions pour infraction aux dispositions relatives à la déclaration des traitements et salaires, de pensions et de rentes viagères

I. Lorsque les versements prévus à l'article 174 ci-dessus sont effectués spontanément en totalité ou en partie en dehors des délais prescrits, les employeurs et débirentiers doivent acquitter, en même temps que les sommes dues, la pénalité et la majoration de retard prévues à l'article 208 ci-dessous.

A défaut de versement spontané des sommes dues, celles-ci sont recouvrées par voie de rôle de régularisation, assorties de la pénalité et de la majoration prévues à l'article 208 ci-dessous.

Pour le recouvrement du rôle émis, il est appliqué une majoration, telle que prévue au troisième alinéa de l'article 208 ci-dessous.

II. Lorsque la déclaration n'a pas été produite ou n'a pas été souscrite dans le délai fixé aux articles 79 et 81 ci-dessus, les employeurs et les débirentiers encourent une majoration de 15 % du montant de l'impôt retenu ou qui aurait dû être retenu.

Toute déclaration incomplète ou comportant des éléments discordants est assortie d'une majoration de 15 % du montant de l'impôt retenu ou qui aurait dû être retenu et correspondant aux omissions et inexactitudes relevées dans les déclarations prévues aux articles 79 et 81 précités.

Le montant de chacune des majorations prévues ci-dessus ne peut être inférieur à 500 DH.

Les majorations visées ci-dessus sont recouvrées par voie de rôle et immédiatement exigibles.

III. Les employeurs qui ne respectent pas les conditions d'exonération prévues au 16° de l'article 57 sont régularisés d'office sans procédure.

Art.201.- Sanction pour infraction aux dispositions relatives à la déclaration d'identité fiscale

Une amende de 500 DH est applicable aux contribuables passibles de l'impôt sur le revenu au titre des revenus visés à l'article 22 (3°, 4° et 5°) de ci-dessus, y compris ceux qui en sont exonérés temporairement, qui n'ont pas remis à l'inspecteur des impôts du lieu de leur domicile fiscal ou de leur principal établissement, une déclaration d'identité fiscale conforme au modèle établi par l'administration, dans les trente jours suivant soit la date du début de leur activité, soit celle de l'acquisition de la première source de revenu.

Art.202.- Sanction pour déclaration comportant des omissions ou inexactitudes

Une amende de 500 DH est applicable aux contribuables qui produisent une déclaration du revenu global prévu à l'article 82 ci-dessus comportant des omissions ou inexactitudes dans les éléments, autres que ceux concernant la base d'imposition.

Art.203.- Sanction pour infraction aux déclarations relatives aux intérêts versés aux non-résidents

Lorsque les établissements de crédit et organismes assimilés n'ont pas déposé ou ont déposé hors délai la déclaration, prévue à l'article 154 ci-dessus, relative aux intérêts versés aux non résidents ou lorsqu'ils déposent une déclaration incomplète ou comportant des éléments discordants, ils encourent une majoration de 15 % du montant de l'impôt correspondant aux intérêts des dépôts, objet des infractions précitées, qui aurait été dû en l'absence d'exonération.

Section 3 - Sanctions spécifiques à la TVA

Art.204.- Sanctions pour infraction aux obligations de déclaration

I. Lorsque la déclaration visée aux articles 110 et 111 ci-dessus est déposée en dehors des délais prescrits, mais ne comportant pas de taxe à payer ni de crédit de taxe, le contribuable est passible d'une amende de 500 DH.

II. Lorsque la déclaration visée au I ci-dessus est déposée en dehors du délai prescrit, mais comporte un crédit de taxe, ledit crédit est réduit de 15 %.

III. Une amende de 500 DH est applicable à l'assujetti lorsque la déclaration du prorata visée à l'article 113 ci-dessus n'est pas déposée dans le délai légal.

Section 4 - Sanctions spécifiques aux droits d'enregistrement

Art.205.- *(L.F.2012)* Sanctions pour non respect des conditions d'exonération ou de réduction des droits d'enregistrement

I. Une majoration de 15 % est applicable aux contribuables en cas de défaut de réalisation, dans les délais impartis, d'opérations de construction de cités, résidences ou campus universitaires, visés à l'article 129-IV-2° ci-dessus ou des travaux de lotissement ou de construction visés à l'article 133 (I-F-2°) ci-dessus.

Cette majoration est calculée sur le montant des droits exigibles, sans préjudice de l'application de la pénalité et de la majoration de retard prévues à l'article 208 ci-dessous.

II. Abrogé

III. Les droits d'enregistrement sont liquidés au plein tarif prévu à l'article 133-I-A ci-dessus, augmentés d'une majoration de 15 % de leur montant, de la pénalité et de la majoration de retard prévues à l'article 208 ci-dessous en cas de rétrocession des terrains ou immeubles visés à l'article 129 (IV-6 alinéa 2) ci-dessus avant l'expiration de la dixième année suivant la date de l'obtention de l'agrément, sauf si la rétrocession est réalisée au profit d'une banque offshore ou société holding offshore.

IV. La majoration de retard prévue aux I et III ci-dessus est calculée à l'expiration du délai de trente jours à compter de la date de l'acte d'acquisition.

Art.206.- Sanctions pour fraude en matière de donation

Lorsque dans l'acte de donation entre vifs, visés à l'article 133 (I-C-4°) ci-dessus le lien de parenté entre le donateur et les donataires a été inexactement indiqué, les parties sont tenues de régler les droits simples exigibles, augmentés d'une majoration de 100 % de ces droits, sans préjudice de l'application de la pénalité et de la majoration de retard prévues à l'article 208 ci-dessous, calculée à l'expiration d'un délai de trente jours à compter de la date de l'acte de donation.

Art.207.- *(L.F.2012)* Sanctions applicables aux notaires

Une amende de 100 DH est applicable au notaire en cas de délivrance d'une expédition qui ne porte pas copie de la quittance des droits par une transcription littérale et entière de cette quittance.

Une amende de 250 DH par infraction est applicable au notaire qui délivre une grosse, copie ou expédition pour tout acte qui n'a pas été préalablement enregistré.

Les notaires sont personnellement redevables, pour chaque contravention aux obligations citées à l'article 137-I alinéa 3 ci-dessus, des droits simples liquidés sur les actes, ainsi que de la pénalité et des majorations prévues aux articles 184 ci-dessus et 208 ci-après.

Section 5 - Sanctions spécifiques aux droits de timbre

Art.207 bis.- Sanctions pour infraction aux modes de paiement des droits de timbre

I. Toute infraction aux dispositions du livre III titre 1 du présent Code est passible, à défaut de pénalité spécifique, d'une amende de 20 DH.

II. S'il s'agit d'une infraction aux règles du timbre proportionnel, prévues par l'article 252 (I-A et B) ci-dessous, la pénalité est fixée à 100 % du montant des droits simples exigibles avec un minimum de 100 DH.

Si l'infraction passible de la pénalité édictée par l'alinéa ci-dessus ne consiste que dans l'emploi d'un timbre inférieur à celui qui devait être employé, la pénalité ne porte que sur la somme pour laquelle le droit de timbre n'a pas été payé.

III. Les licences ou autorisations et leur duplicata, prévus à l'article 252 (II-D-2°) ci-dessous ne sont valables et ne peuvent être utilisés qu'après qu'ils aient été visés pour timbre au bureau de l'enregistrement dans le ressort duquel se situent les lieux d'exploitation desdites licences ou autorisations et ce, dans le délai de trente jours de leur délivrance.

IV. Dans tous les cas où les droits de timbre sont payés sur déclaration, le défaut ou retard de dépôt de la déclaration est passible à l'expiration du délai prescrit, de la pénalité et de la majoration prévues aux articles 184 et 208 du présent Code.

V. Les dissimulations et omissions totales ou partielles dans les déclarations, ayant entraîné la liquidation de droits d'un montant inférieur à celui qui était réellement dû, sont passibles d'une pénalité fixée à 100 % du montant des droits simples exigibles avec un minimum de 1.000 DH.

VI. Toute infraction relative au droit de communication prescrit par l'article 214 ci-dessous est constatée par procès-verbal et passible d'une pénalité de 100 DH pour la première infraction et de 250 DH pour chacune des infractions suivantes avec un maximum de 500 DH par jour.

Titre 2 - Sanctions en matière de recouvrement

Art.208.- Sanctions pour paiement tardif des impôts, droits et taxes

I. Une pénalité de 10 % et une majoration de 5 % pour le premier mois de retard et de 0,50 % par mois ou fraction de mois supplémentaire est applicable au montant :

- des versements effectués spontanément, en totalité ou en partie, en dehors du délai prescrit, pour la période écoulée entre la date d'exigibilité de l'impôt et celle du paiement ;
- des impositions émises par voie de rôle ou d'ordre de recettes pour la période écoulée entre la date d'exigibilité de l'impôt et celle du paiement ;
- des impositions émises par voie de rôle ou d'état de produit, pour la période écoulée entre la date d'exigibilité de l'impôt et celle de l'émission du rôle ou de l'état de produit.

Par dérogation aux dispositions ci-dessus, les majorations prévues au présent article ne s'appliquent pas pour la période située au-delà des trente-six mois écoulés entre la date de l'introduction du recours du contribuable devant la commission locale de taxation prévue à l'article 225 ci-dessous et celle de la mise en recouvrement du rôle ou de l'état de produit comportant le complément d'impôt exigible.

Pour le recouvrement du rôle ou de l'état de produit, il est appliqué une majoration de 0,50 % par mois ou fraction de mois de retard écoulé entre le premier du mois qui suit celui de la date d'émission du rôle ou de l'état de produit et celle du paiement de l'impôt.

II. En matière de droits d'enregistrement, la pénalité et la majoration visées au I ci-dessus sont liquidées sur le principal des droits avec un minimum de 100 DH.

III. En matière de taxe spéciale annuelle sur les véhicules automobiles, tout retard dans le paiement de ladite taxe entraîne l'application de la pénalité et de la majoration prévues au I ci-dessus avec un minimum de 100 DH.

Lorsque le retard, quelle que soit sa durée, est constaté par procès-verbal, la pénalité est de 100 % du montant de la taxe ou de la fraction de la taxe exigible, sans préjudice de la mise en fourrière du véhicule.

Tout défaut d'apposition de la vignette sur le pare-brise constaté par procès-verbal, est passible d'une amende de 100 DH.

Art.209.- Exigibilité des sanctions

Les sanctions prévues à la troisième partie du présent Code sont émises par voie de rôle, d'état de produit ou d'ordre de recettes et sont immédiatement exigibles, sans procédure.

Toutefois, en cas de rectification de la base imposable suite au contrôle prévu par le présent Code, les sanctions relatives au redressement sont émises en même temps que les droits en principal.

Livre 2 - Procédures fiscales

Titre 1 - Contrôle de l'impôt

Chapitre 1 - Droit de contrôle de l'administration et obligation de conservation des documents comptables

Section 1 - Dispositions générales

Le droit de contrôle

Art.210.- L'administration fiscale contrôle les déclarations et les actes utilisés pour l'établissement des impôts, droits et taxes.

A cette fin, les contribuables, personnes physiques ou morales, sont tenus de fournir toutes justifications nécessaires et présenter tous documents comptables aux agents assermentés de l'administration fiscale ayant au moins le grade d'inspecteur adjoint et qui sont commissionnés pour procéder au contrôle fiscal.

A défaut de présentation d'une partie des documents comptables et pièces justificatives prévus par la législation et la réglementation en vigueur au cours de la vérification d'un exercice donné, le contribuable est invité dans les formes prévues à l'article 219 ci-dessous, à produire ces documents et pièces dans un délai de trente jours à compter de la date de réception de la demande de communication desdits documents et pièces. Ce délai peut être prorogé jusqu'à la fin de la période de contrôle.

Les documents et pièces manquants ne peuvent être présentés par le contribuable pour la première fois devant la commission locale de taxation et la commission nationale de recours fiscal.

L'administration fiscale dispose également d'un droit de constatation en vertu duquel elle peut demander aux contribuables précités, de se faire présenter les factures, ainsi que les livres, les registres et les documents professionnels se rapportant à des opérations ayant donné ou devant donner lieu à facturation et procéder à la constatation matérielle des éléments physiques de l'exploitation pour rechercher les manquements aux obligations prévues par la législation et la réglementation en vigueur.

Le droit de constatation s'exerce immédiatement après remise d'un avis de constatation par les agents assermentés et commissionnés précités.

L'avis de constatation doit comporter les nom et prénoms des agents de l'administration fiscale chargés d'effectuer la constatation et informer le contribuable de l'exercice de ce droit.

Les agents précités peuvent demander copie, établie par tous moyens et sur tous supports, des pièces se rapportant aux opérations ayant donné ou devant donner lieu à facturation.

L'avis de constatation est remis contre récépissé à l'une des personnes suivantes :

- 1° en ce qui concerne les personnes physiques :
  - a) soit à personne ;
  - b) soit aux employés ;
  - c) ou à toute autre personne travaillant avec le contribuable.
- 2° en ce qui concerne les sociétés et les groupements visés à l'article 26 ci-dessus :

- a) soit à l'associé principal ;
- b) soit au représentant légal ;
- c) soit aux employés ;
- d) ou à toute autre personne travaillant avec le contribuable.

Lorsque celui qui reçoit l'avis de constatation ne veut pas accuser réception dudit avis, mention en est faite sur le récépissé susvisé par l'agent qui assure la remise.

Le droit de constatation s'exerce dans tous les locaux des contribuables concernées utilisés à titre professionnel aux heures légales et durant les heures d'activité professionnelle.

En cas d'opposition au droit de constatation, les contribuables s'exposent aux sanctions prévues à l'article 191-I ci-dessus.

La durée de constatation sur place est fixée au maximum à huit jours ouvrables, à compter de la date de remise de l'avis de constatation. A la fin de l'opération de constatation, les agents de l'administration fiscale établissent un avis de clôture de ladite opération, signé par les deux parties dont un exemplaire est remis au contribuable.

Les manquements relevés sur place donnent lieu à l'établissement d'un procès-verbal, dans les trente jours suivant l'expiration du délai précité dont copie est remise au contribuable qui dispose d'un délai de huit jours suivant la date de réception du procès-verbal pour faire part de ses observations.

Les constatations du procès-verbal peuvent être opposées au contribuable dans le cadre d'un contrôle fiscal.

Conservation des documents comptables

Art.211.- Les contribuables ainsi que les personnes physiques ou morales chargés d'opérer la retenue de l'impôt à la source sont tenus de conserver pendant dix ans au lieu où ils sont imposés, les doubles des factures de vente ou des tickets de caisse, les pièces justificatives des dépenses et des investissements, ainsi que les documents comptables nécessaires au contrôle fiscal, notamment les livres sur lesquels les opérations ont été enregistrées, le grand livre, le livre d'inventaire, les inventaires détaillés s'ils ne sont pas recopiés intégralement sur ce livre, le livre-journal et les fiches des clients et des fournisseurs, ainsi que tout autre document prévu par la législation ou la réglementation en vigueur.

En cas de perte des documents comptables pour quelque cause que ce soit, les contribuables doivent en informer l'inspecteur des impôts, selon le cas, de leur domicile fiscal, de leur siège social ou de leur principal établissement, par lettre recommandée avec accusé de réception, dans les quinze jours suivant la date à laquelle ils ont constaté ladite perte.

Vérification de comptabilité

Art.212-I.- *(L.F.2011)* En cas de vérification de comptabilité par l'administration au titre d'un impôt ou taxe déterminé, il est notifié au contribuable un avis de vérification, dans les formes prévues à l'article 219 ci-dessous, au moins quinze jours avant la date fixée pour le contrôle.

Cet avis de vérification doit être accompagné de la charte du contribuable qui rappelle les droits et obligations prévus en matière de contrôle fiscal par le présent Code.

La vérification de comptabilité peut porter :

- soit sur tous les impôts et taxes afférents à la période non prescrite ;
- soit sur un ou plusieurs impôts ou taxes ou quelques postes ou opérations déterminés figurant sur une déclaration et/ou ses annexes se rapportant à une partie ou à toute la période non prescrite.

Dans tous les cas, l'avis de vérification doit préciser la période objet de vérification, les impôts et taxes concernés ou les postes et opérations visés par le contrôle.

Les documents comptables sont présentés dans les locaux, selon le cas, du domicile fiscal, du siège social ou du principal établissement des contribuables personnes physiques ou morales concernés, aux agents de l'administration fiscale qui vérifient, la sincérité des écritures comptables et des déclarations souscrites par les contribuables et s'assurent, sur place, de l'existence matérielle des biens figurant à l'actif.

Si la comptabilité est tenue par des moyens informatiques ou si les documents sont conservés sous forme de microfiches, le contrôle porte sur l'ensemble des informations, données et traitements informatiques qui concourent directement ou indirectement à la formation des résultats comptables ou fiscaux et à l'élaboration des déclarations fiscales, ainsi que sur la documentation relative à l'analyse, à la programmation et à l'exécution des traitements.

En aucun cas, la vérification prévue ci-dessus ne peut durer :

- plus de six mois pour les entreprises dont le montant du chiffre d'affaires déclaré au compte de produits et charges, au titre des exercices soumis à vérification, est inférieur ou égal à 50.000.000 DH hors TVA ;
- plus de douze mois pour les entreprises dont le montant du chiffre d'affaires déclaré au compte de produits et charges, au titre de l'un des exercices soumis à vérification, est supérieur à 50.000.000 DH hors TVA.

Ne sont pas comptées dans la durée de vérification, les suspensions dues à l'application de la procédure prévue à l'article 229 ci-dessous relatif au défaut de présentation des documents comptables.

L'inspecteur est tenu d'informer le contribuable, dans les formes prévues à l'article 219 ci-dessous de la date de clôture de la vérification.

Le contribuable a la faculté de se faire assister, dans le cadre de la vérification de comptabilité, par un conseil de son choix.

Art.212-II.- *(L.F.2011)* A l'issue du contrôle fiscal sur place, l'administration doit :

- en cas de rectification des bases d'imposition, engager la procédure prévue aux articles 220 ou 221 ci-dessous ;
- dans le cas contraire, en aviser le contribuable dans les formes prévues à l'article 219 ci-dessous.

Elle peut procéder ultérieurement à un nouvel examen des écritures déjà vérifiées sans que ce nouvel examen, même lorsqu'il concerne d'autres impôts et taxes, puisse entraîner une modification des bases d'imposition retenues au terme du premier contrôle.

Lorsque la vérification a porté sur des postes ou opérations déterminés, au titre d'un ou plusieurs impôts ou taxes, pour une période déterminée, l'administration peut procéder ultérieurement à un contrôle de ladite comptabilité au titre de tous les impôts et taxes et pour la même période, sans que ce contrôle puisse entraîner le rehaussement des montants des redressements ou rappels retenus au terme du premier contrôle, au titre des postes et opérations précités. Dans ce cas, la durée cumulée de la première et de la deuxième intervention sur place ne peut excéder la durée de vérification prévue au I du présent article.

Pouvoir d'appréciation de l'administration

Art.213.- I. Lorsque les écritures d'un exercice comptable ou d'une période d'imposition présentent des irrégularités graves de nature à mettre en cause la valeur probante de la comptabilité, l'administration peut déterminer la base d'imposition d'après les éléments dont elle dispose.

Sont considérés comme irrégularités graves :

- 1° le défaut de présentation d'une comptabilité tenue conformément aux dispositions de l'article 145 ci-dessus ;
- 2° l'absence des inventaires prévus par le même article ;
- 3° la dissimulation d'achats ou de ventes dont la preuve est établie par l'administration ;
- 4° les erreurs, omissions ou inexactitudes graves et répétées, constatées dans la comptabilisation des opérations ;
- 5° l'absence de pièces justificatives privant la comptabilité de toute valeur probante ;
- 6° la non comptabilisation d'opérations effectuées par le contribuable ;
- 7° la comptabilisation d'opérations fictives.

Si la comptabilité présentée ne comporte aucune des irrégularités graves énoncées ci-dessus, l'administration ne peut remettre en cause ladite comptabilité et reconstituer le chiffre d'affaires que si elle apporte la preuve de l'insuffisance des chiffres déclarés.

II. Lorsqu'une entreprise a directement ou indirectement des liens de dépendance avec des entreprises situées au Maroc ou hors du Maroc, les bénéfices indirectement transférés, soit par voie de majoration ou de diminution des prix d'achat ou de vente, soit par tout autre moyen, sont rapportés au résultat fiscal et /ou au chiffre d'affaires déclarés.

En vue de cette rectification, les bénéfices indirectement transférés comme indiqué ci-dessus, sont déterminés par comparaison avec ceux des entreprises similaires ou par voie d'appréciation directe sur la base d'informations dont dispose l'administration.

III. Lorsque l'importance de certaines dépenses engagées ou supportées à l'étranger par les entreprises étrangères ayant une activité permanente au Maroc n'apparaît pas justifiée, l'administration peut en limiter le montant ou déterminer la base d'imposition de l'entreprise par comparaison avec des entreprises similaires ou par voie d'appréciation directe sur la base d'informations dont elle dispose.

IV. Les rectifications découlant de l'application des dispositions du présent article sont effectuées, selon le cas, dans les conditions prévues à l'article 220 ou 221 ci-dessous.

Droit de communication et échange d'informations

Art.214.- I. Pour permettre de relever tout renseignement utile en vue de l'assiette et du contrôle des impôts, droits et taxes dus par des tiers, l'administration des impôts peut demander communication :

1) De l'original ou délivrance d'une reproduction sur support magnétique ou sur papier :

- a) des documents de service ou comptables détenus par les administrations de l'Etat, les collectivités locales, les établissements publics et tout organisme soumis au contrôle de l'Etat, sans que puisse être opposé le secret professionnel ;
- b) des livres et documents, dont la tenue est rendue obligatoire par les lois ou règlements en vigueur, ainsi que tous les actes, écrits, registres et dossiers, détenus par les personnes physiques ou morales exerçant une activité passible des impôts, droits et taxes.

Toutefois, en ce qui concerne les professions libérales dont l'exercice implique des prestations de service à caractère juridique, fiscal ou comptable, le droit de communication ne peut pas porter sur la communication globale du dossier.

2) Des registres de transcription tenus par les cadi chargés du taoutiq.

Le droit de communication s'exerce dans les locaux du siège social ou du principal établissement des personnes physiques et morales concernées, à moins que les intéressés ne fournissent les renseignements, par écrit, ou remettent les documents aux agents de l'administration des impôts, contre récépissé.

Les renseignements et documents visés ci-dessus sont présentés aux agents assermentés de l'administration fiscale ayant, au moins, le grade d'inspecteur adjoint.

Les demandes de communication visées ci-dessus doivent être formulées par écrit.

II. L'administration des impôts peut demander communication des informations auprès des administrations fiscales des Etats ayant conclu avec le Maroc des conventions tendant à éviter des doubles impositions en matière d'impôts sur le revenu.

III. Pour les opérations effectuées avec des entreprises situées hors du Maroc, l'administration des impôts peut demander à l'entreprise imposable au Maroc communication des informations et documents relatifs :

- 1° à la nature des relations liant l'entreprise imposable au Maroc à celle située hors du Maroc ;
- 2° à la nature des services rendus ou des produits commercialisés ;
- 3° à la méthode de détermination des prix des opérations réalisées entre lesdites entreprises et les éléments qui la justifient ;
- 4° aux régimes et aux taux d'imposition des entreprises situées hors du Maroc.

La demande de communication est effectuée dans les formes visées à l'article 219 ci-dessous. L'entreprise concernée dispose d'un délai de trente jours suivant la date de réception de la demande précitée pour communiquer à l'administration les informations et les documents demandés.

A défaut de réponse dans le délai susvisé ou de réponse ne comportant pas les éléments demandés, le lien de dépendance entre ces entreprises est supposé établi.

IV. Nonobstant toute disposition contraire, la DGI peut utiliser les données obtenues par tous les moyens aux fins d'accomplir ses attributions en matière d'assiette, de contrôle, de contentieux et de recouvrement des impôts, droits et taxes.

Section 2 - Dispositions particulières à certains impôts

I. Dispositions particulières à l'impôt sur le revenu

Art.215.- Contrôle de la consistance des biens en matière de revenus agricoles

I. L'inspecteur des impôts peut visiter les exploitations agricoles en vue du contrôle de la consistance des biens agricoles.

Dans ce cas, il est tenu de se faire accompagner par les membres de la commission locale communale visée à l'article 50 ci-dessus et d'informer ces derniers et le contribuable concerné dans les formes prévues à l'article 219 ci-dessous, trente jours avant la date de la visite.

II. Le contribuable est tenu de laisser pénétrer, aux heures légales, sur ses exploitations agricoles, l'inspecteur des impôts ainsi que les membres de la commission.

Il est tenu d'assister au contrôle ou de s'y faire représenter.

III. Après contrôle et si le contribuable ou son représentant donne son accord sur la constatation des biens agricoles de son exploitation, un procès-verbal est établi et signé par l'inspecteur, les membres de la commission locale communale et le contribuable lui-même ou son représentant. Dans ce cas l'imposition est établie d'après les éléments retenus.

Si le contribuable ou son représentant formule des observations sur tout ou partie des constatations relevées, celles-ci sont consignées dans le procès-verbal et l'inspecteur engage la procédure de rectification prévue aux articles 220 ou 221 ci-dessous.

IV. Lorsque le contribuable s'oppose à la visite de son exploitation, un procès-verbal est établi et signé par l'inspecteur et les membres de la commission locale communale. Dans ce cas, l'inspecteur est tenu de remettre une copie du procès-verbal auxdits membres et établit les impositions qui ne peuvent être contestées que dans les conditions prévues à l'article 235 ci-dessous.

Art.216.- Examen de l'ensemble de la situation fiscale des contribuables

L'administration procède à l'examen de la situation fiscale du contribuable ayant son domicile fiscal au Maroc, compte tenu de l'ensemble de ses revenus déclarés, taxés d'office ou bénéficiant d'une dispense de déclaration et entrant dans le champ d'application de l'impôt sur le revenu.

A cet effet, elle peut évaluer son revenu global annuel pour tout ou partie de la période non prescrite lorsque, pour la période considérée, ledit revenu n'est pas en rapport avec ses dépenses, telles que définies à l'article 29 ci-dessus.

L'administration engage la procédure prévue selon le cas, à l'article 220 ou 221 ci-dessous et notifie au contribuable, dans les formes prévues à l'article 219 ci-dessous, les éléments de comparaison devant servir à la rectification de la base annuelle d'imposition.

Toutefois, le contribuable peut justifier, dans le cadre de la procédure visée ci-dessus, ses ressources par tout moyen de preuve et faire état notamment :

- de revenus de capitaux mobiliers soumis à la retenue à la source libératoire ;
- de revenus exonérés de l'impôt sur le revenu ;
- de produits de cessions de biens meubles ou immeubles ;
- d'emprunts contractés auprès des banques ou auprès des tiers pour des besoins autres que professionnels ;
- de l'encaissement des prêts précédemment accordés à des tiers.

II. Dispositions particulières aux droits d'enregistrement

Art.217.- Contrôle des prix ou déclarations estimatives

Les prix ou les déclarations estimatives, exprimés dans les actes et conventions peuvent faire l'objet de rectification de la part de l'inspecteur des impôts chargé de l'enregistrement, lorsqu'il s'avère que lesdits prix ou déclarations estimatives ne paraissent pas, à la date de l'acte ou de la convention, conformes à la valeur vénale des biens qui en font l'objet.

Cette rectification est effectuée suivant la procédure prévue à l'article 220 ci-dessous.

Art.218.- Droit de préemption au profit de l'Etat

I. Le droit de préemption prévu à l'article 143 ci-dessus s'exerce pendant un délai franc de six mois à compter du jour de l'enregistrement, le délai n'étant cependant décompté, au cas de mutation sous condition suspensive, que du jour de l'enregistrement de la réalisation de la condition.

II. La décision de préemption est notifiée dans les formes prévues à l'article 219 ci-après :

- a) à chacune des parties indiquées à l'acte ou à la déclaration de mutation lorsque aucun écrit n'a été établi ;
- b) au cadi chargé du taoutiq compétent lorsque l'acte de mutation a été dressé par des adoul et concerne des immeubles non immatriculés ;
- c) au conservateur de la propriété foncière de la situation des biens lorsqu'il s'agit d'immeubles immatriculés ou en cours d'immatriculation.

Lorsque les biens préemptés sont situés dans les ressorts territoriaux de plusieurs cadi chargés du taoutiq ou conservateurs, la notification de la décision de préemption est faite à chacun des magistrats ou fonctionnaires intéressés.

Dès réception de la notification, les droits de l'Etat sont mentionnés sur le registre de transcription tenu par le cadi chargé du taoutiq et, lorsqu'il s'agit d'immeubles immatriculés ou en cours d'immatriculation, inscrits sur les livres fonciers ou mentionnés sur le registre de la conservation foncière prévu à cet effet.

III. Le cessionnaire évincé reçoit dans le mois qui suit la notification de la décision de préemption, le montant du prix déclaré ou de la valeur vénale reconnue, majoré :

- 1° des droits d'enregistrement acquittés et des droits éventuellement perçus à la conservation de la propriété foncière ;
- 2° d'une somme calculée à raison de 5 % du prix déclaré ou de la valeur vénale reconnue, représentant forfaitairement les autres loyaux coûts du contrat, ainsi que les impenses.

A défaut de paiement dans le délai prescrit, des intérêts au taux légal en matière civile courent de plein droit au profit du cessionnaire évincé dès l'expiration de ce délai.

IV. La décision de préemption notifiée dans le délai prévu au paragraphe I ci-dessus, emporte substitution de l'Etat au cessionnaire évincé dans le bénéfice et les charges du contrat, au jour même de la mutation.

Tous droits sur les biens préemptés, concédés par le cessionnaire évincé antérieurement à l'exercice de la préemption sont censés n'avoir jamais pris naissance. Ceux qui auraient été inscrits sur les livres fonciers sont radiés.

V. Les dépenses relatives à l'exercice du droit de préemption sont imputées au compte spécial du Trésor intitulé : « Fonds de remploi domanial ».

VI. Les immeubles ayant fait l'objet d'une décision de préemption ne peuvent être revendus, nonobstant toutes dispositions contraires, que par voie d'adjudication aux enchères publiques.

Chapitre 2 - Procédure de rectification des bases d'imposition

Section 1 - Dispositions générales

Formes de notification

Art.219.- La notification est effectuée à l'adresse indiquée par le contribuable dans ses déclarations, actes ou correspondances communiqués à l'inspecteur des impôts de son lieu d'imposition, soit par lettre recommandée avec accusé de réception, soit par remise en main propre par l'intermédiaire des agents assermentés de l'administration fiscale, des agents du greffe, des huissiers de justice ou par voie administrative.

Le document à notifier doit être présenté à l'intéressé par l'agent notificateur sous pli fermé.

La remise est constatée par un certificat de remise établi en double exemplaire, sur un imprimé fourni par l'administration. Un exemplaire de ce certificat est remis à l'intéressé.

Le certificat de remise doit comporter les indications suivantes :

- le nom et la qualité de l'agent notificateur ;
- la date de la notification ;
- la personne à qui le document a été remis et sa signature.

Si celui qui reçoit la notification ne peut ou ne veut signer le certificat, mention en est faite par l'agent qui assure la remise. Dans tous les cas, cet agent signe le certificat et le fait parvenir à l'inspecteur des impôts concerné.

Si cette remise n'a pu être effectuée, le contribuable n'ayant pas été rencontré, ni personne pour lui, mention en est faite sur le certificat, lequel est signé par l'agent et retourné à l'inspecteur visé à l'alinéa précédent.

Le document est considéré avoir été valablement notifié :

- 1° s'il est remis :
    - en ce qui concerne les personnes physiques soit à personne, soit à domicile, entre les mains de parents, d'employés, ou de toute autre personne habitant ou travaillant avec le destinataire ou, en cas de refus de réception dudit document après l'écoulement d'un délai de dix jours qui suit la date du refus de réception ;
    - en ce qui concerne les sociétés et les groupements visés à l'article 26 ci-dessus, entre les mains de l'associé principal, de leur représentant légal, d'employés, ou de toute autre personne travaillant avec le contribuable destinataire ou, en cas de refus de réception dudit document après l'écoulement d'un délai de dix jours qui suit la date du refus de réception.
- 2° s'il n'a pu être remis au contribuable à l'adresse qu'il a communiquée à l'inspecteur des impôts lorsque l'envoi du document a été fait par lettre recommandée avec accusé de réception ou par l'intermédiaire des agents du greffe, des huissiers de justice ou par voie administrative et qu'il a été retourné avec la mention non réclamé, changement d'adresse, adresse inconnue ou incomplète, locaux fermés ou contribuable inconnu à l'adresse indiquée. Dans ces cas, le pli est considéré avoir été remis, après l'écoulement d'un délai de dix jours qui suit la date de la constatation de l'échec de la remise du pli précité.

Procédure normale de rectification des impositions

Art.220-I.- L'inspecteur des impôts peut être amené à rectifier :

- les bases d'imposition ;
- les montants des retenues en matière de revenus salariaux ;
- les prix ou déclarations estimatives, exprimés dans les actes et conventions.

Les bases, les montants et les prix susvisés peuvent résulter soit de la déclaration du contribuable, de l'employeur ou du débirentier, soit d'une taxation d'office.

Dans ce cas, l'inspecteur notifie aux contribuables, dans les formes prévues à l'article 219 ci-dessus :

- les motifs, la nature et le montant détaillé des redressements envisagés en matière d'impôt sur les sociétés, d'impôt sur le revenu ou de TVA ;
- la nouvelle base devant servir d'assiette à la liquidation des droits d'enregistrement ainsi que le montant des droits complémentaires résultants de cette base.

L'inspecteur invite les contribuables à produire leurs observations dans un délai de trente jours suivant la date de réception de la lettre de notification.

A défaut de réponse dans le délai prescrit, les droits complémentaires sont mis en recouvrement et ne peuvent être contestés que dans les conditions prévues à l'article 235 ci-dessous.

Art.220-II.- Si les observations des intéressés parviennent à l'inspecteur dans le délai prescrit et si ce dernier les estime non fondées, en tout ou en partie, il leur notifie, dans les formes prévues à l'article 219 ci-dessus, dans un délai maximum de soixante jours suivant la date de réception de leur réponse, les motifs de son rejet partiel ou total, ainsi que la base d'imposition qui lui parait devoir être retenue en leur faisant connaître, que cette base sera définitive s'ils ne se pourvoient pas devant la commission locale de taxation, prévue à l'article 225 ci-dessous, dans un délai de trente jours suivant la date de réception de cette deuxième lettre de notification.

Art.220-III.- *(L.F.2011)* L'inspecteur reçoit les requêtes adressées à la commission locale de taxation, les transmet avec les documents relatifs aux actes de la procédure contradictoire permettant à ladite commission de statuer.

Un délai maximum de quatre mois est fixé pour la communication par l'administration des requêtes et documents précités à la commission locale de taxation à compter de la date de notification à l'administration du pourvoi du contribuable devant ladite commission.

Art.220-IV.- *(L.F.2012)* Les décisions de la commission locale de taxation peuvent faire l'objet soit par les contribuables, soit par l'administration, d'un recours devant la Commission nationale du recours fiscal prévue à l'article 226 ci-dessous.

Le recours du contribuable est présenté sous forme de requête adressée à ladite commission par lettre recommandée avec accusé de réception, celui de l'administration est présenté par le directeur général des impôts ou la personne déléguée par lui à cet effet et adressé à ladite commission dans les formes prévues à l'article 219 ci-dessus.

La requête des contribuables définit l'objet du désaccord et contient un exposé des arguments invoqués.

Le recours du contribuable ou de l'administration devant la commission nationale du recours fiscal doit se faire dans un délai maximum de soixante jours suivant la date de la notification aux parties de la décision de la commission locale de taxation.

Le défaut de recours dans le délai de soixante jours prévu ci-dessus est considéré comme une acceptation tacite de la décision de la commission locale de taxation.

Art.220-V.- Lorsque les contribuables ou l'administration saisissent la commission nationale du recours fiscal, celle-ci :

- d'une part, en informe l'autre partie, dans les formes prévues à l'article 219 ci-dessus, dans le délai de trente jours suivant la date de réception du recours en lui communiquant copie de la requête dont elle a été saisie ;
- d'autre part, demande à l'administration, dans les formes prévues à l'article 219 ci-dessus, de lui transmettre les documents relatifs aux actes de la procédure contradictoire permettant à la commission nationale du recours fiscal de statuer sur l'affaire qui lui est soumise dans le délai de trente jours suivant la date de réception de ladite demande.

A défaut de communication des documents précités dans le délai prescrit, les bases d'imposition ne peuvent être supérieures :

- soit à celles déclarées ou acceptées par les intéressés, s'ils ont présenté leur recours devant la commission nationale du recours fiscal dans le délai légal ;
- soit à celles fixées par la commission locale de taxation, dans le cas contraire.

La commission nationale du recours fiscal informe les deux parties de la date à laquelle elle tient sa réunion, trente jours au moins avant cette date dans les formes prévues à l'article 219 ci-dessus.

Art.220-VI.- Sont immédiatement émis par voie de rôle, état de produits ou ordre de recettes, les droits supplémentaires, les majorations, les amendes et les pénalités y afférentes découlant des impositions établies :

- pour défaut de réponse ou de recours dans les délais prescrits par les dispositions du I, II et IV du présent article ;
- après accord partiel ou total conclu par écrit entre les parties au cours de la procédure de rectification ;
- après la décision de la commission nationale du recours fiscal ;
- pour les redressements n'ayant pas fait l'objet d'observations de la part du contribuable au cours de la procédure de rectification.

Art.220-VII.- Les décisions définitives des commissions locales de taxation et celles de la commission nationale du recours fiscal sont susceptibles de recours devant le tribunal compétent conformément aux dispositions de l'article 242 ci-dessous.

Art.220-VIII.- *(L.F.2011)* La procédure de rectification est frappée de nullité :

- en cas de défaut d'envoi aux intéressés de l'avis de vérification et/ou de la charte du contribuable dans le délai prévu à l'article 212-I (alinéa 1) ci-dessus ;
- en cas de défaut de notification de la réponse de l'inspecteur aux observations des contribuables dans le délai prévu au paragraphe II ci-dessus.

Les cas de nullité visés ci-dessus ne peuvent pas être soulevés par le contribuable pour la première fois devant la commission nationale du recours fiscal.

Art.220-IX.- Les dispositions du présent article sont applicables en cas de rectification des bases d'imposition des sociétés ayant fait l'objet de fusion.

Procédure accélérée de rectification des impositions

Art.221-I.- L'inspecteur des impôts peut être amené à rectifier en matière d'impôt sur les sociétés, d'impôt sur le revenu et de TVA :

- le résultat fiscal de la dernière période d'activité non couverte par la prescription en cas de cession, cessation totale, redressement ou de liquidation judiciaire ou transformation de la forme juridique d'une entreprise entraînant, soit son exclusion du domaine de l'impôt sur les sociétés ou de l'impôt sur le revenu, soit la création d'une personne morale nouvelle ;
- les déclarations déposées par les contribuables qui cessent d'avoir au Maroc un domicile fiscal ou un établissement principal, ou par les ayants droit des contribuables décédés ;
- les déclarations des contribuables qui cèdent des valeurs mobilières et autres titres de capital et de créance ;
- les montants des retenues déclarées par les employeurs ou débirentiers qui cessent leur activité, qui transfèrent leur clientèle ou qui transforment la forme juridique de leur entreprise ;
- les impositions initiales, en matière de TVA, de la dernière période d'activité non couverte par la prescription, en cas de cession d'entreprise ou de cessation d'activité.

Dans ces cas, il notifie aux contribuables, dans les formes prévues à l'article 219 ci-dessus, les motifs, le montant détaillé des redressements envisagés et la base d'imposition retenue.

Les intéressés disposent d'un délai de trente jours suivant la date de la réception de la lettre de notification pour formuler leur réponse et produire, s'il y a lieu, des justifications. A défaut de réponse dans le délai prescrit, l'imposition est établie et ne peut être contestée que suivant les dispositions de l'article 235 ci dessous.

Art.221-II.- Si dans le délai prévu, des observations ont été formulées et si l'inspecteur les estime non fondées en tout ou en partie, il notifie aux intéressés, dans les formes prévues à l'article 219 ci-dessus, dans un délai maximum de soixante jours suivant la date de réception de la réponse des intéressés, les motifs de son rejet partiel ou total, ainsi que les bases d'imposition retenues en leur faisant savoir qu'ils pourront contester lesdites bases devant la commission locale de taxation prévue à l'article 225 ci-dessous, dans un délai de trente jours suivant la date de réception de la deuxième lettre de notification.

L'inspecteur établit les impositions sur les bases adressées au contribuable dans la deuxième lettre de notification précitée.

A défaut de pourvoi devant la commission locale de taxation, l'imposition émise ne peut être contestée que dans les conditions prévues à l'article 235 ci-dessus.

Le recours devant la commission locale de taxation, la commission nationale du recours fiscal et, le cas échéant, devant le tribunal compétent s'exerce dans les conditions fixées par l'article 220 (III, IV, V et VII) ci-dessus.

Art.221-III.- En cas de cessation totale d'activité suivie de liquidation, la notification du résultat de vérification de comptabilité, doit être adressée à l'entreprise avant l'expiration du délai d'un an suivant la date du dépôt de la déclaration définitive du résultat final de la liquidation.

Section 2 - Dispositions particulières

I. Dispositions particulières à l'impôt sur les sociétés et à l'impôt sur le revenu

Art.222.- Régularisation de l'impôt retenu à la source

A. L'inspecteur des impôts peut être amené à apporter des rectifications au montant de l'impôt retenu à la source, que celui-ci résulte d'une déclaration ou d'une régularisation pour défaut de déclaration :

- des produits des actions, parts sociales et revenus assimilés prévus à l'article 13 ci-dessus ;
- des produits de placement à revenu fixe, prévus à l'article 14 ci-dessus ;
- des profits sur cessions de valeurs mobilières et autres titres de capital et de créance, soumis à l'impôt retenu à la source, prévus à l'article 174-II-B ci-dessus ;
- des rémunérations payées à des personnes physiques ou morales non résidentes prévues à l'article 15 ci-dessus.

Dans ces cas, il notifie aux contribuables chargés de la retenue à la source, par lettre d'information, dans les formes prévues à l'article 219 ci-dessus, les redressements effectués et établit les impositions sur les montants arrêtés par l'administration.

Ces impositions ne peuvent être contestées que dans les conditions prévues à l'article 235 ci-dessous.

B. Lorsque la rectification du résultat fiscal en matière d'impôt sur les sociétés a une incidence sur la base du produit des actions, parts sociales et revenus assimilés, l'inspecteur notifie aux contribuables, dans les conditions prévues aux articles 220 et

221 ci-dessus, les redressements de ladite base.

II. Dispositions particulières à l'impôt sur le revenu

Art.223.- Rectification en cas d'impôt retenu à la source au titre des revenus salariaux et assimilés

Les erreurs, omissions et insuffisances relatives à l'impôt retenu à la source par l'employeur ou le débirentier, ne sont pas rectifiées au nom du titulaire de revenus salariaux et assimilés, lorsque la déclaration du revenu global, produite le cas échéant, est conforme aux indications figurant sur le bulletin de paie délivré par l'employeur ou le débirentier.

Art.224.- Rectification en matière de profits fonciers

En matière de profits fonciers, lorsque au vu de la déclaration du contribuable prévue à l'article 83 ci-dessus, l'inspecteur des impôts est amené à apporter des rectifications ou à procéder à l'estimation du prix d'acquisition et/ou des dépenses d'investissements non justifiées ou de la valeur vénale des biens cédés, il notifie au contribuable, dans les formes prévues à l'article 219 ci-dessus, la nouvelle base rectifiée ainsi que les motifs et le montant des redressements envisagés dans un délai maximum de quatre vingt dix jours suivant la date du dépôt de ladite déclaration.

Si dans le délai de trente jours suivant la date de réception de la notification, le contribuable accepte la base d'imposition qui lui est notifiée, l'impôt est établi par voie d'ordre de recettes.

A défaut de réponse dans le délai prescrit, l'imposition est établie et ne peut être contestée que dans les conditions prévues à l'article 235 ci-dessous.

Dans le cas ou des observations ont été formulées par le contribuable dans le délai de trente jours précité et si l'inspecteur les estime non fondées, en tout ou en partie, la procédure se poursuit conformément aux dispositions du II de l'article 221 ci-dessus.

Les dissimulations reconnues par les parties au contrat donnent lieu à une imposition supplémentaire dans le délai de reprise prévu à l'article 232 ci-dessous.

Section 3 - Les commissions

I. Dispositions communes

Les commissions locales de taxation

Art.225-I.- Des commissions locales de taxation sont instituées par l'administration qui en fixe le siège et le ressort.

Ces commissions connaissent des réclamations sous forme de requêtes présentées par les contribuables qui possèdent leur siège social ou leur principal établissement à l'intérieur dudit ressort.

Elles statuent sur les litiges qui leur sont soumis et doivent se déclarer incompétentes sur les questions qu'elles estiment portant sur l'interprétation des dispositions légales ou réglementaires.

Art.225-II-A.- *(L.F.2011)* Chaque commission comprend :

- 1° un magistrat, président ;
- 2° un représentant du gouverneur de la préfecture ou de la province dans le ressort de laquelle est situé le siège de la commission ;
- 3° le chef du service local des impôts ou son représentant qui tient le rôle de secrétaire rapporteur ;
- 4° un représentant des contribuables appartenant à la branche professionnelle la plus représentative de l'activité exercée par le contribuable requérant.

Le président de la commission convoque les représentants des contribuables et de l'administration, au moins quinze jours avant la date fixée pour la réunion dans les formes prévues à l'article 219 ci-dessus.

La commission statue valablement lorsque trois au moins de ses membres, dont le président et le représentant des contribuables, sont présents. Elle délibère à la majorité des voix des membres présents. En cas de partage égal des voix, celle du président est prépondérante.

Elle statue valablement au cours d'une seconde réunion, en présence du président et de deux autres membres. En cas de partage égal des voix, celle du président est prépondérante.

Les décisions des commissions locales de taxation doivent être détaillées, motivées et sont notifiées aux deux parties par les secrétaires rapporteurs des commissions locales de taxation, dans les formes prévues à l'article 219 ci-dessus dans les quatre mois suivant la date de la décision.

Le délai maximum qui doit s'écouler entre la date d'introduction d'un pourvoi et celle de la décision qui est prise, à son sujet, est fixé à vingt-quatre mois.

Lorsque à l'expiration du délai précité, la commission locale de taxation n'a pas pris de décision, l'inspecteur informe le contribuable, dans les formes prévues à l'article 219 ci-dessus, de l'expiration du délai de vingt-quatre mois et de la possibilité d'introduire un recours devant la commission nationale du recours fiscal dans un délai de soixante jours à compter de la date de réception de l'avis.

A défaut de recours dans le délai de soixante jours précité, l'inspecteur établit les impositions d'après les bases de la deuxième lettre de notification. Ces impositions ne peuvent être contestées que dans les conditions de l'article 235 ci-dessous.

Art.225-II-B.- Les représentants des contribuables sont désignés dans les conditions suivantes :

- 1° pour les recours concernant les contribuables exerçant une activité commerciale, industrielle, artisanale ou agricole : les représentants titulaires et suppléants, en nombre égal, sont désignés, pour une période de trois ans, par le gouverneur de la préfecture ou de la province concernée, parmi les personnes physiques, membres des organisations professionnelles les plus représentatives des branches d'activités visées ci-dessus, figurant sur les listes présentées par ces organisations et, respectivement, par les présidents des chambres de commerce, d'industrie et de services, des chambres d'artisanat, des chambres d'agriculture et des chambres maritimes, avant le 31 octobre de l'année précédant celle au cours de laquelle les membres désignés sont appelés à siéger au sein de la commission locale.
- 2° pour les recours concernant les contribuables exerçant des professions libérales : les représentants titulaires et suppléants, en nombre égal, sont désignés, pour une période de trois ans, par le gouverneur de la préfecture ou de la province concernée, parmi les personnes physiques, membres des organisations professionnelles les plus représentatives figurant sur les listes présentées par lesdites organisations avant le 31 octobre de l'année précédant celle au cours de laquelle les membres désignés sont appelés à siéger au sein de la commission locale.

La désignation des représentants visés aux 1° et 2° ci-dessus a lieu avant le 1er janvier de l'année au cours de laquelle ils sont appelés à siéger au sein des commissions locales. En cas de retard ou d'empêchement dans la désignation des nouveaux représentants, le mandat des représentants sortants est prorogé d'office de trois mois, au maximum.

Art.225-II-C.- Si le mandat des représentants sortants ne peut pas être prorogé pour quelque cause que ce soit ou si, au premier avril, les nouveaux représentants des contribuables ne sont pas encore désignés, le contribuable en est informé dans les formes prévues à l'article 219 ci-dessus. Dans ce cas, le contribuable a la faculté de demander au chef du service local des impôts du lieu de son imposition, dans les trente jours suivant la date de la réception de ladite lettre, à comparaître devant la commission locale de taxation ne comprenant que le président, le représentant du gouverneur de la préfecture ou de la province et le chef du service local des impôts. Si, à l'expiration de ce délai, aucune demande n'est formulée, l'administration soumet le litige à la commission nationale du recours fiscal prévue à l'article 226 ci-après et en informe le contribuable dans un délai maximum de dix jours suivant la date de transmission de la requête visée à l'article 220-III ci-dessus.

Art.225-II-D.- *(L.F.2012)* La commission peut s'adjoindre, pour chaque affaire, deux experts au plus, fonctionnaires ou contribuables, qu'elle désigne et qui ont voix consultative. Elle entend le représentant du contribuable à la demande de ce dernier ou si elle estime cette audition nécessaire.

Dans les deux cas, la commission convoque en même temps le ou les représentants du contribuable et le ou les représentants de l'administration fiscale désignés à cet effet par l'administration.

La commission les entend séparément ou en même temps soit à la demande de l'une ou de l'autre partie, soit lorsqu'elle estime leur confrontation nécessaire.

Les décisions des commissions locales de taxation prises dans les affaires relatives à l'impôt sur le revenu, au titre des profits fonciers et aux droits d'enregistrement sont définitives lorsque le montant des droits en principal est inférieur ou égal à 50.000 DH.

Les décisions des commissions locales de taxation devenues définitives, y compris celles portant sur les questions pour lesquelles lesdites commissions se sont déclarées incompétentes, peuvent être contestées par l'administration et le contribuable, par voie judiciaire, dans les conditions et les délais prévus à l'article 242 ci-dessous.

La commission nationale du recours fiscal

Art.226-I.- Il est institué une commission permanente dite « commission nationale du recours fiscal » à laquelle sont adressés les recours contre les décisions des commissions locales de taxation et les litiges visés à l'article 225-II-C ci-dessus.

Cette commission, qui siège à Rabat, est placée sous l'autorité directe du Premier Ministre.

Elle statue sur les litiges qui lui sont soumis et doit se déclarer incompétente sur les questions qu'elle estime portant sur l'interprétation des dispositions légales ou réglementaires.

La commission comprend :

- sept magistrats appartenant au corps de la magistrature, désignés par le Premier Ministre sur proposition du Ministre de la justice ;
- trente fonctionnaires, désignés par le Premier Ministre, sur proposition du Ministre des finances, ayant une formation fiscale, comptable, juridique ou économique et qui ont au moins le grade d'inspecteur ou un grade classé dans une échelle de rémunération équivalente. Ces fonctionnaires sont détachés auprès de la commission ;
- cent personnes du monde des affaires désignées par le Premier Ministre sur proposition conjointe des Ministres chargés du commerce, de l'industrie et de l'artisanat, des pêches maritimes et du Ministre chargé des finances, pour une période de trois ans, en qualité de

représentants des contribuables. Ces représentants sont choisis parmi les personnes physiques membres des organisations professionnelles les plus représentatives exerçant des activités commerciales, industrielles, de services, artisanales ou de pêches maritimes, figurant sur les listes présentées par lesdites organisations et par les présidents des chambres de commerce d'industrie et de services, des chambres d'artisanat, des chambres d'agriculture et des chambres maritimes et ce, avant le 31 octobre de l'année précédant celle au cours de laquelle les membres désignés sont appelés à siéger au sein de la commission nationale.

En cas de retard ou d'empêchement dans la désignation des nouveaux représentants, le mandat des représentants sortants est prorogé d'office de six mois au maximum.

Tout représentant des contribuables ne peut siéger à la commission nationale du recours fiscal pour un litige dont il a eu déjà à connaître en commission locale de taxation.

La commission se subdivise en sept sous-commissions délibérantes.

Art.226-II.- La présidence et le fonctionnement de la commission nationale du recours fiscal sont assurés par un magistrat, désigné par le Premier Ministre sur proposition du Ministre de la justice. L'organisation administrative de cette commission est fixée par voie réglementaire.

En cas d'absence ou d'empêchement, le président de la commission est suppléé dans ses fonctions par un président de sous commission qu'il désigne chaque année.

Les recours sont adressés au président de la commission qui les confie pour instruction à un ou plusieurs des fonctionnaires visés au paragraphe I du présent article et répartit les dossiers entre les sous-commissions.

Ces dernières se réunissent à l'initiative du président de la commission qui convoque les représentants des contribuables, au moins quinze jours avant la date fixée pour la réunion dans les formes prévues à l'article 219 ci-dessus.

[*NB - Décret n°2-09-606 du 30 décembre 2009*

Art.1.- *En application des dispositions de l'article 226-II du CGI susvisé, le secrétaire général de la commission nationale du recours fiscal est désigné par le Premier Ministre sur proposition du Ministre de l'économie et des finances.*

Art.2.- *Le secrétaire général visé à l'article 1 ci-dessus assure la gestion et l'organisation administrative de la commission nationale du recours fiscal et des sous-commissions, notamment :*

- *la gestion du personnel administratif ;*
- *la demande des éléments de la procédure auprès de l'administration fiscale ;*
- *la répartition des dossiers entre les membres de la commission et entre les sous-commissions ;*
- *la programmation des dossiers devant les sous-commissions ;*
- *l'organisation des séances de délibération des sous-commissions.*

Art.3.- *Le secrétaire général cité à l'article 1 ci-dessus bénéficie des indemnités allouées à un chef de service de l'administration centrale du ministère de l'économie et des finances.*]

Art.226-III.- Chaque sous-commission se compose :

- d'un magistrat, président ;
- de deux fonctionnaires tirés au sort parmi ceux qui n'ont pas instruit le dossier soumis à délibération ;
- de deux représentants des contribuables choisis par le président de la commission parmi les représentants visés au paragraphe I du présent article.

Un secrétaire rapporteur est choisi en dehors des deux fonctionnaires membres de la sous-commission, par le président de la commission pour assister aux réunions de ladite sous-commission sans voix délibérative.

Chaque sous-commission tient autant de séances que nécessaire. Elle convoque obligatoirement le ou les représentants du contribuable et le ou les représentants de l'administration fiscale désignés à cet effet dans les formes prévues à l'article 219 ci-dessus, aux fins de les entendre séparément ou en même temps, soit à la demande de l'une ou de l'autre partie, soit lorsqu'elle estime leur confrontation nécessaire. La sous-commission peut s'adjoindre, dans chaque affaire, un ou deux experts, fonctionnaires ou non, qui ont voix consultative. En aucun cas, elle ne peut prendre ses décisions en présence du représentant du contribuable ou son mandataire, du représentant de l'administration ou des experts.

Les sous-commissions délibèrent valablement lorsque le président et au moins deux autres membres parmi ceux visés au I du présent article sont présents. En cas de partage égal des voix, celle du président est toujours prépondérante.

Les décisions des sous-commissions doivent être détaillées et motivées et sont notifiées par le magistrat assurant le fonctionnement de la commission aux parties, dans les formes prévues à l'article 219 ci-dessus dans les six mois suivant la date de la décision.

Le délai maximum qui doit s'écouler entre la date d'introduction d'un recours devant la commission nationale du recours fiscal et celle de la décision qui est prise à son sujet est fixé à douze mois.

Art.226-IV.- Lorsqu'à l'expiration du délai précité, la décision de la commission nationale du recours fiscal n'a pas été prise, aucune rectification ne peut être apportée à la déclaration du contribuable ou à la base d'imposition retenue par l'administration en cas de taxation d'office pour défaut de déclaration ou déclaration incomplète.

Toutefois, dans le cas où le contribuable aurait donné son accord partiel sur les bases notifiées par l'administration ou en l'absence d'observations de sa part sur les chefs de redressement rectifiés par l'administration c'est la base résultant de cet accord partiel ou des chefs de redressement précités qui est retenue pour l'émission des impositions.

Art.226-V.- Les impositions émises suite aux décisions de la commission nationale du recours fiscal et celles établies d'office par l'administration, y compris celles portant sur les questions pour lesquelles ladite commission s'est déclarée incompétente, peuvent être contestées par le contribuable, par voie judiciaire dans les conditions et les délais prévus à l'article 242 ci-dessous.

Les décisions définitives de ladite commission peuvent également être contestées par l'administration, par voie judiciaire, dans les conditions et les délais prévus à l'article 242 ci-dessous.

Art.226-VI.- Le recours par voie judiciaire ne peut être intenté en même temps que le recours devant les commissions locales ou la commission nationale du recours fiscal.

II. Dispositions particulières à l'impôt sur le revenu

Art.227.- Recours contre les décisions de la commission locale communale

Les décisions de la commission locale communale prévue à l'article 50 ci-dessus peuvent faire l'objet d'un recours devant la commission nationale du recours fiscal prévue à l'article 226 ci-dessus, par le président de la chambre d'agriculture ou le directeur général des impôts ou la personne déléguée par lui à cet effet, dans les soixante jours suivant la date de réception de la notification de la copie du procès-verbal.

A défaut de pourvoi devant la commission nationale du recours fiscal, les impositions émises suite aux décisions de la commission locale communale précitée peuvent faire l'objet d'un recours judiciaire, dans les conditions prévues à l'article 242 ci-dessous.

Chapitre 3 - La procédure de taxation d'office

Art.228.- Taxation d'office pour défaut de déclaration du résultat fiscal, du revenu global, de profit, de chiffre d'affaires ou de présentation d'actes ou de conventions

I. Lorsque le contribuable :

- 1° ne produit pas dans les délais prescrits :
  - la déclaration du résultat fiscal prévue aux articles 20 et 150 ci-dessus ;
  - la déclaration du revenu global prévue aux articles 82 et 85 ci-dessus ;
  - la déclaration de cession de biens ou de droits réels immobiliers prévue à l'article 83 ci-dessus ;
  - la déclaration de cession de valeurs mobilières et autres titres de capital et de créance prévue à l'article 84 ci-dessus ;
  - la déclaration du chiffre d'affaires prévue aux articles 110 et 111 ci-dessus ;
  - les actes et conventions prévus à l'article 127-I ci-dessus ;
- 2° ou produit une déclaration incomplète ou un acte sur lesquels manquent les renseignements nécessaires pour l'assiette, le recouvrement de l'impôt ou la liquidation des droits ;
- 3° n'effectue pas ou ne verse pas au Trésor les retenues à la source dont il est responsable, conformément aux dispositions des articles 80 et 156 ci-dessus,

il est invité, par lettre notifiée, dans les formes prévues à l'article 219 ci-dessus, à déposer ou à compléter sa déclaration ou son acte ou à verser les retenues effectuées ou qui auraient dû être retenues dans le délai de trente jours suivant la date de réception de ladite lettre.

II. Si le contribuable ne dépose pas ou ne complète pas sa déclaration ou son acte ou ne verse pas les retenues à la source précitées dans le délai de trente jours prévu ci-dessus, l'administration l'informe, dans les formes prévues à l'article 219 ci-dessus des bases qu'elle a évaluées et sur lesquelles le contribuable sera imposé d'office ou des droits d'enregistrement, qui seront établis, si ce dernier ne dépose pas ou ne complète pas sa déclaration ou son acte dans un deuxième délai de trente jours suivant la date de réception de ladite lettre d'information.

Les droits résultant de cette taxation d'office, ainsi que les majorations, amendes et pénalités y afférentes sont émis par voie de rôle, état de produits ou ordre de recettes et ne peuvent être contestés que dans les conditions prévues à l'article 235 ci-dessous.

Art.229.- Taxation d'office pour infraction aux dispositions relatives à la présentation des documents comptables et au droit de contrôle

Lorsqu'un contribuable ne présente pas les documents comptables visés, selon le cas, aux articles 145 ou 146 ci-dessus, ou refuse de se soumettre au contrôle fiscal prévu à l'article 212 ci-dessus, il lui est adressé une lettre, dans les formes prévues à l'article 219 ci-dessus, l'invitant à se conformer aux obligations légales dans un délai de quinze jours à compter de la date de réception de ladite lettre.

A défaut de présentation des documents comptables dans le délai précité, l'administration informe le contribuable, par lettre notifiée dans les formes prévues par l'article 219 ci-dessus, de l'application de l'amende prévue à l'article 191-I ci-dessus, et lui accorde un délai supplémentaire de quinze jours à compter de la date de réception de ladite lettre, pour s'exécuter ou pour justifier l'absence de comptabilité.

Lorsque dans ce dernier délai le contribuable ne présente pas les documents comptables ou si le défaut de présentation des documents comptables n'a pas été justifié, il est imposé d'office, sans notification préalable avec application de l'astreinte journalière prévue à l'article 191-I ci-dessus.

Cette imposition peut, toutefois, être contestée dans les conditions prévues à l'article 235 ci-dessous.

Art.230.- Procédure pour l'application des sanctions pour infraction au droit de communication

Pour l'application des sanctions prévues à l'article 191-I ci-dessus, l'administration engage la procédure prévue à l'article 229 ci-dessus.

Toutefois, ces dispositions ne sont pas applicables aux administrations de l'Etat, aux collectivités locales et aux cadi chargés du taoutiq.

Art.231.- Procédure pour l'application des sanctions pénales aux infractions fiscales

Les infractions prévues à l'article 192 ci-dessus sont constatées par procès-verbal établi par deux agents de l'administration fiscale, ayant au moins le grade d'inspecteur, spécialement commissionnés à cet effet et assermentés conformément à la législation en vigueur.

Quel que soit le statut juridique du contribuable, la peine d'emprisonnement prévue à l'article visé à l'alinéa précédent ne peut être prononcée qu'à l'encontre de la personne physique qui a commis l'infraction ou à l'encontre de tout responsable, s'il est prouvé que l'infraction a été commise sur ses instructions et avec son accord.

Est passible de la même peine, toute personne convaincue d'avoir participé à l'accomplissement des faits précités, assisté ou conseillé les parties dans leur exécution.

Les infractions prévues à l'article 192 ci-dessus ne peuvent être constatées que lors d'un contrôle fiscal.

La plainte tendant à l'application des sanctions prévues audit article 192 doit au préalable, être présentée par le Ministre des finances ou la personne déléguée par lui à cet effet, à titre consultatif, à l'avis d'une commission des infractions fiscales présidée par un magistrat et comprenant deux représentants de l'administration fiscale et deux représentants des contribuables choisis sur des listes présentées par les organisations professionnelles les plus représentatives. Les membres de cette commission sont désignés par arrêté du Premier Ministre.

Après consultation de la commission précitée, le Ministre des finances ou la personne déléguée par lui à cet effet, peut saisir de la plainte tendant à l'application des sanctions pénales prévues à l'article 192 ci-dessus, le procureur du Roi compétent à raison du lieu de l'infraction.

Le procureur du Roi doit saisir de la plainte le juge d'instruction.

Chapitre 4 - Les délais de prescription

Section 1 - Dispositions générales

Dispositions générales relatives aux délais de prescription

Art.232-I.-Peuvent être réparées par l'administration :

- a) les insuffisances, les erreurs et les omissions totales ou partielles constatées dans la détermination des bases d'imposition, le calcul de l'impôt, de la taxe ou des droits d'enregistrement ;
- b) les omissions au titre des impôts ou taxes lorsque le contribuable n'a pas déposé les déclarations qu'il était tenu de souscrire ;
- c) les insuffisances de prix ou des déclarations estimatives, exprimés dans les actes et conventions.

Les réparations ci-dessus peuvent être effectuées par l'administration jusqu'au 31 décembre de la quatrième année suivant celle :

- de la clôture de l'exercice concerné ou celle au cours de laquelle le contribuable a acquis le revenu imposable ou au titre de laquelle la taxe est due, pour les régularisations prévues au a) ci-dessus ;
- au cours de laquelle la cession d'un bien ou d'un droit réel immobilier telle que définie à l'article 61 ci-dessus a été révélée à l'administration par l'enregistrement d'un acte ou d'une déclaration, ou par le dépôt de la déclaration prévue à l'article 83 ci-dessus ;
- au cours de laquelle la cession des valeurs mobilières et autres titres de capital ou de créance a été révélée à l'administration par l'enregistrement d'un acte ou d'une déclaration ou par le dépôt de la déclaration prévue à l'article 84 ci-dessus.

Art.232-II.-Lorsque l'impôt est perçu par voie de retenue à la source, le droit de réparer peut s'exercer, à l'égard de la personne physique ou morale chargée d'opérer ou d'acquitter la retenue, jusqu'au 31 décembre de la quatrième année suivant celle au cours de laquelle les sommes dues devaient être versées au Trésor.

III. Lorsque des déficits ou des crédits de taxe afférents à des périodes d'imposition ou des exercices comptables prescrits ont été imputés sur les revenus, les résultats ou la taxe due au titre d'une période non prescrite, le droit de réparer peut s'étendre aux quatre dernières périodes d'imposition ou exercices prescrits. Toutefois, le redressement ne peut excéder, dans ce cas, le montant des déficits ou des crédits imputés sur les résultats, les revenus ou la taxe exigible au titre de la période ou de l'exercice non prescrit.

Art.232-IV.-En ce qui concerne les droits d'enregistrement, le délai de prescription de quatre ans court à compter de la date de l'enregistrement de l'acte ou de la convention.

Art.232-V.-La prescription est interrompue par la notification prévue à l'article 220-I, à l'article 221-I, à l'article 222-A, à l'article 224, à l'article 228-I et au premier alinéa de l'article 229 alinéa 1 ci-dessus.

Art.232-VI.-La prescription est suspendue pendant la période qui s'écoule entre la date d'introduction du pourvoi devant la commission locale de taxation et l'expiration du délai de trois mois suivant la date de notification de la décision prise en dernier ressort soit par ladite commission, soit par la commission nationale du recours fiscal.

Art.232-VII.-Les insuffisances de perception, les erreurs et omissions totales ou partielles constatées par l'administration dans la liquidation et l'émission des impôts, droits ou taxes peuvent être réparées dans le délai de prescription prévu au présent article.

Ce délai de prescription est interrompu par la mise en recouvrement du rôle, de l'état de produits ou de l'ordre de recettes.

Art.232-VIII.- *(L.F.2012)* Par dérogation aux dispositions relatives aux délais de prescription visés ci-dessus :

- 1° les droits complémentaires ainsi que la pénalité et les majorations y afférentes dont sont redevables les contribuables contrevenants visés à l'article 164-II ci-dessus, sont immédiatement établis et exigibles en totalité pour toutes les années ayant fait l'objet d'une exonération ou d'une réduction, même si le délai de prescription a expiré. Toutefois, sont immédiatement établis et exigibles les sommes visées à l'alinéa ci-dessus du présent paragraphe avant l'expiration du délai de dix ans ;
- 2° l'administration peut émettre les impôts ainsi que les amendes, les pénalités et les majorations y afférentes dont sont redevables les contribuables contrevenants visés à l'article 191-II ci-dessus, au cours des quatre années suivant celle prévue pour la réalisation du programme de construction du logement social ou de l'opération de construction des cités, résidences et campus universitaires objet de la convention conclue avec l'Etat ;
- 3° lorsque la défaillance d'une partie au contrat relatif aux opérations de pension prévues à l'article 9-III ci-dessus, intervient au cours d'un exercice prescrit, la régularisation s'y rapportant doit être effectuée sur le premier exercice de la période non prescrite, sans préjudice de l'application de la pénalité et des majorations de retard prévues à l'article 208 ci-dessus ;
- 4° Abrogé
- 5° lorsque l'exercice auquel doit être rapportée la provision visée à l'article 10 (I-F-2°) ci-dessus devenue sans objet ou irrégulièrement constituée est prescrit, la régularisation est effectuée sur le premier exercice de la période non prescrite ;
- 6° en cas de cessation totale d'activité d'une entreprise suivie de liquidation, la rectification des bases d'imposition prévue à l'article 221-III ci-dessus a lieu à la suite d'une vérification de comptabilité effectuée, sans que la prescription puisse être opposée à l'administration pour toute la période de liquidation ;
- 7° lorsque l'exercice au cours duquel a eu lieu le changement d'affectation des éléments du stock prévus à l'article 162-III ci-dessus est prescrit, la régularisation est opérée sur le premier exercice de la période non prescrite ;
- 8° les droits complémentaires, ainsi que la pénalité et les majorations y afférentes dont sont redevables les contribuables contrevenants visés à l'article 28-II ci-dessus, sont immédiatement établis et exigibles en totalité pour toutes les années ayant fait l'objet de restitution, même si le délai de prescription a expiré.
- 9° les droits complémentaires ainsi que la pénalité et les majorations y afférentes dont sont redevables les contribuables n'ayant pas respecté l'une des conditions prévues à l'article 162 ci-dessus et à l'article 247-XV et XVII ci-dessous sont rattachés au premier exercice de la période non prescrite, même si le délai de prescription a expiré.
- 10° l'administration peut appliquer les sanctions visées à l'article 191-III ci-dessus, aux promoteurs immobiliers contrevenants et ce, dans un délai de quatre ans suivant l'année fixée pour la réalisation du programme de construction de logements sociaux objets de la convention conclue avec l'Etat.
- 11° sont immédiatement exigibles, le montant versé de la TVA, la pénalité et les sanctions pour paiement tardif prévues à l'article 191-IV, dont sont redevables les bénéficiaires contrevenants visés aux articles 92-I-28° et 93-I ci-dessus, même si le délai de prescription a expiré ;

- 12° sont immédiatement exigibles, le montant de l'impôt sur les sociétés ou de l'impôt sur le revenu, la pénalité et les sanctions pour paiement tardif prévues à l'article 191-V susvisé, dont sont redevables les bailleurs contrevenants visés à l'article 247-XVI-B bis ci-dessous, même si le délai de prescription a expiré.

Section 2 - Dispositions particulières

I. Impôt sur le revenu

Art.233.- Dispositions relatives aux dépôts en dirhams des non résidents

Lorsque les dépôts en dirhams visés à l'article 45 ci-dessus se rapportent à une période supérieure au délai prévu à l'article 232-II ci-dessus, le droit de contrôler l'origine de ces dépôts par l'administration s'étend à cette période. Toutefois, au cas où la partie versante n'aurait pas effectué ou versé le montant de la retenue à la source normalement dû sur les intérêts des dépôts précités, le droit de réparer ne peut s'exercer au-delà du 31 décembre de la quatrième année suivant celle au cours de laquelle les sommes dues devaient être versées au Trésor.

II. Droits d'enregistrement et de timbre

Art.234.- Dispositions relatives à la demande des droits

I. Sont prescrites après dix ans à compter de la date des actes concernés, les demandes des droits d'enregistrement et de timbre, de la pénalité et des majorations dus :

- 1° sur les actes et conventions non enregistrés et non timbrés ;
- 2° sur les dissimulations dans le prix ou les charges, les sommes ou indemnités, les soultes et diverses évaluations, ainsi que du véritable caractère du contrat ou de la convention, ou dans les déclarations ayant entraîné la liquidation des droits de timbre d'un montant inférieur à celui réellement dû.

II. Sont prescrites dans le même délai de dix ans à compter de la date d'enregistrement des actes concernés, les demandes des droits d'enregistrement, de la pénalité et des majorations devenus exigibles pour non respect des conditions d'exonération ou de réduction des droits.

III. La prescription visée au I-1° du présent article est interrompue par la notification prévue à l'article 228-I ci-dessus.

La prescription visée au I-2° et au II du présent article est interrompue par la mise en recouvrement des droits.

Titre 2 - Contentieux de l'impôt

Chapitre 1 - La procédure administrative

Section 1 - Dispositions générales relatives aux réclamations, dégrèvements et compensation

Art.235.- Droit et délai de réclamation

Les contribuables qui contestent tout ou partie du montant des impôts, droits et taxes mis à leur charge doivent adresser, au directeur général des impôts ou à la personne déléguée par lui à cet effet, leurs réclamations :

- a) en cas de paiement spontané de l'impôt, dans les six mois qui suivent l'expiration des délais prescrits ;
- b) en cas d'imposition par voie de rôle, état de produits ou ordre de recettes dans les six mois suivant celui de la date de leur mise en recouvrement.

Après instruction par le service compétent, il est statué sur la réclamation par le Ministre chargé des finances ou la personne déléguée par lui à cet effet.

Si le contribuable n'accepte pas la décision rendue par l'administration ou à défaut de réponse de celle-ci dans le délai de six mois suivant la date de la réclamation, la procédure est poursuivie conformément aux dispositions de l'article 243 ci-dessous.

La réclamation ne fait pas obstacle au recouvrement immédiat des sommes exigibles et, s'il y a lieu, à l'engagement de la procédure de recouvrement forcé, sous réserve de restitution totale ou partielle desdites sommes après décision ou jugement.

Art.236.- Dégrèvements, remises et modérations

1) Le Ministre chargé des finances ou la personne déléguée par lui à cet effet doit prononcer, dans le délai de prescription prévu à l'article 232 ci-dessus, le dégrèvement partiel ou total des impositions qui sont reconnues former surtaxe, double ou faux emploi.

2) Il peut accorder à la demande du contribuable, au vu des circonstances invoquées, remise ou modération des majorations, amendes et pénalités prévues par la législation en vigueur.

3) Une remise de 3 % sur le montant de la commande des timbres est accordée aux distributeurs auxiliaires, dûment habilités par l'administration fiscale pour la vente au public desdits timbres.

Art.237.- Compensation

Lorsqu'un contribuable demande la décharge, la réduction, la restitution du montant d'une imposition ou le remboursement de la taxe, l'administration peut, au cours de l'instruction de cette demande, opposer à l'intéressé toute compensation, au titre de l'impôt ou taxe concerné, entre les dégrèvements justifiés et les droits dont ce contribuable peut encore être redevable en raison d'insuffisances ou d'omissions non contestées constatées dans l'assiette ou le calcul de ses impositions non atteintes par la prescription.

En cas de contestation par le contribuable du montant des droits afférents à une insuffisance ou à une omission, l'administration accorde le dégrèvement et engage, selon le cas, la procédure prévue à l'article 220 ou 221 ci-dessus.

Section 2 - Dispositions particulières

I. Dispositions particulières au droit de réclamation en matière d'impôt sur le revenu

Art.238.- Délai de réclamation pour perte de récoltes

Les réclamations pour pertes de récoltes doivent être présentées à l'inspecteur des impôts dont dépendent les exploitations dans les trente jours suivant la date du sinistre.

Lorsque les pertes de récoltes affectent une commune, l'autorité locale ou le président du conseil communal peut formuler une réclamation au nom de l'ensemble des contribuables de la commune sinistrée.

Art.239.- Délai de dégrèvement pour perte de loyer

En cas de perte de loyers, établie par le contribuable par tout moyen de preuve dont il dispose, l'intéressé peut obtenir la réduction ou décharge de l'impôt afférent aux loyers non recouvrés, à condition d'adresser sa requête au directeur général des impôts ou à la personne déléguée par lui à cet effet avant l'expiration du délai de prescription prévu à l'article 232 ci-dessus.

Si la demande en réduction ou décharge est refusée par l'administration, le contribuable peut provoquer une solution judiciaire de l'affaire dans les conditions prévues à l'article 243 ci-dessous.

II. Dispositions particulières en matière de restitution

Art.240.- Restitution en matière de TVA

La demande en restitution des contribuables est prescrite à l'expiration de la quatrième année qui suit celle au titre de laquelle l'imposition, objet de la demande en restitution, a été payée.

La demande des contribuables est adressée au Ministre chargé des finances ou à la personne déléguée par lui à cet effet qui statue sous réserve du recours ouvert devant les tribunaux.

Art.241.- Restitution en matière de droits d'enregistrement

I. Les demandes en restitution de droits indûment perçus sont recevables dans un délai de quatre ans à compter de la date de l'enregistrement.

II. Ne sont pas sujets à restitution, les droits régulièrement perçus sur les actes ou contrats ultérieurement révoqués ou résolus par application des articles 121, 259, 260, 581, 582 et 585 du dahir du 12 août 1913, formant Code des obligations et contrats.

En cas de rescision d'un contrat pour cause de lésion, ou d'annulation d'une vente pour cause de vices cachés et, au surplus, dans tous les cas où il y a lieu à annulation, les droits perçus sur l'acte annulé, résolu ou rescindé ne sont restituables que si l'annulation, la résolution ou la rescision a été prononcée par un jugement ou un arrêt passé en force de chose jugée.

Dans tous les cas où le remboursement des droits régulièrement perçus n'est pas prohibé par les dispositions des deux alinéas qui précèdent, la demande en restitution est prescrite après quatre ans à compter du jour de l'enregistrement.

Chapitre 2 - La procédure judiciaire

Art.242.- *(L.F.2011, 2012)* Procédure judiciaire suite au contrôle fiscal

Les décisions définitives des commissions locales de taxation ou de la commission nationale du recours fiscal et celles portant reconnaissance desdites commissions de leur incompétence, peuvent être contestées par l'administration et le contribuable, par voie judiciaire, dans le délai de soixante jours suivant la date de notification des décisions desdites commissions.

L'administration et le contribuable peuvent également contester, par voie judiciaire, dans le délai prévu ci-dessus, les décisions de la commission nationale du recours fiscal que celles-ci portent sur des questions de droit ou de fait.

Les rectifications des impositions établies dans le cadre de la procédure prévue à l'article 221 ou 224 ci-dessus peuvent être contestées, par voie judiciaire, dans les soixante jours suivant la date de notification de la décision de la commission nationale du recours fiscal.

Nonobstant toutes dispositions contraires, il ne peut être sursis au recouvrement des impôts, droits et taxes exigibles suite au contrôle fiscal que sur la constitution de garanties suffisantes, telles que prévues par l'article 118 de la loi précitée n°15-97 formant Code de recouvrement des créances publiques.

L'expert nommé par le juge doit être inscrit au tableau de l'ordre des experts comptables ou sur la liste des comptables agréés. Il ne peut :

- fonder ses conclusions sur des moyens ou documents qui n'ont pas été soumis à la partie à laquelle ils sont opposés durant la procédure contradictoire ;
- se prononcer sur des questions de droit autres que celles relatives à la conformité à la législation qui les régit, des documents et pièces qui lui sont présentés.

Art.243.- Procédure judiciaire suite à réclamation

Si le contribuable n'accepte pas la décision rendue par l'administration suite à l'instruction de sa réclamation, il peut saisir le tribunal compétent dans le délai de trente jours suivant la date de la notification de la décision précitée.

A défaut de réponse de l'administration dans le délai de six mois suivant la date de la réclamation, le contribuable requérant peut également introduire une demande devant le tribunal compétent dans le délai de trente jours suivant la date de l'expiration du délai de réponse précité.

Titre 3 - Dispositions diverses

Représentation de la DGI

Art.244.- Nonobstant toutes dispositions contraires :

- la DGI est valablement représentée en justice en tant que demandeur ou défendeur par le directeur général des impôts ou la personne désignée par lui à cet effet, qui peut, le cas échéant, mandater un avocat ;
- les litiges relatifs à l'application de la loi fiscale ne peuvent faire l'objet d'arbitrage.

Computation des délais

Art.245.- Les délais relatifs aux procédures prévues par le présent Code sont des délais francs : le premier jour du délai et le jour de l'échéance n'entrent pas en ligne de compte.

Lorsque les délais des procédures précités expirent un jour férié ou chômé légal, l'échéance est reportée au premier jour ouvrable qui suit.

Secret professionnel

Art.246.- Toutes les personnes appelées à l'occasion de leurs fonctions ou attributions à intervenir dans l'établissement, le contrôle, la perception ou le contentieux des impôts, droits et taxes ainsi que les membres des commissions prévues aux articles 50, 225 et 226 ci-dessus sont tenues au secret professionnel dans les termes des lois pénales en vigueur.

Toutefois, les inspecteurs de l'administration fiscale ne peuvent communiquer les renseignements ou délivrer copies d'actes, documents ou registres en leur possession aux parties, autres que les contractants ou contribuables concernés ou à leurs ayants cause à titre universel que sur ordonnance du juge compétent.

Dates d'effet et dispositions transitoires

Art.247-I.- Les dispositions du présent CGI sont applicables à compter du 1er janvier 2007.

Art.247-II.- Les dispositions de l'article 20-III ci-dessus sont applicables aux plus-values résultant des cessions de valeurs mobilières réalisées à compter du 1er janvier 2007.

Art.247-III.- Les dispositions de l'article 63-II-B ci-dessus sont applicables aux cessions réalisées à compter du 1er janvier 2007.

Art.247-IV.- Les dispositions de l'article 68-II ci-dessus sont applicables aux profits réalisés à compter du 1er janvier 2007.

Art.247-V.- Par dérogation aux dispositions de l'article 163-II ci-dessus :

- 1° les dispositions de l'article 19-I-B ci-dessus sont applicables aux sociétés de crédit-bail, au titre des exercices comptables ouverts à compter du 1er janvier 2007 ;
- 2° les dispositions de l'article 73-I ci-dessus sont applicables aux revenus soumis au barème, acquis à compter du 1er janvier 2007.

Art.247-VI.- Les dispositions de l'article 133-B-3° ci-dessus sont applicables aux acquisitions réalisées à compter du 1er janvier 2007.

Art.247-VII.- Par dérogation aux dispositions des articles 110, 111, 155, 169, 170, 171, 172, 173, 174, 175, 176 et 177 du présent Code, les contribuables soumis à l'impôt sur les sociétés, à l'impôt sur le revenu et à la TVA continuent, à titre transitoire, à déposer les déclarations et à verser les impôts dus auprès des percepteurs de la Trésorerie Générale du Royaume, à l'exclusion des contribuables visés par arrêté du Ministre chargé des finances, qui doivent déposer leurs déclarations et verser l'impôt dû auprès du receveur de l'administration fiscale.

A partir de la date de publication dudit arrêté au Bulletin Officiel, les rôles et les états de produits émis au titre de régularisation de la situation fiscale des contribuables visés par l'arrêté précité doivent être recouvrés par le receveur de l'admi-nistration fiscale.

En revanche, les rôles et états de produits de régularisations relatifs aux autres contribuables non visés par les dispositions de l'arrêté précité continuent à être recouvrés par les percepteurs relevant de la Trésorerie Générale du Royaume.

Art.247-VIII.- Pour les affaires en cours au 31 décembre 2006, la procédure est poursuivie conformément aux dispositions du présent Code.

Art.247-IX.- Les dispositions de l'article 6 bis-IV de la loi de finances n°35-05 pour l'année budgétaire 2006 sont applicables jusqu'au 31 décembre 2007.

Art.247-X.- A-Par dérogation aux dispositions de l'article 133 (I-A) ci-dessus, les titres constitutifs de propriété des immeubles situés à l'extérieur des périmètres urbains, établis aux fins d'immatriculation sont passibles, pendant une période d'une année courant du 1er janvier au 31 décembre 2007, d'un droit d'enregistrement réduit de :

- 25 DH par hectare ou fraction d'hectare, à concurrence de la partie de leur superficie inférieure ou égale à 5 hectares avec un minimum de perception de 100 DH ;
- 50 DH par hectare ou fraction d'hectare pour la partie de la superficie qui dépasse 5 hectares avec un minimum de perception de 200 DH.

Pour l'application de ce droit, l'acte constitutif de propriété doit comporter la déclaration du bénéficiaire :

- que l'établissement de l'acte est requis dans le cadre d'une procédure d'immatriculation ;
- que l'immatriculation des immeubles en cause est requise expressément ;
- que ces mêmes biens n'ont fait l'objet :
  - d'aucun acte de mutation entre vifs, à titre gratuit ou onéreux, à son profit ;
  - ni d'aucune action réelle en revendication à la date de l'établissement de l'acte.

Le titre constitutif de propriété doit être assorti d'un extrait cadastral, s'il porte sur des immeubles situés dans une commune cadastrée et conservée.

L'acte dûment enregistré et homologué par le cadi est transmis par l'inspecteur des impôts chargé de l'enregistrement au conservateur de la propriété foncière.

Au cas où les opérations topographiques révèleraient une superficie supérieure à celle déclarée dans l'acte de plus d'un vingtième (1/20e), la procédure d'immatriculation est arrêtée jusqu'à la justification, par les intéressés, du paiement du complément des droits exigibles calculés au taux fixé ci-dessus.

En cas de fausses déclarations ou de dissimulations, le bénéficiaire sera poursuivi en paiement du complément des droits, calculé sur la base du tarif prévu par l'article 133 (I-A) ci-dessus, augmenté d'une majoration égale à 100 % du montant des droits exigibles.

Les dispositions du présent paragraphe ne sont pas applicables aux titres constitutifs de propriété se rapportant aux immeubles situés dans un secteur de remembrement rural ou dans une zone d'immatriculation d'ensemble des propriétés rurales régis, respectivement, par les dahirs n°1.62.105 du 30 juin 1962 et 1.69.174 du 25 juillet 1969.

B. Sont soumis à un droit fixe d'enregistrement de 200 DH, les actes dits « Istimrar » établis dans le cadre de l'article 6 du dahir portant loi n°1.75.301 du 19 septembre 1977 modifiant le décret royal portant loi n°114-66 du 24 octobre 1966 rendant applicable dans l'ancienne zone de protectorat espagnol le régime foncier de l'immatriculation et ce, pendant une période d'une année courant du 1er janvier au 31 décembre 2007.

Art.247-XI.- Les dispositions de l'article 9 de la loi de finances n°48-03 pour l'année budgétaire 2004 sont prorogées jusqu'au 31 décembre 2012.

Art.247-XII.- *(L.F.2012)* A. Les promoteurs immobiliers, personnes morales ou personnes physiques relevant du régime du résultat net réel, sont exonérés pour leurs actes, activités et revenus afférents à la réalisation de logements à faible valeur immobilière, tels que définis ci-après, destinés en particulier à la prévention et la lutte contre l'habitat insalubre, des impôts, droits et taxes ci-après :

- l'impôt sur les sociétés ;
- l'impôt sur le revenu ;
- la TVA ;
- les droits d'enregistrement.

On entend par logement à faible valeur immobilière, toute unité d'habitation dont la superficie couverte est de 50 à 60 m² et dont le prix de la première vente ne doit pas excéder 140.000 DH.

En outre, lorsque le logement construit conformément aux conditions ci-dessus fait l'objet d'une cession, le prix de la première vente ne doit pas excéder 140.000 DH.

Peuvent bénéficier de ces exonérations, les promoteurs immobiliers précités qui s'engagent, dans le cadre d'une convention, à conclure avec l'Etat, assortie d'un cahier des charges, à réaliser un programme de construction intégré de 200 logements en milieu urbain et/ou 50 logements en milieu rural, compte tenu des critères retenus ci-dessus.

Ces logements doivent être destinés, à titre d'habitation principale, aux citoyens dont le revenu mensuel ne dépasse pas deux fois le salaire minimum interprofessionnel garanti ou son équivalent, à condition qu'ils ne soient pas propriétaires d'un logement dans la commune considérée.

Lesdits logements doivent être réalisés conformément à la législation et la réglementation en vigueur en matière d'urbanisme.

Ce programme de construction doit être réalisé dans un délai maximum de cinq ans à partir de la date d'obtention de la première autorisation de construire.

Les promoteurs immobiliers précités sont tenus de déposer une demande d'autorisation de construire auprès des services compétents dans un délai n'excédant pas six mois, à compter de la date de conclusion de la convention. En cas de non respect de cette condition, la convention est réputée nulle.

Ils doivent également tenir une comptabilité séparée pour chaque programme et joindre à la déclaration prévue aux articles 20, 82, 85 et 150 du présent Code :

- un exemplaire de la convention et du cahier des charges en ce qui concerne la première année ;
- un état du nombre des logements réalisés dans le cadre de chaque programme

ainsi que le montant du chiffre d'affaires y afférent.

Afin de bénéficier de l'exonération des droits d'enregistrement, le promoteur immobilier doit :

- inclure dans le contrat d'acquisition son engagement à réaliser le programme dans le délai fixé ci-dessus ;
- produire une caution bancaire ou consentir une hypothèque au profit de l'Etat, dans les conditions et selon les modalités fixées par l'article 130-II du présent Code.

A défaut de réalisation de tout ou partie dudit programme dans les conditions définies par la convention précitée, un ordre de recettes est émis pour le recouvrement des impôts, droits et taxes exigibles sans avoir recours à la procédure de rectification des bases d'imposition et sans préjudice des amendes, majorations et pénalités y afférentes.

Par dérogation aux dispositions relatives aux délais de prescription, l'administration fiscale peut émettre l'impôt au cours des quatre années suivant l'année de réalisation du programme objet de la convention conclue avec l'Etat.

B. Les exonérations prévues au A du présent paragraphe sont applicables aux conventions conclues dans le cadre du programme précité conformément aux dispositions dudit paragraphe durant la période allant du 1er janvier 2008 au 31 décembre 2012.

[*NB - Art.8 bis L.F.2008 : Sont exonérés de tous droits, taxes, redevances et contributions perçus au profit de l'Etat, ainsi que des droits d'inscription sur les titres fonciers dus au titre de leurs actes, activités et revenus, les promoteurs immobiliers qui réalisent des programmes de construction de logements à faible valeur immobilière, dans les conditions et modalités prévues au paragraphe XII de l'article 247 du CGI.*]

Art.247-XIII.- Par dérogation aux dispositions des articles 6 (I-D-2° et II-C-1-a) et 165-III ci-dessus, les sociétés exportatrices bénéficient du taux visé à l'article 19-II-A ci-dessus pour leur chiffre d'affaires correspondant aux opérations d'exportation réalisées au titre des exercices ouverts durant la période allant du 1er janvier 2008 au 31 décembre 2010.

Art.247-XIV.- Par dérogation aux dispositions de l'article 7-VII ci-dessus, le taux visé à l'article 19-II-C ci-dessus est applicable aux entreprises industrielles de transformation telles que définies par la nomenclature marocaine des activités fixée par le décret n°2-97-876 du 5 janvier 1999 au titre des exercices ouverts durant la période allant du 1er janvier 2008 au 31 décembre 2010.

Pour les entreprises visées à l'article 6 (I-D-2° et II-C-1-a) ci-dessus, le taux visé à l'article 19-II-C ci-dessus est majoré de deux points et demi pour chaque exercice ouvert durant la période allant du 1er janvier 2011 au 31 décembre 2015. Au delà de cette dernière date, les dispositions des articles 6 (I-D-2° et II-C-1-a) et 7-VII ci-dessus seront abrogées.

Le taux visé à l'article 73 (II-F-7°) ci-dessus est applicable aux entreprises visées à l'article 31 (I-C-2° et II-B-1°) ci-dessus au titre des revenus réalisés durant la période allant du 1er janvier 2008 au 31 décembre 2010. Ce taux est majoré de deux points par année durant la période allant du 1er janvier 2011 au 31 décembre 2015. Au delà de cette dernière date, le barème visé à l'article 73-I ci-dessus sera applicable et les dispositions de l'article 31 (I-C-2° et II-B-1°) ci-dessus seront abrogées.

Art.247-XV.- A. Sous réserve des conditions prévues ci-après et par dérogation aux dispositions des articles 9 et 162 (I et II) ci-dessus, les sociétés fusionnées ou scindées ne sont pas imposées sur la plus-value nette réalisée à la suite de l'apport de l'ensemble des éléments de l'actif immobilisé et des titres de participation, à condition que la société absorbante ou née de la fusion ou de la scission, dépose au service local des impôts dont dépendent la ou les sociétés fusionnées ou scindées, en double exemplaire et dans un délai de trente jours suivant la date de l'acte de fusion ou de scission, une déclaration écrite accompagnée :

1) D'un état récapitulatif des éléments apportés comportant tous les détails relatifs aux plus-values réalisées ou aux moins-values subies et dégageant la plus-value nette qui ne sera pas imposée chez la ou les sociétés fusionnées ou scindées.

2) D'un état concernant, pour chacune de ces sociétés, les provisions figurant au passif du bilan avec indication de celles qui n'ont pas fait l'objet de déduction fiscale.

3) De l'acte de fusion ou de scission dans lequel la société absorbante ou née de la fusion ou de la scission s'engage à :

- a) reprendre, pour leur montant intégral, les provisions dont l'imposition est différée ;
- b) réintégrer, dans ses bénéfices imposables, la plus-value nette réalisée par chacune des sociétés fusionnées ou scindées sur l'apport :
  - 1° soit de l'ensemble des titres de participation et des éléments de l'actif immobilisé lorsque, parmi ces éléments, figurent des terrains construits ou non dont la valeur d'apport est égale ou supérieure à 75 % de la valeur globale de l'actif net immobilisé de la société concernée. Dans ce cas, la plus-value nette est réintégrée au résultat du premier exercice comptable clos après la fusion ou la scission ;
  - 2° soit, uniquement des éléments amortissables lorsque la proportion de 75 % n'est pas atteinte. Dans ce cas, la plus-value nette réalisée sur l'apport des éléments amortissables est réintégrée dans le résultat fiscal, par fractions égales, sur la période d'amortissement desdits éléments. La valeur d'apport des éléments concernés par cette réintégration est prise en considération pour le calcul des amortissements et des plus-values ultérieures ;
- c) ajouter aux plus-values constatées ou réalisées ultérieurement à l'occasion du retrait ou de la cession des éléments non concernés par la réintégration prévue au b-2°) ci-dessus, les plus-values qui ont été réalisées par la société fusionnée ou scindée et dont l'imposition a été différée.

B. Les provisions visées au A-3° a) ci-dessus restent affranchies d'impôt dans les conditions prévues à l'article 10 (I-F-2°) ci-dessus.

C. La prime de fusion ou de scission réalisée par la société absorbante et correspondant à la plus-value sur sa participation dans la société fusionnée ou scindée est exonérée de l'impôt.

D. Les plus-values résultant de l'échange des titres de la société absorbée ou scindée contre des titres de la société absorbante, réalisées dans le cadre des opérations de fusions ou de scissions visées au A ci-dessus, ne sont imposables chez les personnes physiques ou morales actionnaires de la société absorbée ou scindée qu'au moment de cession ou de retrait de ces titres.

Ces plus-values sont calculées sur la base du prix initial d'acquisition des titres de la société absorbée ou scindée avant leur échange suite à une opération de fusion ou de scission.

E. Les dispositions relatives à l'évaluation des éléments du stock sont applicables aux sociétés absorbante ou nées de la scission dans les conditions prévues à l'article 162-III ci-dessus.

F. Sont exonérés des droits d'enregistrement les opérations prévues à l'article 133 (I-D-10°) ci-dessus en ce qui concerne les droits de mutation relatifs à la prise en charge du passif, le cas échéant, dans le cas de scission de sociétés par actions ou à responsabilité limitée.

G. Les opérations de scission s'entendent des opérations de scission totale qui se traduisent par la dissolution de la société scindée et l'apport aux sociétés absorbantes ou nées de la scission de l'intégralité des activités susceptibles d'une exploitation autonome.

H. Pour bénéficier des dispositions prévues aux A, B, C, D, E et F ci-dessus, les sociétés absorbantes doivent respecter les conditions suivantes :

- les dotations aux provisions pour dépréciation des titres objet d'apport ne sont pas admises en déduction pendant toute la durée de détention de ces titres par la société absorbante concernée ;
- les déficits cumulés figurant dans la déclaration fiscale du dernier exercice précédant la fusion ou la scission ne peuvent être reportés sur les bénéfices des exercices suivants.

I. Les dispositions prévues aux A, B, C, D, E, F, G et H ci-dessus sont applicables aux actes de fusion ou de scission établis et légalement approuvés par les sociétés concernées durant la période allant du 1er janvier 2010 au 31 décembre 2012.

Lorsque l'acte de fusion ou de scission comporte une clause particulière qui fait remonter l'effet de la fusion ou de la scission à une date antérieure à la date d'approbation définitive de cet acte, le résultat d'exploitation réalisé par la société absorbée au titre de l'exercice de ladite fusion ou scission est rattaché au résultat fiscal de la société absorbante, à condition que :

- la date d'effet de la fusion ou de la scission ne doit pas être antérieure au premier jour de l'exercice au cours duquel l'opération de fusion ou de scission est intervenue ;
- la société absorbée ne déduit pas de son résultat fiscal les dotations aux amortissements des éléments apportés.

J. En cas de non respect de l'une des conditions et obligations citées ci-dessus, l'administration régularise la situation de la ou des sociétés fusionnées ou scindées dans les conditions prévues à l'article 221 ci-dessus.

Art.247-XVI-A.- *(L.F.2012)* A. Les avantages accordés aux promoteurs immobiliers

Les promoteurs immobiliers, personnes morales ou personnes physiques relevant du régime du résultat net réel, sont exonérés pour l'ensemble de leurs actes, activités et revenus afférents à la réalisation de logements sociaux, tels que définis à l'article 92-I-28° ci-dessus, des impôts et droits ci-après :

- l'impôt sur les sociétés ;
- l'impôt sur le revenu ;
- les droits d'enregistrement et de timbre.

Ne peuvent bénéficier de ces exonérations que les promoteurs immobiliers qui réalisent leurs opérations dans le cadre d'une convention conclue avec l'Etat, assortie d'un cahier des charges, ayant pour objet la réalisation d'un programme de construction d'au moins 500 logements sociaux, réparti sur une période maximum de cinq ans à compter de la date de la délivrance de la première autorisation de construire.

Toutefois, les promoteurs immobiliers précités peuvent céder au prix de vente prévu à l'article 92-I-28° ci-dessus avec application de la TVA, au plus 10 % des logements sociaux construits, aux fins de location à des bailleurs personnes morales ou personnes physiques relevant du régime de résultat net réel dans les conditions prévues au B bis ci-dessous.

Les promoteurs immobiliers précités sont tenus de déposer une demande d'autorisation de construire auprès des services compétents dans un délai n'excédant pas six mois à compter de la date de conclusion de la convention. En cas de non respect de cette condition, la convention est réputée nulle.

Le programme peut comprendre un ensemble de projets répartis sur un ou plusieurs sites, situés dans une ou plusieurs villes.

L'exonération des droits d'enregistrement est obtenue pour les terrains acquis à compter du 1er janvier 2010, dans les conditions prévues à l'article 130-II ci-dessus.

Afin de bénéficier de l'exonération prévue au premier alinéa ci-dessus, les promoteurs immobiliers sont tenus de tenir une comptabilité séparée pour chaque programme et joindre à la déclaration prévue selon le cas, aux articles 20 et 82 ou 85 et 150 ci-dessus :

- un exemplaire de la convention et du cahier des charges, en ce qui concerne la première année ;
- un état du nombre des logements réalisés dans le cadre de chaque programme ainsi que le montant du chiffre d'affaires y afférent ;
- un état faisant ressortir, le cas échéant, le nombre de logements cédés aux bailleurs visés ci-dessus aux fins de location et le montant du chiffre d'affaires y afférent ;
- un état faisant ressortir en ce qui concerne les déclarations de la TVA, le chiffre d'affaires réalisé au titre des cessions de logements précités, la taxe correspondante et les taxes déductibles afférentes aux dépenses engagées, au titre de la construction desdits logements.

A défaut de réalisation de tout ou partie dudit programme dans les conditions définies par la convention précitée, un ordre de recettes est émis pour le recouvrement des impôts, droits et taxes exigibles, sans avoir recours à la procédure de rectification des bases d'imposition et sans préjudice de l'application des amendes, pénalités et majorations y afférentes.

Art.247-XVI-B.- Les avantages accordés aux acquéreurs de logements sociaux

Les acquéreurs des logements sociaux prévus à l'article 92-I-28°ci-dessus bénéficient du paiement du montant de la TVA, dans les conditions prévues à l'article 93-I ci-dessus.

Art.247-XVI-B bis.- *(L.F.2012)* Avantages accordés aux bailleurs de logements sociaux

Les bailleurs, personnes morales ou personnes physiques, visés au A alinéa 3 ci-dessus qui concluent une convention avec l'Etat ayant pour objet l'acquisition d'au moins 25 logements sociaux, en vue de les affecter pendant une durée minimale de huit ans à la location à usage d'habitation principale, bénéficient pour une période maximum de vingt ans à partir de l'année du premier contrat de location de :

- l'exonération de l'impôt sur les sociétés ou de l'impôt sur le revenu au titre de leurs revenus professionnels afférents à ladite location ;
- l'exonération de l'impôt sur les sociétés ou de l'impôt sur le revenu au titre de la plus-value réalisée en cas de cession des logements précités au-delà de la période de huit ans susvisée.

Ces logements doivent être acquis dans un délai n'excédant pas douze mois à compter de la date de la signature de ladite convention et mis en location dans un délai n'excédant pas six mois à compter de la date d'acquisition desdits logements.

Nonobstant toutes dispositions contraires, le montant du loyer est fixé au maximum à 1.200 DH.

Le locataire est tenu de fournir au bailleur une attestation délivrée par l'administration fiscale justifiant qu'il n'est pas assujetti dans la commune considérée à l'impôt sur le revenu au titre des revenus fonciers, à la taxe d'habitation et à la taxe de services communaux assise sur les immeubles soumis à la taxe d'habitation.

En cas de non respect de ces conditions, la convention précitée est réputée nulle.

Pour bénéficier des exonérations précitées, les bailleurs susvisés sont tenus de tenir une comptabilité séparée pour l'activité de location et joindre à la déclaration prévue selon le cas, aux articles 20 et 82 ou 85 et 150 ci-dessus :

- un exemplaire de la convention et du cahier des charges, en ce qui concerne la première année ;
- un état faisant ressortir le nombre de logements mis en location et la durée de la location par unité de logement ainsi que le montant du chiffre d'affaires y afférent.

A défaut d'affectation de tout ou partie desdits logements à la location dans les conditions précitées, un ordre de recettes est émis pour le recouvrement de l'impôt sur les sociétés ou de l'impôt sur le revenu, sans avoir recours à la procédure de rectification des bases d'imposition et sans préjudice de l'application des amendes, pénalités et majorations y afférentes.

Art.247-XVI-C.- Date d'effet

1) Les dispositions du A du présent paragraphe sont appliquées aux conventions relatives aux programmes de logements sociaux conclues avec l'Etat conformément au cahier des charges précité au cours de la période allant du 1er janvier 2010 jusqu'au 31 décembre 2020 et ce, pour les exercices ouverts à compter du 1er janvier 2010.

2) Les dispositions du B du présent paragraphe sont appliquées à compter du 1er janvier 2010 aux ventes réalisées pour lesquelles un permis d'habiter est obtenu à compter de la même date.

3) Demeurent en vigueur les dispositions fiscales relatives au logement social à usage d'habitation et réalisé dans le cadre de conventions conclues entre l'Etat et les promoteurs immobiliers avant le 1er janvier 2010.

4) A titre transitoire, les logements sociaux répondant à la définition prévue à l'article 92-I-28° ci-dessus, dont le programme de construction n'a pas fait l'objet de convention préalable avec l'Etat, et pour lesquels l'autorisation de construire a été délivrée avant le 1er janvier 2010, réalisés ou en cours de réalisation, en totalité ou en partie et non encore commercialisés avant cette date, peuvent à la demande de leurs promoteurs formulée avant le 31 décembre 2010, faire l'objet de convention entre l'Etat et lesdits promoteurs afin de faire bénéficier les acquéreurs desdits logements dont le permis d'habiter est délivré à partir du 1er janvier 2010, du versement du montant de la TVA dans les conditions prévues aux paragraphes 2 à 4 du I de l'article 93 ci-dessus, sous réserve que le nombre de logements considéré soit égal ou supérieur à cent logements.

5) Les dispositions du B bis ci-dessus sont applicables aux bailleurs précités ayant conclu une convention avec l'Etat au cours de la période allant de la date de publication au Bulletin officiel de la loi de finances n°22-12 pour l'année budgétaire 2012 jusqu'au 31 décembre 2020.

6) Les dispositions relatives à la cession aux bailleurs des logements sociaux visés au troisième alinéa du A ci-dessus s'appliquent aux conventions signées par les promoteurs immobiliers avec l'Etat à compter du 1er janvier 2010.

Art.247-XVII.- *(L.F.2012)* Les personnes physiques exerçant à titre individuel, en société de fait ou dans l'indivision, au 31 décembre 2011, une activité professionnelle passible de l'impôt sur le revenu, selon le régime du résultat net réel ou du résultat net simplifié, ne sont pas imposées sur la plus value nette réalisée à la suite de l'apport de l'ensemble des éléments de l'actif et du passif de leur entreprise à une société soumise à l'impôt sur les sociétés qu'elles créent entre le 1er janvier 2012 et le 31 décembre 2012 dans les conditions suivantes :

- les éléments d'apport doivent être évalués par un commissaire aux apports choisi parmi les personnes habilitées à exercer les fonctions de commissaires aux comptes ;
- le dit apport doit être effectué à compter de la date de la publication de la loi de finances précitée n°22-12 au Bulletin officiel jusqu'au 31 décembre 2012.

En outre, l'acte constatant l'apport des éléments prévus ci-dessus n'est passible que d'un droit d'enregistrement fixe de 1.000 DH.

Le bénéfice des dispositions qui précèdent est acquis sous réserve que la société bénéficiaire de l'apport dépose, auprès de l'inspecteur des impôts du lieu du domicile fiscal ou du principal établissement de l'entreprise ayant procédé audit apport, dans un délai de soixante jours suivant la date de l'acte d'apport une déclaration, en double exemplaire, comportant :

- l'identité complète des associés ou actionnaires ;
- la raison sociale, l'adresse du siège social, le numéro d'inscription au registre du commerce ainsi que le numéro d'identité fiscale de la société ayant reçu l'apport ;
- le montant et la répartition de son capital social.

Cette déclaration doit être accompagnée des documents suivants :

- un état récapitulatif comportant tous les éléments de détermination des plus-values nettes imposables ;
- un état récapitulatif des valeurs transférées à la société et du passif pris en charge par cette dernière ;
- un état concernant les provisions figurant au passif du bilan de l'entreprise ayant effectué l'opération de l'apport, avec indication de celles qui n'ont pas fait l'objet de déduction fiscale ;
- l'acte d'apport dans lequel la société bénéficiaire de l'apport s'engage à :
  - 1° reprendre pour leur montant intégral les provisions dont l'imposition est différée ;
  - 2° réintégrer dans ses bénéfices imposables, la plus value nette réalisée sur l'apport des éléments amortissables, par fractions égales, sur la période d'amortissement desdits éléments. La valeur d'apport des éléments concernés par cette réintégration est prise en considération pour le calcul des amortissements et des plus-values ultérieures ;
  - 3° ajouter aux plus-values constatées ou réalisées ultérieurement à l'occasion du retrait ou de la cession des éléments non concernés par la réintégration prévue au 2° cidessus, les plus-values qui ont été réalisées suite à l'opération d'apport et dont l'imposition a été différée.

Les éléments du stock à transférer à la société bénéficiaire de l'apport sont évalués, sur option, soit à leur valeur d'origine soit à leur prix du marché.

Les éléments concernés ne peuvent être inscrits ultérieurement dans un compte autre que celui des stocks.

A défaut, le produit qui aurait résulté de l'évaluation desdits stocks sur la base du prix du marché lors de l'opération d'apport, est imposé entre les mains de la société bénéficiaire de l'apport, au titre de l'exercice au cours duquel le changement d'affectation a eu lieu, sans préjudice de l'application de la pénalité et des majorations prévues aux articles 186 et 208 ci-dessus.

En cas de non respect de l'une des conditions et obligations citées ci-dessus, l'administration régularise la situation de l'entreprise ayant procédé à l'apport de l'ensemble de ses éléments d'actif et du passif dans les conditions prévues à l'article 221 ci-dessus.

Art.247-XVIII.- *(L.F.2011)* Les contribuables exerçant avant le 1er janvier 2011 une activité passible de l'impôt sur le revenu et qui s'identifient pour la première fois auprès de l'administration fiscale, en s'inscrivant au rôle de la taxe professionnelle, à partir du 1er janvier 2011, ne sont imposables que sur la base des revenus acquis et des opérations réalisées à partir de cette date.

Pour les contribuables susvisés dont les revenus professionnels sont déterminés selon le régime du résultat net réel ou sur option selon celui du résultat net simplifié, les stocks éventuellement en leur possession sont évalués, de manière à dégager, lors de leur cession ou retrait, des marges brutes supérieures ou égales à 20 %.

En cas d'assujettissement à la TVA, la marge brute réalisée sur la vente des stocks ayant fait l'objet d'évaluation dans les conditions précitées, est soumise à ladite taxe sans droit à déduction, jusqu'à épuisement dudit stock.

Pour l'application de cette disposition, les personnes concernées sont tenues de déposer au service local des impôts dont elles relèvent, l'inventaire des marchandises détenues dans le stock à la date de leur identification en faisant ressortir la nature, la quantité et la valeur des éléments constitutifs dudit stock.

Les contribuables qui s'identifient pour la première fois bénéficient des avantages prévus par le présent Code.

Les dispositions du présent paragraphe sont applicables du 1er janvier 2011 au 31 décembre 2012.

Art.247-XIX.- *(L.F.2011)* L'imprimerie officielle du Royaume bénéficie de l'exonération de l'impôt sur les sociétés durant la période allant du 1er janvier au 31 décembre 2011.

Art.247-XX.- *(L.F.2011)* Les dispositions de l'article 7-V de la loi de finances pour 2009 sont prorogées jusqu'au 31 décembre 2012 pour les sociétés existantes au 1er janvier 2011 et qui :

- procèdent à l'augmentation de leur capital social entre le 1er janvier 2011 et le 31 décembre 2012 inclus ;
- ne procèdent pas avant l'augmentation du capital à une réduction de ce capital depuis le 1er janvier 2010 ;
- réalisent un chiffre d'affaires, au titre de chacun des quatre derniers exercices clos avant le 1er janvier 2011, inférieur à 50.000.000 DH hors TVA.

Art.247-XXI.- *(L.F.2012)* Sont exonérés de tous impôts et taxes :

- les biens meubles et immeubles des partis politiques nécessaires à l'exercice de leur activité ;
- les transferts par des personnes physiques, à titre gratuit, de leurs fonds et biens immatriculés en leurs noms à la propriété desdits partis.

L'exonération précitée s'applique aux opérations de transfert visées ci-dessus, dans les deux ans suivant la date de publication de la loi de finances n°22-12 pour l'année budgétaire 2012, conformément aux dispositions du troisième alinéa de l'article 31 de la loi organique n°29-11 relative aux partis politiques, promulguée par le dahir n°1-11-166 du 22 octobre 2011.

Les conditions et modalités d'application des dispositions du présent paragraphe sont fixées par voie réglementaire.

Art.248.- Abrogations

I. Sont abrogées à compter du 1er janvier 2007, les dispositions :

- 1° du livre des procédures fiscales institué par la loi de finances pour 2005, tel qu'il a été modifié et complété par la loi de finances pour 2006 ;
- 2° du livre d'assiette et de recouvrement institué par l'article 6 de la loi de finances pour 2006.

II. Les dispositions des textes abrogés par le paragraphe I ci-dessus demeurent applicables pour les besoins d'assiette, de contrôle, de contentieux et de recouvrement des impôts, droits et taxes concernant la période antérieure au 1er janvier 2007.

III. Les références au livre d'assiette et de recouvrement et au livre des procédures fiscales cités au paragraphe I ci-dessus, contenues dans des textes législatifs et réglementaires sont remplacées par les dispositions correspondantes du présent CGI.

IV. A compter du 1er janvier 2007 sont abrogées toutes les dispositions fiscales relatives aux impôts régis par les livres cités au I ci-dessus et prévues par des textes législatifs particuliers.

Livre 3 - Autres droits et taxes

Titre 1 - Droits de timbre

Chapitre 1 - Champ d'application

Art.249.- Actes, documents et écrits imposables

Sont soumis aux droits de timbre, quelle que soit leur forme, tous actes, documents, livres, registres ou répertoires, établis pour constituer le titre ou la justification d'un droit, d'une obligation ou d'une décharge et, d'une manière générale, constater un fait juridique ou un lien de droit.

Les photocopies et toutes autres reproductions obtenues par un moyen photographique, établies pour tenir lieu d'expéditions, extraits ou copies, sont soumises au même droit de timbre que celui afférent aux écrits reproduits.

Art.250.- *(L.F.2011)* Exonérations

Sont exonérés des droits de timbre, les actes et écrits exonérés des droits d'enregistrement en vertu de l'article 129 du présent Code, ainsi que les actes et écrits ci-après :

I. Actes établis dans un intérêt public ou administratif

- 1° les actes de l'autorité publique ayant le caractère législatif ou réglementaire, les extraits, copies, expéditions ou brevets desdits actes délivrés à l'administration publique, les minutes des arrêtés, décisions et délibérations, les registres et documents d'ordre intérieur des administrations publiques ;
- 2° les quittances d'impôts et taxes, ainsi que les actes et écrits relatifs au recouvrement des créances publiques dressés en vertu des dispositions de la loi n°15-97 précitée formant Code de recouvrement des créances publiques ;
- 3° les registres exclusivement consacrés à l'immatriculation ou à la rédaction des titres de propriété, les actes prévus par la loi foncière pour parvenir à l'immatriculation ;
- 4° les diplômes d'études et toutes pièces ou écrits établis en vue de l'obtention de tout certificat ou diplôme de quelques degrés qu'il soient ;
- 5° Les bordereaux de prix, plans, détails et devis estimatifs, certificats de solvabilité et de capacité et toutes pièces annexées aux soumissions établies en vue de prendre part aux adjudications publiques ;
- 6° les registres, les reconnaissances de dépôt, les états, les certificats, les copies et extraits tenus ou dressés en exécution des dispositions du dahir du 25 juillet 1949 relatif à la publicité des actes, conventions et jugements en matière cinématographique, les pièces produites pour l'accomplissement d'une des formalités visées audit dahir et qui restent déposées au registre public, à condition que ces pièces mentionnent expressément leur destination ;
- 7° les titres de séjour délivrés aux gouverneurs, administrateurs, suppléants, fonctionnaires et agents de la Banque africaine de développement ;
- 8° les certificats médicaux délivrés pour être remis à une administration publique, à l'autorité judiciaire ou aux agents de la force publique ;
- 9° les passeports des enfants des marocains résidents à l'étranger, âgés de

moins de dix huit ans : lors de leurs délivrances ou prorogations.

II. Actes et écrits relatifs à la comptabilité publique

- 1° les ordonnances et mandats de paiement émis sur les caisses publiques ou les caisses des Habous, les factures et mémoires produits à l'appui de ces ordonnances et mandats ;
- 2° toutes quittances de sommes payées par chèque bancaire ou postal, par virement bancaire ou postal ou par mandat postal ou par versement au compte courant postal d'un comptable public, à condition de mentionner la date de l'opération, les références du titre ou du mode de paiement et l'organisme bancaire ou postal ;
- 3° les états, livres et registres de comptabilité, ainsi que les livres de copies de lettres des particuliers, commerçants, agriculteurs et autres ; les procès-verbaux de cote et de paraphe de ces livres et registres.

III. Actes et écrits relatifs à l'état civil

- 1° les registres de l'état civil, les actes et documents établis ou produits pour l'établissement ou la rectification de l'état civil, ainsi que les expéditions et extraits d'actes de l'état civil, en application de la loi n°37-99 relative à l'état civil, promulguée par le dahir n°1-02-239 du 3 octobre 2002 ;
- 2° les actes se rapportant à la constitution et au fonctionnement du conseil de famille, ainsi qu'à la gestion de la tutelle ;
- 3° les actes établis par les adoul et les notaires hébraïques se rapportant au statut personnel.

IV. Actes et écrits judiciaires ou extra judiciaires

- 1° les actes et décisions de police générale et de vindicte publique ;
- 2° les mémoires et requêtes, les minutes des décisions de justice, leurs grosses et expéditions, les actes judiciaires et extrajudiciaires des secrétaires greffiers non obligatoirement soumis à l'enregistrement, les actes de procédure établis par les greffes ou les huissiers de justice, ainsi que les registres tenus dans les différentes sections des juridictions ;
- 3° les arrêts et actes de la Cour des comptes et des Cours régionales des comptes, instituées par la loi n°62-99 formant Code des juridictions financières, les décisions du Trésorier Général du Royaume, ainsi que leurs ampliations ou expéditions délivrées par lesdites cours et ledit Trésorier ;
- 4° les actes établis en exécution des dispositions du livre V de la loi n°15-95 précitée formant Code de commerce relatif aux difficultés de l'entreprise.

V. Actes relatifs aux opérations de crédit

- 1° les actes constatant les avances consenties par le Trésor ;
- 2° les chèques bancaires, les chèques et mandats postaux et les acquits y apposés, ainsi que les acquits apposés sur les effets négociables.

VI. Actes présentant un intérêt social

- 1° les actes et documents à caractère administratif délivrés aux indigents, les quittances que ces indigents délivrent au titre des secours et des indemnités pour les incendies, inondations et autre cas fortuit ;
- 2° les titres de voyage institués au profit des réfugiés et apatrides et des ressortissants étrangers qui justifient se trouver dans l'impossibilité d'acquitter la taxe prévue par le décret du 29 août 1957 fixant les modalités d'application de la convention relative au statut des réfugiés, signée à Genève le 28 juillet 1951 ;
- 3° les quittances des souscriptions suite à un appel à la générosité publique, délivrées lors des manifestations organisées au profit exclusif des victimes de la guerre, des populations sinistrées ou des victimes de calamités publiques,

sous réserve que les autorisations exigées par la loi et la réglementation en vigueur aient été accordées ;

- 4° les conventions collectives de travail, les contrats de louage de services ou de travail, les cartes et certificats de travail, les livrets des ouvriers, les bulletins de paie et toutes autres pièces justificatives du paiement du salaire desdits ouvriers ;
- 5° la déclaration, ainsi que les statuts et la liste des membres chargés de la direction ou de l'administration, déposés en application de la législation relative aux associations et syndicats professionnels ;
- 6° les billets d'entrée aux séances récréatives organisées dans un but d'intérêt général d'assistance ou de solidarité, ainsi qu'aux spectacles et manifestations à caractère culturel et sportif ;
- 7° les actes et écrits faits en vertu des textes relatifs à l'organisation et au fonctionnement de l'assistance médicale gratuite, des sociétés de secours mutuels régulièrement approuvées ou reconnues comme établissements d'utilité publique ;
- 8° les procès verbaux, certificats, actes de notoriété, significations et autres actes faits en vertu et pour l'exécution du dahir du 25 juin 1927 sur les accidents du travail, tel qu'il a été modifié en la forme par le dahir du 6 février 1963 ;
- 9° les actes et pièces nécessaires à la perception des indemnités, rentes, pensions de retraite et bourses dont le montant ne dépasse pas 10.000 DH, ainsi que les procurations données pour les encaisser ;
- 10° les certificats, actes de notoriété et autres pièces relatives à l'exécution des opérations de la Caisse nationale de retraites et d'assurances ;
- 11° les pièces administratives relatives à l'exécution du dahir du 1er février 1928 sur les sociétés marocaines de prévoyance, tel qu'il a été modifié ;
- 12° les actes intéressant les sociétés ou caisses d'assurances mutuelles agricoles constituées conformément aux dispositions de la loi n°17-99 portant Code des assurances, promulguée par le dahir n°1-02-238 du 3 octobre 2002 ;
- 13° les registres et livres des magasins généraux, ainsi que les extraits qui en sont délivrés ;
- 14° les manifestes et rôles d'équipage de tout navire ou embarcation ;
- 15° les contrats d'assurance passés par les sociétés d'assurances, les sociétés mutuelles et tous autres assureurs ainsi que tous actes ayant exclusivement pour objet la formation, la modification ou la résiliation amiable desdits contrats ;
- 16° les billets de transport public urbain de voyageurs.

Chapitre 2 - Liquidation et tarif

Liquidation

Art.251.- Le droit de timbre sur les annonces publicitaires sur écran est liquidé sur :

- a) le montant brut du prix de la projection versé aux exploitants des salles de spectacles cinématographiques ;
- b) le montant brut des redevances ou des factures perçu par les organismes publics ou privés chargés de la gestion ou de la vente des espaces publicitaires lorsque l'annonce a lieu à la télévision.

Tarif

Droits proportionnels

Art.252-I.- A. Sont soumis au taux de 5 % : les annonces publicitaires sur écran, quel que soit leur forme et leur mode.

B. Sont soumis au taux de 0,25 % : les quittances pures et simples ou acquits donnés au pied des factures et mémoires, reçus ou décharges de sommes et tous titres qui emportent libération ou décharge.

Droits fixes

Art.252-II-A.- Sont soumis au droit fixe de 1.000 DH : le procès-verbal de réception par type de véhicules automobiles et véhicules remorqués pesant en charge plus de 1.000 kg.

Art.252-II-B.- Sont soumis au droit fixe de 500 DH :

- la carte d'immatriculation dans la série W 18 et chaque renouvellement ;
- le procès-verbal de réception, par type, de véhicules à chenilles, de tracteurs à pneus et de machines agricoles automotrices non susceptibles de dépasser par construction la vitesse horaire de 30 kilomètres.

Art.252-II-C.- Sont soumis au droit fixe de 300 DH :

- 1° les passeports et chacune de leurs prorogations ;
- 2° les permis de chasse : par année de validité dont 100 DH destiné à alimenter le « Fonds de la chasse et de la pêche continentale » ;
- 3° les permis de conduire :
  - pour les motocycles (modèles A et J) : lors de la délivrance du permis, de son échange ou délivrance de duplicata pour perte ou détérioration ;
  - pour les véhicules automobiles : lors de la délivrance ou extension par catégorie desdits permis, échange ou duplicata pour perte ou détérioration ;
- 4° les récépissés de mise en circulation d'un véhicule, établi après l'expiration de la période de validité du récépissé de mise en circulation provisoire.

Art.252-II-D.- Sont soumis au droit fixe de 200 DH :

- 1° les cartes de contrôle d'explosifs, cartes d'acheteur d'explosifs et leur renouvellement, les bons d'achat et/ou passavants, établis en conformité des dispositions du dahir du 14 janvier 1914 réglementant l'importation, la circulation et la vente des explosifs et fixant les conditions d'installation des dépôts ;
- 2° les licences et autorisations des établissements de débit de boissons alcooliques ou alcoolisées et leur duplicata ;
- 3° les permis de port d'armes apparentes ou non apparentes, les permis de détention d'armes et le renouvellements desdits permis : par année de validité ;
- 4° le permis international de conduire ;
- 5° les récépissés de mise en circulation provisoire des véhicules automobiles dans la série W.W. ;
- 6° les procès-verbaux de réception :
  - des véhicules automobiles et véhicules remorqués pesant en charge plus de 1.000 Kilos : réception à titre isolé ;
  - des motocyclettes et bicyclettes à moteur d'une cylindrée supérieure à 50 centimètres cubes : réception par type.

Art.252-II-E.- Sont soumis au droit fixe de 100 DH :

- 1° les duplicata pour perte ou détérioration de récépissé de déclaration des véhicules automobiles et des véhicules remorqués pesant en charge plus de 1.000 kilos ;
- 2° les passeports intitulés « laissez-passer spécial » pour les pèlerins aux lieux Saints de l'Islam ;
- 3° les procès-verbaux de réception, à titre isolé, des motocyclettes et bicyclettes à moteur d'une cylindrée supérieure à 50 centimètres cubes ;
- 4° les titres de séjour des étrangers, par année de validité.

Art.252-II-F.- Sont soumis au droit fixe de 75 DH : la carte nationale d'identité électronique, lors de sa délivrance, de son renouvellement ou de sa duplication.

Art.252-II-G.- Sont soumis au droit fixe de 50 DH :

- 1° le certificat de visite périodique des véhicules automobiles ou remorqués ;
- 2° le duplicata pour perte ou détérioration de récépissé de déclaration :
  - des motocyclettes et des bicyclettes à moteur : quelle que soit leur cylindrée ;
  - des véhicules à chenilles, des tracteurs à pneus et des machines agricoles automotrices non susceptibles de dépasser par construction la vitesse horaire de 30 kilomètres ;
- 3° le récépissé de déclaration de mise en circulation de véhicules à moteur (carte grise) :
  - pour l'immatriculation et la mutation de véhicules à moteur : par cheval-vapeur de puissance fiscale, sous réserve de l'application des dispositions du paragraphe L cidessous ;
  - pour les véhicules remorqués pesant en charge plus de 1.000 kg : par tonne ou fraction de tonne en poids total en charge ;
  - pour les motocyclettes de plus de 125 centimètres cubes : par chevalvapeur de puissance fiscale avec un minimum de perception de 100 DH ;
  - pour l'immatriculation et la mutation des véhicules à chenilles, des tracteurs à pneus et des machines agricoles automotrices non susceptibles de dépasser par construction la vitesse horaire de 30 kilomètres ;
  - pour l'acquisition par un commençant de l'automobile assujetti à la taxe professionnelle, de véhicules destinés à la revente : quelle que soit la puissance fiscale ;
- 4° les titres d'importation (engagements d'importation, certificats d'importation et rectificatifs) dont la valeur excède 2.000 DH.

Art.252-II-H.- Sont soumis au droit fixe de 30 DH :

- les fiches anthropométriques : pour chaque extrait délivré.

Art.252-II-I.- *(L.F.2011)* Sont soumis au droit fixe de 20 DH :

- 1° les cartes d'accès aux salles de jeu des casinos, quelle que soit leur durée de validité ;
- 2° les certificats de vaccination, délivrés aux voyageurs au départ du Maroc ;
- 3° les connaissements établis pour la reconnaissance des marchandises objet d'un contrat de transport maritime : par exemplaire créé ;
- 4° les livrets maritimes individuels, lors de leur délivrance ou de leur remplacement ;
- 5° les procès-verbaux de constat dressés à l'occasion d'accidents matériels survenus à des véhicules automobiles : sur chaque copie de procès-verbal délivrée ;
- 6° le procès verbal de réception, à titre isolé, de véhicules à chenilles, de tracteurs à pneus et de machines agricoles automotrices non susceptibles de dépasser par construction la vitesse horaire de 30 kilomètres ;
- 7° tous actes, documents et écrits visés à l'article 249 ci-dessus et qui ne relèvent pas d'un droit spécifique différent : par feuille de papier utilisé ou par document établi sur support électronique.

Art.252-II-J.- Sont soumis au droit fixe de 5 DH :

- 1° les effets de commerce négociables ;
- 2° les titres de voyages institués au profit des réfugiés et apatrides ;
- 3° le récépissé de mise en circulation de véhicules à moteur ou remorqués : au bénéfice de victimes des huiles nocives, sous réserve des dispositions du paragraphe G-3° ci-dessus.

Art.252-II-K.- Sont soumis au droit fixe de 1 DH :

- 1° les écrits comportant reçu pur et simple, décharge de titres ou valeurs ;

- 2° les reçus constatant un dépôt d'espèces effectué dans un établissement de crédit ou dans une société de bourse ;
- 3° les titres de transport de marchandises ou de colis postaux, tels que lettres de voitures, feuilles de route, récépissés, déclarations ou bulletins d'expédition délivrés par les entreprises publiques ou privées de transport ferroviaire ou sur route.

Art.252-II-L.- *(L.F.2012)* Sont soumis à un droit fixe comme suit : lors de leur première immatriculation au Maroc, les véhicules à moteur assujetti à la taxe spéciale annuelle sur les véhicules automobiles :
- puissance fiscale inférieure à 8 CV : 2.500 DH
- de 8 à 10 CV : 4.500 DH
- de 11 à 14 CV : 10.000 DH
- supérieure ou égale à 15 CV : 20.000 DH

Chapitre 3 - Dispositions diverses

Art.253.- Oblitération des timbres mobiles

I. Chaque timbre mobile doit être oblitéré au moment même de son apposition sur l'acte, le document ou l'écrit assujetti.

L'oblitération consiste dans l'inscription à l'encre usuelle sur le timbre mobile :
- du lieu où l'oblitération est opérée ;
- de la date (quantième, mois et millésime) à laquelle elle est effectuée ;
- de la signature du souscripteur ou des contribuables ou de leurs représentants ou des agents des douanes en ce qui concerne les exemplaires de connaissements présentés par le capitaine du navire venant de l'étranger.

L'oblitération des timbres peut encore être effectuée au moyen d'un cachet à l'encre grasse portant les mêmes indications. Elle doit être faite de telle sorte que partie de la signature ou du cachet figure sur le timbre mobile et partie sur le papier sur lequel le timbre est apposé.

II. Est considéré comme non timbré tout acte, document ou écrit :
- sur lequel le timbre mobile a été apposé ou oblitéré après usage ou sans accomplissement des conditions prescrites ;
- ou sur lequel a été apposé un timbre ayant déjà servi.

Art.254.- Déclaration des annonceurs de publicité et organismes chargés de la gestion ou de la vente des espaces publicitaires et autres entreprises

I. Les annonceurs de publicité sur écran doivent souscrire au titre de chaque mois, une déclaration des annonces programmées pour le mois suivant et verser les droits correspondants au receveur de l'administration fiscale compétent.

Pour les annonces publicitaires à la télévision, les déclarations sont visées par les organismes chargés de la gestion ou de la vente des espaces publicitaires, cités à l'article 251-b) ci-dessus.

Ces organismes sont tenus d'adresser au receveur de l'administration fiscale compétent, avant la fin de chaque mois, les copies des états récapitulatifs se rapportant aux annonces publicitaires effectuées pendant le mois précédent.

Les annonceurs qui ont traité directement avec les télévisions locales ou satellitaires sont tenus de souscrire, préalablement à toute diffusion, une déclaration indiquant le nombre d'annonces, ainsi que leurs tarifications et de verser le droit de timbre correspondant au receveur de l'administration fiscale.

II. Pour les entreprises autorisées à payer les droits de timbre sur déclaration, les droits perçus au titre d'un mois doivent être versés avant l'expiration du mois suivant au receveur de l'administration fiscale compétent.

Art.255.- Présentation des connaissements

Les capitaines de navires sont tenus de présenter aux agents de l'administration fiscale et des douanes soit à l'entrée, soit à la sortie, les connaissements dont ils doivent être porteurs, sous peine de l'application de la sanction prévue à l'article 207 bis-I ci-dessus.

Art.256.- Obligations communes

I. Il est prescrit aux secrétaires-greffiers de ne pas agir, aux magistrats de ne prononcer aucune décision, aux administrations centrales et locales de ne prendre aucun arrêté, ni aucune décision en vertu d'actes ou d'écrits non régulièrement timbrés.

II. Il est interdit à toutes personnes, à toutes sociétés, à tous établissements publics d'encaisser ou de faire encaisser pour leur compte ou le compte d'autrui, même sans leur acquit, des effets de commerce non timbrés, sous peine d'être tenus avec les contrevenants au paiement de l'amende encourue par ces derniers.

Art.257.- Agents verbalisateurs

Les contraventions en matière de droits de timbre sont constatées par procès-verbal dressé par les agents de l'administration fiscale et ceux de l'administration des douanes.

Art.258.- Contrôle et contentieux

Les modalités de contrôle, de contentieux, de prescription et de recouvrement des droits de timbre sont les mêmes qu'en matière de droits d'enregistrement.

Toutefois, le contrôle et le redressement des droits de timbre payés sur déclaration sont effectués dans les conditions prévues aux articles 220 et 221 ci-dessus.

Titre 2 - Taxe spéciale annuelle sur les véhicules automobiles

[*NB - Les articles 259 à 266 sont entrés en vigueur le 1er janvier 2010 et ont abrogé à cette date le dahir n°1-57-211 du 13 juillet 1957 instituant une taxe spéciale annuelle sur les véhicules automobiles.*

Toutefois, les dispositions des textes abrogés demeurent applicables pour les besoins d'assiette, de contrôle, de recouvrement et de contentieux pour la période antérieure au 1er janvier 2010.]

Chapitre 1 - Champ d'application

Art.259.- Véhicules imposables

Sont soumis à la taxe spéciale annuelle sur les véhicules automobiles, les véhicules automobiles définis à l'article 20 de l'arrêté viziriel du 24 janvier 1953 sur la police de la circulation et du roulage et immatriculés au Maroc.

Art.260.- *(L.F.2012)* Exonérations

Sont exonérés de la taxe :

- 1° les véhicules destinés au transport en commun des personnes ;
- 2° les véhicules utilitaires pesant en charge plus de 3.000 kilos ;
- 3° les automobiles de places ou taxis régulièrement autorisés ;
- 4° les motocycles à deux roues avec ou sans side-car, ainsi que les tricycles à moteur, quelle que soit leur cylindrée ;
- 5° les engins spéciaux de travaux publics ;
- 6° les tracteurs ;
- 7° les véhicules dont les propriétaires bénéficient de privilèges diplomatiques, à condition que la réciprocité soit accordée à l'Etat marocain ;
- 8° les véhicules propriété de l'association dite « le croissant rouge » ;
- 9° les véhicules propriété de « l'Entraide nationale » ;
- 10° à la condition qu'ils soient immatriculés à leur nom, les véhicules d'occasion acquis par les négociants de l'automobile, assujettis à la taxe professionnelle, en vue de les remettre en vente, pour la période allant de leur acquisition jusqu'à leur revente, ainsi que les véhicules immatriculés dans la série W 18 ;
- 11° les véhicules saisis judiciairement ;
- 12° les véhicules de collection, tels que définis par l'article 81 de la loi n°52-05 portant Code de la route, promulguée par le dahir n°1-10-07 du 11 février 2010 ;
- 13° les véhicules ci-après, appartenant à l'Etat :
  - les ambulances ;
  - les véhicules équipés de matériel sanitaire automobile fixé à demeure ;
  - les véhicules d'intervention de la Direction Générale de la Sûreté Nationale, des Forces Auxiliaires et de la Protection Civile, à l'exception des véhicules de service de conduite intérieure ;
  - les véhicules militaires, à l'exception des véhicules de service de conduite intérieure.

Chapitre 2 - Liquidation de la taxe

Art.261.- Délai d'imposition

La période d'imposition s'étend du premier janvier au 31 décembre de chaque année et la taxe doit être payée au mois de janvier de chaque année d'imposition, sous peine des sanctions prévues à l'article 208 ci-dessus.

Toutefois, pour les véhicules mis en circulation en cours d'année, la taxe doit être payée dans le mois courant à compter de la date du récépissé de dépôt du dossier pour la délivrance de la carte grise, justifiée par l'apposition sur ledit récépissé, d'un cachet dateur des services compétents du centre immatriculateur.

Il en est de même en ce qui concerne les véhicules qui cessent, en cours de période d'imposition, d'être en situation de bénéficier de l'exonération de la taxe.

La taxe couvre le véhicule assujetti pour la période d'imposition, même en cas de changement de propriétaire au cours de cette période.

Les propriétaires de véhicules exonérés ont la faculté de demander la délivrance d'une vignette gratuite.

Art.262.- *(L.F.2012)* Tarif

Le tarif de la taxe est fixé comme indiqué ci-après :

Catégorie de véhicules	Tarif (DH) / Puissance fiscale			
	Inférieure à 8 CV	8 à 10 CV	11 à 14 CV	Supérieure ou égale à 15 CV
Véhicules à essence	350	650	3.000	8.000
Véhicules à moteur gasoil	700	1.500	6.000	20.000

Toutefois, sont passibles de la taxe au même tarif que les véhicules à essence, les véhicules utilitaires (pick-up) à moteur gasoil appartenant à des personnes physiques.

Dans les cas visés aux alinéas 2 et 3 de l'article 261 ci-dessus, il est dû une fraction de taxe égale au produit d'un douzième de la taxe annuelle exigible par le nombre de mois restant à courir de la date de mise en circulation au Maroc ou de la cessation du bénéfice de l'exonération jusqu'au 31 décembre suivant cette date.

Dans tous les cas prévus par l'article 261 ci-dessus, toute fraction de mois est comptée pour un mois entier.

La délivrance de duplicata de vignette donne lieu au paiement d'une taxe de 100 DH.

Chapitre 3 - Obligations

Art.263.- Obligations des propriétaires des véhicules

La vignette constatant le paiement de la taxe doit être apposée au pare-brise à l'intérieur du véhicule.

Aucune mutation de véhicule passible de la taxe spéciale annuelle ne pourra être effectuée au nom du cessionnaire, s'il n'est justifié, au préalable, du paiement de la taxe afférente à l'année d'imposition en cours ou de l'exonération de cette taxe.

Art.264.- Obligations des agents des douanes et de la sûreté nationale

Les agents des douanes et de la sûreté nationale doivent s'assurer que toute voiture quittant le territoire national a acquitté la taxe spéciale annuelle sur les véhicules automobiles et que la vignette est apposée sur le pare-brise.

A défaut de vignette en cours de validité ou de justification d'exonération de la taxe, le véhicule n'est, en aucun cas, autorisé à quitter le territoire national jusqu'au paiement de ladite taxe, de la pénalité, de la majoration et de l'amende prévues à l'article 208 ci-dessus.

Chapitre 4 - Dispositions diverses

Art.265.- Agents compétents pour constater les infractions

Toute infraction aux dispositions du présent titre est constatée par procès-verbal.

Sont spécialement chargés de constater les infractions au présent titre, les agents de l'administration fiscale dûment commissionnés.

Sont également habilités à verbaliser ces infractions, les agents des douanes, les agents dépendant de la direction générale de la sûreté nationale, de la gendarmerie royale, les préposés des eaux et forêts et, en général, tous agents habilités à verbaliser en matière de police de la circulation et du roulage.

Art.266.- Modalités d'application

Le paiement de la taxe est constaté au moyen de la délivrance d'une vignette dont le modèle et les modalités de délivrance et d'utilisation sont établis par voie réglementaire.

LOI RELATIVE A LA FISCALITE DES COLLECTIVITES LOCALES

Partie 1 - Règles d'assiette, de recouvrement et de sanctions

Titre 1 - Règles d'assiette

Chapitre 1 - Des taxes des collectivités locales

Art.1.- Les collectivités locales sont autorisées à percevoir les taxes prévues par la présente loi.

Section 1 - Des communes urbaines et rurales

Art.2.- Sont instituées au profit des communes urbaines et rurales les taxes suivantes :

- taxe professionnelle ;
- taxe d'habitation ;
- taxe de services communaux ;
- taxe sur les terrains urbains non bâtis ;
- taxe sur les opérations de construction ;
- taxe sur les opérations de lotissement ;
- taxe sur les débits de boissons ;
- taxe de séjour ;
- taxe sur les eaux minérales et de table ;
- taxe sur le transport public de voyageurs ;
- taxe sur l'extraction des produits de carrières.

Toutefois, en ce qui concerne les communes rurales et par dérogation aux dispositions de l'alinéa précédent :

- la taxe d'habitation, la taxe de services communaux et la taxe sur les opérations de lotissement ne sont dues que dans les centres délimités, les zones périphériques des communes urbaines ainsi que dans les stations estivales, hivernales et thermales dont le périmètre de taxation est délimité par voie réglementaire ;
- la taxe sur les terrains urbains non bâtis n'est due que dans les centres délimités disposant d'un document d'urbanisme.

Section 2 - Des préfectures et provinces

Art.3.- Sont instituées au profit des préfectures et provinces les taxes suivantes :

- taxe sur les permis de conduire ;
- taxe sur les véhicules automobiles soumis à la visite technique ;
- taxe sur la vente des produits forestiers.

Section 3 - Des régions

Art.4.- Sont instituées au profit des régions les taxes suivantes :

- taxe sur les permis de chasse ;

- taxe sur les exploitations minières ;
- taxe sur les services portuaires.

Chapitre 2 - Taxe professionnelle

Section 1 - Champ d'application

Art.5.- Toute personne physique ou morale de nationalité marocaine ou étrangère qui exerce au Maroc une activité professionnelle est assujettie à la taxe professionnelle.

Sont également soumis à cette taxe, les fonds créés par voie législative ou par convention ne jouissant pas de la personnalité morale et dont la gestion est confiée à des organismes de droit public ou privé. L'imposition est établie au nom de leur organisme gestionnaire.

Les activités professionnelles sont classées, d'après leur nature, dans l'une des classes de la nomenclature des professions, annexée à la présente loi [*NB - Voir tableau sous l'article 178*].

Art.6-I.- *(Loi n°05-10)* A. Bénéficient de l'exonération totale permanente :

1) Les personnes pour qui lesdites professions ne sont que l'exercice d'une fonction publique.

2) Les exploitants agricoles, pour les ventes réalisées en dehors de toute boutique ou magasin, la manipulation et le transport des récoltes et des fruits provenant des terrains qu'ils exploitent ainsi que la vente des animaux vivants qu'ils y élèvent et des produits de l'élevage dont la transformation n'a pas été réalisée par des moyens industriels.

Sont exclues de cette exonération les personnes qui effectuent une activité professionnelle afférente aux opérations d'achat, de vente et/ou d'engraissement d'animaux vivants.

3) Les associations des usagers des eaux agricoles pour les activités nécessaires à leur fonctionnement ou à la réalisation de leur objet, régies par la loi n°02-84 promulguée par le dahir n°1-87-12 du 21 décembre 1990.

4) Les associations et les organismes légalement assimilés sans but lucratif, pour les seules opérations conformes à l'objet défini dans leurs statuts. Toutefois, cette exonération ne s'applique pas en ce qui concerne les établissements de ventes ou de services appartenant auxdits associations et organismes.

5) La Ligue nationale de lutte contre les maladies cardio-vasculaires créée par le dahir portant loi n°1-77-334 du 9 octobre 1977.

6) La Fondation Hassan II pour la lutte contre le cancer créée par le dahir portant loi n°1-77-335 du 9 octobre 1977.

7) La Fondation Mohammed V pour la solidarité, pour l'ensemble de ses activités.

8) La Fondation Cheikh Zaïd Ibn Soltan créée par le dahir portant loi n°1-93-228 du 10 septembre 1993 pour l'ensemble de ses activités.

9) La Fondation Mohamed VI de promotion des œuvres sociales de l'éducation formation créée par la loi n°73-00 promulguée par le dahir n°1-01-197 du 1er août 2001, pour l'ensemble des ses activités.

10) L'Office national des œuvres universitaires sociales et culturelles créé par la loi n°81-00 promulguée par le dahir n°1-01-205 du 30 août 2001 pour l'ensemble de ses activités.

11) Les établissements privés d'enseignement général ou de formation profession-

nelle, pour les locaux affectés au logement et à l'instruction des élèves.

12) L'Université Al Akhawayne d'Ifrane créée par le dahir portant loi n°1-93-227 du 20 septembre 1993 pour l'ensemble de ses activités.

13) Les coopératives et leurs unions légalement constituées dont les statuts, le fonctionnement et les opérations sont reconnus conformes à la législation et à la réglementation en vigueur régissant la catégorie à laquelle elles appartiennent :

- lorsque leurs activités se limitent à la collecte de matières premières auprès des adhérents et à leur commercialisation ;
- ou lorsque leur chiffre d'affaires annuel est inférieur à 2.000.000 DH hors TVA, si elles exercent une activité de transformation de matières premières collectées auprès de leurs adhérents ou d'intrants à l'aide d'équipements, matériels et autres moyens de production similaires à ceux utilisés par les entreprises industrielles soumises à l'impôt sur les sociétés et de commercialisation des produits qu'elles ont transformés.

14) Bank Al-Maghrib, pour les terrains, constructions, matériels et outillage servant à la fabrication des billets et des monnaies.

15) La Banque Islamique de Développement, conformément à la convention publiée par le dahir n°1-77-4 du 19 septembre 1977.

16) La Banque Africaine de Développement conformément au dahir n°1-63-316 du 12 novembre 1963 portant ratification de l'accord de création de la Banque Africaine de Développement.

17) La Société Financière Internationale conformément au dahir n°1-62-145 du 19 juillet 1962 portant ratification de l'adhésion du Maroc à la Société Financière Internationale.

18) L'Agence Baty Mal Al Quods Acharif, conformément à l'accord de siège publié par le dahir n°1-99-330 du 15 mai 2000.

19) Les banques offshore et les sociétés holding offshore, régies la loi n°58-90 relative aux places financières offshore promulguée par le dahir n°1-91-131 du 26 février 1992, à raison des immeubles occupés par leurs sièges ou agences.

20) Les OPCVM régis par le dahir portant loi n°1-93-213 du 21 septembre 1993, pour les activités exercées dans le cadre de leur objet légal.

21) Les fonds de placements collectifs en titrisation régis par la loi n°10-98 promulguée par le dahir n°1-99-193 du 25 août 1999, pour les activités exercées dans le cadre de leur objet légal.

22) Les OPCR régis par la loi n°41-05 promulguée par le dahir n°1-06-13 du 14 février 2006, pour les activités exercées dans le cadre de leur objet légal et dans les conditions prévues par l'article 7-III du CGI.

23) La société nationale d'aménagement collectif, au titre des activités se rapportant à la réalisation de logements sociaux afférents aux projets « Annassim », situés dans les communes de « Dar Bouazza » et « Lyssasfa » et destinés au recasement des habitants de l'ancienne médina de Casablanca.

24) La société « Sala Al-Jadida » pour l'ensemble de ses activités.

25) Les promoteurs immobiliers, pour l'ensemble de leurs activités afférentes à la réalisation de logements sociaux tels que définis à l'article 92-I-28° du CGI.

Cette exonération est accordée dans les conditions prévues à l'article 247-XVI du CGI.

26) Les promoteurs immobiliers qui réalisent pendant une période maximum de trois ans courant à compter de la date de l'autorisation de construire, des opérations de construction de cités, résidences et campus universitaires constitués d'au moins 500 chambres, dont la capacité d'hébergement est au maximum de deux lits par chambre, dans le cadre d'une convention conclue avec l'Etat assortie d'un cahier des charges.

Cette exonération est accordée dans les conditions prévues à l'article 7-II du CGI.

27) L'Agence pour la promotion et le développement économique et social des préfectures et provinces du Nord du Royaume créée par la loi n°6-95, promulguée par le dahir n°1-95-155 du 16 août 1995, pour l'ensemble de ses activités.
28) L'Agence pour la promotion et le développement économique et social des Provinces du Sud du Royaume créée par le décret-loi n°2-02-645 du 10 septembre 2002, pour l'ensemble de ses activités.

29) L'Agence pour la promotion et le développement économique et social de la préfecture et des provinces de la région Orientale du Royaume créée par la loi n°12-05 promulguée par le dahir n°1-06-53 du 14 février 2006, pour l'ensemble de ses activités.

30) L'Agence pour l'aménagement de la vallée de Bou Regreg instituée par la loi n°16-04 relative à l'aménagement et à la mise en valeur de la vallée de Bou Regreg, promulguée par le dahir n°1-05-70 du 23 novembre 2005, pour l'ensemble de ses activités.

31) Les personnes physiques ou morales titulaires d'un permis de recherche ou d'une concession d'exploitation des gisements d'hydrocarbures, régies par la loi n°21-90 relative à la recherche et à l'exploitation des gisements d'hydrocarbures promulguée par le dahir n°1-91-118 du 1er avril 1992.

32) Les redevables qui réalisent des investissements imposables pour la valeur locative afférente à la partie du prix de revient supérieure à :

- 100.000.000 DH, hors TVA, pour les terrains, constructions et leurs agencements, matériel et outillages acquis par les entreprises de production de biens, à compter du 1er juillet 1998 ;
- 50.000.000 DH, hors TVA, pour les terrains, constructions et leurs agencements, matériel et outillages acquis par les entreprises de production de biens et de services, à compter du 1er janvier 2001.

Toutefois, ne sont pas pris en considération pour la détermination du montant dudit plafond les biens bénéficiant de l'exonération permanente ou temporaire ainsi que les éléments non imposables.

33) Les redevables, pour la valeur locative des immobilisations utilisées comme moyen de transport et de communication, au titre :

- du matériel de transport ;
- des canalisations servant à l'adduction et à la distribution publique d'eau potable ou à l'évacuation des eaux usées ;
- des lignes servant au transport et à la distribution de l'électricité et aux réseaux de télécommunications ;
- des autoroutes et voies ferrées.

34) Les redevables soumis à la taxe professionnelle, pour les locaux affectés aux services de douane, de police, de santé et tout local destiné à un service public.

35) Les entreprises installées dans la zone franche du port de Tanger régie par le dahir n°1-61-426 du 30 décembre 1961, pour les activités effectuées à l'intérieur de ladite zone.

B. Les redevables ayant leur domicile fiscal ou leur siège dans l'ex-province de Tanger et exerçant une activité principale dans le ressort de ladite ex-province bénéficient d'une réduction de 50 % au titre de cette activité.

Art.6-II.- Bénéficient de l'exonération totale temporaire :

1) Toute activité professionnelle nouvellement créée, pendant une période de cinq ans à compter de l'année du début de ladite activité.

N'est pas considérée comme activité nouvellement créée :
- le changement de l'exploitant ;
- le transfert d'activité.

L'exonération précitée s'applique également, pour la même durée aux terrains, constructions de toute nature, additions de constructions, matériels et outillages neufs acquis en cours d'exploitation, directement ou par voie de crédit-bail.

Toutefois, cette exonération ne s'applique pas :
- aux établissements des entreprises n'ayant pas leur siège au Maroc attributaires de marchés de travaux, de fournitures ou de services ;
- aux établissements de crédit et organismes assimilés, Bank Al-Maghrib et la Caisse de Dépôt et de Gestion ;
- aux entreprises d'assurances et de réassurances autres que les intermédiaires d'assurances visés à l'article 291 de la loi n°17-99 portant Code des assurances ;
- et aux agences immobilières.

2) Les entreprises autorisées à exercer leurs activités dans les zones franches d'exportation conformément aux dispositions de la loi n°19-94 relative aux zones franches d'exportation promulguée par le dahir n°1-95-1 du 26 janvier 1995, pendant les quinze premières années consécutives à leur exploitation au titre des activités visées à l'article 3 de la loi n°19-94 précitée.

3) L'Agence spéciale Tanger Méditerranée, ainsi que les sociétés intervenant dans la réalisation, l'aménagement, l'exploitation et l'entretien du projet de la zone spéciale de développement Tanger Méditerranée et qui s'installent dans les zones franches d'exportation visées à l'article 1 du décret-loi n°2-02-644 du 20 septembre 2002, pendant les quinze premières années d'exploitation.

Section 2 - Base imposable

Art.7.- I. La taxe professionnelle est établie sur la valeur locative annuelle brute, normale et actuelle des magasins, boutiques, usines, ateliers, hangars, remises, chantiers, lieux de dépôts et de tous locaux, emplacements et aménagements servant à l'exercice des activités professionnelles imposables.

La valeur locative, base de la taxe professionnelle est déterminée soit au moyen de baux et actes de location, soit par voie de comparaison, soit par voie d'appréciation directe sans recours à la procédure de rectification prévue par la présente loi.

Pour les établissements industriels et toutes les autres activités professionnelle, la taxe professionnelle est calculée sur la valeur locative de ces établissements pris dans leur ensemble et munis de tous leurs moyens matériels de production y compris les biens loués ou acquis par voie de crédit-bail.

En aucun cas, cette valeur locative ne pourra être inférieure à 3 % du prix de revient des terrains, constructions, agencements, matériel et outillages.

Pour les biens loués ou acquis par voie de crédit-bail, la valeur locative est déterminée sur la base du prix de revient desdits biens figurant au contrat initial de crédit-bail, même après la levée d'option d'achat.

Le redevable qui exerce plusieurs activités professionnelles dans un même local est imposable d'après le taux de la classe de l'activité principale.

Lorsque plusieurs personnes exercent des activités professionnelles dans un même local, la taxe professionnelle est établie pour chaque redevable séparément au prorata de la valeur locative correspondant à la partie occupée dudit local.

II. En ce qui concerne les établissements hôteliers et par dérogation aux dispositions du I ci-dessus, la valeur locative servant de base au calcul de la taxe professionnelle est déterminée par application au prix de revient des constructions, matériel, outillage, agencements et aménagements de chaque établissement, des coefficients fixés en fonction du coût global des éléments corporels de l'établissement considéré, qu'il soit exploité par son propriétaire ou par le locataire.

Ces coefficients sont fixés comme suit :

- 2 % lorsque le prix de revient est inférieur à 3.000.000 DH ;
- 1,50 % lorsque le prix de revient est égal ou supérieur à 3.000.000 et inférieur à 6.000.000 DH ;
- 1,25 % lorsque le prix de revient est égal ou supérieur à 6.000.000 et inférieur à 12.000.000 DH ;
- 1 % lorsque le prix de revient est égal ou supérieur à 12.000.000 DH.

Ces coefficients réduits ne sont cumulables avec aucune autre réduction de cette taxe.

Section 3 - Liquidation de la taxe

Art.8.- La taxe professionnelle est établie au lieu de situation des locaux et installations professionnelles imposables. Les personnes n'ayant pas de locaux ou d'installations professionnelles sont tenues d'élire un domicile fiscal.

La taxe est due pour l'année entière à raison des faits existant au mois de janvier.

Toutefois, la taxe professionnelle est due pour l'année entière, quelle que soit l'époque à laquelle les opérations auront été entreprises par les redevables dont les opérations ne peuvent, par leur nature, être exercées que durant une partie de l'année.

Les redevables qui entreprennent après le mois de janvier une activité nouvellement créée, deviennent passibles de la taxe professionnelle à partir du 1er janvier de l'année qui suit celle de l'expiration de l'exonération quinquennale prévue à l'article 6-II-1 ci-dessus.

Les extensions réalisées en cours d'exploitation, après le mois de janvier, par l'acquisition de terrains, constructions de toute nature, additions de constructions, matériel et outillages neufs sont imposables à partir du 1er janvier de l'année qui suit celle de l'expiration de l'exonération quinquennale prévue à l'article 6-II-1 ci-dessus.

Les réductions des éléments imposables survenues après le mois de janvier ne sont prises en considération qu'à partir du 1er janvier de l'année suivante.

Le matériel d'occasion acquis après le mois de janvier n'est imposable qu'à compter du 1er janvier de l'année qui suit celle de son acquisition.

En cas de cessation totale en cours d'année de l'exercice d'une profession, la taxe est due pour l'année entière, à moins que la fermeture des établissements, magasins, boutiques ou ateliers ne résulte de décès, de liquidation judiciaire, d'expropriation ou d'expulsion. Dans ce cas, les droits sont dus pour la période antérieure et le mois courant.

En cas de chômage partiel ou total d'une entreprise, pendant une durée d'une année civile, le redevable peut obtenir dégrèvement ou décharge de la taxe professionnelle conformément aux dispositions de l'article 15 ci-dessous.

Art.9.- I. Taux d'imposition

Les taux de la taxe professionnelle applicables à la valeur locative sont fixés comme suit :
- classe 3 (C3) : 10 %
- classe 2 (C2) : 20 %
- classe 1 (C1) : 30 %

II. Droit minimum

Le droit minimum de la taxe due par les redevables visés à l'article 10-I-2-b ci-après ne peut être inférieur aux montants ci-après :

Classes	Communes urbaines	Communes rurales
3 (C3)	300 DH	100 DH
2 (C2)	600 DH	200 DH
1 (C1)	1.200 DH	400 DH

Art.10.- I. Paiement de la taxe

1) La taxe professionnelle est établie par voie de rôles.

2) Le paiement par anticipation de la taxe professionnelle est effectué par :
- a) les redevables qui en font la demande par écrit ;
- b) les voyageurs, représentants, placiers de commerce ou d'industrie qui ne sont pas passibles de l'impôt sur le revenu au titre de leurs revenus salariaux et revenus assimilés, les marchands ambulants sur la voie publique, les redevables qui n'exercent pas à demeure au lieu de leur domicile, les personnes qui font acte de commerce ou d'industrie dans une ville sans y être domiciliées et d'une manière plus générale tous ceux qui exercent une profession en dehors des locaux pouvant servir de base au calcul de la taxe professionnelle et qui acquittent le droit minimum prévu à l'article 9-II ci-dessus. Ils doivent être porteurs d'une pièce justifiant leur inscription personnelle à la taxe professionnelle, qu'il leur appartient de se faire délivrer par l'administration fiscale, avant d'entreprendre leurs opérations et après paiement par anticipation de la taxe. Cette pièce doit, à la diligence du redevable, porter sa photographie d'identité ;
- c) les redevables exerçant sur les marchés ruraux. Dans ce cas, la taxe due est établie et recouvrée par les agents des perceptions.

II. La taxe dont le montant est inférieur à 100 DH n'est pas émise.

Art.11.- Le produit de la taxe professionnelle est réparti comme suit :
- 80 % aux budgets des communes du lieu d'imposition ;
- 10 % au profit des chambres de commerce, d'industrie et de services, des chambres d'artisanat et des chambres des pêches maritimes et de leurs fédérations. La répartition de ce produit entre ces chambres et fédérations est fixée par voie réglementaire ;
  10 % au budget général au titre des frais de gestion.

Section 4 - Obligations des redevables

Art.12.- Toute personne soumise à la taxe professionnelle doit, dans un délai maximum de trente jours suivant la date du début d'activité, souscrire au service local des impôts, dans le ressort duquel se trouve son siège social, son principal établissement ou son domicile fiscal, une déclaration d'inscription au rôle de la taxe professionnelle établie sur ou d'après un imprimé modèle de l'administration.

Au vu de cette déclaration, un numéro d'identification est attribué à chaque redevable.

Art.13.- Les redevables tenant une comptabilité, doivent produire une déclaration récapitulative faisant ressortir, par établissement exploité, les terrains et constructions, agencements, aménagements, matériels et outillages, indiquant la date de leur acquisition, mise en service ou installation, le lieu d'affectation et leur prix de revient au plus tard le 31 janvier de l'année suivant celle du début d'activité.

Ces redevables sont également tenus de produire une déclaration indiquant toutes les modifications effectuées dans l'établissement ayant pour effet d'accroître ou de réduire les éléments imposables au plus tard le 31 janvier de l'année suivant celle de la réalisation de la modification.

Ces déclarations, établies sur ou d'après un imprimé-modèle de l'administration, doivent être adressées ou remises contre récépissé au service local des impôts du lieu de situation du siège social, du principal établissement ou du domicile fiscal.

Art.14.- Les redevables de la taxe professionnelle doivent afficher le numéro d'identification à l'intérieur de chacun des établissements dans lesquels ils exercent leurs activités.

L'affiche prévue à cet effet doit être placardée de manière à être apparente et parfaitement lisible.

Les redevables visés à l'article 10-I-2 ci-dessus sont tenus de présenter les pièces justifiant leur inscription à la taxe professionnelle, lorsqu'ils en sont requis par les inspecteurs des impôts, les agents des perceptions, les officiers de police judiciaire et les agents de la force publique.

Art.15.- En cas de chômage partiel ou total prévu à l'article 8 ci-dessus, le redevable doit produire, au plus tard le 31 janvier de l'année suivant celle du chômage de l'établissement, au service local des impôts dans le ressort duquel se trouve son siège social, son principal établissement ou son domicile fiscal, une déclaration indiquant son numéro d'identification à la taxe professionnelle, la situation de l'établissement concerné, les motifs, les justificatifs et la description de la partie en chômage.

Le chômage partiel s'entend du chômage de l'ensemble des biens d'un établissement qui font l'objet d'une exploitation séparée.

Art.16.- En cas de cession, cessation, transfert d'activité ou transformation de la forme juridique de l'établissement, les redevables doivent, dans un délai de 45 jours, à compter de la date de la réalisation de l'un de ces événements, souscrire une déclaration auprès du service local des impôts du lieu de situation de leur siège social, leur principal établissement ou leur domicile fiscal.

En cas de décès du redevable, le délai de déclaration par les ayants droit est de trois mois à compter de la date du décès.

Lorsque les ayants droit continuent l'exercice de l'activité du redevable décédé, ils doivent en faire mention dans la déclaration précitée afin que l'imposition soit établie dans l'indivision.

Section 5 - Recensement et constatation sur place

Art.17.- Il est procédé annuellement à un recensement des redevables exerçant une activité professionnelle, même lorsqu'ils sont expressément exonérés de la taxe professionnelle.

Ce recensement est effectué par la commission de recensement prévue à l'article 32 ci-dessous.

Lors des opérations de recensement, les redevables passibles de la taxe professionnelle sont tenus de faire connaître à l'inspecteur des impôts :

- la nature de l'activité professionnelle exercée ;
- l'importance de l'activité compte tenu du nombre d'ouvriers, employés et autres éléments caractéristiques de l'activité ;
- la situation, l'affectation et la valeur locative des locaux occupés ;
- et tout autre renseignement nécessaire à la détermination de la valeur locative.

Art.18.- A toute période de l'année, les inspecteurs des impôts commissionnés à cet effet peuvent visiter, aux heures légales, les locaux servant à l'exercice d'un commerce, d'une industrie ou d'une profession, pour procéder à toutes constatations utiles et recueillir tous renseignements nécessaires à la détermination de la base de la taxe professionnelle.

Chapitre 3 - Taxe d'habitation

Section 1 - Champ d'application

Art.19.- La taxe porte annuellement sur les immeubles bâtis et constructions de toute nature occupés en totalité ou en partie par leurs propriétaires à titre d'habitation principale ou secondaire ou mis bénévolement, par lesdits propriétaires, à la disposition de leurs conjoints, ascendants ou descendants, à titre d'habitation, y compris le sol sur lequel sont édifiés lesdits immeubles et constructions et les terrains y attenant, tels que cours, passages, jardins lors qu'ils en constituent des dépendances immédiates.

Lorsque les terrains attenants aux constructions ne sont pas aménagés, ou lorsque ces aménagements sont peu importants, la superficie à prendre en considération pour la détermination de la valeur locative est fixée au maximum à cinq fois la superficie couverte de l'ensemble des bâtiments.

Art.20.- La taxe est établie au nom du propriétaire ou de l'usufruitier et à défaut, au nom du possesseur ou de l'occupant.

Lorsque le propriétaire du sol est différent du propriétaire de la construction, la taxe est établie au nom du propriétaire de la construction.

En cas d'indivision, la taxe est établie au nom de l'indivision, à moins que les indivisaires ne demandent que la taxe soit établie séparément pour chacune des unités à usage d'habitation, faisant l'objet d'une utilisation distincte.

A cet effet, les intéressés doivent produire :

- un acte authentique faisant ressortir la part de chaque co-indivisaire ;
- un contrat légalisé dans lequel sont spécifiées les conditions d'affectation du bien en indivision avec l'indication du nom de chacun des occupants.

Les dispositions visées à l'alinéa précédent sont applicables dans le cas de règlement d'une succession mettant fin à l'indivision.

Dans le cas des sociétés immobilières propriétaires d'une seule unité de logement et exclues du champ d'application de l'impôt sur les sociétés en vertu des dispositions de l'article 3-3-a du CGI, la taxe d'habitation est établie au nom de la société.

Dans le cas des société immobilières visées à l'article 3-3-b du CGI, la taxe est établie au nom de chacun des associés pour chaque fraction d'immeuble ou d'ensemble immobilier pouvant faire l'objet d'une utilisation distincte.

Art.21.- La taxe s'applique :

- à l'intérieur des périmètres des communes urbaines ;
- dans les zones périphériques desdites communes telles que ces zones sont dé-

finies par les dispositions de la loi n°12-90 relative à l'urbanisme promulguée par le dahir n°1-92-31 du 17 juin 1992 ;
- dans les centres délimités désignés par voie réglementaire ;
- dans les stations estivales, hivernales et thermales dont le périmètre de taxation est délimité par voie réglementaire.

Art.22-I.- A. Bénéficient de l'exonération totale permanente :

1) Les demeures royales.

2) Les immeubles appartenant :
- à l'Etat, aux collectivités locales et aux hôpitaux publics ;
- aux œuvres privées d'assistance et de bienfaisance soumises au contrôle de l'Etat ;
- aux associassions reconnues d'utilité publique lorsque dans lesdits immeubles sont installées des institutions charitables à but non lucratif.

3) Les biens habous, à l'exception des biens constitués en habous de famille.

4) Les immeubles mis gratuitement à la disposition des institutions et organismes énumérés au 2 ci-dessus.

5) Les immeubles appartenant à des Etats étrangers et affectés au logement de leurs ambassadeurs, Ministres plénipotentiaires ou consuls accrédités au Maroc, sous réserve de réciprocité.

6) Les immeubles utilisés en tant que locaux de la mission diplomatique ou consulaire dont l'Etat accréditant ou le chef de la mission sont propriétaires ou locataires en vertu de l'article 23 de la convention de Vienne sur les relations diplomatiques.

7) Les immeubles appartenant à des organismes internationaux bénéficiant du statut diplomatique lorsque ces immeubles sont affectés au logement des chefs de mission accrédités au Maroc.

8) Les immeubles improductifs de revenu qui sont affectés exclusivement à la célébration publique des différents cultes, à l'enseignement gratuit ou qui ont fait l'objet d'un classement ou d'une inscription comme monuments historiques, dans les conditions fixées par la législation et la réglementation en vigueur.

B. Est réduit de moitié le montant de la taxe d'habitation applicable aux immeubles situés dans l'ex-province de Tanger.

Art.22-II.- Bénéficient de l'exonération temporaire, les constructions nouvelles réalisées par des personnes au titre de leur habitation principale pendant une période de cinq années suivant celle de leur achèvement.

Section 2 - Base imposable

Art.23.- La taxe d'habitation est assise sur la valeur locative des immeubles, déterminée par voie de comparaison par la commission de recensement prévue à l'article 32 ci-dessous.

Cette valeur locative est fixée d'après la moyenne des loyers pratiqués pour les habitations similaires situées dans le même quartier.

Lorsqu'une unité d'habitation est occupée par un ou plusieurs copropriétaires dans l'indivision et qui versent un loyer aux autres copropriétaires n'occupant pas ladite habitation, la valeur locative imposable est déterminée uniquement sur la quote-part revenant à l'occupant de l'habitation. Le montant dudit loyer est passible de l'impôt sur le revenu.

La valeur locative est révisée tous les cinq ans par une augmentation de 2 %.

Art.24.- Un abattement de 75 % est appliqué à la valeur locative de l'habitation principale de chaque redevable propriétaire ou usufruitier.

Cet abattement s'applique également à la valeur locative de l'immeuble occupé à titre d'habitation principale par :

- le conjoint, les ascendants ou descendants en ligne directe au premier degré ;
- les membres des sociétés immobilières définies à l'article 3-3 du CGI ;
- les co-indivisaires pour le local qu'ils occupent à titre d'habitation principale ;
- les marocains résidents à l'étranger pour le logement qu'ils conservent à titre d'habitation principale au Maroc, occupé à titre gratuit par leur conjoint, leurs ascendants ou descendants en ligne directe au premier degré.

Cet abattement n'est cumulable avec aucune autre réduction de cette taxe.

Section 3 - Liquidation de la taxe

Art.25.- La taxe est établie annuellement au lieu de situation des immeubles imposables compte tenu de leur consistance et de leur affectation à la date du recensement. Toutefois, lorsque pour une raison quelconque un immeuble n'est pas recensé au cours d'une année déterminée, la taxe d'habitation le concernant est établie d'après la dernière taxe émise.

Lorsqu'un immeuble est situé dans une station d'estivage, d'hivernage ou thermale, la taxe y afférente est établie même en l'absence d'occupation et la vacance ne peut être établie que dans les conditions prévues par les dispositions des articles 26-II et 31 ci-dessous.

Art.26.- I. Lorsqu'un immeuble fait l'objet d'un changement de propriété, il est procédé, au titre de l'année qui suit, à l'imposition au nom du nouveau propriétaire :

- soit au vu de la déclaration prévue à l'article 30 ci-dessous ;
- soit d'après la déclaration du revenu global prévue à l'article 82 du CGI ;
- soit d'après les faits constatés par la commission de recensement prévue à l'article 32 ci-dessous.

II. Lorsqu'un local est vacant à la date du recensement soit pour cause de grosses réparations, soit parce que son propriétaire le destine à la vente ou à la location, la taxe est établie au titre de l'année de vacance.

Toutefois, le redevable peut obtenir décharge de la taxe, par suite de vacance, dans les conditions prévues aux articles 31 et 161 ci-dessous.

En cas de doute sur la vacance, la commission de recensement ou l'inspecteur des impôts qui en fait partie peut convoquer le redevable dans les formes prévues par l'article 152 ci-dessous en vue de confirmation de la vacance. Le redevable doit se présenter au service local des impôts ou faire connaître sa réponse par lettre recommandée avec accusé de réception dans un délai de trente jours à compter de la date de réception de la convocation.

La vacance est établie par tout moyen de preuve dont dispose le redevable, notamment :

- dans le cas des locaux en cours de réparation : l'état des lieux, le déménagement intégral des meubles ou la présence dans les locaux des corps de métiers chargés de la réparation ;
- dans le cas des locaux en instance d'affectation : l'enlèvement des compteurs d'eau et d'électricité.

Art.27.- Les taux de la taxe sont fixés comme suit :

- valeur locative annuelle de 0 à 5.000 DH : exonérée

- de 5.001 à 20.000 DH : 10 %
- de 20.001 à 40.000 DH : 20 %
- de 40.001 DH et plus : 30 %

Art.28.- La taxe est établie par voie de rôle.

La taxe dont le montant est inférieur à 100 DH n'est pas émise.

Art.29.- Le produit de la taxe est réparti par le service chargé du recouvrement comme suit :
- 90 % aux budgets des communes du lieu d'imposition ;
- 10 % au budget général au titre de frais de gestion.

Section 4 - Obligations des redevables

Art.30.- Les propriétaires ou usufruitiers sont tenus de souscrire, par immeuble, auprès du service local des impôts du lieu de situation dudit immeuble :
- une déclaration d'achèvement de constructions nouvelles et des additions de constructions ;
- une déclaration de changement de propriété ou d'affectation des immeubles.

Ces déclarations, établies sur ou d'après un imprimé-modèle de l'administration, doivent être souscrites au plus tard le 31 janvier de l'année suivant celle de l'achèvement des travaux ou du changement en indiquant la consistance de l'immeuble, sa nature, la date et le motif des travaux ou des changements et, le cas échéant, l'identité du nouveau propriétaire.

Art.31.- Les propriétaires ou usufruitiers concernés sont tenus de souscrire par immeuble auprès du service local des impôts du lieu de situation dudit immeuble une déclaration de vacance.

Cette déclaration, établie sur ou d'après un imprimé-modèle de l'administration, doit être souscrite au cours du mois de janvier de l'année suivant celle de vacance en indiquant la consistance des locaux vacants, la période et le motif de la vacance justifiée par tout moyen de preuve. Cette déclaration vaut demande de décharge.

Section 5 - Recensement

Art.32.- Il est procédé annuellement à un recensement des immeubles relevant de la taxe d'habitation même lorsqu'ils sont expressément exonérés de ladite taxe.

Ce recensement est effectué dans chaque commune par une commission dont les membres sont nommés pour six ans par décision du gouverneur de la préfecture ou de la province.

La commission comprend obligatoirement :
- un inspecteur des impôts proposé par l'administration fiscale ;
- un représentant des services fiscaux de la commune proposé par le président du conseil communal.

La commission peut se subdiviser en autant de sous-commissions qu'il est nécessaire pour exécuter ses travaux.

Chaque sous-commission doit comprendre un agent de la DGI et un représentant des services fiscaux de la commune.

La date à laquelle commenceront les opérations de recensement est portée trente jours à l'avance, au moins, à la connaissance des redevables par voie d'affiches, d'insertions dans les journaux et par tout autre mode de publicité en usage dans la localité.

Les propriétés sont recensées par rue, dans l'ordre de leur situation.

A la clôture des opérations de recensement, la commission doit établir :

- un procès-verbal de clôture des opérations de recensement signé par les membres de ladite commission auxquels une copie est délivrée ;
- des grilles de valeurs locatives sur la base de la moyenne des loyers des immeubles similaires dans le quartier.

Chapitre 4 - Taxe de services communaux

Section 1 - Champ d'application

Art.33.- La taxe de services communaux est établie annuellement au lieu de situation des immeubles soumis à cette taxe, au nom du propriétaire ou de l'usufruitier et à défaut, au nom du possesseur ou de l'occupant sur :

- les immeubles bâtis et les constructions de toute nature ;
- le matériel, outillage et tout moyen de production relevant de la taxe professionnelle.

Cette taxe s'applique :

- à l'intérieur du périmètre des communes urbaines ;
- dans les zones périphériques desdites communes telles que ces zones sont définis par les dispositions de la loi n°12-90 relative à l'urbanisme précitée ;
- dans les centres délimités, désignés par voie réglementaire ;
- dans les stations estivales, hivernales et thermales dont le périmètre de taxation à la taxe d'habitation est délimité par voie réglementaire.

Art.34.- Ne sont pas soumis à la taxe de services communaux, les redevables bénéficiant de l'exonération totale permanente de la taxe d'habitation et de la taxe professionnelle ainsi que les partis politiques et les centrales syndicales pour les immeubles appartenant à ces organismes et destinés à leurs sièges, à l'exclusion :

- des banques offshore et des sociétés holding offshore pour les immeubles occupés par leur siège ou agences ;
- des entreprises installées dans la zone franche du port de Tanger pour les activités effectuées à l'intérieur de ladite zone régie par les dispositions du dahir n°1-61-426 précité ;
- des OPCVM régis par les dispositions du dahir portant loi n°1-93-213 précité ;
- des fonds de placement collectif en titrisation régis par les dispositions de la loi n°10-98 précitée ;
- des OPCR régis par la loi n°41-05 précitée, pour les activités exercées dans le cadre de leur objet légal ;
- des coopératives et leurs unions légalement constituées dont les statuts, le fonctionnement et les opérations sont conformes à la législation et à la réglementation en vigueur régissant la catégorie à laquelle elles appartiennent et qui ne remplissent pas les conditions prévues à l'article 6-I-A-13 ci-dessus ;
- de Bank Al-Maghrib ;
- des personnes physiques ou morales titulaires d'un permis de recherche ou d'une concession d'exploitation des gisements d'hydrocarbures, régies par la loi n°21-90 précitée, relative à la recherche et à l'exploitation des gisements d'hydrocarbures ;
- de l'Etat, des collectivités locales et des établissements publics, pour les immeubles à usage d'habitation à l'exclusion des logements de fonction.

Section 2 - Base imposable

Art.35.- La taxe de services communaux est assise :

- a) en ce qui concerne les immeubles soumis à la taxe d'habitation et à la taxe professionnelle y compris ceux qui bénéficient de l'exonération permanente ou temporaire, sur la valeur locative servant de base au calcul desdites taxes ;

- b) en ce qui concerne les immeubles non soumis à la taxe d'habitation, sur le montant global des loyers lorsque lesdits immeubles sont donnés en location ou sur leur valeur locative lorsqu'ils sont mis gratuitement à la disposition de tiers.

Section 3 - Tarif et répartition

Art.36.- Les taux de la taxe de services communaux sont fixés comme suit :

- 10,50 % de la valeur locative visée à l'article 35 ci-dessus, pour les biens situés dans le périmètre des communes urbaines, des centres délimités, des stations estivales, hivernales et thermales ;
- 6,50 % de ladite valeur locative pour les biens situés dans les zones périphériques des communes urbaines.

Art.37.- Le produit de la taxe de services communaux est réparti par les services du recouvrement comme suit :

- 95 % aux budgets des communes ;
- 5 % aux budgets des régions.

Art.38.- Les dispositions relatives à la liquidation, aux obligations, aux sanctions, au recensement, au délai de prescription, aux réclamations, aux dégrèvements et compensation ainsi que les dispositions diverses prévues en matière de la taxe d'habitation et de la taxe professionnelle sont également applicables en matière de taxe de services communaux.

Chapitre 5 - Taxe sur les terrains urbains non bâtis

Section 1 - Champ d'application

Art.39.- La taxe sur les terrains urbains non bâtis porte sur les terrains urbains non bâtis situés à l'intérieur des périmètres des communes urbaines et les centres délimités disposant d'un document d'urbanisme, à l'exclusion des terrains nus affectés à une exploitation professionnelle ou agricole de quelle que nature qu'elle soit dans la limite de cinq fois la superficie des terrains exploités.

Sont également soumis à cette taxe, les terrains dépendants des constructions prévues à l'article 19 ci-dessus et dont la superficie est supérieure à cinq fois la superficie couverte de l'ensemble des constructions.

Art.40.- La taxe est due par le propriétaire et à défaut de propriétaire connu par le possesseur.

En cas d'indivision, la taxe est établie dans l'indivision à moins que chaque co-indivisaire ne demande que la taxe soit établie séparément sur sa quote-part. Dans ce cas les co-indivisaires restent solidairement tenus du paiement de la totalité du montant de la taxe.

Art.41.- *(Loi n°05-10)* Sont exonérés de la taxe sur les terrains urbains non bâtis, les terrains appartenant :

1) A l'Etat, aux collectivités locales, aux Habous publics ainsi que les terres Guich et les terres collectives.

2) A l'agence de logement et d'équipement militaires, créée par le décret-loi n°2-94-498 du 23 septembre 1994.

3) Aux personnes physiques ou morales titulaires d'un permis de recherche ou d'une concession d'exploitation des gisements d'hydrocarbures, régies par la loi n°21-90 précitée relative à la recherche et à l'exploitation des gisements d'hydrocarbures.

4) A la Ligue nationale de lutte contre les maladies cardio-vasculaires créée par le dahir portant loi n°1-77-334 précité.

5) A la Fondation Hassan II pour la lutte contre le cancer créée par le dahir portant loi n°1-77-335 précité.

6) A la Fondation Mohammed V pour la solidarité.

7) A la Fondation Cheikh Zaïd Ibn Soltan créée par le dahir portant loi n°1-93-228 précité.

8) A la Fondation Mohamed VI de promotion des œuvres sociales de l'éducation formation créée par la loi n°73-00 précitée.

9) A l'Office National des Œuvres Universitaires sociales et Culturelles régi par la loi n°81-00 précitée.

10) A l'Université Al Akhawayne d'Ifrane créée par le dahir portant loi n°1-93-227 précité.

11) A la Banque Islamique de Développement, conformément à la convention publiée par le dahir n°1-77-4 précité.

12) A la Banque Africaine de Développement conformément au dahir n°1-63-316 précité.

13) A la Société Financière Internationale conformément au dahir n°1-62-145 précité.

14) A l'Agence Bayt Mal Al Quods Acharif, conformément à l'accord de siège publié par le dahir n°1-99-330 précité.

15) A la société nationale d'aménagement collectif, au titre des activités se rapportant à la réalisation de logements sociaux afférents aux projets « Annassim », situés dans les communes de « Dar Bouazza » et « Lyssasfa » et destinés au recasement des habitants de l'ancienne médina de Casablanca.

16) A la société « Sala Al-Jadida ».

17) Aux promoteurs immobiliers, pour l'ensemble de leurs activités afférentes à la réalisation de logements sociaux tels que définis à l'article 92-I-28 du CGI.

Cette exonération est accordée dans les conditions prévues à l'article 247-XVI du CGI.

18) Aux promoteurs immobiliers qui réalisent pendant une période maximum de trois ans courant à compter de la date de l'autorisation de construire, des opérations de construction de cités, résidences et campus universitaires constitués d'au moins cinq cent chambres, dont la capacité d'hébergement est au maximum de deux lits par chambre, dans le cadre d'une convention conclue avec l'Etat assortie d'un cahier des charges.

Cette exonération est accordée dans les conditions prévues à l'article 7-II du CGI.

19) A l'Agence pour la promotion et le développement économique et social des préfectures et provinces du Nord du Royaume créée par la loi n°6-95 précitée.

20) A l'Agence pour la promotion et le développement économique et social des provinces du Sud du Royaume créée par le décret-loi n°2-02-645 précité.

21) A l'Agence pour la promotion et le développement économique et social de la préfecture et des provinces de la région Orientale du Royaume créée par la loi n°12-05 précitée.

22) A l'Agence pour l'aménagement de la Vallée de Bou Regreg instituée par la loi n°16-04 précitée.

23) Aux entreprises installées dans la zone franche du port de Tanger pour les terrains situés à l'intérieur de ladite zone régie par le dahir n°1-61-426 précité.

Art.42.- Sont exonérés temporairement de la taxe sur les terrains urbains non bâtis :

- les terrains situés dans les zones dépourvues de l'un des réseaux de distribution d'eau et d'électricité, au vu d'un document administratif attestant l'inexistence de l'un des réseaux, délivrée par l'administration ou l'organisme chargés de la réalisation ou de l'exploitation de ces réseaux ;
- les terrains situés dans les zones frappées d'interdiction de construire ou affectés à l'un des usages prévus aux paragraphes 2 à 8 de l'article 19 de la loi n°12-90 précitée relative à l'urbanisme ;
- les terrains faisant objet d'une autorisation de lotir ou de construire pour une durée de trois années à compter du 1er janvier de l'année qui suit celle de l'obtention de l'autorisation de lotir ou de construire ;
- les terrains appartenant à des personnes physiques ou morales, qui font l'objet d'une autorisation d'aménagement ou de développement durant les périodes suivantes :
    - trois ans pour les terrains dont la superficie ne dépasse pas trente hectares ;
    - cinq ans pour les terrains dont la superficie est supérieure à trente hectares et ne dépassant pas cent hectares ;
    - sept ans pour les terrains dont la superficie est supérieure à cent hectares.

Toutefois, à l'expiration des délais précités, le redevable qui n'a pas obtenu le certificat de conformité ou le permis d'habiter est tenu au paiement de la taxe due sans préjudice de l'application des pénalités et majorations prévues par les articles 134 et 147 ci-dessous.

Section 2 - Base imposable

Art.43.- La taxe est assise sur la superficie du terrain au mètre carré. Chaque fraction de mètre carré étant comptée pour un mètre carré entier.

Section 3 - Liquidation de la taxe

Art.44.- La taxe sur les terrains urbains non bâtis est due pour l'année entière à raison des faits existants au 1er janvier de l'année d'imposition.

Art.45.- Les tarifs de la taxe sur les terrains urbains non bâtis sont fixés, dans les formes et conditions prévues à l'article 168 ci-dessous, comme suit :

- zone immeuble, de 4 à 20 DH/m² ;
- zones villa, zone logement individuel et autres zones, de 2 à 12 DH/m².

La taxe dont le montant est inférieur à 100 DH ne fait l'objet ni d'émission ni de paiement.

Art.46.- La taxe sur les terrains urbains non bâtis est payée spontanément à la caisse du régisseur communal avant le 1er mars de chaque année.

Section 4 - Obligations des redevables

Art.47.- Les propriétaires ou les possesseurs des terrains urbains non bâtis, soumis à la taxe ou exonérés doivent déposer, avant le 1er mars de chaque année, une déclaration desdits terrains au service d'assiette communal, établie sur ou d'après un imprimé-modèle de l'administration, faisant ressortir tous les éléments de liquidation de la taxe.

Art.48.- En cas de changement de propriétaire, d'affectation ou de cession, le redevable doit fournir au service d'assiette communal dans un délai de quarante cinq jours suivant la date de réalisation de l'un des changements précités une déclaration contenant les indications nécessaires à la liquidation de la taxe.

Section 5 - Recensement

Art.49.- Il est procédé annuellement à un recensement des propriétés soumises à la taxe sur les terrains urbains non bâtis.

Ce recensement est effectué par le service d'assiette communal.

Chapitre 6 - Taxe sur les opérations de construction

Section 1 - Champ d'application

Art.50.- La taxe sur les opérations de construction s'applique aux opérations de construction, de reconstruction et d'agrandissement de toute nature ainsi qu'aux opérations de restauration qui nécessitent une autorisation de construire.

Dans la suite du présent chapitre, le terme « construction » désigne toute les opérations visées ci-dessus.

Art.51.- La taxe est due par le bénéficiaire de l'autorisation de construire.

Art.52.- Sont exonérés de la taxe :

1) Les logements sociaux visés à l'article 92-I-28 du CGI.

2) Les habitations de type rural situées dans les communes rurales.

3) L'Agence de logement et d'équipement militaire créée par le décret-loi n°2-94-498 précité.

4) La Ligue nationale de lutte contre les maladies cardio-vasculaires créée par le dahir portant loi n°1-77-334 précité.

5) La Fondation Hassan II pour la lutte contre le cancer créée par le dahir portant loi n°1-77-335 précité.

6) La Fondation Mohammed V pour la solidarité.

7) La Fondation Cheikh Zaïd Ibn Soltan créée par le dahir portant loi n°1-93-228 précité.

8) La Fondation Mohamed VI de promotion des œuvres sociales de l'éducation formation créée par la loi n°73-00 précitée.

9) L'Office national des œuvres universitaires sociales et culturelles régi par la loi n°81-00 précitée.

10) L'Université Al Akhawayne d'Ifrane créée par le dahir portant loi n°1-93-227 précité.

11) Bank Al-Maghrib, pour les constructions servant à la fabrication des billets et des monnaies.

12) La Banque Islamique de Développement, conformément à la convention publiée par le dahir n°1-77-4 précité.

13) La Banque Africaine de Développement conformément au dahir n°1-63-316 précité.

14) La Société Financière Internationale conformément au dahir n°1-62-145 précité.

15) L'Agence Bayt Mal Al Quods Acharif, conformément à l'accord de siège publié par le dahir n°1-99-330 précité.

16) La société nationale d'aménagement collectif, au titre des activités se rapportant à la réalisation de logements sociaux afférents aux projets « Annassim », situés dans les communes de « Dar Bouazza » et « Lyssasfa » et destinés au recasement des habitants de l'ancienne médina de Casablanca.

17) La société « Sala Al-Jadida ».

18) L'Agence pour la promotion et le développement économique et social des préfectures et provinces du Nord du Royaume créée par la loi n°6-95 précitée.

19) L'Agence pour la promotion et le développement économique et social des provinces du Sud du Royaume créée par le décret-loi n°2-02-645 précité.

20) L'Agence pour la promotion et le développement économique et social de la préfecture et des provinces de la région Orientale du Royaume créée par la loi n°12-05 précitée.

21) L'Agence pour l'aménagement de la vallée de Bou Regreg instituée par la loi n°16-04 précitée.

22) Les entreprises installées dans la zone franche du port de Tanger pour les activités effectuées à l'intérieur de ladite zone régie par le dahir n°1-61-426 précité.

Section 2 - Base imposable

Art.53.- La taxe sur les opérations de construction est calculée sur la superficie au mètre carré couvert. Chaque fraction de mètre carré étant comptée pour un mètre carré entier.

En ce qui concerne les constructions comportant des saillies situées sur le domaine public communal, la superficie desdites saillies compte pour double pour le calcul de la taxe.

La taxe sur les opérations de construction est payable une seule fois lors de la délivrance de l'autorisation de construire.

Section 3 - Liquidation de la taxe

Art.54.- Les tarifs de la taxe sont fixés, dans les formes et conditions prévues à l'article 168 ci-dessous, au mètre carré couvert comme suit :

- immeubles collectifs de logements ou ensembles immobiliers, immeubles à usage industriel, commercial, professionnel ou administratif : de 10 à 20 DH/m² ;
- logements individuels : de 20 à 30 DH/m².

Un montant de 100 à 500 DH est due pour les opérations de restauration prévues à l'article 50 ci-dessus.

Section 4 - Obligations des redevables

Art.55.- Les redevables de la taxe sont tenus de verser spontanément le montant de la taxe à la caisse du régisseur communal, au moment de la délivrance de l'autorisation de construire.

Art.56.- Les bénéficiaires de l'autorisation de construire sont tenus, avant le démarrage des travaux, d'afficher les références de l'autorisation ainsi que la date de sa délivrance.

Chapitre 7 - Taxe sur les opérations de lotissement

Art.57.- La taxe sur les opérations de lotissement s'applique à toutes les opérations de lotissement.

Art.58.- La taxe est due par les bénéficiaires de l'autorisation de lotir.

Art.59.- Sont exonérées de la taxe, les opérations de lotissement réalisées par :

- 1° l'Agence de logement et d'équipement militaire créée par le décret loi n°2-94-498 précité ;
- 2° la société nationale d'aménagement collectif, au titre des activités se rapportant à la réalisation de logements sociaux afférents aux projets « Annassim », situés dans les communes de « Dar Bouazza » et « Lyssasfa » et destinés au recasement des habitants de l'ancienne médina de Casablanca ;
- 3° la société « Sala Al-Jadida » ;
- 4° l'Agence pour la promotion et le développement économique et social des préfectures et provinces du Nord du Royaume créée par la loi n°6-95 précitée ;
- 5° l'Agence pour la promotion et le développement économique et social des provinces du Sud du Royaume créée par le décret-loi n°2-02-645 précité ;
- 6° l'Agence pour la promotion et le développement économique et social de la préfecture et des provinces de la région Orientale du Royaume créée par la loi n°12-05 précitée ;
- 7° l'Agence pour l'aménagement de la vallée de Bou Regreg instituée par la loi n°16-04 pré-citée.

Art.60.- La taxe est assise sur le coût total des travaux d'équipement du lotissement, hors TVA.

Art.61.- Le taux de la taxe est fixé, dans les formes et conditions prévues à l'article 168 ci-dessous, de 3 % à 5 % du coût total des travaux d'équipement du lotissement.

Art.62.- Les redevables de la taxe sont tenus de déposer auprès du régisseur communal compétent une déclaration comportant :

- le coût total estimatif des travaux d'équipement du lotissement au moment du dépôt de la demande de l'autorisation de lotir ;
- le coût total réel des travaux précités, au moment de la délivrance du certificat de conformité.

Art.63.- Les redevables de la taxe sont tenus de verser spontanément à la caisse du régisseur communal :

- un acompte de 75 % du montant de la taxe exigible, liquidé sur la base du coût total estimatif des travaux de viabilisation, d'assainissement et d'électrification du lotissement, hors TVA, au moment de la délivrance de l'autorisation de lotir ;
- et le solde du montant de la taxe exigible, liquidé sur la base du coût total réel desdits travaux, hors TVA, après achèvement des travaux.

Le certificat de réception provisoire ou le certificat de conformité ne sont délivrés au redevable qu'après paiement du montant intégral de la taxe.

Chapitre 8 - Taxe sur les débits de boissons

Art.64.- La taxe sur les débits de boissons est due par les exploitants des cafés, bars et salons de thé et de manière générale, par tout débitant de boissons à consommer sur place.

Art.65.- La taxe sur les débits de boissons est assise sur les recettes hors TVA, réalisées sur la vente des boissons à consommer sur place, effectuée par les exploitants des établissements soumis à la taxe.

Art.66.- Le taux de la taxe est fixé, dans les formes et conditions prévues à l'article 168 ci-dessous, de 2 % à 10 % des recettes, hors TVA, réalisées par l'établissement.

Art.67.- I. Les redevables sont tenus de déposer dans un délai maximum de trente jours suivant la date du début de l'activité une déclaration d'existence auprès du service d'assiette de la commune dont relève ladite activité, établie selon un imprimé-modèle de l'administration.

II. Les redevables sont tenus de déposer avant le 1er avril de chaque année, auprès du service d'assiette communal, une déclaration des recettes, hors TVA, réalisées au cours de l'année écoulée.

Le montant de la taxe est versé spontanément à la caisse du régisseur communal trimestriellement avant l'expiration du mois suivant chaque trimestre, sur la base des recettes, hors TVA, réalisées au cours de cette période et au vu d'un bordereau de versement établi selon un imprimé-modèle de l'administration.

Art.68.- En cas de cession, cessation ou transfert d'activité ou de transformation de la forme juridique, les redevables concernés sont tenus, dans un délai de quarante cinq jours, à compter de la date de réalisation de l'un des cas précités, de déposer auprès du service d'assiette concerné, une déclaration contenant tous les éléments de la liquidation de la taxe.

Art.69.- En cas de chômage partiel ou total prévu à l'article 8 ci-dessus, le redevable doit produire, au plus tard le 31 janvier de l'année suivante, au service d'assiette de la commune dont relève l'activité exercée, une déclaration indiquant le numéro d'inscription, la situation de l'établissement concerné, les motifs, les justificatifs et la description de la partie en chômage.

Le chômage partiel s'entend du chômage de l'ensemble des biens d'un établissement faisant l'objet d'une exploitation séparée.

Chapitre 9 - Taxe de séjour

Art.70.- La taxe de séjour est perçue dans les établissements d'hébergement touristiques appartenant à des personnes morales ou physiques et vient en sus du prix de la chambre.

On entend par « établissements d'hébergement touristiques » au sens du présent chapitre, les hôtels qui offrent en location des chambres ou des appartements équipés et meublés à une clientèle de passage ou de séjour, les clubs privés, les motels, les villages de vacances, les résidences touristiques, les maisons d'hôtes, les centres ou palais des congrès, et tout établissement touristique au sens de la loi n°61-00 portant statut des établissements touristiques.

Art.71.- Sont exonérés de la taxe de séjour les hôtels non classés, les pensions, les camping caravanings, les auberges de jeunesse et les enfants de moins de douze ans.

Art.72.- La taxe est due par personne et par nuitée selon les tarifs fixés pour les différentes catégories d'établissements d'hébergements touristiques.

Art.73.- Les tarifs de la taxe sont fixés, dans les formes et conditions prévues à l'article 168 ci-dessous, comme suit :

- a) maisons d'hôtes, centres ou palais de congrès et hôtels de luxe : de 15 à 30 DH ;
- b) hôtels :
  - 5 étoiles : de 10 à 25 DH ;
  - 4 étoiles : de 5 à 10 DH ;
  - 3 étoiles : de 3 à 7 DH ;
  - 2 et 1 étoile : de 2 à 5 DH ;
- c) clubs privés : de 10 à 25 DH ;
- d) villages de vacances : de 5 à 10 DH ;
- e) résidences touristiques : de 3 à 7 DH ;
- f) motels, gîtes, relais et autres établissements touristiques : de 2 à 5 DH.

Art.74.- Les exploitants des établissements d'hébergement touristiques sont tenus de déposer avant le 1er avril de chaque année une déclaration auprès du service d'assiette communal, d'après un imprimé-modèle établi par l'administration, comportant le nombre de clients ayant séjourné dans l'établissement pendant l'année écoulée ainsi que le nombre de nuitées.

Art.75.- En cas de cession, cessation, transfert d'activité ou transformation de la forme juridique, les redevables doivent, dans un délai de 45 jours, à compter de la date de la réalisation de l'un de ces événements, souscrire une déclaration auprès du service d'assiette communal du lieu de situation de chaque établissement.

En cas de décès du redevable, le délai de déclaration par les ayants droit est de trois mois à compter de la date du décès.

Lorsque l'activité du redevable décédé est poursuivie par ses ayants droit, ces derniers doivent en faire mention dans la déclaration précitée afin que l'imposition relative à cette activité soit établie dans l'indivision.

Art.76.- Les exploitants des établissements d'hébergement touristiques, visés à l'article 70 ci-dessus sont responsables du recouvrement de la taxe de séjour auprès des clients.

Les factures établies doivent faire apparaître distinctement le montant de la taxe.

Le montant de la taxe est versé spontanément à la caisse du régisseur communal trimestriellement avant l'expiration du mois suivant chaque trimestre, sur la base du nombre de clients ayant séjourné dans l'établissement et du nombre de nuitées et au vu d'un bordereau de versement établi selon un imprimé-modèle de l'administration.

Chapitre 10 - Taxe sur les eaux minérales et de table

Art.77.- La taxe sur les eaux minérales et de table est due par les entreprises exploitant les sources d'eaux minérales ou de table, devant être livrées à la consommation sous forme de bouteilles.

Art.78.- Les eaux minérales et les eaux de table taxables sont les eaux de source ou de puits telles qu'elles sont réglementées par la législation en vigueur relative à leur exploitation et à leur vente.

Art.79.- La taxe est assise sur chaque litre ou fraction de litre des eaux minérales et de tables devant être livrées à la consommation sous forme de bouteilles.

Art.80.- Le tarif de la taxe est fixé à 0,10 DH par litre ou fraction de litre des eaux minérales et de tables devant être livrées à la consommation sous forme de bouteilles.

Art.81.- Les redevables de la taxe sont tenus de déposer avant le 1er avril de chaque année une déclaration auprès du régisseur communal comportant le nombre de litres ou fraction de litres d'eaux minérales et de table devant être livrées à la consommation sous forme de bouteilles.

Art.82.- Le montant de la taxe est versé spontanément à la caisse du régisseur communal, trimestriellement avant l'expiration du mois suivant chaque trimestre, sur la base du nombre de litres ou fractions de litres d'eaux minérales et de tables devant être livrées à la consommation sous forme de bouteilles, au vu d'un bordereau de versement établi selon un imprimé-modèle de l'administration.

Chapitre 11 - Taxe sur le transport public de voyageurs

Art.83.- La taxe sur le transport public de voyageurs est perçue sur l'activité des taxis et de cars de transport public de voyageurs à raison de leur exploitation territoriale.

Art.84.- La taxe est due par les propriétaires ou à défaut de propriétaires connus par les exploitants de taxis et de cars affectés au transport public de voyageurs.

Art.85.- La taxe est assise sur l'activité de transport public de voyageurs en fonction des catégories de véhicules qui en sont affectés.

Art.86.- Les tarifs de la taxe sont fixés par trimestre, selon le barème ci-après dans les formes et conditions prévues à l'article 168 ci-dessous :

- taxis de 2e catégorie : de 80 à 200 DH
- taxis de 1ère catégorie : de 120 à 300 DH
- cars de moins de 7 places : de 150 à 400 DH
- cars de série C : de 300 à 800 DH
- cars de série B : de 500 à 1.400 DH
- cars de série A : de 800 à 2.000 DH

Les trimestres débutent le 1er janvier, le 1er avril, le 1er juillet et le 1er octobre. Tout trimestre commencé est compté pour un trimestre entier.

Art.87.- Les redevables sont tenus de déposer auprès du service d'assiette de la commune une déclaration d'existence au début de leur activité, une déclaration de cessation d'activité, en cas de cession, cessation, transfert d'activité ou transformation de la forme juridique, selon un imprimé-modèle de l'administration.

Art.88.- Le montant de la taxe est versé spontanément, trimestriellement avant l'expiration du mois suivant chaque trimestre, à la caisse du régisseur :

- de la commune d'exploitation des taxis de 2e catégorie ;
- de la commune du lieu de départ du véhicule pour les autres catégories.

Art.89.- Le paiement de la taxe est justifié par la délivrance au redevable d'une quittance qui doit être présentée lors de toute opération de contrôle par les services compétents.

Chapitre 12 - Taxe sur l'extraction des produits de carrières

Section 1 - Champ d'application

Art.90.- Il est appliqué une taxe sur les quantités de produits extraits des carrières situées dans le ressort territorial de la commune.

Art.91.- La taxe est due par l'exploitant autorisé, quel que soit le régime de propriété de la carrière.

Section 2 - Base imposable

Art.92.- La taxe est assise sur la quantité extraite des produits de carrières en fonction de la nature de ces produits.

Section 3 - Liquidation de la taxe

Art.93.- Le tarif de la taxe est fixé comme suit :

- pour les roches à usage ornemental et cosmétique, vanadinite, ghassoul, agate, corail et saphir : de 20 à 30 DH
- pour les variétés de marbre : de 15 à 20 DH
- pour le sable et les roches destinés à la construction (pierre, gypse, tout venant) et les roches destinées à un usage industriel (calcaire, argile, pouzzolane) : de 3 à 6 DH

Art.94.- Le produit de la taxe est réparti par le service de recouvrement comme suit :

- 90 % au profit des budgets des communes concernées ;
- 10 % au profit du budget de la région concernée.

Section 4 - Obligations des redevables

Art.95.- I. Les redevables sont tenus de délivrer à chaque client un récépissé numéroté tiré d'une série continue au titre des quantités acquises, établi d'après un imprimé-modèle de l'administration.

II. Les redevables doivent déposer une déclaration auprès du service d'assiette de la commune sur le territoire de laquelle sont extraits les produits de carrières avant le 1er avril de chaque année, d'après un imprimé-modèle de l'administration comportant la nature et la quantité des produits extraits au cours de l'année écoulée.

Art.96.- Le montant de la taxe est versé spontanément à la caisse du régisseur communal trimestriellement avant l'expiration du mois suivant chaque trimestre, sur la base de la nature et de la quantité des produits extraits et au vu d'un bordereau de versement, établi d'après un imprimé-modèle de l'administration.

Chapitre 13 - Taxe sur les permis de conduire

Art.97.- La taxe sur les permis de conduire est due à l'occasion de la délivrance du permis de conduire ou de son extension à une autre catégorie.

La délivrance du duplicata ne donne pas lieu au paiement de la taxe.

Art.98.- La taxe est due par toute personne qui obtient un permis de conduire ou une extension de ce permis à une autre catégorie.

Art.99.- Le montant de la taxe est fixé à 150 DH.

Art.100.- La taxe est perçue par l'organisme habilité à délivrer le permis de conduire ou son extension à une autre catégorie.

Art.101.- Le paiement de la taxe est justifié par l'apposition d'une vignette spéciale sur le document visé à l'article 97 ci-dessus. Les vignettes spéciales sont mises à la disposition de l'organisme chargée du recouvrement de cette taxe par la province ou la préfecture.

Art.102.- L'organisme qui délivre le permis de conduire ou son extension à une autre catégorie recouvre le montant de la taxe et le reverse trimestriellement à la caisse du régisseur de recettes de la préfecture ou de la province avant l'expiration du mois suivant chaque trimestre.

Le versement est effectué selon un bordereau avis indiquant le mois au cours duquel le paiement de la taxe est intervenu ainsi que le montant de la taxe recouvrée.

Art.103.- Le permis de conduire doit être revêtu de la vignette spéciale justifiant le paiement de la taxe.

Chapitre 14 - Taxe sur les véhicules automobiles soumis à la visite technique

Art.104.- La taxe sur les véhicules automobiles soumis à la visite technique est due à l'occasion de la visite technique annuelle desdits véhicules.

Art.105.- Cette taxe est due par le titulaire du certificat d'immatriculation.

Art.106.- Les tarifs de la taxe sont fixés par puissance fiscale comme suit :

- puissance fiscale inférieure à 8 chevaux : 30 DH
- de 8 à 10 chevaux inclus : 50 DH
- de 11 à 14 chevaux inclus : 70 DH
- égale ou supérieure à 15 chevaux : 100 DH

Art.107.- La taxe est perçue par l'organisme habilité à procéder à la visite technique des véhicules qui appose une vignette spéciale sur le certificat de visite.

Lesdites vignettes sont mises à la disposition de cet organisme par la préfecture ou province concernée.

Art.108.- L'organisme qui procède à la visite technique des véhicules doit déposer une déclaration trimestrielle et procéder au versement spontané du produit de la taxe à la caisse du régisseur de la préfecture ou province sur le territoire de laquelle est installé l'établissement.

Chaque versement de la taxe est accompagné d'un bordereau-avis, établi selon un imprimé-modèle de l'administration, indiquant le trimestre au cours duquel le paiement de la taxe est intervenu, la désignation et l'adresse de l'organisme qui a opéré le versement ainsi que le montant de la taxe recouvrée.

Chapitre 15 - Taxe sur la vente des produits forestiers

Art.109.- La taxe sur la vente des produits forestiers est appliquée sur la base du montant, hors TVA, des ventes des produits forestiers, y compris les coupes de bois.

Art.110.- La taxe est due par l'acquéreur des produits forestiers.

Art.111.- Le taux de la taxe est fixé à 10 % du montant des ventes des produits forestiers visés à l'article 109 ci-dessus.

Art.112.- La taxe est liquidée et recouvrée par l'administration des eaux et forêts dans les mêmes conditions que celles régissant la liquidation et le recouvrement des ressources forestières.

Art.113.- Le produit de la taxe est reversé à la caisse du receveur trésorier du budget de la province ou préfecture dans le ressort de laquelle sont réalisées les opérations de vente des produits forestiers dans le délai d'un mois suivant la date de recouvrement du produit desdites ventes.

Chapitre 16 - Taxe sur les permis de chasse

Art.114.- La taxe sur les permis de chasse est due par le bénéficiaire du permis de chasse.

La délivrance du duplicata ne donne pas lieu au paiement de la taxe.

Art.115.- Le montant annuel de la taxe est fixé à 600 DH.

Art.116.- La taxe sur les permis de chasse est perçue par le régisseur de la province ou de la préfecture qui en délivre une vignette au redevable lors de la délivrance du permis. Il assure le versement du produit de la taxe à la fin de chaque mois au receveur chargé de la gestion du budget de la région dont relève la préfecture ou la province concernée.

Art.117.- Le paiement de la taxe est justifié par l'apposition d'une vignette spéciale sur le document visé à l'article 114 ci-dessus.

Chapitre 17 - Taxe sur les exploitations minières

Art.118.- Une taxe est appliquée sur les quantités extraites des exploitations minières réalisées par les concessionnaires et exploitants de mines quelle que soit la forme juridique de cette exploitation.

Art.119.- Le tarif de la taxe sur les exploitations minières est fixé, dans les formes et conditions prévues à l'article 168 ci-dessous, de 1 à 3 DH par tonne extraite.

Art.120.- Les exploitants miniers sont tenus de déposer une déclaration avant le 1er avril de chaque année auprès du service d'assiette de la région, indiquant les quantités des produits miniers extraites au cours de l'année écoulée.

Le montant de la taxe est versé spontanément à la caisse du régisseur de la région, trimestriellement, avant l'expiration du mois suivant chaque trimestre, sur la base des quantités extraites durant cette période et au vu d'un bordereau de versement établi selon un imprimé-modèle de l'administration.

Chapitre 18 - Taxe sur les services portuaires

Art.121.- Il est appliqué au profit de la région une taxe due par les organismes concernés sur les services portuaires rendus dans l'enceinte du port relevant du ressort territorial de la région, à l'exclusion des services liés au transport international relatifs aux marchandises en transit non destinés au marché national.

Art.122.- La taxe sur les services portuaires qui est à la charge des usagers, est assise sur le montant global des services rendus visés à l'article 121 ci-dessus, même en cas de leur exonération de la TVA.

Art.123.- Le taux de la taxe est fixé, dans les formes et conditions prévues à l'article 168 ci-dessous de 2 % à 5 % du chiffre d'affaires hors TVA.

Art.124.- La taxe est perçue par l'organisme prestataire de services.

Art.125.- Les organismes chargés du prélèvement de la taxe sont tenus de déposer une déclaration établi selon un imprimé-modèle de l'administration, avant le 1er avril de chaque année auprès du service d'assiette de la région indiquant le chiffre d'affaires, hors TVA, réalisé par l'organisme concerné au cours de l'année écoulée.

Le montant de la taxe est versé spontanément à la caisse du régisseur de la région, trimestriellement avant l'expiration du mois suivant chaque trimestre, sur la base du chiffre d'affaire, hors TVA, réalisé durant cette période et au vu d'un bordereau de versement, établi selon un imprimé-modèle de l'administration.

Titre 2 - Règles de recouvrement

Chapitre 1 - Procédure de recouvrement

Art.126.- Modes de recouvrement

Les taxes instituées au profit des collectivités locales sont perçues :

- spontanément au vu des déclarations des redevables pour les taxes déclaratives ou par versement au comptant pour les droits au comptant ;
- en vertu d'ordres de recettes individuels ou collectifs régulièrement émis.

Art.127.- Les taxes déclaratives et les droits au comptant sont encaissés par le régisseur des recettes de la collectivité concernée.

Art.128.- Les ordres de recettes sont émis et revêtus de la formule exécutoire par :

- le Ministre chargé des finances ou la personne déléguée par lui à cet effet pour la taxe professionnelle, la taxe d'habitation et la taxe de services communaux ;

- l'ordonnateur de la collectivité locale concernée ou toute personne déléguée par lui à cet effet, pour les autres taxes prévues par la présente loi.

Art.129.- Les ordres de recettes sont adressés au moins quinze jours avant la date de mise en recouvrement, au comptable chargé du recouvrement qui les prend en charge et en assure le recouvrement conformément aux dispositions de la présente loi et de la loi n°15-97 formant Code de recouvrement des créances publiques.

Art.130.- Les avis d'imposition sont adressés par le comptable chargé du recouvrement, par voie postale sous pli fermé, aux redevables inscrits au rôle au plus tard à la date de mise en recouvrement.

L'avis mentionne le montant de la taxe à payer ainsi que les dates de mise en recouvrement et d'exigibilité.

Art.131.- Les dates de mise en recouvrement et d'exigibilité sont également portées à la connaissance des redevables par tout autre moyen d'information, notamment par voie d'affichage dans les locaux de la collectivité concernée.

Chapitre 2 - Exigibilité

Art.132.- Les taxes établies par voie d'ordres de recettes sont exigibles à l'expiration du deuxième mois qui suit celui de leur mise en recouvrement.

Toutefois, sont exigibles immédiatement les ordres de recettes émis à titre de régularisation en matière de taxes payables sur déclaration.

Chapitre 3 - Recouvrement forcé

Art.133.- Les dispositions de la loi n°15-97 formant Code de recouvrement des créances publiques sont applicables au recouvrement des taxes prévues par la présente loi.

Titre 3 - Sanctions

Chapitre 1 - Sanctions en matière d'assiette

Section 1 - Sanctions communes

Art.134.- I. En cas de défaut de déclaration ou de déclaration déposée hors délai, le montant de la taxe exigible est majoré de 15 %.

Toute déclaration incomplète, ou comportant des éléments discordants est assortie d'une majoration de 15 % du montant de la taxe exigible sauf si les éléments manquants ou discordants sont sans incidence sur la base de la taxe ou sur son recouvrement.

Le montant de chacune des majorations prévues ci-dessus ne peut être inférieur à 500 DH.

II. En cas de rectification de la base d'imposition résultant de la déclaration, une majoration de 15 % est établie sur le montant des droits correspondant à cette rectification sans préjudice de l'application des sanctions prévues à l'article 147 ci-dessous.

III. Le complément de la taxe et les sanctions visées ci-dessus sont émis par voie de rôle.

Le taux de la majoration de 15 % prévu ci-dessus peut être porté jusqu'à 100 % quand la mauvaise foi du redevable est établie.

La majoration de 100 % est applicable avec un minimum de 100 DH, sans préjudice de l'application de la pénalité et de la majoration prévues à l'article 147 ci-dessous.

Art.135.- Le redevable qui n'a pas produit dans le délai prescrit les déclarations prévues aux articles 16, 48, 68, 75 et 87 ci-dessus encourt une majoration de 15 % calculée sur le montant de la taxe due ou qui aurait été due en l'absence de toute exonération ou réduction de la taxe.

Dans le cas où les ayants droit ne précisent pas dans la déclaration de décès prévue à l'article 16 ci-dessus la continuité de l'activité exercée par le défunt, la régularisation de la taxe est opérée conformément aux dispositions de l'alinéa 8 de l'article 8 ci-dessus.

Art.136.- Les infractions relatives aux droit de communication prévu par l'article 151 ci-dessous ainsi qu'au défaut de présentation des documents prévus à l'article 149 ci-dessous sont sanctionnées par une amende de 500 DH et d'une astreinte de 100 DH par jour de retard dans la limite de 1.000 DH, dans les formes et les conditions prévues à l'article 159 ci-dessous.

L'amende et l'astreinte sont émises par voie de rôle. Toutefois, ces dispositions ne sont pas applicables aux cadi chargés du taoutiq, aux administrations de l'Etat et aux collectivités locales.

Art.137.- Lorsqu'un redevable refuse de présenter les autorisations délivrées par l'administration lors d'une opération de vérification d'une taxe, il lui est adressé une lettre l'invitant à présenter lesdites autorisations dans un délai de quinze jours à compter de la date de réception de ladite lettre.

Si à l'expiration de ce délai, le redevable ne présente pas le document demandé, il est imposé d'office sans notification préalable avec application d'une amende de 500 DH.

Art.138.- Indépendamment des sanctions fiscales édictées par la présente loi, est punie d'une amende de 5.000 à 50.000 DH, toute personne qui en vue de se soustraire à sa qualité de redevable ou au paiement de la taxe ou en vue d'obtenir des déductions ou remboursements indus, utilise l'un des moyens suivants :

- délivrance ou production de factures fictives ;
- production d'écritures comptables fausses ou fictives ;
- vente sans factures de manière répétitive ;
- soustraction ou destruction de pièces comptables légalement exigibles ;
- dissimulation de tout ou partie de l'actif de la société ou augmentation frauduleuse de son passif en vue d'organiser son insolvabilité.

En cas de récidive, avant l'expiration d'un délai de cinq ans qui suit un jugement de condamnation à l'amende précitée, ayant acquis l'autorité de la chose jugée, le contrevenant est puni, outre de l'amende prévue ci-dessus, d'une peine d'emprisonnement de un à trois mois.

Les infractions prévues au présent article sont constatées par procès-verbal établi par deux agents de l'administration, ayant au moins le grade d'administrateur-adjoint ou grade assimilé, spécialement commissionnés à cet effet et assermentés conformément à la législation en vigueur.

Quel que soit le statut juridique du redevable, la peine d'emprisonnement prévue ci-dessus ne peut être prononcée qu'à l'encontre de la personne physique qui a commis l'infraction ou à l'encontre de tout responsable, s'il est prouvé que l'infraction a été commise sur ses instructions et avec son accord.

Est passible de la même peine, toute personne convaincue d'avoir participé à l'accomplissement des faits précités, assisté ou conseillé les parties dans leur exécution. Les infractions visées au présent article ne peuvent être constatées que lors d'un contrôle fiscal.

Art.139.- Toute personne convaincue d'avoir participé aux manœuvres destinées à éluder le paiement de la taxe, assisté ou conseillé une entreprise dans l'exécution desdites manœuvres, est passible d'une amende égale au minimum à 1.000 DH et au maximum à 100 % du montant de la taxe éludée.

Le montant de l'amende visée ci-dessus est émis par voie de rôle.

Section 2 - Sanctions spécifiques à certaines taxes

I. Taxe professionnelle

Art.140.- Le redevable qui ne dépose pas, dans le délai prescrit, la déclaration d'inscription à la taxe professionnelle prévue à l'article 12 ci-dessus est passible d'une majoration de 15 % du montant de la taxe due ou qui aurait été due en l'absence de toute exonération ou réduction.

Dans tous les cas, le montant de la majoration ne peut être inférieur à 500 DH.

Art.141.- En cas de défaut ou de retard dans le dépôt de la déclaration des éléments imposables ou des modifications y afférentes, prévue à l'article 13 ci-dessus, ou de déclaration insuffisante ou incomplète, l'imposition est établie d'après les éléments en possession de l'administration avec application d'une majoration de 15 % calculée sur le montant de la taxe due ou qui aurait été due en l'absence de toute exonération ou réduction, sans préjudice de l'application des sanctions prévues à l'article 147 ci-dessous.

Le montant de la taxe, la pénalité et les sanctions visées ci-dessus sont émis par voie de rôle.

Art.142.- En cas d'inobservation des dispositions prévues à l'article 14 ci-dessus, le redevable est invité, dans les formes prévues à l'article 152 ci-dessous, à régulariser sa situation dans le délai de trente jours suivant la date de réception de l'avis.

Si le redevable ne régularise pas sa situation dans le délai prévu ci-dessus, l'infraction sera constatée par procès-verbal et entraînera pour ledit contrevenant l'application d'une majoration égale à 15 % du montant de la taxe due, ou qui aurait été due en l'absence de toute exonération ou réduction, au titre de l'année de la constatation de l'infraction.

Dans le cas où les personnes visées à l'article 10-I-2-b ci-dessus ne se trouvent pas en mesure de produire leur identification à la taxe professionnelle en la forme prescrite audit article, il sera procédé, à leurs frais, à la saisie ou au séquestre des marchandises mises par elles en vente ainsi que des moyens matériels servant à l'exercice de leur profession, à moins qu'elles ne donnent caution suffisante jusqu'à présentation de l'identification à la taxe professionnelle.

Art.143.- Le redevable qui ne produit pas la déclaration de chômage d'établissement prévue à l'article 15 ci-dessus, perd le bénéfice de la décharge ou du dégrèvement pour chômage, prévus à l'article 162 ci-dessous.

II. Taxe d'habitation et taxe de services communaux

Art.144.- Les propriétaires ou usufruitiers qui n'ont pas produit dans les délais prescrits les déclarations d'achèvement de construction, de changement de propriétaire ou d'affectation, prévues à l'article 30 de la présente loi, sont passibles d'une majoration de 15 % calculée sur la taxe due ou qui aurait été due en l'absence d'exonération totale ou partielle.

Art.145.- Les propriétaires ou usufruitiers qui n'ont pas répondu à la convocation de l'inspecteur prévue à l'article 26 ci-dessus ou qui n'ont pas produit dans les délais prescrits la déclaration de vacance prévue à l'article 31 ci-dessus perdent le bénéfice de la décharge de la taxe établie au titre de la vacance.

III. Taxe sur les débits de boissons et taxe sur le transport public de voyageurs

Art.146.- Les redevables qui ne déposent pas la déclaration d'existence prévue aux articles 67 et 87 ci-dessus ou qui déposent une déclaration inexacte sont passibles d'une amende de 500 DH.

Cette amende est émise par voie d'ordre de recettes.

Chapitre 2 - Sanctions en matière de recouvrement

Art.147.- Une pénalité de 10 % et une majoration de 5 % pour le premier mois de retard et de 0,50 % par mois ou fraction de mois supplémentaire est applicable au montant :

- des versements effectués spontanément, en totalité ou en partie, en dehors du délai prescrit, pour la période écoulée entre la date d'exigibilité de la taxe et celle du paiement ; toutefois, ces majorations et pénalité ne s'appliquent pas à la taxe d'habitation ou à la taxe de services communaux lorsque le montant de la cote ou de la quote-part de la taxe exigible figurant au rôle n'excède pas 1.000 DH pour chacune des deux taxes ;
- des impositions émises par voie de rôle ou d'ordre de recettes suite à rectification de la base d'imposition résultant de la déclaration, pour la période écoulée entre la date d'exigibilité de la taxe et celle de l'émission du rôle ou de l'ordre de recettes.

Par dérogation aux dispositions ci-dessus, les majorations prévues au présent article ne s'appliquent pas pour la période située au-delà des vingt quatre mois écoulés entre la date de l'introduction du recours du redevable devant la commission locale de taxation prévue à l'article 225 du CGI et celle de la mise en recouvrement du rôle ou de l'ordre de recettes comportant le complément de taxe exigible objet de mise en exécution.

Pour le recouvrement du rôle ou de l'ordre de recettes, il est appliqué une majoration de 0,50 % par mois ou fraction de mois de retard écoulé entre le premier du mois qui suit celui de la date d'émission du rôle ou de l'ordre de recettes et celle du paiement de la taxe.

Art.148.- Par dérogation aux dispositions de l'article 147 ci-dessus en matière de taxes émises par voie d'ordres de recettes de régularisation, seule sera appliquée, la majoration de 0,50 % par mois ou fraction de mois de retard supplémentaire écoulé entre la date de mise en recouvrement de l'ordre de recettes de régularisation de la taxe objet de mise en exécution et celle du paiement.

Partie 2 - Procédures de contrôle et de contentieux

Titre 1 - Droit de contrôle et de communication

Chapitre 1 - Dispositions générales

Art.149.- I. L'administration contrôle les déclarations et documents utilisés pour l'établissement des taxes suivantes :

- taxe sur les opérations de lotissements ;
- taxe sur les débits de boissons ;
- taxe de séjour ;
- taxe sur les eaux minérales et de table ;
- taxe sur le transport public de voyageur ;
- taxe sur l'extraction des produits de carrières ;
- taxe sur les services portuaires ;
- taxe sur les exploitations minières.

Les redevables, personnes physiques ou morales, sont tenus de fournir toutes justifications nécessaires et présenter tous documents comptables aux agents assermentés de l'administration commissionnés pour procéder au contrôle fiscal.

II. Les redevables soumis au régime du forfait prévu à l'article 40 du CGI, doivent tenir un registre coté et paraphé par le service d'assiette faisant ressortir, selon le cas, le montant des recettes mensuelles ou les éléments de liquidation de la taxe.

Les redevables soumis au régime du bénéfice net réel ou simplifié, prévu respectivement aux articles 33 et 38 du CGI, doivent tenir une comptabilité conformément à la législation et à la réglementation comptable en vigueur.

Art.150.- Les redevables sont tenus de conserver pendant dix ans au lieu où ils sont imposés les documents comptables nécessaires au contrôle fiscal ainsi que tout autre document prévu par la législation ou la réglementation en vigueur.

En cas de perte des documents précités pour quelque cause que ce soit, les redevables doivent en informer le service d'assiette du lieu de leur domicile fiscal, siège social ou principal établissement par lettre recommandée avec accusé de réception dans les quinze jours suivant la date à laquelle ils ont constaté ladite perte.

Art.151.- Pour permettre de relever tout renseignement utile en vue de l'assiette et du contrôle des taxes dues par des tiers, l'administration peut demander communication de l'original ou délivrance d'une reproduction sur support magnétique ou sur papier :

- 1° des documents de service ou comptables détenus par les administrations de l'Etat, les collectivités locales, les établissements publics et tout organisme soumis au contrôle de l'Etat, sans que puisse être opposé le secret professionnel ;
- 2° des livres et documents, dont la tenue est rendue obligatoire par les lois ou règlements en vigueur, ainsi que tous actes, écrits, registres et dossiers, détenus par les personnes physiques ou morales exerçant une activité passible des impôts, droits et taxes.

Toutefois, en ce qui concerne les professions libérales dont l'exercice implique des prestations de service à caractère juridique, fiscal ou comptable, le droit de communication ne peut porter sur la communication globale du dossier.

Le droit de communication s'exerce dans les locaux du siège social ou du principal établissement des personnes physiques et morales concernées, à moins que les intéressés ne fournissent les renseignements, par écrit ou remettent les documents aux agents des impôts, contre récépissé.

Les renseignements et documents visés ci-dessus sont présentés aux agents assermentés de l'administration.

Les demandes de communication visées ci-dessus doivent être formulées par écrit.

Chapitre 2 - Procédures et dispositions particulières

Art.152.- La notification est effectuée à l'adresse indiquée par le redevable dans ses déclarations, actes ou correspondances communiquées à l'administration de son lieu d'imposition, soit par lettre recommandée avec accusé de réception, soit par remise en main propre par l'intermédiaire des agents assermentés de l'administration, des agents du greffe, des huissiers de justice ou par voie administrative.

Le document à notifier doit être présenté à l'intéressé par l'agent notificateur sous pli fermé.

La remise est constatée par un certificat de remise établi en double exemplaire sur un imprimé-modèle de l'administration. Un exemplaire de ce certificat est remis à l'intéressé.

Le certificat de remise doit comporter les indications suivantes :

- le nom et la qualité de l'agent notificateur ;
- la date de la notification ;
- la personne à qui le document a été remis et sa signature.

Si celui qui reçoit la notification ne peut ou ne veut signer le certificat, mention en est faite par l'agent qui assure la remise. Dans tous les cas, cet agent signe le certificat et le fait parvenir à l'administration concernée.

Si cette remise n'a pu être effectuée, le contribuable n'ayant pas été rencontré, ni personne pour lui, mention en est faite sur le certificat, lequel est retourné à l'administration visée à l'alinéa précédent.

Le document est considéré avoir été valablement notifié :

1) S'il est remis :

- en ce qui concerne les personnes physiques, soit à personne, soit à domicile entre les mains de parents, d'employés ou de toute autre personne habitant ou travaillant avec le redevable destinataire ou en cas de refus de réception dudit document après l'écoulement d'un délai de dix jours qui suit la date du refus de réception ;
- en ce qui concerne les sociétés et les autres organismes, entre les mains de l'associé principal, de leur représentant légal, d'employés ou de toute autre personne travaillant avec le redevable destinataire ou en cas de refus de réception dudit document après l'écoulement d'un délai de dix jours qui suit la date du refus de réception.

2) S'il n'a pu être remis au redevable à l'adresse qu'il a communiquée à l'administration, lorsque l'envoi du document a été fait par lettre recommandée avec accusé de réception ou par l'intermédiaire des agents du greffe, des huissiers de justice ou par voie administrative, et qu'il a été retourné avec la mention non réclamé, changement d'adresse, adresse inconnue ou incomplète, locaux fermés ou redevable inconnu à l'adresse indiquée. Dans ces cas, le pli est considéré avoir été remis après l'écoulement d'un délai de dix jours qui suit la date de la constatation de l'échec de la remise du pli précité.

Art.153.- I. En cas de vérification de comptabilité par l'administration au titre des taxes visées au paragraphe I de l'article 149 ci-dessus, il est notifié au redevable un avis de vérification dans les formes prévues à l'article 152 ci-dessus au moins quinze jours avant la date fixée pour le contrôle.

Les documents sont présentés, dans les locaux, selon le cas, du domicile fiscal, du siège social ou du principal établissement des redevables personnes physiques ou morales concernés, aux agents assermentés de l'administration. Ces agents doivent être commissionnés pour procéder à un contrôle fiscal.

Les agents vérifient la sincérité des documents, des écritures comptables et des déclarations souscrites par le redevable et s'assurent, sur place, de l'existence matérielle des biens figurant à l'actif.

Si la comptabilité est tenue par des moyens informatiques ou si les documents sont conservés sous forme de microfiches, le redevable doit consentir aux agents toutes facilités pour l'exercice du contrôle et l'analyse des données enregistrées.

II. En aucun cas, la vérification prévue ci-dessus ne peut durer :

- plus de six mois pour les entreprises dont le montant du chiffre d'affaires déclaré au compte de produits et charges, au titre des exercices soumis à vérification, est inférieur ou égal à 50.000.000 DH hors TVA ;
- plus de douze mois pour les entreprises dont le montant du chiffre d'affaires déclaré au compte de produits et charges, au titre de l'un des exercices soumis à vérification, est supérieur à 50.000.000 DH hors TVA.

Ne sont pas comptées dans cette durée, les interruptions dues à l'application de la procédure prévue à l'article 159 ci-dessous relatif au défaut de présentation des documents.

L'agent de l'administration est tenu d'informer le redevable, dans les formes prévues à l'article 152 ci-dessus, de la date de clôture de la vérification.

Le redevable a la faculté de se faire assister dans le cadre de vérification de la comptabilité par un conseil de son choix.

III. A l'issue du contrôle fiscal sur place, l'administration doit :

- en cas de rectification des bases d'imposition, engager la procédure prévue à l'article 155 ou 156 ci-dessous ;
- dans le cas contraire, en aviser le redevable dans les formes prévues à l'article 152 ci-dessus.

Elle peut procéder ultérieurement, à un nouvel examen des écritures déjà vérifiées, sans que ce nouvel examen, même lorsqu'il concerne d'autres taxes, puisse entraîner une modification des bases d'imposition retenues au terme du premier contrôle.

Art.154.- I. Lorsque les écritures d'un exercice comptable ou d'une période de taxation présentent des irrégularités graves de nature à remettre en cause la valeur probante de la comptabilité, l'administration peut déterminer la base d'imposition des taxes visées à l'article 149-I ci-dessus d'après les éléments dont elle dispose.

Sont considérés comme irrégularités graves :

- le défaut de présentation d'une comptabilité tenue conformément à la législation et la réglementation en vigueur ;
- l'absence des inventaires ;
- la dissimulation d'achats ou de ventes dont la preuve est établie par l'administration ;
- les erreurs, omissions ou inexactitudes graves et répétées, constatées dans la comptabilisation des opérations ;

- l'absence de pièces justificatives privant la comptabilité de toute valeur probante ;
- la non comptabilisation d'opérations effectuées par le redevable ;
- la comptabilisation d'opérations fictives.

II. Si la comptabilité présentée ne comporte aucune des irrégularités graves énoncées ci-dessus, l'administration ne peut remettre en cause ladite comptabilité et reconstituer le chiffre d'affaires que si elle apporte la preuve de l'insuffisance des chiffres déclarés.

Art.155.- I. Dans le cas où l'administration est amenée à rectifier la base d'imposition des taxes visées à l'article 149-I ci-dessus, que celle-ci résulte des déclarations du redevable ou d'une taxation d'office, elle notifie à celui-ci, dans les formes prévues à l'article 152 ci-dessus, les motifs, la nature et le montant détaillé des redressements envisagés et l'invite à produire ses observations dans un délai de trente jours suivant la date de réception de la lettre de notification. A défaut de réponse dans le délai prescrit, l'imposition est établie et ne peut être contestée que dans les conditions prévues à l'article 161 ci-dessous.

II. Si les observations du redevable parviennent à l'administration dans le délai prescrit et si cette dernière les estime non fondées, en tout ou en partie, elle notifie au redevable, dans les formes prévues à l'article 152 ci-dessus, dans un délai maximum de soixante jours suivant la date de réception de la réponse du redevable, les motifs de son rejet partiel ou total ainsi que la base d'imposition qui lui parait devoir être retenue en lui faisant connaître que cette base sera définitive s'il ne se pourvoit pas devant la commission locale de taxation prévue à l'article 157 ci-dessous, dans un délai de trente jours suivant la date de réception de cette deuxième lettre de notification.

III. L'administration reçoit les requêtes adressées à la commission locale de taxation et notifie les décisions de celle-ci aux intéressés dans les formes prévues à l'article 152 ci-dessus.

IV. Les décisions de la commission locale de taxation peuvent faire l'objet, soit par les redevables soit par l'administration, d'un recours devant les tribunaux dans les conditions prévues à l'article 164 ci-dessous.

V. Sont immédiatement émis par voie de rôle, les droits supplémentaires et les pénalités y afférentes découlant des impositions établies :

- 1° pour défaut de réponse ou de recours dans les délais prescrits par les dispositions du I et II ci-dessus ;
- 2° après l'accord partiel ou total conclu par écrit entre les parties au cours de la procédure de rectification ;
- 3° après décision de la commission locale de taxation ;
- 4° pour les redressements n'ayant pas fait l'objet d'observations de la part du redevable au cours de la procédure de rectification.

VI. La procédure de rectification est frappée de nullité :

- en cas de défaut d'envoi au redevable de l'avis de vérification dans le délai prévu à l'article 153-I ci-dessus ;
- en cas de défaut de notification de la réponse de l'administration aux observations du redevable dans le délai prévu au paragraphe II ci-dessus.

Art.156.- I. Lorsque l'administration est amenée, en cas de décès du redevable, de cession d'entreprise, cessation d'activité, transformation de la forme juridique, redressement ou de liquidation judiciaire, à rectifier la base imposable des taxes visées à l'article 149-I ci-dessus au titre de la dernière période d'activité non couverte par la prescription prévue à l'article 160 ci-dessous, elle notifie au redevable, dans les formes prévues à l'article 152 ci-dessus, les motifs, le montant détaillé des redressements envisagés et la base pour l'établissement de la taxe retenue.

Le redevable dispose d'un délai de trente jours suivant la date de la réception de la lettre de notification pour formuler sa réponse et produire, s'il y a lieu, des justifications. A défaut de réponse dans le délai prescrit, l'imposition est établie et ne peut être contestée que suivant les dispositions de l'article 161 ci-dessous.

Si, dans le délai prévu, des observations ont été formulées et si l'administration les estime non fondées en tout ou en partie, elle notifie au redevable dans les formes prévues à l'article 152 ci-dessus, dans un délai maximum de soixante jours suivant la date de réception de la réponse du redevable, les motifs de son rejet partiel ou total ainsi que les bases d'imposition retenues en lui faisant savoir qu'il pourra contester lesdites bases devant la commission locale de taxation prévue par l'article 157 ci-après dans un délai de trente jours suivant la date de réception de la deuxième lettre de notification.

L'administration établit les impositions sur les bases adressées au redevable dans la deuxième lettre de notification précitée.

Le recours devant la commission locale de taxation s'exerce dans les conditions fixées par les dispositions de l'article 155 ci-dessus.

Les taxes susvisées ne peuvent être contestées par voie judiciaire que dans les conditions prévues à l'article 164 ci-dessous.

Toutefois, à défaut de pourvoi devant la commission précitée, les impositions émises ne peuvent être contestées que dans les conditions prévues à l'article 161 ci-dessous.

II. En cas de cessation totale d'activité d'un redevable suivie de liquidation, la rectification des bases d'imposition a lieu à la suite d'une vérification de comptabilité effectuée, sans que pour toute la période de liquidation, la prescription puisse être opposée à l'administration.

La notification du résultat de cette vérification de comptabilité doit être adressée au redevable avant l'expiration du délai d'un an suivant la date du dépôt de la déclaration définitive du résultat final de la liquidation.

Art.157.- Par dérogation aux dispositions de l'article 225 du CGI, les commissions locales de taxation connaissent des réclamations relatives aux taxes visées par l'article 149-I ci-dessus sous forme de requêtes présentées par les redevables qui possèdent leur domicile fiscal, leur siège social ou leur principal établissement à l'intérieur du ressort desdites commissions.

Elles statuent sur les litiges qui leur sont soumis et doivent se déclarer incompétentes sur les questions qu'elles estiment portant sur l'interprétation des dispositions légales ou réglementaires.

I. Chaque commission comprend :

- 1° un magistrat, président ;
- 2° un représentant du gouverneur de la préfecture ou de la province dans le ressort de laquelle est situé le siège de la commission ;
- 3° un représentant des services fiscaux des collectivités locales désigné par le Gouverneur, tenant le rôle de secrétaire rapporteur ;
- 4° un représentant des redevables appartenant à la chambre ou à l'organisation professionnelle qui représente l'activité exercée par le redevable requérant.

La commission statue valablement lorsque trois au moins de ses membres, dont le président et le représentant des redevables, sont présents. Elle délibère à la majorité des voix des membres présents. En cas de partage égal des voix, celle du président est prépondérante.

Elle statue valablement au cours d'une seconde réunion en présence du président et de deux autres membres. En cas de partage égal des voix, celle du président est prépondérante.

Les décisions des commissions locales doivent être détaillées et motivées.

Le délai maximum qui doit s'écouler entre la date d'introduction d'un pourvoi et celle de la décision qui est prise, à son sujet, est fixé à douze mois.

Lorsqu'à l'expiration du délai précité, la décision de la commission locale de taxation n'a pas été prise, aucune rectification ne peut être apportée à la déclaration du redevable ou à la base pour l'établissement de la taxe retenue par l'administration en cas de taxation d'office pour défaut de déclaration ou déclaration incomplète.

Toutefois, dans le cas où le redevable aurait donné son accord partiel sur les bases notifiées par l'administration ou en l'absence d'observations de sa part sur les chefs de redressement rectifiés par l'administration c'est la base résultant de cet accord partiel ou des chefs de redressement précités qui est retenue pour l'émission des taxes.

II. Les représentants des redevables sont désignés dans les conditions suivantes :

- 1° pour les recours concernant les redevables exerçant une activité commerciale, industrielle, artisanale ou agricole : les représentants titulaires et suppléants, en nombre égal, sont désignés, pour une période de trois ans, par le gouverneur de la préfecture ou de la province concernée, parmi les personnes physiques, figurant sur les listes présentées par les présidents de la chambre de commerce, d'industrie et de services, des chambres d'artisanat, de la chambre d'agriculture et de la chambre des pêches maritimes, avant le 31 octobre de l'année précédant celle au cours de laquelle les membres désignés sont appelés à siéger au sein de la commission locale.
- 2° pour les recours concernant les redevables exerçant des professions libérales : les représentants titulaires et suppléants, en nombre égal, sont désignés, pour une période de trois ans, par le gouverneur de la préfecture ou de la province concernée, parmi les personnes physiques, membres des organisations professionnelles les plus représentatives figurant sur les listes présentées par lesdites organisations avant le 31 octobre de l'année précédant celle au cours de laquelle les membres désignés sont appelés à siéger au sein de la commission locale.

La désignation des représentants visés aux 1 et 2 ci-dessus a lieu avant le 1er janvier de l'année au cours de laquelle ils sont appelés à siéger au sein des commissions locales. En cas de retard ou d'empêchement dans la désignation des nouveaux représentants, le mandat des représentants sortants est prorogé d'office de trois mois, au maximum.

III. Si le mandat des représentants sortants ne peut pas être prorogé pour quelque cause que ce soit ou si, au 1er avril, les nouveaux représentants des redevables ne sont pas encore désignés, le redevable en est informé dans les formes prévues à l'article 152 ci-dessus. Dans ce cas, le redevable a la faculté de demander au chef du service fiscal de la collectivité locale du lieu de l'établissement de la taxe, dans les trente jours suivant la date de la réception de ladite lettre, à comparaître devant la commission locale de taxation ne comprenant que le président, le représentant du gouverneur de la préfecture ou de la province et le chef du service fiscal de la collectivité locale.

IV. La commission peut s'adjoindre, pour chaque affaire, deux experts au plus, fonctionnaires ou redevables, qu'elle désigne et qui ont voix consultative. Elle entend le représentant du redevable à la demande de ce dernier ou si elle estime cette audition nécessaire.

Dans les deux cas, la commission convoque en même temps le ou les représentants du redevable et le ou les représentants de l'administration désignés à cet effet.

La commission les entend séparément ou en même temps soit à la demande de l'une ou de l'autre partie, soit lorsqu'elle estime leur confrontation nécessaire.

Les taxes établies suite aux décisions devenues définitives des commissions locales de taxation, y compris celles portant sur les questions pour lesquelles lesdites commissions se sont déclarées incompétentes, peuvent être contestées par le redevable, par voie judiciaire, dans les conditions et les délais prévus à l'article 164 ci-dessous.

Chapitre 3 - Procédure de taxation d'office

Art.158.- Le redevable qui n'a pas souscrit les déclarations prévues par la présente loi ou qui a produit une déclaration incomplète, sur laquelle manquent les renseignements nécessaires à l'assiette et au recouvrement des taxes visées par l'article 149-I ci-dessus, est invité, dans les formes prévues à l'article 152 ci-dessus, à déposer ou à compléter sa déclaration dans le délai de trente jours suivant la date de réception de la lettre qui lui a été adressée.

Si le redevable ne dépose pas ou ne complète pas sa déclaration dans le délai de trente jours précité, l'administration l'informe dans les mêmes formes prévues à l'article 152 ci-dessus, des bases qu'elle a évaluées et sur lesquelles il sera imposé d'office s'il ne dépose ou ne complète sa déclaration dans un deuxième délai de trente jours suivant la date de réception de la deuxième lettre d'information.

Les droits résultant de cette taxation ainsi que la pénalité et les majorations y afférentes ne peuvent être contestés que dans les conditions prévues à l'article 161 de la présente loi.

Art.159.- Si le redevable ne présente pas les documents visés à l'article 149 ci-dessus, ou refuse de se soumettre au contrôle fiscal, il lui est adressé une lettre, dans les formes prévues à l'article 152 ci-dessus, l'invitant à se conformer aux obligations légales dans un délai de quinze jours à compter de la date de réception de ladite lettre.

Si le redevable ne présente pas les documents dans le délai précité ou refuse de se soumettre au contrôle précité, l'administration l'informe, par lettre, dans les formes prévues par l'article 152 ci-dessus, de l'application d'une amende de 500 DH et lui accorde un délai supplémentaire de quinze jours à compter de la date de réception de ladite lettre, pour s'exécuter ou pour justifier l'absence de documents.

Lorsque dans ce dernier délai le redevable ne se conforme pas à ces obligations légales, il est imposé d'office, sans notification préalable. Cette imposition peut, toutefois, être contestée dans les conditions prévues à l'article 161 ci-dessous.

Si le défaut de présentation des documents n'a pas été justifié, ou si le redevable refuse de se soumettre au contrôle, il est passible d'une astreinte de 100 DH par jour de retard dans la limite de 1.000 DH.

Chapitre 4 - Prescription

Art.160.- I. Les insuffisances, les erreurs et omissions totales ou partielles constatées dans la détermination des bases d'imposition ou le calcul des taxes prévues par la présente loi, peuvent être réparées par l'administration dans un délai de quatre ans à compter de l'année au titre de laquelle la taxe est due.

II. La prescription est interrompue par la première notification prévue aux articles 155, 156, 158 et 159 ci-dessus.

III. La prescription est suspendue pendant la période qui s'écoule entre la date d'introduction du pourvoi devant la commission locale de taxation et l'expiration du délai de trois mois suivant la date de notification de la décision de la commission précitée.

IV. Les insuffisances de perception, les erreurs ou omissions totales ou partielles constatées par l'administration dans la liquidation et l'émission des taxes peuvent être réparées dans le délai de prescription prévu au présent article.

Ce délai de prescription est interrompu par la mise en recouvrement des ordres de recettes.

Titre 2 - Contentieux

Chapitre 1 - Procédure administrative

Art.161.- Les redevables qui contestent tout ou partie du montant des taxes mises à leur charge doivent adresser leurs réclamations à l'ordonnateur ou à la personne déléguée par lui à cet effet :

- en cas de taxation par voie de rôle ou ordre de recettes, dans les six mois suivant celui de la date de leur mise en recouvrement ;
- en cas de paiement spontané de la taxe dans les six mois qui suivent l'expiration des délais de déclarations prescrits.

Après instruction de la réclamation par le service compétent, il est statué sur la réclamation par :

- le Ministre chargé des finances ou la personne déléguée par lui à cet effet en matière de taxe professionnelle, taxe d'habitation et taxe de services communaux ;
- l'ordonnateur de la collectivité locale ou la personne déléguée par lui à cet effet pour les autres taxes.

Si le redevable n'accepte pas la décision rendue par l'administration ou à défaut de réponse de celle-ci dans le délai de six mois suivant la date de la réclamation, il peut introduire une demande devant le tribunal compétent dans le délai de trente jours suivant la date de notification de la décision précitée.

Pour les redevables non résidents, le délai de saisine du tribunal est porté à deux mois.

La réclamation ne fait pas obstacle au recouvrement immédiat des sommes exigibles et, s'il y a lieu, à l'engagement de la procédure de recouvrement forcé sous réserve de restitution totale ou partielle desdites sommes après décision ou jugement.

Art.162.- I. Le Ministre chargé des finances, l'ordonnateur de la collectivité locale concernée ou les personnes déléguées par eux à cet effet doivent prononcer, dans le délai de prescription relatif aux réclamations prévu à l'article 161 ci-dessus, le dégrèvement partiel ou total des taxations qui sont reconnues former surtaxe, double emploi ou faux emploi, et ce conformément à la législation et la réglementation en vigueur.

II. Le Ministre chargé des finances ou le Ministre de l'Intérieur ou les personnes déléguées par eux à cet effet peuvent accorder, à la demande du redevable et au vu des circonstances invoquées, remise ou modération des majorations, amendes, pénalités et autres sanctions prévues par la présente loi.

III. Lorsqu'un immeuble est imposé au titre de la taxe d'habitation au nom d'une personne autre que celle qui en est propriétaire, la mutation de cote ou la modération peut être prononcée par décision du Ministre chargé des finances ou de la personne déléguée par lui à cet effet, sur la réclamation, soit du propriétaire, soit de celui sous le nom duquel la propriété a été taxé à tort, présentée dans les conditions de forme et de délai de prescription prévues à l'article 160 ci-dessus.

En cas de contestation sur le droit de propriété de l'immeuble, la taxe est émise provisoirement au nom du possesseur ou de l'occupant comme prévu à l'article 19 ci-dessus et les parties sont renvoyées devant les tribunaux compétents. Après jugement définitif, sur le droit de propriété de l'immeuble, la situation est régularisée dans la limite de la prescription prévue à l'article 160 ci-dessus.

Art.163.- Lorsqu'un redevable demande la décharge, la réduction ou la restitution du montant de l'une des taxes prévues par la présente loi, l'administration compétente peut, au cours de l'instruction de cette demande, opposer au redevable toute compensation au profit de l'intéressé, au titre de la taxe concernée, entre les dégrèvements justifiés et les droits dont celui-ci peut encore être redevable en raison d'insuffisances ou d'omissions non contestées, constatées dans l'assiette ou le calcul de ses taxes non atteintes par la prescription.

En cas de contestation par le redevable du montant des droits dus au titre des taxes visées à l'article 149-I ci-dessus afférents à une insuffisance ou à une omission, l'administration compétente accorde le dégrèvement et engage, selon le cas, la procédure prévue à l'article 155 ou 156 ci-dessus.

Chapitre 2 - Procédure judiciaire

Art.164.- Les taxes émises suite aux décisions de la commission locale de taxation et celles établies d'office par l'administration d'après la base qu'elle a notifié du fait de la reconnaissance par ladite commission de son incompétence, peuvent être contestées par le redevable, par voie judiciaire, dans le délai de soixante jours suivant la date de mise en recouvrement de l'ordre de recettes.

Dans le cas où la décision de la commission locale de taxation ne donne pas lieu à l'émission d'un ordre de recettes, le recours judiciaire peut être exercé dans les soixante jours suivant la date de notification des décisions de ladite commission.

L'administration peut également contester, par voie judiciaire, dans le délai précité selon les cas prévus au premier ou deuxième alinéa ci-dessus, les décisions de la commission locale de taxation que celles-ci portent sur des questions de droit ou de fait.

Nonobstant toutes dispositions contraires, l'administration est valablement représentée en justice en tant que demandeur ou défendeur par le directeur général des impôts ou l'ordonnateur de la collectivité locale concernée ou les personnes déléguées par eux à cet effet qui peuvent, le cas échéant, mandater un avocat.

Les litiges mettant en cause l'application de la présente loi ne peuvent faire objet d'arbitrage.

Art.165.- Si le redevable n'accepte pas la décision rendue par l'administration concernée suite à l'instruction de sa réclamation, il peut saisir le tribunal compétent dans le délai de trente jours suivant la date de la notification de la décision précitée.

A défaut de réponse de l'administration dans le délai de six mois suivant la date de la réclamation, le redevable requérant peut également introduire une demande devant le tribunal compétent dans le délai de trente jours suivant la date de l'expiration du délai de réponse pré-cité.

Art.166.- La plainte tendant à l'application des sanctions prévues à l'article 138 ci-dessus doit, au préalable, être présentée par le Ministre chargé des finances ou par l'ordonnateur de la collectivité locale ou par les personnes déléguées par eux à cet effet, à titre consultatif, à l'avis de la commission des infractions fiscales prévue par l'article 231 du CGI, présidée par un magistrat et comprenant deux représentants de l'administration fiscale et deux représentants des redevables choisis sur des listes présentées par les organisations professionnelles les plus représentatives. Les membres de cette commission sont désignés par arrêté du Premier Ministre.

Après consultation de la commission précitée, le Ministre chargé des finances ou l'ordonnateur de la collectivité locale ou les personnes déléguées par eux à cet effet, peuvent saisir de la plainte tendant à l'application des sanctions pénales prévues à l'article 138 ci-dessus, le procureur du Roi compétent à raison du lieu de l'infraction.

Le procureur du Roi doit saisir de la plainte le juge d'instruction.

Partie 3 - Dispositions diverses

Chapitre 1 - Définition

Art.167.- Le terme administration cité par la présente loi désigne :

- 1° les services relevant de la DGI pour les taxes suivantes :
  - la taxe professionnelle ;
  - la taxe d'habitation ;
  - la taxe de services communaux.
- 2° les services fiscaux relevant des collectivités locales pour les autres taxes citées par la présente loi.

Chapitre 2 - Procédure de fixation des taux

Art.168.- Lorsque la présente loi ne détermine pas de taux ou de tarifs d'imposition fixes pour les taxes, qui y sont visées, ces tarifs et taux sont fixés par arrêté pris par l'ordonnateur de la collectivité locale concernée après approbation du conseil de la dite collectivité.

Toutefois, lorsque l'ordonnateur refuse ou s'abstient de prendre l'arrêté fixant les taux et tarifs des taxes et que ce refus ou cette abstention a pour effet de se soustraire aux dispositions de la présente loi ou de nuire à l'intérêt général de la collectivité, le Ministre de l'Intérieur ou la personne déléguée par lui à cet effet, pour les régions, préfectures, provinces et communes urbaines et le gouverneur ou la personne déléguée par lui à cet effet, pour les communes rurales, peut après l'avoir requis fixer d'office les taux et tarifs de ces taxes.

Chapitre 3 - Répartition du produit fiscal entre deux ou plusieurs communes

Art.169.- Lorsque les biens imposables relèvent du ressort territorial de deux ou plusieurs communes, le produit des taxes qui s'y rapporte est réparti entre ces communes au prorata de l'implantation territoriale desdits biens dans chaque commune.

Chapitre 4 - Solidarité

Art.170.- I. En cas de cession d'immeuble, le nouvel acquéreur doit se faire présenter les quittances ou une attestation des services de recouvrement justifiant du paiement des taxes grevant ledit immeuble et se rapportant à l'année de cession et aux années antérieures. A défaut, le cessionnaire est tenu solidairement avec l'ancien propriétaire ou l'usufruitier au paiement desdites taxes.

S'il s'agit de cession partielle, la solidarité ne porte que sur la quote-part des taxes, afférentes à la part cédée.

II. En matière de taxe sur les opérations de lotissement, en cas de cession, le cessionnaire est solidaire avec le cédant du paiement de la taxe.

Art.171.- En cas de mutation ou de cession d'immeuble, il est fait obligation aux adoul, notaires ou toute autre personne exerçant des fonctions de rédaction des actes, à peine d'être tenus solidairement avec le redevable au paiement des taxes grevant l'immeuble objet de cession, de se faire présenter une attestation des services de recouvrement justifiant du paiement des cotes se rapportant à l'année de mutation ou de cession et aux années antérieures.

Tout acte relatif à la cession d'un immeuble qui serait présenté directement par les parties à l'inspecteur des impôts chargé de l'enregistrement doit être retenu par celui-ci jusqu'à production de l'attestation prévue à l'alinéa précédent.

Art.172.- En cas de cession d'un fonds de commerce, d'un établissement commercial, industriel, artisanal ou minier ou en cas de cession de l'ensemble des biens ou éléments figurant à l'actif d'une société ou servant à l'exercice d'une profession soumise à la taxe professionnelle, le cessionnaire est tenu de s'assurer du paiement des taxes dues par le cédant, à la date de cession, à raison de l'activité exercée, par la présentation d'une attestation du service chargé du recouvrement.

En cas de non respect de cette obligation, le cessionnaire peut être tenu solidairement responsable du paiement des taxes dues, à la date de cession, à raison de l'activité exercée.

Art.173.- Nonobstant toutes dispositions contraires, le propriétaire d'un fonds de commerce est solidairement responsable avec l'exploitant du paiement des taxes dues à raison de l'exploitation dudit fonds.

Chapitre 5 - Computation des délais

Art.174.- Lorsque les délais prévus par la présente loi expirent un jour férié ou chômé légal, l'échéance est reportée au premier jour ouvrable qui suit.

Les délais relatifs aux procédures prévues par la présente loi sont des délais francs, le premier jour du délai et le jour de l'échéance n'entrent pas en ligne de compte.

Chapitre 6 - Secret professionnel

Art.175.- Toutes les personnes appelées à l'occasion de leurs fonctions ou attributions à intervenir dans l'établissement, le contrôle, la perception ou le contentieux des taxes ainsi que les membres des commissions prévues à l'article 157 ci-dessus, sont tenus au secret professionnel dans les termes des lois pénales en vigueur.

Toutefois, ces personnes ne peuvent communiquer les renseignements ou délivrer copies d'actes, documents ou registres en leur possession aux parties autres que les contractants ou redevables concernés ou à leurs ayants cause à titre universel que sur ordonnance du juge compétent.

Chapitre 7 - Abrogation, date d'effet et dispositions transitoires

Art.176.- I. Sont abrogés, à compter de la date d'entrée en vigueur de la présente loi :

- le dahir n°1-61-442 du 30 décembre 1961 portant règlement de l'impôt des patentes ;
- la loi n°37-89 relative à la taxe urbaine promulguée par le dahir n°1-89-228 du 30 décembre 1989 ;
- la loi n°22-97 instituant au profit des chambres de commerce, d'industrie et de services, des chambres d'artisanat et des chambres des pêches maritimes et leurs fédérations un décime additionnel à l'impôt des patentes promulguée par le dahir n°1-97-170 du 2 août 1997 ;
- la loi n°30-89 relative à la fiscalité des collectivités locales et de leurs groupements.

II. Sont également abrogées, à compter de la même date, toutes les dispositions relatives aux impôts et taxes cités ci-dessus, prévues par des textes législatifs particuliers.

III. Les références aux lois citées au I ci-dessus, contenues dans des textes législatifs et réglementaires sont remplacées par les dispositions correspondantes de la présente loi.

IV. Toute disposition relative à la fiscalité des collectivités locales doit être prévue par la présente loi.

Art.177.- Les dispositions de la présente loi sont applicables à compter du 1er janvier 2008.

Art.178.- I. Les dispositions des textes abrogés par l'article 176-I ci-dessus demeurent applicables pour les besoins d'assiette, de contentieux, de contrôle et de recouvrement des impôts et taxes concernant la période antérieure à la date d'entrée en vigueur de la présente loi.

II. La vignette spéciale prévue à l'article 103 de la présente loi n'est pas applicable aux permis de conduire obtenus ou étendus à une autre catégorie avant le 1er janvier 1990.

Annexe - Tarif de la taxe professionnelle

	Activités	Classe 3 (10 %)	Classe 2 (20 %)	Classe 1 (30 %)
1	Abats	- (marchand d') en détail	- (marchand d') en gros	
2	Abattage	- des animaux dans les abattoirs (effectuant l') - et coupe des bois sur pied (entrepreneur de l')		
3	Accessoires	- pour la chasse (marchand d') en détail - ou pièces détachées d'occasion (marchand d')	- (marchand d') - de bureau d'informatique ou d'appareils pour la médecine	
4	Accessoires de téléphone		- (marchand') (fixe ou mobile)	
5	Accordeur	- de piano		
6	Accouchements		- (chef de maison d') ou (tenant une maison d')	- (exploitant de clinique d')
7	Accouveur	- accouveur		
8	Accumulateurs et batteries électriques	- (fabricant d')		
9	Acide sulfurique	- par le procédé des tours et chambres de plomb ou par catalyse (exploitant une fabrique d')		
10	Activité sportive et artistique		- (concessionnaire pour les opérations d')	
11	Adaptation des films cinématographiques		- (exploitant de studio d')	
12	Administrateur		- de biens ou de séquestres	
13	Aérien	- (entrepreneur de travaux)		
14	Adel	- adel		
15	Annonces et affiches	(entrepreneur de la pose et de la conservation des)		
16	Affréteur		- de navire	
17	Affineur	- de métaux communs	- récupérateur, apprêteur de métaux précieux	
18	Agence		- de voyage employant 1 à 5 personnes (tenant une) - commerciale pour l'encouragement de l'épargne publique à la consommation - (tenant une) - pour la fourniture de documentation ou d'articles pour la presse (tenant une) - pour les opérations de pari mutuel hors des hippodromes (tenant une) - de documentations et - d'organisation commerciale ou technique (tenant une) - pour les opérations de pari mutuelles (tenant une) - de publicité (tenant une)	
19	Agent		- d'affaires - de perception des droits d'auteur	
20	Agglomérés, de charbon artificielles ou brique combustibles	- (exploitant une fabrique d') - (marchand d') en détail	- (marchand d') en gros ou en demi gros	

	Activités	Classe 3 (10 %)	Classe 2 (20 %)	Classe 1 (30 %)
21	Agglomérés, de ciment, briques et tuiles	- (fabricant de)		
22	Agneaux	- (courtier d')	- en gros et de menu bétail	- (marchand exportateur d')
23	Agréeur ou appréciateur	- de denrées, de marchandises ou d'objets divers		
24	Agrément		- de transport de personnes ou de marchandises (loueur d')	
25	Alcool	- de betteraves de grains (fabricant d') - eau-de-vie, liqueurs ou apéritifs à base d'alcool (débitant d') - dénaturé (marchand en détail d') consommé sur place ou marchant à la bouteille)	- eau-de-vie, liqueurs ou apéritifs à base d'alcool (marchand d') en demi gros - dénaturé (marchand en demi gros d')	- eau-de-vie, liqueurs ou apéritifs à base d'alcool (marchand d') en gros - Dénaturé (marchand en gros d')
26	Alfa	- (marchand d') en détail	- (marchand d') en demi gros ou en gros	
27	Algues, varechs, plantes aromatiques, médicinales ou industrielles	- (ramasseur pour la vente d')	- (collecteur pour la vente d')	
28	Alimentation générale		- (tenant un magasin d')	
29	Aliments composés ou autre produits pour l'alimentation des animaux	- (marchand d') en détail	- (fabricant ou marchand d') vendant en gros	
30	Aliments	- solides à consommer sur place (débitant d')		
31	Allumettes et bougies	- (fabricant de)		- (marchand d') en gros
32	Aluminium	- (exploitant de fonderie d')		
33	Amendements	- (fabricant ou marchand d') vendant en détail	- (fabricant ou marchand d') vendant en gros	
34	Ambulance	- (exploitant d')		
35	Amiante y compris les tuyaux	- (fabricant de produits à base d')		
36	Amidon, glucose, gluten, ou autres produits analogues	- (fabriquant d')		
37	Amodiateur		- ou sous amodiateur de concession minière ou de carrière ou autres - de marché	
38	Amusements publics	- (maître d')		
39	Analyses médicales, chimiques ou industrielles			- (tenant un laboratoire d')
40	Anes	- (marchand d') en gros ou de menu bétail		- (exportateur d')
41	Anesthésiste	- (infirmier)	- (médecin)	
42	Animaux	- de bas et de trait (loueur d')	- de compagnie (marchand de)	
43	Annonces et avis divers		- (entrepreneur d'insertion d')	
44	Antimoine	- (exploitant une fonderie d')		
45	Antiquaire		- antiquaire	
46	Apéritifs	- (fabricant d') - (débitant d') ou (marchand à la bouteille d')	- (marchand d') en demi gros	- (marchand d') en gros
47	Apiculteur	- apiculteur		

	Activités	Classe 3 (10 %)	Classe 2 (20 %)	Classe 1 (30 %)
48	Appareils	- de Radio et de télévision et accessoires pour le son et l'image (loueur ou vendeur en détail d') - ou de pièces de prothèses dentaires (fabriquant à façon d') - Photographiques, d'horlogeries, instruments de précision et d'optique (fabriquant d') (exploitant d') - de radiophonie, pick-up ou haut parleur, (loueur d') - Domestique de chauffage de cuisine (réparateur d') - Automatiques pour la préparation du mais cuit ou grillé, des beignets	- accessoires ou fournitures pour la Radio et la télévision (marchand en gros d') - (marchand en gros d') distributeurs automatiques, appareils de jeux ou autres appareils analogues (exploitant d') - Vérificateur ou entrepreneur de(l'entretien d') - électrique, de sûreté (marchand ou fabricant d') - ou de pièces de prothèses dentaires (fabriquant d') ou marchand d') - sanitaires (marchand d') - pour la cueillette des feuilles de tabac (fabricant ou marchand d') - cinématographiques (marchand ou loueur d') - électrique et des appareils domestique de chauffage de cuisine (exploitant un atelier pour l'entretien ou la réparation d')	
49	Appareillages	- électrique (fabriquant ou réparateur d')	- accessoires ou fournitures pour la radiophonie (marchand d')	
50	Appareils distributeurs de boissons		- (exploitant d')	
51	Appareils distributeurs de disques, CD, DVD		- (exploitant d')	
52	Appartements	- pièce d'appartement, locaux divers, immeuble ou partie d'immeuble par sous-location (exploitant d') - meublées (loueur d') - (entrepreneur du nettoyage des)		
53	Applicateur de métaux	- (doreur, argenteur ou)		
54	Appréciateur	- de denrées, de marchandises ou d'objets divers		
55	Apprêteur	- de métaux précieux		
56	Approvisionneur	- de navires ne fournissant que des denrées alimentaires		- de navires
57	Arbres	- (marchand d')		
58	Architecte		- travaillant seul - occupant un à 3 dessinateurs, calculateurs, secrétaires ou dactylographes	- occupant plus de 3 dessinateurs, calculateurs, secrétaires ou dactylographes
59	Argenteur de métaux	- ou doreur		
60	Armateur		- pour la pêche pour les navires dans la charge nette totale dépasse 5 tonnes - pour le grand ou le petit cabotage - pour le long cours (voir navigation)	
61	Armoires métalliques	- (marchand d')		
62	Armoiries	- peintre en		
63	Armature	- métalliques pour la construction ou l'entreprise (fabriquant d')		

	Activités	Classe 3 (10 %)	Classe 2 (20 %)	Classe 1 (30 %)
64	Armurier	- armurier ou armurier à façon		
65	Arpenteur	- arpenteur - Expert		
66	Arrimeur	- arrimeur		
67	Arrosage ou balayage		- (entreprise de l')	
68	Articles	- de chasse de pêche de sports, de camping et autres articles de même nature (fabriquant d') - de ménage (tenant un magasin pour la vente en demi gros ou en détail d') employant plus de 10 personnes - communs de bonneterie ou de merceries, petits coupons d'étoffes ordinaires (marchand d') en gros - article de ménage de bimbeloterie (tenant un bazar d') occupant 1 ou 2 personnes - de voyage et autres articles analogues (exploitant un établissement industriel pour la fabrication d') - littéraires, scientifiques (auteur d') - de sports de camping et autres articles de même nature (fabricant d')	- de fumeurs (marchand d') - de chasse, de pêche, de sports, de camping et autres articles de même nature (marchand d') en détail ou en gros - de ménage de bimbeloterie (tenant un bazar d') occupant 3 à 10 personnes - de ménage de bimbeloterie, (tenant un bazar d') occupant de 3 à 5 personnes - de voyage (fabricant ou marchand d') vendant en gros ou en détail - de sports de camping et autres articles de même natures (marchand d') en détail et en gros	- de ménage (tenant un magasin pour la vente en gros d') employant plus de 10 personnes
69	Artificier	- artificier		
70	Artiste lyrique ou dramatique	- travaillant pour son compte		
71	Arts d'agrément	- (tenant un cours d')		
72	Asphalte	- ciment et asphalte ou autre matière analogue (entrepreneur de travaux en) occupant au plus 2 personnes - (fabricant d'émulsion d') - (marchand en détail d')	- ciment et asphalte ou autre matière analogue (entreprise des travaux en) occupant plus de 2 personnes - (marchand d') en gros ou en demi gros	
73	Assurances	- maritimes ou terrestres (courtier d') sans employé	- maritimes ou terrestres occupant 1 personne et plus (courtier d') - d'entreprises d'épargne ou de capitalisation (agent d')	maritimes (entrepreneur d') non mutuelles (entrepreneur d')
74	Astrologue, cartomancien, devin, graphologue	- (exerçant en chambre)		
75	Atelier pour le développement, le tirage, le montage et la sonorisation des films cinématographiques		- (exploitant de laboratoire ou d')	
76	Ateliers de réparation navale	- (exploitant)		
77	Ateliers d'électronique ou d'électromécanique	- (exploitant)		
78	Attractions		- d'amusements ou de spectacles (exploitant un établissement sédentaire ou forain d') - ou d'amusements (exploitant un établissement sédentaire d')	
79	Aubergiste	- ou cabaretier logeur - Aubergiste		

	Activités	Classe 3 (10 %)	Classe 2 (20 %)	Classe 1 (30 %)
80	Auteur	- d'ouvrages ou d'articles littéraires, scientifiques et autres		
81	Autobus	- (entrepreneur de transport urbain par)		
82	Automobiles	- (exploitant un établissement pour l'entretien des voitures) - (tenant une école pour la conduite des voitures) n'ayant qu'une voiture - (entrepreneur de transport de marchandises par) - (entrepreneur de transport de voyageurs par) partant à jour et heures fixes) - (transport de matériaux de toute nature par)	- (marchand d'accessoires ou de pièces détachées pour voitures) - d'occasion, d'accessoires ou de pièces détachées d'occasion - (marchand de voitures) - (entrepreneur de garniture pour) - (exploitant un établissement pour l'entretien des voitures) - (courtier en) - Loueur de véhicule - (tenant une école pour la conduit des) ayant 2 voitures ou d'avantage - (tenant un parc pour le gardiennage et la surveillance des)	- (marchand de voitures) En gros
83	Avances ou de prêts, de recettes ou de paiements, garantie (fonds de garantie) ou de caution			- (effectuant opérations d') - (organismes gestionnaires de fonds)
84	Aviculteur	- accouveur, nourrisseur de volailles et producteur d'œufs		
85	Avenues	- (entrepreneur de l'entretien des)		
86	Avion	- (monteur d')	- ou hélicoptère (loueur d') - pour le transport des voyageurs ou des marchandises - (exploitant d') - (tenant une école pour la conduite d')	
87	Avions taxis		- (exploitant)	
88	Avis divers		- (entrepreneur d'insertion d'annonces et d')	
89	Avocat		- occupant, au plus, un ou 2 dactylographes ou secrétaires	- occupant un confrère ou plus et une dactylographe ou secrétaire, soit 3 dactylographes ou secrétaires ou secrétaires traducteurs
90	Babouches	- (fabricant de) ou (marchand de) en détail ou en demi gros	- (marchand de) en gros	
91	Bac		- (adjudicataire, concessionnaire ou fermier de)	
92	Bâches		- (fabricant de ou marchand de) - (loueur de)	
93	Bains	- de mer ou de rivières (loueur de cabines pour) - publics et douches (entrepreneur de) ou (exploitant un établissement de)		

	Activités	Classe 3 (10 %)	Classe 2 (20 %)	Classe 1 (30 %)
94	Balais	- (marchand de) en détail - Commun (fabricant de) ou (marchand de) en détail	- (exploitant un établissement pour la fabrication des) - (fabricant ou marchand de) vendant en gros	
95	Balancier	- (marchand) ou (réparateur)		
96	Balançoires	- (exploitant un établissement forain de) mus à bras		
97	Balayage		- (entreprise de)	
98	Bals publics	- (entrepreneur de)		
99	Bandage		- (marchand ou fabricant d'appareil de)	
100	Banquier			- banquier
101	Barques	- bateaux ou canots à moteur, engins ou appareil pour les jeux ou les sports nautiques (loueur de)	- bateaux ou canots (marchand ou constructeur de) - ou canots (fabricant de)	
102	Barcassier	- usant d'un moyen de propulsion mécanique (exploitant de)		
103	Bas et bonneterie	- (marchand de) en détail	- (marchand de) en gros ou en demi gros - de qualité fine ou de luxe (marchand de) en détail	
104	Bascules	- (maître de) - publique (exploitant de)	- automatiques ou autres appareils analogues (exploitant de)	
105	Bateaux	- ou canots à moteur engins ou appareils pour les jeux ou les sports nautiques (loueur de)	- ou canots (marchand ou constructeur de - Ou canot (fabricant de)	
106	Bâtiments ou baraques		- (entrepreneur de)	
107	Battre		- (exploitant une entreprise à)	
108	Bazar d'articles de ménage, de bimbeloterie	- occupant au plus 2 personnes (tenant un)	- occupant 3 personnes et plus (tenant un)	
109	Bazar d'articles en cuir ou de maroquinerie		- (tenant un)	
110	Beignets	- (marchand de) en détail		
111	Bestiaux	- (courtier de)	- en gros et menu bétail (marchand de)	- (marchand exportateur de)
112	Betteraves	- (fabricant d'alcool de)		
113	Beurre et dérivés de lait	- (fabricant de) par procédé mécanique - (marchand de) en détail	- (marchand de) en demi gros ou en gros	
114	Bibelots et articles de décors	- (marchand de) en détail		
15	Biens		- (administrateur de)	
116	Bière		- (entrepositaire ou marchand en gros de)	
117	Bijouterie	- fantaisie ou objet de fantaisies (fabricant de)		
118	Bijoutier	- (fabricant pour son compte) - à façon	- (marchand ou fabricant) ayant atelier et magasin - (marchand) n'ayant pas d'atelier	
119	Bijoux	- et joyaux (réparateur de) - de Fantaisie (marchand de) vendant en détail - en métaux précieux (fabricant à façon de) - (loueur de) - en faux (marchand ou fabricant de) vendant en détail	- en faux (fabricant en gros ou en demi gros)	

	Activités	Classe 3 (10 %)	Classe 2 (20 %)	Classe 1 (30 %)
120	Billets	- de loterie entiers ou fractionnés (vendeur pour son compte ou à la commission de)	- de loterie fractionnés (courtier en)	- de loterie entiers ou fractionnés (émetteur ou vendeur en gros de)
121	Bimbeloterie	- (tenant un bazar de) sans employé - commune (marchand de) en détail	- (tenant un bazar de) Occupant au moins 1 personne	
122	Biscuiterie industrielle	- (exploitant une) utilisant des fours à bande ou à chaîne		
123	Biscuits ou gâteaux secs, pains d'épice, pains de régime		- (fabricant de) ou (marchand de)	
124	Bitume	- (marchand de) en détail - (fabricant d'émulsion de)	- (marchand de) en gros ou en demi gros	
125	Blanchisserie,, dégraissage teinturerie et repassage	- par procédés mécaniques (exploitant un établissement de)		
126	Blanchisseur de linge	- ayant ou sans établissement de buanderie		
127	Bœufs	- (courtier de)	- (marchand de) en gros et menu bétail	- (marchand exportateur de)
128	Bobinage	- (exploitant atelier de)		
129	Bois (marchand de)	- à brûler en détail (marchand de)	- à brûler en gros ou en demi gros - en grume ou de charronnage (marchand de) - de marine, de construction ou de sciage (marchand de) - de bateaux, de boissellerie, d'ébénisterie, de menuiseries, de volige, feuillard ou merrain (marchand de)	
130	Boisselier	- (marchand) en détail		
131	Boissons	- et d'aliments solides à consommer sur place (débitant de) - Débitant de) en détail - gazeuses, eaux de table, sirops, produits pour boissons non alcooliques (fabricant ou préparateur de) employant un outillage		
132	Boite	- en carton, de sacs ou d'étuis en papier (fabricant de) par procédé mécanique - métalliques, emballages métalliques, objets et fournitures en métal, autres que les produits de quincaillerie (fabricant de) par procédé mécanique		
133	Bonbons	- (fabricant de) par procédé mécanique - (revendeur de)		
134	Bonneterie	- (marchand de) en détail - (marchand d'article commun de) en détail	- (marchand) en gros ou en demi gros - de qualité fine ou de luxe (marchand de) vendant en détail	
135	Boites métalliques		- (marchand de)	
136	Boucher (marchand)	- à la cheville	- en détail ou en demi gros	- en gros

	Activités	Classe 3 (10 %)	Classe 2 (20 %)	Classe 1 (30 %)
137	Bouchons	- de liège (fabricant de) par procédé mécanique - (marchand de) en détail	- (marchand de) en demi gros ou en gros	
138	Boues		- (entreprise de l'enlèvement de)	
139	Bougies ou chandelles	- (fabricant de) ou (marchand de) en détail	- (marchand de) en demi gros ou en gros	
140	Boulanger	- boulanger(exploitant)		
141	Boulangerie	- par procédé mécanique (exploitant de) occupant au plus 5 personnes	- par procédé mécanique (exploitant de) occupant 6 personnes et plus	
142	Bouquiniste	- ou marchand de livres d'occasion		
143	Bourrelier	- bourrelier (fabricant)		
144	Boyaudier	- cordes en boyaux (fabricant de)		
145	Boyaux		- (marchand de) en demi gros ou en gros	
146	Brasserie	- (exploitant de)		
147	Brebis	- nourrisseur de		
148	Brevets d'invention		- (effectuant achat et vente de) - (loueur de)	
149	Briques	- carreaux, creusets, poterie commune, tuiles, tuyaux pour le drainage ou la conduite des eaux, objets en terre cuite, en plâtre ou en ciment, etc. pour la construction, l'ornementation ou les enseignes etc. (fabricant de) avec ou sans moteur - combustibles (exploitant une fabrique de)		
150	Brocanteur	- avec ou sans boutique	- revendant aux détaillants	
151	Brochettes	- (marchand de)		
152	Broderies ou dentelles	- (marchand ou fabricant de) vendant en détail - (fabricant à façon de)	- (fabricant de) ou (marchand de)vendant en demi gros et en gros	
153	Brodeur	- sur étoffes, en or ou en argent - Sur cuir, en or ou en argent		
154	Bronze	- (fonderie de)		
155	Brosses	- balais, pinceaux (exploitant un établissement industriel pour la fabrication des)		
156	Brossier	- (fabricant ou marchand vendant en détail)	- (fabricant ou marchand de) Vendant en gros	
157	Broyage de minerais	- (exploitant une usine pour le) par procédé mécanique ou physico-chimique		
158	Broyer	- (exploitant une usine à)		
159	Bureau	- de renseignements divers (tenant un) - d'indication pour la vente ou la location des propriétés (tenant un)	- de vente sur échantillons (tenant un)	- d'études, d'enquêtes et de recherches (tenant un)
160	Bureautiques		- (marchand de fournitures)	
161	Cabaretier	- cabaretier - (cabaretier logeur)		
162	Cabines pour bains de mer ou de rivière	- (loueur de)		

	Activités	Classe 3 (10 %)	Classe 2 (20 %)	Classe 1 (30 %)
163	Cabinets d'aisances publics	- (tenant un)		
164	Câbles	- métalliques (fabricant de) - cordages, cordes ou ficelles (exploitant une usine pour la fabrication de)		
165	Café	- torréfacteur - (marchand de) en détail - maure (tenant un)	- (marchand de) en demi gros ou en gros - chantant, café-concert, café spectacle à entrée libre sans place - et prix distincts (exploitant de) - chantant traditionnel (exploitant de)	- chantant, café-concert, café spectacle à entrée - payante ou à entrée libre avec place et prix distincts (exploitant de)
166	Cafetier		- occupant 2 personnes et plus	
167	Caisses	- (fabricant de) - ou billots pour emballage (fabricant de) - ou billots pour emballage par procédés mécaniques (fabricant de)	- d'emballage (marchand de) - enregistreuses (marchand de)	
168	Cale pour la préparation des navires		- (exploitant ou concessionnaire de)	
169	Calfat	- radoubeur de navires		
170	Calorifugeage		- (installations de)	
171	Camions	- (constructeur ou monteur de moteurs)		
172	Campement		- (fabricant de) ou (marchand d'objets concernant le)	
173	Camping	- (fabricant d'article de) - Exploitant	- marchand en détail ou en gros d'articles de	
174	Canalisation d'eau	- (entrepreneur de la construction ou de l'entretien de)		- (exploitant de)
175	Canots	loueur de	- (loueur de) à moteur	
176	Caoutchouc, celluloïd, guttapercha, matières plastiques ou autres matières analogues	- (exploitant un établissement pour la préparation ou l'emploi de) par procédé mécanique	- (fabricant ou (marchand d'articles confectionnés en) - (marchand en gros de)	
177	Caparaçonnier	- caparaçonnier à façon		
178	Capitalisation		- (agent d'entreprise de) - (entreprise de)	
179	Capsules ou cartouches	- (fabricant de)		
180	Capital risque		- (entreprise de)	
181	Carburants ou combustibles liquides, huiles et graisses industrielles	- (marchand de) en détail	- (marchand de) en demi gros	- (marchand de) en gros
182	Carde ries	- (exploitant de)		
183	Cardes	- (fabricant de)		
184	Cardeur	- cardeur		
185	Carreaux	- (fabricant de) avec ou sans moteur - pour mosaïque (marchand de)		
186	Carreleur	- occupant ou non des ouvriers - ouvriers		
187	Carrières	- (exploitant de) avec ou sans engins mécaniques	- (amodiateur ou sous amodiateur de)	
188	Carrossier	- (réparateur) occupant, moins de 5 personnes	- (réparateur) occupant plus de 5 personnes - (fabricant)	

	Activités	Classe 3 (10 %)	Classe 2 (20 %)	Classe 1 (30 %)
189	Cartes	- à jouer (marchand de)	- postales (éditeur de) ou (marchand de) en gros	
190	Cartomancien	- exerçant en chambre		
191	Carton	- (marchand de) en détail	- (marchand de) en demi gros ou en gros	
192	Carton asphalté ou bitumé	- (fabricant de)		
193	Cartouches	- (fabricant de)		
194	Casino			- (exploitant de)
195	Caution			- (effectuant opérations de)
196	Ceintures		- (marchand ou fabricant de)	
197	Celluloïd	- (exploitant un établissement pour la préparation ou l'emploi de) par procédé mécanique	- (fabricant) ou (marchand d'articles confectionnés en)	
198	Cellulose	- (fabricant de pâte de)		
199	Centrales	- électriques ou téléphonique (entrepreneur de la construction de)		
200	Céramiste	- (fabricant)		
201	Cercles ou associations	- (fournisseur des objets de consommation dans un)		
202	Chaises	- (empailleur de)		
203	Cassettes vidéo, Audio, CD, DVD, VCD	- (loueur de) - (marchand de) en détail	- marchand en gros	
204	Centre d'appels téléphoniques(call center)		- (exploitant)	
205	Chambre ou appartement meublé	- (loueur de)		
206	Cham eaux	- (courtier de) - Loueur de	- (marchand de) en gros et menu bétail	- (marchand exportateur de)
207	Champignonnière en galeries souterraines	- (exploitant de)		
208	Chandeliers en fer ou en cuivre	- (fabricant de) à façon		
209	Chandelles (fabricant ou marchand de)	- fabricant de - Marchand en détail de	- (marchand de) en gros ou en demi gros	
210	Change		- (courtier de)	
211	Changeur			de monnaie
212	Chanvre	- (marchand de)		
213	Chape aux, képis, chéchias	- (marchand de) vendant en détail ou (fabricant de)	- (fabricant) ou (marchand de) vendant en gros	
214	Chapelier		- chapelier modéliste	
215	Charbon de bois	- (marchand de) en détail	- (marchand de) en demi gros ou en gros	
216	Charbon de terre	- (marchand de) en détail	- (marchand de) en demi gros ou en gros	
217	Charbon artificiel	- (exploitant une fabrique de)		
218	Charcuterie	- industrielle (exploitant de)		- vendant en gros - (fabricant de produits de)
219	Charcutier	- revendeur	- (marchand) vendant en détail ou en demi gros	
220	Chargement et déchargement	- des barques ou des voitures de chemin de fer (entrepreneur de)		

	Activités	Classe 3 (10 %)	Classe 2 (20 %)	Classe 1 (30 %)
221	Charpentier	- charpentier à façon - (entrepreneur fournisseur) occupant moins de 10 personnes	- (entrepreneur fournisseur) occupant 10 personnes ou davantage	
222	Charron	- charron		
223	Chasse		- (organisateur de tournée)	
224	Chasse	- (armuriers à façon) - (armurier de) - (marchand d'accessoires pour) en détail	- ou pêche (fabricant ou marchant en gros d'articles et accessoires de)	
225	Chats	- (tenant pension de)		
226	Chaudronnerie	- en fer ou en cuivre - (fabricant de grosse)		
227	Chaudronnier	- en fer ou en cuivre - (fabricant de grosse chaudronnerie) occupant moins de 10 personnes - rhabilleur	- occupant 10 personnes ou d'avantage	
228	Chauffage		- (entrepreneur d'installation pour le)	
229	Chaussons	- (fabricant de) ou (marchand vendant en détail de)		
230	Chaussures	- communes (marchand de) - (marchand de) en détail - (fabricant de pièces pour) par procédés mécaniques	- (marchand de) en demi gros ou en gros	
231	Chaux	- de ciment ou de plâtre (marchand de) en détail - ou ciments naturels, ou ciments artificiel (fabricant - de) - ou ciments artificiel (fabricant de)		
232	Chéchias	- (marchand vendant en détail de) ou Fabricant de)	- (marchand vendant en gros)	
233	Chef	- d'institution	- d'orchestre)	
234	Chemins de fer	- (exploitant de)		
235	Chemiserie, lingerie, rideaux et tentures	- (confectionneur de)		
236	Chevaux	- ou mulets (éleveur de) - Loueur de (tenant une écurie pour l'entretien, l'entraînement ou le dressage de) - (courtier de)	- (marchand en gros et menu bétail de)	- (marchand exportateur de)
237	Chèvres et chevreaux	- nourrisseur de - Courtier de	- en gros et menu bétail (marchand de)	- marchand exportateur de
238	Chiens	- (éleveur, dresseur) - (tenant pension de)		
239	Chiffonnier	- (marchand) en détail	- (marchand) en demi gros ou en gros	
240	Chiffons	- (exploitant une usine pour l'effilochage des		
241	Chimiques	- (exploitant un établissement industriel pour la fabrication de produits)	- (fabricant ou marchand de produits)	
242	Chimiste		- ou chimiste-expert près les tribunaux	
243	Chiropractie		- (tenant un établissement de)	

	Activités	Classe 3 (10 %)	Classe 2 (20 %)	Classe 1 (30 %)
244	Chirurgien		- ou médecin sans infirmier ou infirmière ou aide	- ou médecin spécialiste opérant en clinique - ou ayant clinique - occupant au plus 2 infirmiers ou 2 aides infirmières
245	Chirurgie		- (marchand d'instruments de)	
246	Chocolat	- (fabricant de) par procédé mécanique	- (marchand de) en gros	
247	Cidre	- (débitant de)		
248	Ciments	- (fabricant de)		
249	Cinématographe		- (exploitant de) - (distributeur de films)	
250	Cinéma et vidéo cassette		- (distributeur de films de)	
251	Cinématographiques sonores ou parlant		- (marchand ou loueur d'appareils ou de films)	
252	Cirage ou encaustique	- (marchand ou fabricant de) par procédés ordinaires ou mécanique		
253	Cire (marchand de)	- en détail	- en gros, en demi gros	
254	Ciseleur	- ciseleur		
255	Clientèle	- (loueur de)		
256	Clous, de pointes ou de produits de quincaillerie	- (fabricant de) par procédés mécaniques		
257	Cliniques			- chirurgicale ou d'accouchement (exploitant de)
258	Cloutier	- marchand en détail		
259	Cobalt	- (exploitant Fonderie de)		
260	Cochons	- (nourrisseur de)	- (marchand de)	
261	Cocons	- (exploitant une filerie de)		
262	Coffres	- layetier	- layetier, emballeur - Layetier expéditeur	
263	Coffres-forts électroniques et/ou mécaniques		- (loueur)	
264	Coffres-forts	- fabricant de	- armoires métalliques (marchand de)	
265	Coffreur malletier	- en cuir ou en bois		
266	Coiffeur	- pour dames ou pour hommes	- pour hommes ou pour dames occupant plus de 2 personnes	
267	Coiffure	- (ouvrage en cheveux pour la)	- (tenant une école de)	
268	Coiffure		- (marchand d'articles et accessoires de)	
269	Commissionnaire	- pour l'acquit des droits de douanes et de fret au départ ou à l'arrivé des navires	- de transports par terre, par eau ou par air - gérant d'entreprise	- en marchandises - exportateur de produits artisanaux - exportateur
270	Compositeur	- de musique - linotypiste		
271	Comptabilité		- entrepreneur de travaux de) - (tenant une école de)	
272	Comptable		- agréé	
273	Concession minière		- (amodiateur ou sous amodiateur de)	

	Activités	Classe 3 (10 %)	Classe 2 (20 %)	Classe 1 (30 %)
274	Concessionnaire		- de service téléphonique ou autres	- eau, assainissement liquide ou solide - électricité - transport public
275	Conditionnement et emballage		- (entrepreneur de)	
276	Conduites des voitures automobiles		- (tenant une école pour la) - auto école	
277	Confiserie	- ou pâtisserie (marchand de menue) en détail - bonbons, pastilles (fabricant de) par procédés mécaniques - (revendeur de)	- (marchand de) en gros	
278	Confiseur		- confiseur	
279	Confit ures	- (fabricant de)	- (marchand de) en gros	
280	Conseil juridique		- occupant au plus 1 personne	- occupant 2 personnes ou plus
281	Conserves	- alimentaires - (fabricant de)	- alimentaires (marchand de) en gros	- tenant un magasin pour la vente en demi gros ou en détail de) lorsqu'il occupe habituellement plus de 10 personnes
282	Conseil		- fiscal - Social - Ou de gestion	
283	Constructeur	- de cycles ou de motocycles		
284	Constructions métalliques	- (entrepreneur de)		
285	Containers		- (loueur de)	
286	Contreforts	- (fabricant de) par procédé mécanique		
287	Contreplaqué	- (fabricant de) par procédés mécaniques		
288	Copies ou écritures	- (entrepreneur de)		
289	Vendeurs en tournée d'œufs, lait, beurre et autres marchandises Coquetier	- avec ou sans voiture ou bête de somme		
290	Cordages, cordes	- (exploitant une usine pour la fabrication de)		
291	Cordes en boyaux	- (fabricant de)		
292	Convoyage et transport de fonds		- (exploitant entreprise de)	
293	Cordier	- (marchand ou fabricant) - (fabricant de menu cordage)	- (marchand) vendant en gros - (marchand) ou (fabricant) de câbles ou cordages pour la marine	
294	Cordons, lacets, herses, gausses	- (fabricant de) pour son compte		
295	Cordonnier	- cordonnier		
296	Corne	- (apprêteur de cornes)	- (marchand de) en gros	
297	Corroyeur	- (marchand) de gros cuirs ou finisseur de peaux à façon		
298	Corsets	- (fabricant de) vendant au détail	- gaines, soutien-gorge, jarretelles (marchand de) en détail	

	Activités	Classe 3 (10 %)	Classe 2 (20 %)	Classe 1 (30 %)
299	Coton	- (trieur ou nettoyeur de déchets de)		
300	Cosmétique		- (marchand de produits de)	
301	Couleurs et vernis	- (marchand de) en détail		
302	Coupe	- (tenant une école de) occupant au plus 2 personnes	- (tenant une école de) occupant 3 personnes et plus	
303	Couronnes ou d'ornements funéraires		- fabricant ou (marchand de) vendant en détail	
304	Cours	- de danses (tenant un)		
305	Courses quelconques		- (entrepreneur d'établissement pour des)	
306	Court de tennis	- (exploitant de)		
307	Courtier	- de bestiaux - de produits alimentaires ou agricoles - en grains (opérations en détail) - en transport de voyageurs - de publicité sans employé - Maritime ou d'assurance terrestre sans employé	- en toute opération - de marchandises (vente aux marchands détaillants et aux consommateurs) - de publicité occupant, au moins, un employé - En grain (opération en gros ou en demi gros) - d'immeubles sans employé ou occupant 1 personne - en automobile - En grain (opération en gros) - maritime, de change, de frets ou de navires - Assurance terrestre	- de marchandises d'opération en gros - d'immeubles occupant, au moins, 2 personnes
308	Coussin	- (garnisseur de)		
309	Coutelier	- (marchand) en détail	- (marchand) en demi gros ou en gros	
310	Couture		- tenant une maison de haute	
311	Couturier ou couturière	- à façon - en chambre ou à domicile travaillant pour son compte	- sur mesure	
312	Couvertures de laine	- (marchand de) en détail		
313	Couvreur	- couvreur - à façon		
314	Cravaches	- (fabricant) ou (marchand de)		
315	Crayons	- (fabricant de)		
316	Creusets	- (fabricant de) pour la construction, l'ornementation ou les enseignes		
317	Crédit		- intermédiaire pour l'obtention de crédits	
318	Crédit-bail (leasing)			- (exploitant un établissement de)
319	Crin	- (marchand de) en détail - végétal (fabricant de) par procédés mécaniques	- (marchand de) en gros	
320	Cristaux		- (marchand de)	
321	Cuirs	- (marchand de) en détail - vieux (marchand de) en détail	- (marchand de) en gros ou en demi gros - vieux (marchand de gros ou en demi gros	
322	Cuiseur	- ou fournier		
323	Cuivre	- (fabricant ou Marchand de) pour la scelle rie, les armes pour son compte) - (marchand d'objets de) - (exploitant fonderie de		
324	Culture physique ou d'arts d'agrément	- (tenant un cours de)		

	Activités	Classe 3 (10 %)	Classe 2 (20 %)	Classe 1 (30 %)
325	Cycles	- loueur de - (marchand d'accessoires de) en détail - et motocycles (constructeur ou monteur de) - (marchand de pièces détachées de) en détail	- et motocycles, pièces détachées ou accessoires de cycles ou de motocycles (marchand de)en gros ou en demi gros - (marchand de pièces détachées de) en détail - Tenant un parc pour le gardiennage et la surveillance des	
326	Dactylographie	- (tenant une école de) Occupant au plus 2 personnes - Traitement de texte	- (tenant une école de) Occupant plus de 2 personnes	
327	Dallage en ciment ou mosaïque	- (entrepreneur de)		
328	Damasquiner	- damasquineur		
329	Danses	- (tenant un cours de)		
330	Débitant	- de boissons de vin, de bières et aliment à consommer sur place - de boissons de vin en détail		
331	Déchargement	- et déchargement des barques et des voitures de chemins de fer ou autres (entrepreneur de)		
332	Déchet	- de laine et de coton (trieur ou nettoyeur de)		
333	Décoration ou de l'ornementation des appartements		- (entrepreneur de la)	
334	Décors	- ou ornements pour appartements, magasins (marchand d'article de) - ou enseignes (peintre en)		
335	Décortiquer	- (exploitant une usine à)		
336	Dégraissage	- des étoffes et des vêtements par procédé mécanique - et repassage par procédé mécanique (exploitant un établissement pour le)		
337	Dégraisseur	- (tenant un dépôt ou magasin) - Par procédé ordinaire		
338	Défenseur		- agréé	
339	Délaineur	- de peau		
340	Dellal	- vendeur aux enchères en ambulances s'il ne s'entremet pas pour la vente d'immeubles, de bijoux ou d'autres matières d'or et d'argent		
341	Déménagement	- (entrepreneur de)		
342	Dentelles	- (fabricant de) ou(marchand de) vendant en détail - fabricant à façon	- (marchand vendant en gros ou en demi gros	
343	Dentiste		- opérant seul et ayant ou pas d'atelier de prothèse - toléré	- ayant soit un opérateur et, un atelier de prothèse, soit 2 opérateurs ou plus
344	Dépêches		- (entrepreneur de transport de)	
345	Dépôts de marchandises	- (exploitant un emplacement pour)		

	Activités	Classe 3 (10 %)	Classe 2 (20 %)	Classe 1 (30 %)
346	Désinfection	- par procédés mécaniques ou chimiques (exploitant un établissement de)		
347	Dessinateur	- dessinateur - Artiste ne vendant que le produit de son art	- établissant des plans et des projets d'architectures	
348	Dessins	- (exploitant des machines pour le tirage de)		
349	Devantures	- (entrepreneur de nettoyage des)		
350	Devin	- exerçant en chambre		
351	Diamants ou pierres fines	- (tailleur de) à façon	- (tailleur de)	
352	Disques	- (marchand de)	- méthodes et accessoires (marchand de) pour l'étude des langues - radiophoniques ou phonographiques (exploitant un - établissement pour le pressage de)	
353	Distillateur	- d'essence ou d'eaux parfumées ou médicinales - parfumeur ou liquoriste		
354	Distillerie de pétrole brut	(exploitant une)		
355	Distributeur		- (exploitant d'appareils)	
356	Dock, cale ou forme pour la réparation des navires	- (exploitant ou concessionnaire de)		
357	Doreur	- argenteur ou applicateur de métaux		
358	Douches	- (entrepreneur de)		
359	Dragueur	- de sable dans les cours d'eau - avec moteur mécanique ou avec machine à bras ou à manège		
360	Droguerie	- commerce (marchand en détail de)		
361	Droguiste		- (marchand)	
362	Drogues pharmaceutiques ou vétérinaires	- (exploitant un établissement de fabrication)	- (marchand de) en détail	- (fabricant de) ou (marchand de) en demi gros ou en gros
363	Drainage	- (entrepreneur de)		
364	Droits	- sur échantillon (tenant un magasin de)	- de halles, marchés ou emplacements sur les places publiques de jaugeage, mesurage ou pesage - de vente dans les souks et sur les marchés ou autres recettes publiques (adjudicataire, concessionnaire ou fermier des) - d'auteur (agent de perception des)	
365	Cyber café	- (exploitant)		
366	Dépannage, remorquage de véhicules automobiles		- (exploitant Entreprise de)	
367	Dépositaire		- de distributeurs de monnaie	
368	Désigner		- désigner	

	Activités	Classe 3 (10 %)	Classe 2 (20 %)	Classe 1 (30 %)
369	Distributeur	- de dépliants et/ou de prospectus		
370	Eau	- (exploitant un établissement pour le traitement de l') - minérale eau gazeuse et limonades (marchand en gros d') - gazeuses, eaux minérales, naturelles ou factices, limonades, gazeuses (marchand ou fabricant d')	- (entrepreneur de fourniture ou de distribution d')	-
371	Eau-de-vie	- (fabricant d')		
372	Eaux de table	- (fabricant ou préparateur d') employant un outillage		
373	Ebène	- (fabricant pour son compte) ou (marchand d') pour la scellerie les armes		
374	Ebéniste	- (fabricant à façon)	- (fabricant) pour son compte	
375	Eaux factices	- (fabricant ou Marchand)		
376	Eclairage		- (marchand d'appareils, ustensiles ou fourniture pour l'emploi de l')	
377	Ecole de dactylographie, sténodactylographie, comptabilité, préparation aux examens, coiffure, soins de beauté, coupe	- occupant au plus 2 personnes (tenant une)	- occupant 3 personnes ou d'avantage (tenant une)	
378	Ecole de formation d'athlètes ou de sportifs		- (tenant une)	
379	Ecole de formation de pilotes		- (tenant une)	
380	Ecole de formation d'hôtesses de l'air ou stewards		- (tenant une)	
381	Ecole de formation d'infirmiers		- (tenant une)	
382	Ecole de musique		- (tenant une)	
383	Ecole d'équitation		- (tenant une)	
384	Ecole pour la conduite	- des automobiles n'ayant qu'une voiture (tenant une)	- des automobiles ayant 2 voitures ou davantage (tenant une) - des avions ou des hélicoptères (tenant une)	
385	Ecorcheur ou équarisseur d'animaux	- ayant ou pas clos d'équarrissage		
386	Ecriture	- (entrepreneur d')		
387	Ecrivain	- public		
388	Ecurie	- pour l'entretien, l'entraînement ou le dressage de chevaux - (tenant une)	- de courses (exploitant une)	
389	Editeur		- libraire - de journaux et de périodiques - L'éditeur qui imprime son journal est, en outre, imposable en qualité d'imprimeur typographe - de cartes postales (marchand en gros ou)	
390	Effilochage	- (exploitant une usine pour l')		
391	Egouts	- (entrepreneur de la construction ou de l'entretien des)		

	Activités	Classe 3 (10 %)	Classe 2 (20 %)	Classe 1 (30 %)
392	Egrener	- (usine à)		
393	Electricien	- ou électromécanicien - Electricien - réparateur	- en automobiles - en bâtiment	
394	Electricité	- (marchand de menues fournitures pour l'emploi de l') en gros	- (entrepreneur de fourniture ou de distribution d') - médicale (marchand d'appareils d') - ou du gaz, (marchand d'appareils ustensiles ou fournitures pour l'emploi d') - (marchand en gros, ou en détail d'appareils) - ustensiles ou fournitures pour l'emploi de l') (marchand d'appareils)	
395	Electrique	- (fabricant ou exploitant un établissement pour la réparation de gros appareillage) - (entrepreneur de la construction de réseaux ou centrales) - (fabricant de petit appareillage)	- (entrepreneur d'installation) employant moins de 10 personnes	
396	Emballages métalliques	- par procédés mécaniques (fabricant de)		
397	Emballeur	- layetier ou non layetier	- expéditeur non layetier	
398	Emboutisseur	- emboutisseur		
399	Emplacement	- pour dépôts de marchandises (exploitant un)	- divers (loueur ou percevant une redevance pour l'occupation d')	
400	Emplissage de gaz comprimés	- (tenant un établissement d')		
401	Emulsion	- de bitume, asphalte, goudron ou autres matières analogues (fabricant de)		
402	Encadreur	- cadres métalliques ou en bois (fabricant de)		
403	Encan		- (entrepreneur de ventes à l')	
404	Encaustique	- (marchand ou fabricant d')		
405	Enchères	- (vendeur aux)		
406	Encre		- à écrire ou à imprimer (fabricant ou marchand d')	
407	Energie	- électrique (exploitant une usine pour la production ou la transformation de l') - Solaire ou éolienne (réparateur d')	- solaire ou éolienne (fabricant de) ou (marchand de matériel ou de panneau pour l')	
408	Engrais	- (fabricant ou marchand d') en détail - Ou amendements (fabricant d') ou marchand d') en détail	- ou amendement (fabricant d') ou (marchand d') vendant en gros	
409	Enseignes	- (peintre en)		
410	Entrepôt frigorifique	- (exploitant d') Employant un outillage d'exécution mécanique d'une puissance, fonctionnement normal, au moins égale à 100 chevaux vapeur		
411	Entrepreneur		- de publicité	

	Activités	Classe 3 (10 %)	Classe 2 (20 %)	Classe 1 (30 %)
412	Entreprise			- se livrant pour son compte, au placement ou à la gestion de valeur mobilières, à des opérations sur les valeurs ou au contrôle des sociétés
413	Entretien	- des tombes dans les cimetières (entrepreneur de l')	- des voitures automobiles (exploitant un établissement pour l') - et réparations des immeubles (entrepreneur de travaux de l')	
414	Epandage	- (entrepreneur d')		
415	Epargne		- ou de capitalisation (entreprise d')	
416	Epaves	- (repêcheur d')		
417	Epicerie	- (marchand d') en détail	- (marchand d') en demi gros	- (marchand d') en gros
418	Epices	- (marchand d') en détail - regretier	- marchand d') en demi gros pour la vente de plusieurs espèces de marchandises lorsque il occupant plus de 10 personnes (tenant un magasin d')	- (marchand d') en gros
419	Equipement	- (fabricant ou marchand d'objets, concernant l')	- militaire (marchand d'objets d') vendant en détail	
420	Equarisseur	- d'animaux ayant ou pas un clos d'équarrissage	-	
421	Escargots		- (marchand d') en gros	
422	Escompteur			- celui qui fait l'escompte sur la place où il réside
423	Espace		- commercial - (exploitant ou loueur d') - d'affichage ou publicitaire (exploitant ou loueur d')	
424	Espadrilles	- chaussons et pantoufles (marchand ou fabricant d') en détail	- (fabricant d') ou (marchand d') en demi gros de chaussons et pantoufles	
425	Essence de pétrole	- (marchand d') en détail	- (exploitant une distillerie d')	
426	Etablissement commerciales ou industriel		- (loueur d')	
427	Etain	- (exploitant de fonderie d')		
428	Esthéticien(ne)		- esthéticien(ne)	
429	Etanchéité		- (entrepreneur de travaux d')	
430	Etameur	- d'ustensiles de cuisine		
431	Etoffes	- ou de fil (imprimeur d') - Exploitant un établissement pour teinture et dégraissage d') par procédé mécanique - ordinaires (marchant de petit coupon d') en détail		
432	Etriers	- (fabricant d')		
433	Etuis ou papier	- (fabricant d') par procédé mécanique		
434	Expéditeur		- empailleur non layetier	

	Activités	Classe 3 (10 %)	Classe 2 (20 %)	Classe 1 (30 %)
435	Etude		- et conceptions de sites Internet ou autres	
436	Expédition de colis de produits du pays		- (entrepreneur d')	
437	Expert	- chimiste - engreur	- pour le partage ou l'estimation des propriétés - Près des tribunaux - pour le règlement des sinistres en matière d'assurances - Comptable sans employés - Géomètre ou topographe - Maritime ou en aéronautique - prés les tribunaux - Comptable	
438	Exploitation commerciale ou industrielle		- (entrepreneur de la gestion des)	
439	Explosifs	- capsules ou cartouches (fabricant d')		
440	Exportateur			- d'une ou plusieurs espèces de denrées ou marchandises (marchand)
441	Exportation			- et importation (marchand ou intermédiaire effectuant l')
442	Expositions		- (loueur de salles aménagées pour)	
443	Extincteurs d'incendies		- (fabricant d') ou (marchand d')	
444	Faïence	- céramiste (fabricant de) - Marchant de) en détail ou en demi gros	- (marchand de) en gros	
445	Farine	- (marchant de) en détail - de poisson (fabricant de - fécules, semoules ou son (marchand de) en détail ou en demi gros)	- fécules, semoules ou son (marchant de) en gros	
446	Fécule	- (fabricant de) - (marchand de) en détail ou en demi gros	- (marchand de) en gros	
447	Fer	- de seconde fusion (exploitant de fonderie de) - vieux ou autres vieux métaux communs (marchand de) en demi gros	- forgé (fabricant d'objets en - vieux ou autres vieux métaux communs (marchand de) en gros	
448	Fast-food, snack		- (tenant)	
449	Faux plafonds		- (entrepreneur de)	
450	Ferblantier	- ferblantier		
451	Ferrailleur	- vendeur de vieux objets en fer		
452	Ferronnerie		- quincailleries	
453	Ferroviaires	- (entrepreneur de la construction et de la réparation de Wagon, machines et matériels)		
454	Fêtes	- (loueur de salles aménagées pour les)		
455	Feuilles d'or pour la maroquinerie	- (fabricant de) ou (marchand de) en détail		
456	Feutre	- ou carton asphalté ou bitumé (fabricant de) - grossier (fabricant de)		

	Activités	Classe 3 (10 %)	Classe 2 (20 %)	Classe 1 (30 %)
457	Feux d'artifice	- (fabricant, Marchand de)		
458	Fiacres	- (entrepreneur de)		
459	Ficelles	- câbles, cordes ou cordages (exploitant une usine pour la fabrication de)		
460	Films cinématographiques		- (distributeur de) - Exploitant de studio pour la réalisation, l'adaptation ou la sonorisation des) - (loueur ou marchand de) - Exploitant laboratoire ou atelier pour le développement, le tirage le montage et la sonorisation des)	- (producteur de)
461	Fils	- (retordeur, dévideur, bobineur ou pelotonneur de) - (imprimeur d'étoffes ou de)		
462	Filature	- de chanvre ou de lin, de laine ou de coton (exploitant de)		
463	Fileries	- de coton (exploitant une)		
464	Filets pour la pêche, la chasse	- (fabricant de) ou (marchand de)		
465	Fileur	- (entrepreneur)		
466	Fleuriste	- fleuriste		
467	Fleurs artificielles ou naturelles ou de plantes d'ornement		- (marchand de)	
468	Fonderie	- d'antimoine, d'étain, de plombes, de manganèse, de zinc, de cuivre, de bronze ou d'aluminium ou autres (exploitant de) - de deuxième fusion (exploitant de)		
469	Fonte ouvragée	- (marchand de)		
470	Fondouk	- (tenant un)		
471	Force motrice		- (loueur de) Celui qui, possesseur de bâtiments ou de moteurs qu'il n'emploie pas pour son propre compte, les loue à divers industriels auxquels il s'engage à fournir une force motrice	
472	Foreur de puits	- avec machines ou moteur (travaillant à bras seulement ou Sondeur)		
473	Forgeron	- de pièces à façon		
474	Forme pour la réparation des navires	- (exploitant ou concessionnaire de)		
475	Fouets, cravaches	- (fabricant ou marchand de)		
476	Foulonnier	- foulonnier		
477	Fossoyeur	- entrepreneur		
478	Fournier	- ou cuiseur exploitant au moins un ou plusieurs fours ou cuiseur - ou cuiseur utilisant des moyens mécaniques		
479	Four à gaz	- fabricant, Réparateur de		
480	Fournitures de bureaux		- (marchand de)	
481	Fournisseur d'objet de consommation	- dans un cercle ou une circonscription		

	Activités	Classe 3 (10 %)	Classe 2 (20 %)	Classe 1 (30 %)
482	Fournitures	- scolaires (marchand en détail de)	- pour tailleurs (fabricant ou marchand de) vendant en gros - pour literie (marchand d'articles ou) en détail	
483	Fourrage et de paille	- (marchand de) - + en détail - + en demi gros	- (marchand de) en gros	
484	Fourreaux pour sabres, poignards	- (fabricant de)		
485	Fourreur		- en gros	
486	Fourrures		- (marchand de) en détail	
487	Fret		- ou de navires (courtier de)	
488	Fréteur		- de navires	
489	Frigorifique	- (exploitant d'entrepôt)		
490	Fripier	- en détail	- en gros	
491	Fromages	- pâtes de fromages, yaourts ou autres par procédés mécaniques (fabricant de) - (fabricant ou marchand de) en détail	- (marchand ou fabricant de) vendant en demi gros ou en gros	
492	Fruits (marchand de)	- ou légumes frais en détail (marchand de) - secs ou légumes secs en détail - (marchand de) - fruits en détail (marchand de)	- ou légumes frais en gros ou en demi gros (marchand de) - secs ou légumes secs en demi gros ou en gros (marchand de)	
493	Fruits		- (fabricant ou préparateur de jus de)	
494	Fumiste	- (entrepreneur ou non)		
495	Fumisterie industrielle		- (entrepreneur fabrication et installation de)	
496	Funèbres		- (entrepreneur de Monuments)	- (entrepreneur d'inhumations et de pompes)
497	Funéraires		- (fabricant ou marchand d'ornements) vendant en détail - (marchand de)vendant en détail	
498	Gants	- (marchand de) en détail	- (fabricant de) ou (marchand de) en gros	
499	Ganses	- lacets, pour son compte (fabricant de)		
500	Garanties		- ou de caution (effectuant opérations de)	ou de caution (effectuant opérations de)
501	Garde malade	- garde malade ou infirmier		
502	Garage pour automobiles	- (exploitant de)		
503	Garde-meubles		- (exploitant de)	
504	Gardiennages automobiles, cycles et motocycles		- (tenant un parc pour)	
505	Garnitures automobiles	- (entrepreneur de)		
506	Gardiennage des édifices publics ou privés		- (entreprise de)	
507	Gargotier	- (exploitant)		
508	Gaufres ou gaufrettes		- (fabricant ou marchand de) en gros	

	Activités	Classe 3 (10 %)	Classe 2 (20 %)	Classe 1 (30 %)
509	Gaz	- comprimés, liquéfiés ou dissous (exploitant un établissement d'emplissage ou une usine pour la production de)ou (marchand en détail de)	- (marchand d'appareils récepteur, de pièces détachées ou de fourniture pour le) - comprimés, liquéfiés ou dissous (marchand de) en gros	
510	Gazogènes ou appareils analogues		- (fabricant ou marchand de)	
511	Générateur électrique	- (fabricant de)	- (marchand de)	
512	Géomètre expert		- ou topographe	
513	Génie civil		- (entreprise de)	
514	Génie informatique		- (entreprise de)	
515	Gérant		- d'immeubles	
516	Gestion		- d'exploitations commerciales ou industrielles ou agricole de service civil ou militaire (entrepreneur de la) - de valeur mobilière	
517	Ghassoul	- (marchand de) en détail ou en demi gros	- (marchand de) en gros	
518	Gibier	- (marchand de) en détail		- (marchand exportateur de)
519	Glace ou miroirs	- (exploitant une usine pour la fabrication artificielle de la) - ou de sorbets (fabricant de) avec ou sans moteur mécanique ; - eau congelée (marchand ou fabricant de) - miroirs (tailleur de) marchand de vendant en détail	- ou de sorbets (marchand de, +en demi gros +en gros - entrepreneur de fourniture ou de pose de miroirs - marchand en demi gros ou en gros	
520	Glucose	- (fabricant de)		
521	Gluten	- (fabricant de)		
522	Gobeleterie	- (fabricant de)		
523	Golf	- (exploitant terrain de)		
524	Gomme ou autres produits analogues	- (fabricant de)		
525	Goudron	- (marchand de) en détail	- (marchand de) en gros, en demi gros	
526	Graphologie		- (tenant un cabinet de)	
527	Graphologue	- exerçant en chambre		
528	Grain es fourragères, oléagineuses ou autres	- (marchand de) en demi gros	- (marchand de) en gros	
529	Grainier ou grainetier	- (marchant) en détail		
530	Grains	- (fabricant d'alcool de) - et graines (marchand de) en détail - courtier : (opération en demi gros ou en détail)	- (marchand de) en demi gros ou en gros - courtier (opération en gros)	
531	Graveur	- (graveur) de menus objets - artiste ne vendant que les produits de son art		
532	Grillageur	- grillageur		
533	Grosses machines électro-comptables		- (loueur de)	- (marchand de)
534	Guérisseur	- ou magnétiseur ou radiesthésiste		
535	Guide	- pour voyageurs ou touristes		
536	Guetta percha	- par procédé mécanique (exploitant un établissement pour la préparation ou l'emploi de)	- (fabricant ou marchand d'objets confectionnés en)	

	Activités	Classe 3 (10 %)	Classe 2 (20 %)	Classe 1 (30 %)
537	Habillement	- (marchand d'effets communs d')		
538	Hacheur	- de viande		
539	Harnachement, l'équipement ou le campement		- (fabricant ou marchand d'objets concernant le) vendant en gros	
540	Harnacheur	- sellier		
541	Haut parleurs	- (loueur de)		
542	Hélicoptères	- ou avion (monteur)	- ou avion (loueur d') Pour le transport des voyageurs (exploitant d') - (tenant une école pour la conduite des)	
543	Héliographe	- héliographe		
544	Henné	- (marchand de) en détail ou en demi gros	- (marchand de) en gros	
545	Herboriste	- (marchand) en détail ou en demi gros	- (marchand) en gros	
546	Hongreur	- expert ou non		
547	Horloger		- horloger	
548	Horlogerie	- commune en acier ou en métal (fabricant d') - (marchand d') en détail		
549	Horlogeur	- rhabilleur non marchand	- réparateur	
550	Hôtel	- occupant moins de 3 personnes	- occupant de 3 à 10 personnes	- occupant plus de 10 personnes - de grand tourisme ou de luxe
551	Huiles	- alimentaire en détail (marchand d') en détail - (exploitant une usine pour le raffinage des) - par procédés chimiques ou huiles pyrogènes (fabricant d') - par procédés de presse continue (fabricant d')	- alimentaire (marchand d') en en gros ou en demi gros	
552	Huissier	- de justice		
553	Huîtres	- (marchand d') - (éleveur de)		
554	Immeubles	- ou partie d'immeubles (exploitant par sous-location d')	- ou autres opérations immobilières (effectuant achat et vente d') - locaux, équipements de sports ou de beaux arts (exploitant d') - n'occupant aucun employé (courtier d') - promoteur immobilier	- (lotisseur d') - (courtier d') occupant plus d'1 personne
555	Importateur		- (marchand) vendant en demi gros	- (marchand) vendant en gros
556	Importation et exportation			- (marchand ou intermédiaire effectuant)
557	Imprimeur	- typographe, lithographe, litho chrome, en taille douce ou par procédés photo typiques - d'étoffes ou de fils - sur métaux		
558	Infirmerie	- d'animaux (tenant une)	- vétérinaire ayant ou non	
559	Infirmier	- infirmier		
560	Infographie		- (exploitant un atelier)	

	Activités	Classe 3 (10 %)	Classe 2 (20 %)	Classe 1 (30 %)
561	Informatique		- (marchand ou loueur de matériel) - (programmeur, analyste, concepteur en) - (vente de logiciels, programmes)	
562	Ingénieur		- conseil - en béton	
563	Inhumation et pompes funèbres			- (entrepreneur d')
564	Installations		- (vérificateur ou entrepreneur d') - électriques (entrepreneur d') - sanitaires, pour le chauffage, iso thermiques, de calorifugeage ou de fumisterie industrielle (entrepreneur d')	
565	Institution	- (chef d') ou (maître d')		
566	Instruments	- aratoires (fabricant ou marchand d') - de médecine, de chirurgie (fabricant d') - de musique autres que des pianos (loueur d'), (fabricant d' ou marchand d')	- de médecine de chirurgie (marchand d') en détail ou en gros - pour les sciences, instruments de précision, de topographie, d'optique, (marchand d') en gros	
567	Intermédiaire		- pour la répartition des transports publics de marchandises	
568	Interprète		- interprète	
569	Invention		- (loueur de brevet d'invention)	
570	Isothermiques		- (entrepreneur d')	
571	Ivoire	- (fabricant ou marchand d'objets en)		
572	Jardins	- (entrepreneur de la plantation ou de l'entretien des)		
573	Jellabas	- (marchand de)		
574	Intermédiaire		- pour l'obtention de crédits	
575	Jeux	- de table ou autres jeux analogues (exploitant d'appareils de) - et amusements publics (maître de) manèges mus à bras exceptés - ou sports nautiques (loueur d'engin pour les)	- et courses des chevaux (concessionnaire pour les opérations de) - (exploitant de) - de cartes, de hasard ou d'autres divertissements (tenant un salon de) - de table ou autres jeux analogues (entrepreneur de)	
576	Joaillier			- (marchand)
577	Jouets		- (marchand de) en gros d'enfant (fabricant de) - (fabricant de) ou (marchand en détail)	
578	Journaliste ou publiciste		- travaillant pour son compte	
579	Journaux et de périodiques	- (revendeur de)	- libraire-éditeur	
580	Jus de fruits ou de légumes	- (fabricant ou préparateur de)		
581	Képis	- (marchand ou fabricant de)en détail	- (marchand ou fabricant de)en gros	
582	Kinésithérapeute	- kinésithérapeute		
583	Laboratoire		- ou d'atelier pour le développement, le tirage, le montage et la sonorisation des films cinématographiques (exploitant de)	- d'analyses médicales, chimiques ou industriel (tenant un)
584	Lacets	- (fabricant de)		

	Activités	Classe 3 (10 %)	Classe 2 (20 %)	Classe 1 (30 %)
585	Laine	- (marchand de) en détail - (trieur ou nettoyeur de déchets de)	- (marchand de) en demi gros ou en gros - à tricoter (marchand de) en détail	
586	Lait	- reconstitué (fabricant de) - (exploitant un établissement industriel pour la pasteurisation du)	- (marchand de) + en demi gros +en gros	
587	Laitier	- laitier		
588	Laminerie de laiton	- ou tréfilerie de fer (exploitant de)		
589	Lampiste	- (marchand)		
590	Lanternier	- lanternier		
591	Laqueur	- sur objets en bois ou sur métaux		
592	Lapins	- marchand en détail	- (marchand de) en gros ou en demi gros	- (marchand ou exportateur de)
593	Layetier	- emballeur	- emballeur expéditeur	
594	Légumes frais	- (marchand de) en détail - (fabricant ou préparateur de jus de)	- (marchand de) en gros ou en demi gros	
595	Lavage de minerais	- par procédé mécanique ou physicochimique (exploitant une usine)		
596	Laveur	- de laine		
597	Levure	- (fabricant de)	- ou de levain (marchand de)	
598	Libraire		- éditeur ou non éditeur	
599	Liège	- aggloméré ou granulé (fabricant de) - (marchand de) en détail	- (marchand de) en demi gros ou en gros	
600	Limonades gazeuses	- (marchand ou fabricant de)		
601	Lin ou chanvre	- fabricant de) ou (marchand en détail de) - (exploitant une usine pour le rouissage ou taillage du)	- (marchand de) en demi gros ou en gros	
602	Linger	- (marchand ou fabricant) vendant en détail	- (marchand ou fabricant de) en demi gros ou en gros - vendant des articles de qualités fines ou de luxe (marchand en détail ou (fabricant de) - ou chemisier (marchand ou fabricant de)	
603	Lingerie	- commune (marchand de) en détail - (confectionneur de)		
604	Linotypiste	- compositeur de musique		
605	Liqueurs	- ou apéritifs (marchand ou fabricant de) - débitant ou marchand de)		
606	Literie	- objets ou fournitures pour literie (fabricant de)	- objets ou fournitures pour literie (marchand de) en gros - (marchand d'article ou fourniture de)	
607	Livres de lecture	- (loueur de) - d'occasion (marchand de)		
608	Location des propriétés	- (tenant un bureau pour la vente et la location)		
609	Locaux aménagés pour réunions cérémonie, fêtes ou expositions		- (loueur de salles ou)	

	Activités	Classe 3 (10 %)	Classe 2 (20 %)	Classe 1 (30 %)
610	Locaux divers	- (exploitant d') par sous-location		
611	Logeur	- de bestiaux		
612	Long cours		- (armateur au) (voir navigation)	
613	Loterie	- revendeur pour son compte ou à la commission de billets de loterie entiers ou fractionnés	- (courtier en billets de) fractionnés	- (émetteur ou vendeur en gros) de billets entiers ou fractionnés
614	Loueur	- d'appareils de radiophonie, pick-up ou haut parleurs - de livre de lecture - de meubles, objets ou ustensiles - Outils ou ustensiles divers	- d'avion ou hélicoptère - de force motrice - grosses machines éléctro-comptables - de machines comptables - de matériel industriel ou de machines outils de brevets d'invention - Machine outils, grandes machines, matériel industriel ou d'entrepreneur (marchand de) - de marques de fabrique ou de clientèle - de wagons ou de containers pour le transport des marchandises - d'un établissement commercial ou industriel	- agricoles (marchand de grandes) - de machines mécanographiques à cartes perforées - de machines mécanographiques à cartes perforées, grosses machines éléctro-comptables (marchand de) - de machines outils - de véhicules automobile
615	Lunetier	- lunetier	- opticien (marchand) vendant en détail	
616	Luthier	- rhabilleur non marchand		
617	Machines	- pour le tirage et la reproduction des plans, dessins (exploitant de) - agricoles (exploitant de) avec moteur	- à coudre, à piquer, à broder, à plisser ou autres machines analogues (marchand de) - agricoles (marchande) à écrire - comptables (loueur de) - éléctro-comptables (loueur de grosses) - et matériels ferroviaires (entrepreneur de la construction ou de la réparation de) - de bureau, machines comptables, caisses enregistreuses et autres machines analogues (marchand de) - outils, grandes machines, matériel industriel ou d'entrepreneur (marchand de)	- agricoles (marchand de grandes) - Mécanographiques à cartes perforées, grosses machines éléctro-comptables (loueur ou marchand de) - outils (loueur de)
618	Maçon	- maître - à façon		
619	Maçonnerie	- (entrepreneur de) occupant moins de 10 personnes	- (entrepreneur de) occupant 10 personnes ou davantage	

	Activités	Classe 3 (10 %)	Classe 2 (20 %)	Classe 1 (30 %)
620	Magasin		- général (exploitant un) Lorsqu'il fait ou non l'escompte des Warrants - pour la vente en demi gros ou en détail de quincaillerie, de ferronnerie et d'articles de ménage (tenant un) lorsqu'il occupe habituellement plus de 10 personnes - ou bureau de vente, sur échantillons, aux particuliers, de plusieurs espèces de marchandises ou de vêtements confectionnés (tenant un)	- pour la vente de plusieurs espèces de marchandises - ou de la vente en gros de quincaillerie, de ferronnerie et d'articles de ménage - ou pour la vente en demi gros ou aux particuliers de vêtements confectionnés - ou pour la vente en demi gros - ou en détail d'épiceries, de conserves (tenant un) lorsqu'il occupe habituellement plus de 10 personnes
621	Magasinier	- celui qui reçoit en dépôt, pour le compte de négociants, des marchandises qu'il n'est chargé ni de vendre ni d'expédier		
622	Magasins		- (entrepreneur de Nettoyage des)	
623	Magnétiseurs	- guérisseur ou radiesthésiste		
624	Mahia	- (débitant ou marchand à la bouteille de)	- marchand de) en demi gros - (fabricant de)	- (marchand de) en gros
625	Main d'œuvre		- (entrepreneur de la fourniture de)	
626	Maison accouchements		- (chef de)	
627	Maison de santé		- (tenant une)	
628	Maître de pension	- ou chef d'institution		
629	Malletier	- coffretier en bois ou en cuir		
630	Malt ou orge germée servant à la fabrication de la bière	- (exploitant une fabrique de)		
631	Mandataire		- au marché	
632	Manège	- d'équitation (tenant un) - Nacelles, balançoires, (exploitant un établissement forain de) mû à bras		
633	Manganèses	- (exploitant de fonderie de)		
634	Maison d'hôtes ou Riad		- (exploitant de)	
635	Manucure	- ou pédicure en chambre ou à domicile		
636	Manutentions maritimes		- (entrepreneur de)	
637	Marais salants	- (exploitant de)		
638	Marbrier	- marbrier - à façon		
639	Marchand		- forain	
640	Marchandises		- (courtier de)	
641	Marchés		- (adjudications, concessionnaires ou fermiers des droits de)	
642	Maréchal-ferrant	- maréchal-ferrant		

	Activités	Classe 3 (10 %)	Classe 2 (20 %)	Classe 1 (30 %)
643	Margarine ou autres produits analogues	- (fabricant de) - (marchand en détail de)	- (marchand de) en demi gros ou en gros	
644	Maritimes		- courtier	
645	Maroquinerie	- commune (marchand ou fabricant de) vendant en détail	- de gainerie ou d'articles de voyage, etc. (marchand ou fabricant de)	
646	Maroquinier	- à façon		
647	Marque de fabrique		- (loueur de)	
648	Massages médicaux, soins de beauté		- (tenant un établissement pour les)	
649	Masseur	- en chambre ou à domicile		
650	Matelassier	- travaillant seul ou occupant, au plus, 2 personnes		
651	Matériaux de construction	- (marchand de) en détail	- (marchand de) en gros	
652	Matériel	- ferroviaires (entrepreneur de la construction de)	- industriel ou de machines-outils (loueur de) - (marchand d'outils et de grands) - (vérificateur ou entrepreneur de)	
653	Matière plastique	- (exploitant un établissement pour la préparation ou l'emploi de)		
654	Mazout (marchand de)	- (marchand de) en détail	- (marchand de) en demi gros	- (marchand de) en gros
655	Mécanicien	- constructeur - réparateur - à façon		
656	Médecin ou chirurgien		- ou chirurgien sans infirmier ou infirmière ou aide	- ayant clinique ou occupant plus de 2 infirmiers ou infirmières - ou aides - occupant 1 ou 2 infirmiers ou infirmières ou aides - spécialiste
657	Mélanger	- (exploitant une usine à)		
658	Menuiserie aluminium, métallique ou en PVC		- (entrepreneur de)	
659	Menuisier	- menuisier - à façon	- (entrepreneur)	
660	Mercerie	- (marchand de)en détail	- (marchand de) en gros ou en demi gros - (de qualité fine ou de luxe) en détail	
661	Mesureur	- mesureur		
662	Métaux	- (marchand de) en détail - consommables (affineur de) - (marchand de) Précieux en gros (fabricant à façon)	- bruts (marchand de) en gros ou en demi gros - Récupérateur de	- précieux ou pierres fines (marchand de)
663	Métaux, Communs	- (marchand de) en détail	- (marchand de) en gros	
664	Méthodes et accessoires		- (marchand de) pour l'étude des langues	
665	Métiers	- (exploitant une fabrique à)		
666	Métreur		- vérificateur	
667	Meubles	- métalliques (fabricant de) - objets ou ustensiles (loueur de) - d'occasion (marchand de)	- (fabricant ou marchand de)	
668	Meules	- (fabricant ou Marchand de)		

	Activités	Classe 3 (10 %)	Classe 2 (20 %)	Classe 1 (30 %)
669	Miel ou cire	- (marchand de) en détail	- (marchand de) en demi gros ou en gros	
670	Milk-bar	- occupant moins de 5 personnes (exploitant un)	- occupant 5 personnes ou d'avantage (exploitant un)	
671	Minerais	- par téléphérique et véhicule automobiles (entrepreneur de transport de) - par procédés mécaniques ou physico-chimiques (exploitant une usine pour le broyage et le lavage du) (entrepreneur de transport de)	- et de métaux bruts (marchand de)	
672	Mines ou minières	- (exploitant de)		
673	Minière		- (amodiateur ou sous Amodiateur de concession)	
674	Miroirs	- (tailleur de) (marchand de) vendant en détail	- (entrepreneur de la fourniture, de la pose de) - (marchand de) vendant en demi gros ou en gros	
675	Modèles en papier pour broderies	- (fabricant ou marchand de)		
676	Modes		- (marchand d'articles de)	
677	Modiste	- à façon	- modiste	
678	Monnaies			- (changeur de)
679	Montage de films cinématographiques		- (exploitant un Laboratoire)	
680	Mont-de-piété			- (commissionnaire au)
681	Monteur	- d'avion		
682	Monuments funèbres		- (entrepreneur de)	
683	Motocycles	- (constructeur ou monteur de)	- pièces détachées et accessoires de motocycles (marchand de) en demi gros ou en détail	- (tenant un parc pour le gardiennage et la surveillance des)
684	Mouallida	- mouallida		
685	Mosaïque		- (entrepreneur de)	
686	Moulin ou autre usine à moudre, battre, triturer, broyer, pulvériser, mélanger, presser, décortiquer, égrener	- (exploitant de)		
687	Moulinier	- en soie		
688	Moutons ou d'agneaux	- (courtier de)	- (gros et menu bétail) - (marchand de)	- (marchand exportateur de)
689	Mulets ou mules	- (éleveur de) - (loueur de) ou (marchand de)		
690	Munitions et accessoires pour la chasse	- (marchand de) en détail		
691	Musée	- (exploitant ou entrepreneur)		
692	Musicien	- musicien		
693	Musique	- instruments de - (marchand en détail de) - (compositeur de)		
694	Nacelles	- nacelles, balançoires, etc. (exploitant un établissement forain de) mû à bras		
695	Nacres	- pour la scelle rie, les armes etc. (fabricant pour son compte ou Marchand d'objet en)		

	Activités	Classe 3 (10 %)	Classe 2 (20 %)	Classe 1 (30 %)
696	Nattier	- nattier		
697	Naturaliste	- préparateur		
698	Navigation		- armateur pour la pêche côtière ou hauturière - Armateur pour le grand ou le petit cabotage - Armateur pour le long cours - Courtier de fret ou de navire	
699	Navires	- (approvisionneur de) ne fournissant que des denrées alimentaires - Entrepreneur de chargement et déchargement de) - Calfat radoubeur de) - (affréteur de)	- (courtier de)	- (approvisionneur de)
700	Navires étrangers		- (consignataire ou tenant une agence de)	
701	Négociant			- négociant
702	Néggafa		- (organisation de la célébration des festivités de mariages)	
703	Nettoyage		- de garnitures des voitures	
704	Nettoyage des devantures, magasins, appartements	- (entrepreneur du)		
705	Nettoyeur	- des déchets de laines, coton		
706	Nourrisseur	- de volailles - de cochons, de vaches, de chèvres ou de brebis		
707	Nouveautés		- d'art ou de curiosité (marchand de) n'occupant pas plus de 10 personnes	
708	Objets	- en cuivre, plaqué, os, nacres, ivoires, ébène etc. (fabricant pour son compte ou marchand d') - d'ameublement et de literie (loueur de) - de terre cuite, en plâtre ou en ciment (fabricant d') - ou ustensiles (loueur de)	- d'art ou de curiosité (marchand d') - et fournitures en métal, autres que les produits de quincaillerie (fabricant d') - ou fournitures pour literie (marchand d') ou (fabricant d')	
709	Occultisme ou de graphologie		- (tenant un cabinet d')	
710	Œufs	- (marchand d') en détail - (producteur d')	- (marchand d') en demi gros ou en gros	- (marchand exportateur de)
711	Oiseaux	- petits animaux ou poissons (marchand d')		
712	Omnibus	- (entrepreneur de)		
713	Opticien		- (marchand) - (fabricant)	
714	Optique		- (fabricant d'appareils d')	
715	Ordinateur		- (réparateur)	
716	Ordinateurs		- (marchand)	
717	Orfèvre	- (fabricant) pour son compte	- (marchand d') ou (fabricant') avec ou sans atelier et magasin) - Marchand d')	
718	Orge germée	- (exploitant une fabrique d')		
719	Ornements	- funéraires (marchand d') ou (fabricant) - pour appartements, magasins (marchand d')		
720	Orthopédie		- appareils (marchand d') ou (fabricant d') Vendant en détail	
721	Orthodontiste		- orthodontiste	
722	Orthopédiste		- orthopédiste	

	Activités	Classe 3 (10 %)	Classe 2 (20 %)	Classe 1 (30 %)
723	Orthophoniste		- orthophoniste	
724	Orthoptiste		- orthoptiste	
725	Os	- (fabricant ou marchand d'objets en)	- (marchand d') en gros	
726	Ostréiculteur	- (éleveur d'huîtres)		
727	Outils ou ustensiles divers	- (loueur d')		
728	Outres	- (fabricant pour son compte ou marchand d')		
729	Ouvrages	- en cheveux, nylon, soie, etc. pour la coiffure (fabricant ou marchand d') - Ou articles littéraires, scientifique et autres (auteur d')		
730	Ouvrier à domicile	- (toutes branches) travaillant pour son compte		
731	Paiements			- (effectuant opération de)
732	Paillasses	- (marchand ou fabricant de) vendant en détail		
733	Paille	- (marchand de) en détail ou en demi gros	- (marchand de) en gros	
734	Pain	- (tenant un dépôt de) - (revendeur de)		
735	Panneaux métalliques, routiers, publicitaires	- (exploitant un établissement industriel pour la fabrication de) - (fabricant de)		
736	Pantoufles		- (marchand ou fabricant de)	
737	Papeterie	- à la mécanique (exploitant de) - (marchand en détail)		
738	Papetier		- (marchand)	
739	Papiers	- apprêtés ou façonnés (fabricant de) ou (marchand de) vendant en détail - peints pour tentures (marchand de)	- apprêtés ou façonnés (fabricant de) ou (marchand de) vendant en gros	
740	Parachutes	- (fabricant de)		
741	Parapluies	- (fabricant ou marchand de) vendant en détail		
742	Parc	- zoologique ou jardin payant (tenant un) - jardins, avenues, etc. (entrepreneur de la plantation ou de l'entretien des)	- pour le gardiennage et la surveillance des automobiles, cycles et motocycles (tenant un)	
743	Parfumeur		- (marchand) en détail ou en demi gros	- (marchand) en gros
744	Parfums	- communs (marchand de) au petit détail		
745	Pari mutuel		- (tenant une agence pour les opérations du) hors des hippodromes - sportif (tenant une agence pour les opérations du - hors des hippodromes - (concessionnaire pour les opérations du) - sportif (concessionnaire pour les opérations du)	
746	Passementier	- vendant en détail	- vendant en demi gros ou en gros	

	Activités	Classe 3 (10 %)	Classe 2 (20 %)	Classe 1 (30 %)
747	Pasteurisation du lait	- (exploitant un établissement industriel pour la)		
748	Pastilles	- (fabricant de) par procédé mécanique		
749	Pâte	- de cellulose (fabricant de) - alimentaires (fabricant de) ou (marchand de) en détail - de fromage (marchand ou fabricant de) vendant en détail	- alimentaires (marchand de) en demi gros ou en gros - de fromage (marchand ou fabricant de) vendant en gros ou en en demi gros	
750	Pâtissier		- glacier ou pâtissier donnant à consommer vins ou liqueurs vendant en détail ou en gros	
751	Pâtisserie	- commune (fabricant ou marchand de) vendant en détail - ou confiserie (marchand de menu) en détail		
752	Paveur	- paveur		
753	Peaux	- (marchand de) en détail	- (marchand de) en demi gros ou en gros	
754	Pêche	- fabricant ou Marchand de filets pour la - (organisateurs de tournée) - fabricant ou Marchand en gros d'articles et accessoires de	- (adjudicataire ou fermier de) - (armateur pour la) (voir navigation) -	
755	Pédicure	- en chambre ou à domicile		
756	Peignerie ou carderie de laine, de coton ou de bourre de soie	- par procédés mécaniques (exploitant de)		
757	Peigne	- (fabricant ou marchand de)		
758	Peintre	- (artiste) ne vendant que le produit de son art - Vernisseur en voitures - en armoiries, attributs, décors ou enseignes - en bâtiments non entrepreneur		
759	Peinture		- en bâtiments (entrepreneur de)	
760	Pension	- de famille (tenant une) - d'animaux - (maître de)		
761	Perception des droits d'auteur		- (agent de)	
762	Perruquier	- perruquier		
763	Pétrole	- brut (exploitant une distillerie de) - (marchand de) en détail		
764	Pharmacie		- (marchand d'accessoires ou fournitures pour la)	
765	Pharmacien		- vendant en détail occupant moins de 3 commis	- vendant en détail, occupant plus de 3 commis - ou vendant en gros ou en demi gros
766	Photographe	- ayant ou non un atelier et travaillant seul	- photographe	
767	Photographie		- (exploitant un studio de) - (marchand d'appareils, ustensiles ou fournitures pour la) - d'art (exploitant un studio de) - Aérienne (entrepreneur de)	

	Activités	Classe 3 (10 %)	Classe 2 (20 %)	Classe 1 (30 %)
768	Photographiques		- (exploitant un atelier de travaux)	
769	Pianos	- (loueur ou accordeur de)	- (marchand)	
770	Pièces		- d'appartements par sous location (exploitant de) - spéciales pour métiers, accessoires ou instruments pour industries textiles (fabricant de)	
771	Pierre	- fausse (fabricant ou marchand de) - (fabricant ou marchand de) en détail - ou carreaux pour mosaïques (marchand de) - pour la construction ou pour les routes (marchand de)	- sable et gravette (marchand de) assurant le transport à pied d'œuvre	- fines (marchand de)
772	Piles électriques	- (fabricant de)		
773	Pipe de terre	- (marchand de) en détail		
774	Pinceaux	- (exploitant un établissement industriel pour la fabrication de)		
775	Piscine		- ou école de natation (exploitant de)	
776	Placement	- ou de renseignements (tenant un bureau de)		- de valeurs mobilières
777	Pizzeria		- (exploitant)	
778	Plafonneur	- ou plâtrier à façon	- ou plâtrier (entrepreneur)	
779	Plans	- (reproduction des)		
780	Plantation	- (entrepreneur de l'entretien ou de la)		
781	Plantes médicinales		- (marchand de)	
782	Plantes	- aromatiques médicinales ou industrielles (ramasseur ou collecteur de) - arbres ou arbustes (marchand de) en détail - d'ornements (marchand de) en détail	- d'ornements (marchand de) en gros	
783	Plaqué	- (fabricant ou marchand d'objets en)		
784	Plâtre	- (marchand de) en détail - (fabricant de) au moyen de fours continu ou par procédé ordinaire		
785	Plâtrier	- ou Plafonneur à façon	- ou plâtrier (entrepreneur)	
786	Plissés		- (fabricant de)	
787	Plomb	- (exploitant de fonderie)		
788	Plombier	- plombier		
789	Plume et duvet	- (marchand de) en détail	- (marchand de) en demi gros ou en gros	
790	Pneumatiques	- (fabricant de) - ou (marchand de) d'occasion ou réchappés en détail	- (marchand de) en détail ou en demi gros	- (marchand en gros)
791	Poignard	- fourreaux pour		
792	Pointes	- (fabricant de) par procédé mécanique)		
793	Poisson	- (marchand de) en détail	- frais (marchand de) en gros - salé, mariné, sec ou fumé, etc. (marchand de) en gros ou en demi gros	
794	Pommes de terre	- (marchand de) en demi gros	- (marchand de) en gros	

	Activités	Classe 3 (10 %)	Classe 2 (20 %)	Classe 1 (30 %)
795	Pompes funèbres			- (entrepreneur de)
796	Porcelaine	- (marchand de) en détail		
797	Portefaix	- avec bête ou voiture à bras		
798	Poterie	- de terre (fabricant de) ou (marchand de) en détail (marchand de)en gros - (commune) (fabricant de) à four électrique ou à gaz		
799	Précision	- (marchand d'instrument de)		
800	Préparation aux examens	- occupant au plus 2 personnes (tenant une école de)	- occupant plus 2 personnes (tenant une école de)	
801	Préparation pharmaceutiques ou vétérinaires		- (fabricant ou Marchand de)	
802	Presser	- (exploitant une usine à)		
803	Prêts			- (effectuant opération de prêts)
804	Producteur de films cinématographiques			- celui qui compose ou fait composer des scénarios, recrute le personnel artistique nécessaires à la mise en scène, effectue ou fait effectuer la prise de vues et l'enregistrement de son
805	Produits	- chimiques (exploitant un etablissement industriel Pour la fabrication de) - pour boissons économique (fabricant ou préparateur de) - pour l'alimentation des animaux (marchand en détail de)	- de régime (marchand de) en détail - chimiques (fabricant ou marchand de - quincaillerie par procédé mécanique (fabricant de) - pour l'alimentation des animaux (marchand de)	
806	Professeur de lettres, de sciences ou d'arts d'agrément	- travaillant pour son compte		
807	Propriétés	- (tenant un bureau d'indication pour la vente ou la location de)		
808	Produits phytosanitaires		- (marchand, fabricant ou Distributeur de)	
809	Prospections minières par procédés géophysiques		- (entrepreneur de)	
810	Protection contre le vol	- occupant au moins 5 personnes (entrepreneur de)	- occupant au moins 6 personnes (entrepreneur de)	
811	Publicitaires	- (fabricant de panneaux)		
812	Prothèse dentaire	(fabricant à façon de)	- (fabricant ou Marchand d'appareils de)	
813	Provendes	- aliments composés ou autres produits pour l'alimentation des animaux (marchand de) en détail	- aliments composés ou autres produits pour l'alimentation des animaux (fabricant ou marchand vendant en gros	

	Activités	Classe 3 (10 %)	Classe 2 (20 %)	Classe 1 (30 %)
814	Publicité	- (entrepreneur ou tenant une agence de) sans employé - aérienne	- occupant au moins un employé (entrepreneur ou tenant une agence de)	
815	Publiciste		- (travaillant pour son compte)	
816	Puits	- foreur ou sondeur avec moteur à bras ou à manège	- foreur ou sondeur avec moteur mécanique	
817	Pulvériser	- (exploitant de moulin à)		
818	Quincaillerie ou ferronnerie	- occupant au plus 2 personnes (marchand de) en détail	- occupant plus de 3 personnes et moins de 10 personnes (marchand de) en gros ou en demi gros	- lorsqu'il occupe plus de 10 personnes (tenant un magasin pour la vente en gros en demi gros ou en détail)
819	Quincaillerie	- (fabricant de produits de)		
820	Radiesthésiste	- guérisseur		
821	Radiateur		- (exploitant entreprise de réparation et entretien des)	
822	Radiateur pour moteurs	- (fabricant de)		
823	Radiologie et électricité médicale, radiumthérapie		- (marchand d'appareils ou de pièces détachées ou accessoires pour appareils de)	
824	Radiophonie	- ou de télévision (réparateur d'appareils récepteur de) - (revendeur d'appareils de)	- ou de télévision (fabricant) d'appareils récepteurs de pièces détachées ou de fournitures pour appareils récepteurs de) - ou de télévision (marchand d'appareils, accessoires ou de fournitures pour la)	
825	Radiumthérapie	- (marchand d'appareils de)		
826	Radoubeur	- de navires		
827	Réalisation de films cinématographiques		- (exploitant un studio pour la)	
828	Réassurances			- (entrepreneur de)
829	Recettes			- (effectuant opérations de)
830	Récipients	- (entrepreneur de l'entretien de)		
831	Régime		- (marchand de) en détail	
832	Relieur	- avec ou sans employé	- d'art	
833	Remonte-pente	- (exploitant de)		
834	Recouvrement de créances		- (tenant bureau pour le)	
835	Reliure de livres et travaux analogues		- (tenant un atelier pour la)	
836	Remorquage par bateaux		- à propulsion mécanique (entrepreneur de)	
837	Rémouleur	- rémouleur		
838	Renseignement divers	- (tenant un bureau de)		
839	Réparations	- industrielles (exploitant un atelier de) - de gros appareillage électrique (exploitant un établissement pour la) - de l'appareillage électrique et des appareils domestiques (exploitant un établissement pour la)	- des immeubles (entrepreneur de) - des transports publics de marchandises	

	Activités	Classe 3 (10 %)	Classe 2 (20 %)	Classe 1 (30 %)
840	Repassage par procédé mécanique	- (exploitant un établissement pour le) avec ou sans employé		
841	Repasseur de linge	- avec ou sans employé		
842	Repêcheur	- d'épaves		
843	Représentant		- de commerce	- de commerce ayant dépôt ou sous-agent ou étant ducroire ou effectuant opérations en gros
844	Résines, bitume, goudron, asphalte ou autres matières analogues	- (marchand de) en détail	- (marchand de) en demi gros ou en gros	
845	Ressorts pour voitures automobiles, camions, wagons	- (fabricant de)		
846	Restaurant			- exploitant de
847	Restaurateur	- à prix fixe	- à la carte occupant moins de 15 personnes	- de grande carte occupant 15 personnes ou davantage
848	Réunions	- (exploitant de salles pour)	- (loueur de salles pour)	
849	Revendeur	- de journaux et périodiques		
850	Rideaux et teinture		- (confectionneur de)	
851	Roseaux	- (marchand de) en détail	- (marchand d'articles en) vendant en gros	
852	Rôtisseur	- exploitant un four pour rôtisserie		
853	Roulage		- (entrepreneur de)	
854	Roulier	- ayant au plus 2 équipages	- ayant plus de 3 équipages	
855	Routiers	- ayant au plus 2 équipages	- ayant plus de 3 équipages	
856	Sable	- (marchand de)		
857	Sabre	- (fabricant de fourreaux pour les)		
858	Sacs	- de toile (fabricant de) - ou bâches (réparateur de) - ou étuis en papier (fabricant ou marchand de)	- ou étuis en papier (fabricant ou marchand de) en gros - (loueur ou marchand de) en détail	
859	Safran	- marchand en demi gros	- (marchand en gros)	
860	Sage-femme		- sage-femme	
861	Salles de jeux vidéo		- (exploitant de)	
862	Salles ou locaux aménagés pour réunions, cérémonies fêtes ou expositions		- (loueur de)	
863	Salles pour Internet		- (exploitant)	
864	Salon de thé		- (tenant un)	
865	Salpêtrier	- travaillant pour son compte		
866	Sandales	- (fabricant de) ou marchand de) vendant en détail	- (fabricant de) ou (marchand de) vendant en demi gros ou en gros	
867	Sanitaire		- (entrepreneur d'installation) - (marchand d'appareils)	
868	Santé		- (tenant une maison de)	
869	Sauna		- (tenant un établissement de bain de vapeur sèche ou)	
870	Savon	- (fabricant de)	- (marchand de) en demi gros ou en gros	

	Activités	Classe 3 (10 %)	Classe 2 (20 %)	Classe 1 (30 %)
871	Sculpteur	- (artiste) ne vendant que le produit de son art		
872	Sciences	- (fabricant d'instruments de)	- (marchand d'instruments de précision pour les)	
873	Scierie mécanique	- (exploitant de) - pour le sciage du marbre ou de la pierre - (exploitant de)		
874	Scieur	- de long		
875	Sciures de bois	- (marchand de)		
876	Scouffins	- pour le broyage des olives par procédé mécanique		
877	Sécurité		- (entreprise de fourniture d'agents de)	
878	Sel	- (raffinerie de) - (marchand de) en détail		
879	Sellier	- harnacheur - à façon	- carrossier	
880	Semoules	- (marchand de)		
881	Séquestre		- (administrateur)	
882	Sérigraphie	- (exploitant un atelier de)		
883	Serrurier	- ou serrurier mécanicien (entrepreneur)		
884	Services		- téléphoniques (société concessionnaire de) - d'information commerciales (entrepreneur de)	
885	Sirop	- (fabricant ou préparateur) par procédés ordinaires ou employant un outillage - (marchand de) en détail	- (marchand en demi gros ou en gros)	
886	Société		- conventionnée pour l'engagement et la gestion du personnel technique	- (entreprise se livrant, pour son compte, au contrôle de)
887	Soie	- naturelle ou artificielle (marchand de) en détail - (fabricant ou marchand d'ouvrage en)	- naturelle ou artificielle (marchand de) en demi gros ou en gros	
888	Soins de beauté	- (tenant une école de)	- (tenant un établissement de)	
889	Sommiers	- (fabricant de) pour son compte (marchand de) en détail ou en gros		
890	Son	- (marchand de) en détail ou en demi gros - (fabricant de)	- (marchant de) en gros	
891	Sondeur ou foreur de puits	- travaillant à bras seulement, avec machine ou à manège	- avec moteur mécanique	
892	Sonorisation des films cinématographiques		- (exploitant de laboratoire, studio pour)	
893	Sorbets ou glaces	- (fabricant de), avec ou sans moteur mécanique - (marchand de) en détail	- (marchand de) en demi gros ou en gros	
894	Soudure	- par procédés autogènes ou électriques (exploitant un atelier de)		
895	Soufflets	- (fabricant de)		
896	Soufre	- (débitant de)		
897	Sourcier	- sourcier		
898	Sparterie	- (fabricant ou marchand d'objets de)		

	Activités	Classe 3 (10 %)	Classe 2 (20 %)	Classe 1 (30 %)
899	Spécialités, préparations pharmaceutiques ou vétérinaires		- (fabricant ou marchand de) vendant en détail - (exploitant un établissement industriel, pour la préparation)	- (fabricant ou marchand de) vendant en gros ou en demi gros
900	Spectacles festivals artistiques	- (exploitant de locaux pour)	- (directeur de) - (entrepreneur de)	
901	Sports	- (fabricant de) - nautiques (loueur de barques ou canots à moteur, engin, ou appareils pour les jeux ou les)	- (marchand en gros ou en détail d'articles de)	
902	Station service pour voitures automobiles		- (tenant une)	
903	Sténo dactylographie	- (tenant une école de)occupant au plus 2 personnes	- (tenant une école de)occupant 3 personnes et plus	
904	Stoppeur	- stoppeur		
905	Studio		- pour la réalisation, l'adaptation ou la sonorisation des films cinématographiques (exploitant de)	
906	Styliste		- styliste	
907	Sucre	- exploitant une raffinerie de) - (marchand de) en détail	- (marchand de) en demi gros ou en gros	
908	Suif	- (fondeur de) ou (marchand en détail de)	- (marchand de) en demi gros ou en gros	
909	Super phosphates	- (exploitant une fabrique de)		
910	Sûreté		- (marchand ou Fabricant d'appareils électrique de) en gros ou en demi gros	
911	Surveillance des automobiles, cycles et motocycles		- (tenant un parc pour la)	
912	Surveillance et protection contre le vol	- (entrepreneur de) n'occupant pas plus de 5 personnes	- (marchand ou fabricant d'appareils de)	
913	Syndic		- d'immeubles	
914	Tabac	- (débitant de) vendant en détail		- (marchand ou Fabricant de) vendant en gros
915	Taillandier	- taillandier		
916	Tailleur	- ou couturier - ou couturier à façon ou sur mesure occupant moins de 3 personnes - de pierres	- de haute couture - ou couturier sur mesures occupant au moins 3 personnes	
917	Talons, contreforts ou autres pièces pour chaussures	- (fabricant de) par procédé mécanique		
918	Tamisier	- celui qui fait et vend des tamis		
919	Tan	- (marchand de)		
920	Tanneur	- de cuirs (forts ou mous) avec ou sans moteur		
921	Tapis de laine et tapisseries		- (marchand de)	
922	Tapissier	- (marchand)		
923	Taxi automobiles ou autres voitures	- pour le transport de personnes à volonté (entrepreneur de)		

	Activités	Classe 3 (10 %)	Classe 2 (20 %)	Classe 1 (30 %)
924	Teinture	- dégraisseur et dégraissage des étoffes et des vêtements par procédé mécanique (exploitant un établissement pour)	- (marchand en gros de matières premières pour la)	
925	Teinturier	- pour le commerce ou l'industrie - dégraisseur par procédés ordinaires - (tenant un dépôt pour) - par procédés ordinaires, - n'effectuant pas le dégraissage des étoffes	- dégraisseur (tenant un magasin de) (marchand de) sans employé	
926	Téléboutique	- (tenant)		
927	Téléphériques	- (entrepreneur de transport de minerai par)	- télésièges, et remonte pentes (exploitant de) - (société concessionnaire de service)	
928	Téléphoniques	- (entrepreneur de la construction de centrales)		
929	Télévision	- (exploitant un réseau de)		
930	Tentes, bâches, voiles à bateaux		- (fabricant ou marchand de) vendant en détail ou loueur de	- (fabricant ou marchand de) vendant en gros ou en demi gros
931	Tenture	- (confectionneur de)		
932	Terrain	- de golf ou de court de tennis (exploitant de) - emplacement à usage de camping (exploitant de)	- d'immeubles (lotisseur et marchand de)	
933	Terrasses	- (constructeur de)		
934	Thé	- (débitant de) à consommer sur place	- (importateur, préparateur, conditionneur de) vendant en gros - (marchand en détail de)	- (marchand de) en gros ou en demi gros
935	Théâtre	- (entrepreneur de)		
936	Timbres-postes pour collections		- (marchand de)	
937	Tirage de films cinématographique		- (exploitant de)	
938	Tisserand	- tisserand		
939	Tissus	- (marchand en détail de) - communs (marchand de) - étoffes ou fils (entrepreneur de travaux se rapportant à la fabrication ou au traitement de)	- (marchand de) en gros ou en demi gros - de qualité fine ou de luxe (marchand de) en détail	
940	Toiles	- cirées, vernies ou en matière plastique (marchand de) en détail	- cirées, vernies ou en matière plastique (marchand de) en gros ou en demi gros - pour linge de maison plastique (marchand de) en gros ou en demi gros	
941	Tôlier	- tôlier		
942	Tonneaux	- (marchand de)		
943	Tonnelier	- (maître) à façon		
944	Topographe		- ou géomètre-expert	
945	Topographie	- aérienne (entrepreneur de travaux de)	- (marchand d'instrument de)	
946	Tourneur	- tourneur		
947	Tracteur à roues ou à chenilles	- (constructeur ou monteur de)		
948	Traducteur	- traducteur		
949	Traiteur		- traiteur	

	Activités	Classe 3 (10 %)	Classe 2 (20 %)	Classe 1 (30 %)
950	Transitaire		- transitaire	
951	Transport	- de marchandises par automobiles dont le tonnage agréé est inférieur à 15 tonnes (entrepreneur de) - de voyageurs par automobiles (entrepreneur de) - de minerai par téléphérique ou véhicule automobile (entrepreneur de) - de voyageur par automobiles partant ou non à jours et heures fixes (entrepreneur de) - par automobiles de matériaux de toute nature	- de dépêches (entrepreneur de) - de marchandises par automobiles dont le tonnage agréé est égal ou supérieur à 15 tonnes (entrepreneur de) - de voyageur ou de marchandises (exploitant d'avion pour le) - fluviaux (entrepreneur de) - par terre ou par eau (commissionnaire de)	
952	Transport touristique		- (entrepreneur de)	
953	Travaux	- divers ou constructions (entrepreneur de) - aériens (entrepreneur de)	- d'entretien et de réparations des immeubles (entrepreneur de) - mécanographiques (entrepreneur de) - photographiques (exploitant un atelier de)	
954	Tréfilerie de fer	- (exploitant de)		
955	Tresses	- (fabricant de) pour son compte		
956	Trieur	- ou nettoyeur de déchets de laine, de coton		
957	Tripier	- tripier		
958	Triturer	- (exploitant une usine à)		
959	Tuyaux	- (fabricant de)		
960	Tuiles	- (fabricant de)		
961	Usines	- moulin ou autre usine à moudre, battre, triturer, broyer, pulvériser, mélanger, presser, décortiquer, égrener (exploitant une)		
962	Ustensiles	- (loueur d')		
963	Vaches	- (nourrisseur de) - (courtier de)	- (marchand de) en gros et menu bétail	- (exportateur de)
964	Valeurs mobilières			- se livrant pour son compte, au placement ou à la gestion de
965	Vannerie	- (marchand de) en détail	- (marchand de) en demi gros ou en gros	
966	Vannier	- (fabricant de vannerie commune)		
967	Varechs	- (ramasseur de)	- (collecteur de)	
968	Veaux	- (nourrisseur de) - (courtier de)	- (marchand de) en gros et menu bétail	- (exportateur de)
969	Véhicules	- vérificateur ou entrepreneur de l'entretien de	- automobiles (loueur de	
970	Vente	- sur échantillon (tenant un magasin de) - des propriétés (tenant un bureau d'indication pour la location et la)	- dans les souks et sur les marchés ou autres recettes publiques (adjudicataire, concessionnaire ou fermier des droits de) - à l'encan (entrepreneur)	
971	Ventouse	- expert		
972	Vérificateur		- ou entrepreneur de l'entretien de véhicules, appareils, récipients, matériels, installations	

	Activités	Classe 3 (10 %)	Classe 2 (20 %)	Classe 1 (30 %)
973	Vermiculite ou autres substances minérales analogues	- (exploitant un établissement pour le traitement de la)		
974	Vernis et drogueries	- (marchand de) en détail		
975	Vernisseur	- en voiture ou équipage - ou laqueur sur objets, en cuir, en carton ou sur métaux, pour son compte - à façon		
976	Verre	- (marchand d'articles en) en détail - de sécurités, verres spéciaux, etc. (exploitant un établissement pour la fabrication ou la préparation de)	- (marchand d'articles en) en demi gros ou en gros	
977	Verrerie	- gobeleterie (fabricant de)	- fine ou cristaux (marchand de) en détail	
978	Vêtements	- confectionnés (marchand en détail) - (teinture et dégraissage des)	- confectionnés (marchand de demi gros ou en gros) - établissement industriel pour la fabrication de (occupant au plus 10 personne exploitant de)	- établissement industriel pour la fabrication de (occupant plus de 10 personnes)
979	Vétérinaire		- ayant ou non infirmerie	
980	Viandes salées, fumées, desséchées ou frigorifiées		- (marchand de)	
981	Vidange	- (entrepreneur de)		
982	Vieux métaux communs	- (marchand de) en détail	- (marchand de) ou en demi gros ou en gros	
983	Vin, bière, cidre, thé et café	- (débitant de) en détail	- (fabricant ou préparateur de) employant un outillage - (marchand de)en gros ou en demi gros	
984	Vigiles		- (entreprise de recrutement et d'emploi d'agents)	
985	Village de vacances		- (exploitant de)	
986	Vinaigre	- (marchand de) en détail	- (fabricant de) - (marchand de) en demi gros ou en gros	
987	Vitrier	- vitrier		
988	Voies de communication, canalisations d'eau, égouts	- (entrepreneur de la construction ou de l'entretien de)		
989	Voiles à bateaux		- (fabricant ou marchand de) vendant en détail ou loueur de)	- (fabricant ou marchand de) vendant en gros ou en demi gros
990	Voilier	- voilier		
991	Voitures	- à traction animale (marchand de) - d'enfants (fabricant ou marchand de) - pour le transport des personnes à volonté (entrepreneur de)	- automobiles, camions, tracteurs à roues ou à chenilles (constructeur ou monteur de)	
992	Voiturier ou roulier	- de calèche ou n'ayant qu'une bête de trait - ayant de 2 à 5 équipages	- ayant plus de 5 équipages	
993	Vol	- (entrepreneur de surveillance contre le) n'occupant pas plus de 5 personnes	- (entrepreneur de surveillance contre le) occupant 6 personnes et plus	
994	Volailles	- (marchand d') en détail - (nourrisseur de)	- (marchand d') en demi gros ou en gros	- (marchand exportateur de)

	Activités	Classe 3 (10 %)	Classe 2 (20 %)	Classe 1 (30 %)
995	Volailles, lapins ou gibier	- (marchand de) en détail	- (marchand de) en demi gros ou en gros	
996	Vulcanisation	- (exploitant un atelier de)		
997	Wagons		- pour le transport de marchandises (loueur de) - machines et matériels ferroviaires (entrepreneur de la construction et de la réparation de)	
998	Yaourts	- (fabricant de) par procédé mécanique		
999	Zinc	- (exploitant de)		

PRINCIPAUX TEXTES FISCAUX NON CODIFIES

1. Conventions fiscales

Le Maroc a signé des conventions de non double imposition avec les pays suivants : Allemagne, Autriche, Bahreïn, Belgique, Bulgarie, Canada, Chine, Corée du Sud, Danemark, Egypte, Emirats Arabes Unis, Espagne, Etats-Unis, Finlande, France, Hongrie, Inde, Italie, Koweït, Liban, Luxembourg, Macédoine, Malaisie, Malte, Norvège, Pakistan, Pays-Bas, Pologne, Portugal, République Tchèque, Roumanie, Royaume Uni, Russie, Sénégal, Suisse, Turquie, Union du Maghreb Arabe (Algérie, Mauritanie, Tunisie).

Ces conventions étaient toutes entrées en vigueur au 1er juin 2012.

Des conventions ont également été signées avec les pays suivants, sans toutefois être entrée en vigueur à la date de publication du présent ouvrage : Afrique du Sud, Bahreïn, Cameroun, Croatie, Gabon, Indonésie, Lettonie, Mexique, Oman, Qatar, Syrie, Ukraine et Vietnam.

La convention fiscale avec la Suède a été dénoncée par le Maroc et n'est plus applicable depuis le 1er janvier 2008.

2. Textes relatifs aux investissements

2.1. Charte de l'investissement

[*NB - Loi-cadre n°18-95 du 3 octobre 1995 formant Charte de l'investissement*]

Titre 1 - Objectifs de la charte de l'investissement

Art.1.- Sont fixés, conformément aux dispositions du deuxième alinéa de l'article 45 de la Constitution, les objectifs fondamentaux de l'action de l'Etat pour les dix années à venir en vue du développement et de la promotion des investissements par l'amélioration du climat et des conditions d'investissement, la révision du champ des encouragements fiscaux et la prise de mesures d'incitation à l'investissement.

Art.2.- Les mesures prévues par cette charte tendent à l'incitation à l'investissement par :

- la réduction de la charge fiscale afférente aux opérations d'acquisition des matériels, outillages, biens d'équipement et terrains nécessaires à la réalisation de l'investissement ;
- la réduction des taux d'imposition sur les revenus et les bénéfices ;
- l'octroi d'un régime fiscal préférentiel en faveur du développement régional ;
- le renforcement des garanties accordées aux investisseurs en aménageant les voies de recours en matière de fiscalité nationale et locale ;
- la promotion des places financières offshore, des zones franches d'exportation et du régime de l'entrepôt industriel franc ;
- une meilleure répartition de la charge fiscale et une bonne application des règles de libre concurrence, notamment par la révision du champ d'application des exonérations fiscales accordées.

Ces mesures tendent également à :

- encourager les exportations ;
- promouvoir l'emploi ;
- réduire le coût de l'investissement ;
- réduire le coût de production ;
- rationaliser la consommation de l'énergie et de l'eau ;
- protéger l'environnement.

Titre 2 - Mesures d'ordre fiscal

Art.3.- Les droits de douane comprenant le droit d'importation et le prélèvement fiscal à l'importation sont aménagés comme suit :

- le droit d'importation ne peut être inférieur à 2,5 % ad valorem ;
- les biens d'équipement, matériels et outillage ainsi que leurs parties, pièces détachées et accessoires, considérés comme nécessaires à la promotion et au développement de l'investissement sont passibles d'un droit d'importation à un taux minimum de 2,5 % ad valorem ou à un taux maximum de 10 % ad valorem ;
- les biens d'équipement, matériels, outillage et parties, pièces détachées et accessoires visés ci-dessus sont exonérés du prélèvement fiscal à l'importation en tenant compte des intérêts de l'économie nationale.

Art.4.- Sont exonérés de la TVA à l'intérieur et à l'importation, les biens d'équipement, matériels et outillage à inscrire dans un compte d'immobilisation et ouvrant droit à déduction conformément à la législation relative à la TVA.

Les entreprises assujetties qui ont acquitté la taxe à l'occasion de l'importation ou de l'acquisition locale des biens susvisés bénéficient du droit au remboursement de ladite taxe.

Art.5.- Sont exonérés des droits d'enregistrement les actes d'acquisition des terrains destinés à la réalisation d'un projet d'investissement, à l'exclusion des actes visés au paragraphe a du deuxième alinéa ci-dessus, sous réserve de la réalisation du projet dans un délai maximum de 24 mois à compter de la date de l'acte.

Sont soumis à un droit d'enregistrement au taux de 2,5 % :

- a) les actes d'acquisition des terrains destinés à la réalisation d'opération de lotissement et de constructions ;
- b) les premières acquisitions des constructions visées ci-dessus par des personnes physiques ou morales autres que les établissements de crédit ou les sociétés d'assurances.

Sont soumis à un droit d'enregistrement au taux maximum de 0,50 % les apports en société à l'occasion de la construction ou de l'augmentation du capital de société.

Art.6.- L'impôt de la participation à la solidarité nationale lié à l'impôt sur les sociétés est supprimé.

Toutefois, les bénéfices et revenus totalement exonérés de l'impôt sur les sociétés en vertu des législations présentes ou futures instituant des mesures d'encouragement aux investissements sont passibles, aux lieu et place de la participation à la solidarité nationale, d'une contribution égale à 25 % du montant de l'impôt sur les sociétés qui aurait été normalement exigible en absence d'exonération.

Art.7.- A. Le taux de l'impôt sur les sociétés est ramené à 35 %.

B. Les entreprises exportatrices de produit ou de services bénéficient, pour le montant de leur chiffre d'affaires à l'exportation, d'avantages particuliers pouvant aller jusqu'à l'exonération totale de l'impôt sur les sociétés pendant une période de cinq ans et d'une réduction de 50 % dudit impôt au-delà de cette période.

Toutefois, en ce qui concerne les entreprises exportatrices de services, les exonérations et réductions précitées ne s'appliquent qu'au chiffre d'affaires à l'exportation réalisé en devises.

C. Les entreprises qui s'implantent dans les préfectures ou provinces dont le niveau d'activité économique exige un traitement fiscal préférentiel, bénéficient d'une réduction de 50 % de l'impôt sur les sociétés pendant les cinq premiers exercices suivant la date de leur exploitation, à l'exclusion des établissements stables des sociétés n'ayant pas leur siège au Maroc, attributions de marchés de travaux, de fournitures ou de services, des établissements de crédit, des sociétés d'assurances et des agences immobilières,

D. Les entreprises artisanales, dont la production est le résultat d'un travail essentiellement manuel, bénéficient d'une réduction de 50 % de l'impôt sur les sociétés pendant les cinq premiers exercices suivant la date de leur exploitation, et ce, quel que soit le lieu de leur implantation.

Art.8.- A. Il est procédé à un réaménagement des taux du barème de l'impôt général sur le revenu, le taux d'imposition maximum ne devant pas excéder 41,5 %.

B. Les entreprises exportatrices de produits ou de services bénéficient, pour le montant de leur chiffre d'affaires à l'exportation, d'avantages particuliers pouvant aller jusqu'à l'exonération totale de l'impôt général sur le revenu pendant une période de cinq ans et d'une réduction de 50 % dudit impôt au-delà de cette période.

Toutefois, en ce qui concerne les entreprises exportatrices de services, les exonérations et réductions précitées ne s'appliquent qu'au chiffre d'affaires à l'exportation réalisé en devises.

C. Les entreprises qui s'implantent dans les préfectures ou provinces dont le niveau d'activité économique exige un traitement fiscal préférentiel, bénéficient d'une réduction de 50 % de l'impôt général sur le revenu pendant les cinq premiers exercices suivant la date de leur exploitation, à l'exclusion des établissements stables des entreprises n'ayant pas leur siège au Maroc, attributaires de marchés de travaux, de fournitures ou de services, ainsi que des agences immobilières.

D. Les entreprises artisanales, dont la production est le résultat d'un travail essentiellement manuel, bénéficient d'une réduction de 50 % de l'impôt général sur le revenu pendant les cinq premiers exercices suivant la date de leur exploitation et ce, quel que soit le lieu de leur implantation.

E. Le bénéfice des avantages prévus ci-dessus est subordonné à la tenue d'une comptabilité régulière conformément à la législation en vigueur.

Art.9.- Sont maintenues pour les biens d'équipement et pendant la période visée à l'article premier ci-dessus, les mesures prévues par la législation relative à l'impôt sur les sociétés et à l'impôt général sur le revenu en matière d'amortissements dégressifs.

Art.10.- Sont considérées comme charges déductibles, les provisions constituées dans la limite de 20 % du bénéfice fiscal, avec impôt, par les entreprises en vue de la réalisation d'un investissement en biens d'équipement, matériels et outillages, et ce, dans la limite de 30 % dudit investissement, à l'exclusion des terrains, constructions autres qu'à usage professionnel et véhicules de tourisme.

Sont maintenues comme charges déductibles, les provisions constituées par les entreprises minières pour reconstitution de gisements miniers conformément à la législation relative à l'impôt sur les sociétés ou à l'impôt général sur le revenu.

Les provisions susvisées utilisées conformément à l'objet pour lequel elles ont été constituées sont reportées sur un compte provisionnel intitulé provisions d'investissement.

Les montants inscrits dans le compte provisions d'investissement ne sont utilisés que :

- par incorporation au capital ;
- ou en déduction des déficits des exercices antérieurs.

Art.11.- En vue d'encourager la construction de logements sociaux, est exonéré de la taxe sur les profits immobiliers, le profit réalisé par les personnes physiques à l'occasion de la première cession de locaux à usage d'habitation, sous réserve que la cession n'ait pas un caractère spéculatif et que le logement présente un caractère social.

Art.12.- La taxe variable du principal de l'impôt des patentes est supprimée.

Est exonérée de l'impôt des patentes, toute personne physique ou morale exerçant au Maroc une activité professionnelle, industrielle ou commerciale, et ce, pendant une période de cinq années qui court à compter de la date du début de son activité.

Sont exclus de cette exonération les établissements stables des sociétés et entreprises n'ayant pas leur siège au Maroc, attributaires de marchés de travaux, de fournitures ou de services, les établissements de crédit, les entreprises d'assurances et les agences immobilières.

Art.13.- Sont exonérés de la taxe urbaine les constructions nouvelles, les additions de constructions ainsi que les appareils faisant partie intégrante des établissements de production de biens ou de services, et ce, pendant une période de cinq années suivant celle de leur achèvement ou de leur installation.

Sont exclus de cette exonération les établissements, entreprises et agences visés au dernier alinéa de l'article 12 ci-dessus, à l'exclusion des entreprises de crédit-bail en ce qui concerne les équipements qu'elles acquièrent pour le compte de leurs clients.

Art.14.- En ce qui concerne la fiscalité locale, il est procédé à une simplification et une harmonisation des taux maximum et des assiettes imposables et à leur adaptation aux nécessités de développement et d'investissement.

Titre 3 - Mesures d'ordre financier, foncier, administratif et autres

Art.15.- Ces mesures diverses ont pour objet :

- la liberté de transfert des bénéfices et des capitaux pour les personnes qui réalisent des investissements en devises ;
- la constitution d'une réserve foncière destinée à la réalisation de projets d'investissement et la définition de la participation de l'Etat à l'acquisition et à l'équipement des terrains nécessaires à l'investissement ;
- l'orientation et l'assistance des investisseurs dans la réalisation de leurs projets, et ce, par la création d'un organe national unifié ;
- la simplification et l'allégement de la procédure administrative relative aux investissements.

Art.16.- Les personnes physiques ou morales de nationalité étrangère, résidentes ou non, ainsi que les personnes physiques marocaines établies à l'étranger, qui réalisent au Maroc des investissements financés en devises, bénéficient pour lesdits investissements, sur le plan de la réglementation des changes, d'un régime de convertibilité leur garantissant l'entière liberté pour :

- le transfert des bénéfices nets d'impôts sans limitation de montant ni de durée ;
- le transfert du produit de cession ou de liquidation totale ou partielle de l'investissement, y compris les plus-values.

Art.17.- Les entreprises dont le programme d'investissement est très important en raison de son montant, du nombre d'emplois stables à créer, de la région dans laquelle il doit être réalisé, de la technologie dont il assurera le transfert ou de sa contribution à la protection de l'environnement, peuvent conclure avec l'Etat des contrats particuliers leur accordant, outre les avantages prévus dans la présente loi-cadre et dans les textes pris pour son application, une exonération partielle des dépenses ci-après :

- dépenses d'acquisition du terrain nécessaire à la réalisation de l'investissement ;
- dépenses d'infrastructure externe ;
- frais de formation professionnelle.

Les contrats visés ci-dessus peuvent comporter des clauses stipulant qu'il sera procédé au règlement de tout différent afférent à l'investissement, pouvant naître entre l'Etat marocain et l'investisseur étranger, conformément aux conventions internationales ratifiées par le Maroc en matière d'arbitrage international.

Art.18.- Il est créé un compte d'affectation spécial intitulé Fonds de promotion des investissements destiné à comptabiliser les opérations afférentes à la prise en charge par l'Etat du coût des avantages accordés aux investissements dans le cadre du régime des contrats d'investissement visés à l'article précédent ainsi qu'aux dépenses nécessitées par la promotion des investissements.

Art.19.- Dans les provinces ou préfectures dont le niveau de développement économique justifie une aide particulière de l'Etat, celui-ci prend en charge une partie du coût d'aménagement des zones industrielles qui y seront implantées.

Art.20.- Chaque zone industrielle, dont l'importance de la superficie le justifie, est dotée d'un comité de gestion composé des utilisateurs de la zone et du promoteur, personne publique ou privée, et chargé de veiller à la gestion et à la maintenance de l'ensemble de la zone, à la surveillance et au maintien de la sécurité à l'intérieur de la zone ainsi qu'à la bonne application des clauses du cahier des charges liant le promoteur de la zone et les utilisateurs.

Art.21.- Il est institué un organe administratif chargé de l'accueil, de l'orientation, de l'information et de l'assistance des investisseurs ainsi que de la promotion des investissements.

Art.22.- Il est procédé à l'allégement et à la simplification des procédures administratives liées à la réalisation des investissements. Dans tous les cas où le maintien d'une autorisation administrative pour l'octroi d'avantages prévus par la présente loi-cadre s'avère nécessaire, cette autorisation est censée être accordée lorsque l'administration aura gardé le silence sur la suite à réserver à la demande la concernant pendant un délai de soixante jours à compter de la date du dépôt de ladite demande.

Art.23.- Sont maintenus les droits acquis par les investisseurs en ce qui concerne les avantages dont ils bénéficient en vertu des législations instituant des mesures d'encouragement aux investissements, lesquels avantages demeurent en vigueur jusqu'à expiration de la durée, et aux conditions, pour lesquelles ils ont été accordés.

Titre 4 - Secteur agricole

Art.24.- Les dispositions de la présente loi-cadre ne sont pas applicables au secteur agricole dont le régime fiscal, notamment celui relatif aux investissements, fera l'objet d'une législation particulière.

Titre 5 - Mesures d'application

Art.25.- La présente loi-cadre sera mise en vigueur conformément aux textes législatifs et réglementaires pris pour son application.

Le gouvernement procède à la présentation des textes législatifs et réglementaires nécessaires à la réalisation des objectifs définis dans la présente loi-cadre à compter de la loi de finances pour 1996.

2.2. Décret d'application de la Charte de l'investissement

[*NB - Décret n°2-00-895 du 31 janvier 2001 pris pour l'application des articles 17 et 19 de la loi-cadre n°18-95 formant Charte de l'investissement*]

Art.1.- Au sens de l'article 17 de la loi-cadre n°18-95 formant Charte de l'investissement on entend par :

- montant du programme d'investissement : le coût total, toutes taxes comprises, de toute opération de création ou d'extension d'activité y compris les frais d'études, les frais de recherche et de mise au point des procédés, les coûts du terrain et des infrastructures internes et externes, les bâtiments et le génie civil, les biens d'équipement, le matériel et outillage, les taxes, les intérêts intercalaires, le fonds de roulement, y compris les charges financières ; le cas échéant, toute acquisition ou renouvellement de biens d'équipement, en vue de la production de biens ou de services, permettant de promouvoir le développement économique et de créer des emplois stables ;
- emploi stable : le recrutement d'un salarié pour une période de 24 mois consécutifs au moins ;
- transfert de technologie : toute opération d'acquisition ou de location de brevets d'invention, de licence ou de procédés techniques récemment établis permettant de participer au renforcement de la compétitivité et de la recherche scientifique et technique ;
- protection de l'environnement : toute opération d'amélioration des conditions de protection de l'environnement indépendamment des actions de suppression ou de réduction des nuisances liées à la nature de l'activité ;
- infrastructure externe : tout équipement, hors site, du terrain support du projet en réseaux de voiries, d'assainissement, d'alimentation en eau, d'électricité ou de téléphonie ;
- formation professionnelle : toute opération de formation de personnel recruté par l'entreprise bénéficiaire des avantages prévus par le présent décret pour les besoins de la mise en exploitation de son programme d'investissement.

Art.2.- Au sens de l'article 19 de la loi-cadre précitée n°18-95 on entend par :

- zone industrielle : tout lotissement équipé de toutes les infrastructures de base nécessaires à l'implantation d'unités industrielles ;
- aménagement de zones industrielles : l'équipement desdites zones en voiries, eau, électricité, téléphone, assainissement, station d'épuration et éventuellement en éléments prêts à l'emploi avec les branchements hors site nécessaires.

Art.3.- En application de l'article 17 de la loi-cadre précitée n°18-95, et sous réserve des dispositions législatives ou réglementaires plus favorables, peuvent bénéficier :

- d'une participation de l'Etat aux dépenses relatives à l'acquisition du terrain nécessaire à la réalisation du programme d'investissement dans la limite de 20 % du coût de ce terrain ;
- d'une participation de l'Etat aux dépenses d'infrastructures externes nécessaires à la réalisation du programme d'investissement dans la limite de 5 % du montant global du programme d'investissement ;
- d'une participation de l'Etat aux frais de la formation professionnelle prévue dans le programme d'investissement dans la limite de 20 % du coût de cette formation, toutes les entreprises dont le

programme d'investissement répond à un ou à plusieurs des critères suivants :

- être d'un montant égal ou supérieur à 200.000.000 DH ;
- créer un nombre d'emplois stables égal ou supérieur à 250 ;
- être réalisé dans l'une des provinces ou préfectures prévues par le décret susvisé n°2-98-520 du 30 juin 1998 ;
- assurer un transfert de technologie ;
- contribuer à la protection de l'environnement.

Les avantages prévus par le présent article peuvent être liés sans toutefois que la participation totale de l'Etat dépasse 5 % du montant global du programme d'investissement.

Toutefois dans le cas où le projet d'investissement est prévu dans une zone suburbaine ou rurale, cette participation de l'Etat peut atteindre 10 % du montant global du programme d'investissement.

Art.4.- Les demandes de conclure un contrat particulier avec l'Etat sont déposées contre récépissé auprès du département de tutelle du secteur concerné par l'investissement projeté, accompagnées d'un dossier relatif au programme d'investissement envisagé et ce, avant le démarrage de la réalisation dudit programme d'investissement.

Ce dossier doit comporter une description précise du projet, les références du ou des promoteurs, le lieu d'implantation précis, les listes des équipements spécifiques et tous les justificatifs prouvant que le programme d'investissement envisagé répond à un ou plusieurs des critères visés à l'article 3 du présent décret ainsi qu'une étude de faisabilité technique, économique et financière et des comptes prévisionnels sur cinq ans au moins.

Art.5.- Après examen par les départements de tutelle des demandes déposées conformément à l'article 4 du présent décret, un projet de contrat particulier définissant d'une part les avantages accordés à l'entreprise et d'autre part les obligations de l'entreprise quant à la réalisation de l'investissement proposé est élaboré par lesdits départements.

Les projets de contrats particuliers doivent prévoir les conditions et les délais de réalisation des projets d'investissement concernés ainsi qu'éventuellement les modalités d'octroi des avantages qui y figurent.

Le délai d'instruction de la demande et de la préparation du projet de contrat ne doit pas dépasser 30 jours ouvrables à compter de la date de dépôt du dossier attestée par récépissé.

Art.6.- Les projets de contrat élaborés conformément aux articles 4 et 5 ci-dessus, sont approuvés par une commission dite commission interministérielle des investissements. Cette commission présidée par le Premier Ministre comprend les membres suivants :

- le Ministre chargé de l'intérieur ;
- le Ministre chargé de l'aménagement du territoire, de l'environnement, de l'urbanisme et de l'habitat ;
- le secrétaire général du gouvernement ;
- le Ministre chargé des finances ;
- le Ministre chargé de l'industrie ;
- le Ministre chargé du tourisme ;
- le Ministre chargé des affaires générales du gouvernement ;
- le Ministre chargé de la prévision économique et du plan.

La commission peut s'adjoindre en fonction de la nature de l'investissement, le Ministre responsable du secteur concerné ainsi que les représentants, au plus haut niveau, de tous autres organismes, institutions et autorités locales dont le concours sera jugé nécessaire.

Le secrétariat de cette commission est assuré par le ministère chargé des affaires générales du gouvernement.

Art.7.- Le projet de contrat particulier est adressé par le département de tutelle à l'autorité gouvernementale en charge du secrétariat de la commission interministérielle des investissements.

La commission susvisée se prononce, dans un délai de 20 jours ouvrables, sur le projet de contrat particulier. Elle notifie sa décision au département de tutelle qui en informe le promoteur dans un délai de 10 jours ouvrables suivant la notification de la décision de la commission.

En cas d'accord, le contrat particulier est signé par le représentant légal de l'entreprise d'une part et par les Ministres concernés d'autre part.

Art.8.- La participation de l'Etat prévue à l'article 3 ci-dessus est réglée après service fait et selon un échéancier prévisionnel prévu dans le contrat particulier ou dans une annexe audit contrat.

Pour l'acquisition du terrain nécessaire à la réalisation du programme d'investissement, l'Etat règle sa participation sur présentation par l'entreprise des justificatifs de cette acquisition.

Pour les infrastructures externes, la participation de l'Etat est réglée à l'entreprise bénéficiaire au fur et à mesure de la réalisation des travaux prévus par le programme d'investissement conformément à l'échéancier cité au premier alinéa ci-dessus et sur présentation des justificatifs nécessaires.

Pour la formation professionnelle, la participation de l'Etat est réglée, soit sous forme de restitution à l'entreprise des dépenses qu'elle a payées à ce titre, soit sous forme de prise en charge directe de cette formation à hauteur de la participation de l'Etat.

Art.9.- Le délai de réalisation des investissements projetés objet des contrats particuliers est fixé dans le contrat et commence à courir à partir de la date de sa signature.

Des délais supplémentaires peuvent être accordés en cas de force majeure.

Dans le cas où l'entreprise concernée n'exécute pas les clauses du contrat particulier, les avantages qui lui ont été accordés dans le cadre dudit contrat lui seront retirés conformément à la législation en vigueur et à défaut, conformément aux clauses du contrat particulier.

Art.10.- Pour bénéficier des dispositions prévues par l'article 19 de la loi-cadre précitée n°18-95, les promoteurs des zones industrielles prévues dans l'une des provinces ou préfectures visées par l'article 1 du décret précité n°2-98-520 du 30 juin 1998 doivent déposer, contre récépissé, leurs demandes auprès du département chargé de l'industrie, accompagnées d'un dossier comprenant les références des promoteurs, le lieu d'implantation précis, un descriptif des travaux et des équipements in-site et hors-site à réaliser, une étude de faisabilité technique, économique et financière, des comptes prévisionnels sur cinq ans au moins ainsi que tous autres justificatifs utiles.

Dans les 30 jours ouvrables suivant la date du dépôt de la demande, le Ministre chargé de l'industrie soumet ses propositions sur l'aide particulière de l'Etat à l'aménagement de la zone industrielle concernée à la commission interministérielle des investissements qui se prononce sur lesdites propositions dans un délai de 10 jours ouvrables.

Le Ministre chargé de l'industrie informe le promoteur de la décision de la commission interministérielle des investissements dans un délai de 10 jours ouvrables suivant la date de ladite décision.

La participation de l'Etat au coût d'aménagement de la zone industrielle concernée est réglée au promoteur conformément aux dispositions du troisième alinéa de l'article 8 ci-dessus.

Art.11.- Le Ministre de l'intérieur, le Ministre de l'aménagement du territoire, de l'environnement, de l'urbanisme et de l'habitat, le Ministre de l'économie, des finances, de la privatisation et du tourisme, le Ministre de l'économie sociale, des petites et moyennes entreprises et de l'artisanat, chargé des affaires générales du gouvernement et le Ministre de l'industrie, et du commerce, de l'énergie et des mines sont chargés de l'exécution du présent décret qui sera publié au Bulletin Officiel.

3. Fiscalité des hydrocarbures

[*NB - Extrait de la loi n°21-90 du 22 mai 1991 relative à la recherche et à l'exploitation des gisements d'hydrocarbures. Le texte ci-dessous tient compte des modifications apportées par la loi n°27-99.*]

Art.42.- Le titulaire ou le cas échéant, chacun des co-titulaires de toute concession d'exploitation bénéficie d'une exonération totale de l'impôt sur les sociétés pendant une période de dix années consécutives courant à compter de la date de mise en production régulière de toute concession d'exploitation.

Art.43.- Toute personne morale autre qu'un organisme d'Etat, doit verser à l'Etat selon les taux et modalités définis par voie réglementaire, des droits d'institution pour toute demande de permis de recherche et de sa prorogation.

Le titulaire ou, le cas échéant, chacun des co-titulaires d'une concession d'exploitation, doit verser à l'Etat, un loyer superficiaire annuel proportionnel à la superficie de la concession d'exploitation selon les taux et modalités prévus par voie réglementaire.

Art.44.- Le titulaire ou, le cas échéant, chacun des co-titulaires d'une concession d'exploitation doit verser à l'Etat selon les barèmes, les taux et les modalités prévus par voie réglementaire, un droit de concession annuel sur sa quote-part de la production d'hydrocarbures provenant de la concession, payable suivant les stipulations des accords pétroliers, soit en numéraire, soit en nature, soit partie en nature et partie en numéraire.

Pour le calcul du droit de concession, les quantités d'hydrocarbures consommées à l'intérieur du périmètre de la concession pour les besoins de l'exploitation directe ou de l'exploitation assistée du gisement ne sont pas prises en considération.

Art.45.- Le titulaire, ou le cas échéant, chacun des co-titulaires d'une concession d'exploitation peut, s'il le désire, constituer une provision pour reconstitution de gisements d'hydrocarbures en exonération de l'impôt sur les sociétés.

Cette provision doit être employée pour la réalisation des travaux de reconnaissance, de recherche et de développement des hydrocarbures.

La provision constituée est soumise aux dispositions de la loi n°24-86 instituant l'impôt sur les sociétés, relatives à la provision pour reconstitution de gisements miniers.

Art.46.- Les prix des hydrocarbures servant de base pour le calcul de l'impôt sur les sociétés sont les prix réels appliqués dans les ventes directes des hydrocarbures à des tiers nationaux ou étrangers n'ayant pas de liens de dépendances avec les titulaires de la concession ou, en l'absence de tels prix, les prix publiés du pétrole brut sur le marché international, corrigés notamment suivant les différentiels de qualité et de transport.

Pour le calcul du droit de concession en numéraire, le prix des hydrocarbures à appliquer est la valeur moyenne pondérée des prix de vente par les quantités vendues pendant la période prise en considération telle qu'elle est définie par voie réglementaire. Ces prix de vente sont ceux définis à l'alinéa ci-dessus diminués de tous les frais relatifs aux commissions sur les ventes, au transport et ou de prise en charge à partir du point de production jusqu'au point de vente.

Art.47.- A. Aux fins de la présente loi, on entend par bénéfices imposables la différence entre :

- d'une part : le produit brut constitué par la valeur de la quote-part des hydrocarbures revenant au titulaire de la concession au titre de l'exercice considéré, déterminée conformément à l'article 46 ci-dessus,
- et d'autre part la somme des frais, charges et amortissements afférents au même exercice tels que définis par la loi n°24-86 relative à l'impôt sur les sociétés précitée, et des déficits antérieurs reportables conformément à l'article 49 ci-après.

B. Les frais et charges déductibles comprennent notamment :

1) Les frais de premier établissement relatifs à l'organisation et au démarrage des opérations pétrolières au Maroc.

2) Les frais de reconnaissance, de recherche et de développement les frais de forage non compensés, les frais exposés pour le forage de puits qui ne produisent pas de pétrole ni de gaz naturel en quantités commercialisables.

Les frais visés aux 1 et 2 ci-dessus peuvent être considérés, selon le choix fait annuellement par le titulaire de la concession, soit comme frais déductibles au titre de l'exercice fiscal au cours duquel ils ont été exposés, soit comme des immobilisations à amortir et à déduire dans la durée fixée par les accords pétroliers sans que cette durée puisse dépasser dix ans.

3) Les frais d'exploitation.

4) Le loyer superficiaire et le droit de concession

C. Pour le calcul de l'impôt sur les sociétés, le titulaire ou, le cas échéant, chacun des co-titulaires d'une concession d'exploitation, pourra consolider les produits, charges et résultats provenant de tout permis de recherche et de toute concession d'exploitation dont il est titulaire ou co-titulaire.

Art.48.- Pour l'application de l'article 47 ci-dessus.

a) L'expression frais de reconnaissance et de recherche désigne toutes les dépenses effectuées pour les reconnaissances de surface ou les opérations de prospection, ou à l'occasion desdites activités, à l'exception des frais correspondant aux installations, matériels et équipements dont la durée d'utilisation est supérieure à un an.

Ces installations, matériels et équipements sont amortissables sur la durée normale d'utilisation d'après les taux linéaires en usage dans la profession.

b) L'expression frais de forage non compensés désigne tous les achats de matériaux, de carburant et autres matières consommables, toutes les dépenses de réparations, de manutention et de transport ou autres dépenses similaires, toutes les dépenses de personnel faites pour le forage, le nettoyage, l'entretien, le prolongement en profondeur des puits, ainsi que d'une manière générale toutes dépenses afférentes à ces opérations, à l'exception des frais correspondant à des installations, matériels et équipements dont la durée d'utilisation est supérieure à une année. Ces installations, matériels et équipements sont amortissables sur la durée normale d'utilisation d'après les taux linéaires en usage dans la profession.

Art.49.- Si, au cours d'un exercice fiscal, le total des déductions faites au titre des frais, charges et amortissements conformément à l'article 48 ci-dessus dépasse le produit brut du même exercice, la différence constitue un déficit reportable sur les résultats fiscaux des exercices suivants dans la limite d'une période de 4 ans.

Toutefois, les dispositions du deuxième alinéa de l'article 11 de la loi n°24-86 instituant un impôt sur les sociétés sont applicables à la fraction du déficit correspondant à l'amortissement des immobilisations visées au deuxième alinéa de l'article 47 ci-dessus.

Art.50.- Les titulaires d'autorisations de reconnaissance, de permis de recherche et de concessions d'exploitation, leurs contractants et sous-contractants bénéficient de l'exonération de tous droits et taxes à l'importation sur les matériels, matériaux et produits consommables destinés à la reconnaissance, à la recherche et à l'exploitation des hydrocarbures ainsi qu'aux activités annexes à celles-ci.

Toutefois, les avantages ci-dessus ne seront pas accordés lorsque ces matériels, matériaux et produits consommables peuvent être fournis par le marché national dans la limite d'une majoration - prix CIF - de 10 % à des conditions de qualités et de délais de livraisons équivalentes.

Les mobiliers, effets et autres objets personnels en cours d'usage appartenant au personnel de la société partenaire de l'Etat, de ses contractants ou sous-contractants, dans la reconnaissance, la recherche et l'exploitation des hydrocarbures, recruté à l'étranger, sont mis à la consommation en franchise des droits et taxes conformément à la législation en vigueur.

Les objets neufs peuvent être importés sous le régime de l'importation temporaire.

La liste desdits matériels, matériaux, produits consommables, mobiliers, effets et objets, est visée par l'administration.

Les véhicules soumis à la procédure d'immatriculation, propriété dudit personnel, bénéficient du régime d'importation temporaire prévu dans les articles 145 et suivants du Code des douanes et impôts indirects.

Art.51.- Sauf dérogation accordée par l'administration, les matériels matériaux et produits consommables ayant bénéficié du régime institué par le présent chapitre ne peuvent recevoir d'autres utilisations que celles pour lesquelles ils ont été importés. Les titulaires d'autorisation de reconnaissance, de permis de recherche ou de concession d'exploitation peuvent être soumis à des contrôles administratifs. Les biens bénéficiant du régime institué par le présent chapitre ne peuvent être cédés qu'après paiement des droits et taxes qui sont dus à l'importation.

Art.52.- Les titulaires d'autorisation de reconnaissance, de permis de recherche ou de concession d'exploitation, leurs contractants et sous-contractants bénéficient de l'importation temporaire, en exonération de la redevance prévue par l'article 148 du Code des douanes et de tous droits et taxes, de tous matériels, matériaux et produits consommables destinés à la reconnaissance, à la recherche et à l'exploitation des gisements d'hydrocarbures ainsi qu'aux travaux connexes.

Art.53.- Le droit d'apport en société à titre pur et simple est fixé à 0,50 % en faveur des constitutions ou des augmentations de capital des sociétés quelle que soit la nature des biens apportés.

L'application du droit d'apport visé ci-dessus entraîne la dispense des droits de mutation afférents à la prise en charge du passif s'il y a lieu.

Art.54.- Les personnes physiques étrangères titulaires d'autorisation de reconnaissance et les sociétés titulaires d'autorisation de reconnaissance ou de permis de recherche qui ne sont pas constituées en sociétés de droit marocain doivent pourvoir intégralement à leurs besoins en devises étrangères.

Art.55.- Les étrangers titulaires d'une concession d'exploitation peuvent conserver à l'étranger le produit de leurs ventes d'hydrocarbures réalisées à l'extérieur du Maroc.

La sortie des hydrocarbures du territoire marocain doit intervenir dans les conditions et selon les formalités prévues par la réglementation en vigueur.

Les étrangers titulaires d'une concession d'exploitation doivent fournir périodiquement dans les formes prévues par la réglementation des changes, un état de leurs avoirs à l'étranger résultant de leurs ventes à l'exportation des hydrocarbures ainsi que des paiements effectués à l'aide de ces avoirs pour les opérations afférentes à leur activité de titulaires de concession d'exploitation d'hydrocarbures.

Art.56.- Nonobstant les dispositions de l'article 55 ci-dessus les étrangers titulaires d'une concession d'exploitation sont tenus de rapatrier au Maroc les fonds en devises nécessaires à la couverture de leurs dépenses locales et de leurs obligations financières et fiscales, et ce, en complément aux produits de leurs ventes sur le marché intérieur.

Art.57.- Sauf autorisation contraire de l'administration, qui pourra leur être accordée pour faire face à leur besoin en devises à l'étranger dans le cadre de leurs activités de recherche et d'exploitation des hydrocarbures, les personnes morales marocaines titulaires d'une concession d'exploitation sont tenues de rapatrier au Maroc le produit de leurs ventes d'hydrocarbures effectuées à l'étranger.

Les exportations d'hydrocarbures doivent intervenir dans les conditions et selon les modalités prévues par la réglementation en vigueur.

Art.58.- Le transfert du produit net de cession est garanti lorsque l'investissement est effectué par un étranger. Cette garantie porte sur :

- l'apport en capital effectué par cession à Bank Al-Maghrib de devises convertibles ;
- la plus-value nette de cession.

Art.59.- Les bénéfices et dividendes des titulaires d'une concession d'exploitation et ceux des actionnaires dans les entreprises concessionnaires sont exemptés de la taxe sur les produits des actions, parts sociales et revenus assimilés, instituée par la loi n°18-88 promulguée par le dahir n°1-89-145 du 23 octobre 1989.

Art.60.- La garantie de transfert des bénéfices et des dividendes visés à l'article 59 ci-dessus après paiement des impôts dus, est accordée sans limitation aux étrangers titulaires d'une concession d'exploitation.

Art.61.- Les titulaires d'autorisation de reconnaissance, de permis de recherche ou de concession d'exploitation, leurs contractants et sous-contractants, bénéficient sur les biens et services qu'ils acquièrent sur le marché local ou extérieur pour les besoins de leurs activités, de l'exonération de la taxe sur la valeur ajoutée instituée par la loi n°30-85 promulguée par le dahir n°1-85-345 du 20 décembre 1985, sous réserve des dispositions du deuxième alinéa de l'article 50 ci-dessus.

Les modalités d'application de cette exonération sont définies par voie réglementaire.

Art.62.- Les titulaires d'un permis de recherche ou d'une concession d'exploitation bénéficient de l'exonération de :

- l'impôt des patentes :
- la taxe urbaine instituée par la loi n°37-89 promulguée par le dahir n°1-89-228

du 30 décembre 1989 à l'exception de la taxe d'édilité ;

- la taxe sur les terrains urbains non bâtis instituée par la loi n°30-89 relative à la fiscalité des collectivités locales et de leurs groupements, promulguée par le dahir n°1-89-187 du 21 novembre 1989.

Art.63.- *Abrogé*

4. Dispositions fiscales diverses

4.1. Coefficients de réévaluation foncière

[*NB - Sources :*
- *arrêté du Ministre de l'économie et des finances n°1033-12 du 9 mars 2012*
- *arrêté du Ministre de l'économie et des finances n°455-11 du 3 mars 2011*
- *arrêté du Ministre de l'économie et des finances n°622-10 du 2 mars 2010*]

Années	Coefficients									
	2003	**2004**	**2005**	**2006**	**2007**	**2008**	**2009**	**2010**	**2011**	**2012**
1945 et antérieures	3 %	3 %	3 %	3 %	3 %	3 %	3 %	3 %	3 %	3 %
1946	37,44	37,89	38,46	38,83	40,11	40,918	42,472	43,916	44,324	44,731
1947	29,15	29,5	29,95	30,24	31,24	31,865	33,075	34,199	34,517	34,834
1948	20,56	20,81	21,12	21,32	22,02	22,466	23,319	24,111	24,335	24,558
1949	16,52	16,72	16,97	17,13	17,69	18,050	18,735	19,371	19,551	19,730
1950	16,13	16,32	16,57	16,73	17,28	17,629	18,298	18,920	19,096	19,271
1951	14,33	14,5	14,72	14,86	15,35	15,659	16,254	16,806	16,962	17,118
1952	12,22	12,37	12,56	12,68	13,10	13,362	13,869	14,340	14,473	14,606
1953	11,84	11,98	12,16	12,28	12,68	12.940	13,431	13,887	14,016	14,144
1954	12,91	13,06	13,26	13,39	13,83	14,110	14,646	15,143	15,283	15,423
1955	12,22	12,37	12,56	12,68	13,10	13,362	13,869	14,340	14,473	14,606
1956	10,39	10,51	10,67	10,77	11,12	11,349	11,780	12,180	12,293	12,406
1957	11,94	11,07	11,24	11,35	11,72	11,960	12,414	12,836	12,955	13,074
1958	8,94	9,05	9,19	9,28	9,58	9,779	10,150	10,495	10,592	10,689
1959	8,94	9,05	9,19	9,28	9,58	9,779	10,150	10,495	10,592	10,689
1960	8,62	8,72	8,85	8,93	9,22	9,410	9,767	10,099	10,193	10,286
1961	8,21	8,31	8,44	8,52	8,80	8,978	9,319	9,635	9,724	9,813
1962	8,08	8,18	8,30	8,38	8,65	8,831	9,166	9,477	9,565	9,652
1963	7,44	7,53	7,64	7,71	7,96	8,125	8,433	8,719	8,800	8,880
1964	7,16	7,24	7,35	7,42	7,66	7,819	8,116	8,391	8,469	8,546
1965	6,91	6,99	7,10	7,17	7,40	7,556	7,843	8,109	8,184	8,259
1966	9,94	7,02	7,13	7,20	7,43	7,587	7,875	8,142	8,217	8,292
1967	7,07	7,15	7,26	7,33	7,57	7,724	8,017	8,289	8,366	8,442
1968	7,02	7,1	7,21	7,28	7,52	7,671	7,962	8,232	8,308	8,384
1969	6,78	6,86	6,96	7,03	7,26	7,408	7,689	7,950	8,024	8,097
1970	6,71	6,79	6,89	6,96	7,19	7,334	7,612	7,870	7,943	8,016
1971	6,40	6,48	6,58	6,64	6,86	6,997	7,262	7,508	7,577	7,646
1972	6,80	6,15	6,24	6,30	6,50	6,639	6,891	7,125	7,191	7,257
1973	6,00	6,07	6,16	6,22	6,42	6,554	6,803	7,034	7,099	7,164
1974	5,37	5,43	5,51	5,56	5,74	5,858	6,080	6,286	6,344	6,402
1975	4,65	4,7	4,77	4,82	4,98	5,079	5,272	5,451	5,501	5,551
1976	4,25	4,3	4,36	4,40	4,54	4,636	4,812	4,975	5,021	5,067
1977	3,90	3,95	4,01	4,05	4,18	4,267	4,429	4,579	4,621	4,663

1978	3,52	3,56	3,61	3,64	3,76	3,836	3,981	4,116	4,154	4,192
1979	3,26	3,3	3,35	3,38	3,49	3,561	3,696	3,821	3,856	3,891
1980	3,11	3,05	3,10	3,13	3,23	3,298	3,423	3,539	3,571	3,603
1981	2,69	2,72	2,76	2,79	2,88	2,940	3,051	3,154	3,183	3,212
1982	2,42	2,45	2,49	2,51	2,59	2,644	2,744	2,837	2,863	2,889
1983	2,32	2,35	2,39	2,41	2,49	2,539	2,635	2,724	2,749	2,774
1984	2,01	2,03	2,06	2,08	2,14	2,191	2,274	2,351	2,372	2,393
1985	1,90	1,92	1,95	1,97	2,03	2,076	2,154	2,227	2,247	2,267
1986	1,72	1,74	1,77	1,79	1,85	1,887	1,958	2,024	2,042	2,060
1987	1,69	1,71	1,74	1,76	1,81	1,855	1,925	1,990	2,008	2,026
1988	1,65	1,67	1,70	1,72	1,77	1,812	1,880	1,943	1,961	1,979
1989	1,60	1,62	1,64	1,66	1,71	1,749	1,815	1,876	1,893	1,910
1990	1,50	1,52	1,54	1,55	1,60	1,634	1,696	1,753	1,769	1,785
1991	1,37	1,39	1,41	1,42	1,46	1,496	1,552	1,604	1,618	1,632
1992	1,31	1,32	1,34	1,35	1,39	1,422	1,476	1,526	1,540	1,554
1993	1,24	1,25	1,27	1,28	1,32	1,349	1,400	1,447	1,460	1,473
1994	1,19	1,2	1,22	1,23	1,27	1,296	1,345	1,390	1,402	1,414
1995	1,13	1,14	1,16	1,17	1,20	1,233	1,279	1,322	1,334	1,346
1996	1,10	1,11	1,13	1,14	1,17	1,201	1,246	1,288	1,299	1,310
1997	1,09	1,1	1,12	1,13	1,16	1,191	1,236	1,278	1,289	1,300
1998	1,06	1,07	1,09	1,10	1,13	1,159	1,203	1,231	1,254	1,265
1999	1,05	1,06	1,08	1,09	1,12	1,148	1,191	1,209	1,242	1,253
2000	1,03	1,04	1,06	1,07	1,10	1,128	1,170	1,197	1,220	1,231
2001	1,02	1,03	1,05	1,06	1.09	1,116	1,158	1,197	1,208	1,219
2002	1	1,012	1,03	1,04	1,07	1,096	1,137	1,175	1,185	1,195
2003		1	1,02	1,03	1,06	1,085	1,126	1,164	1,174	1,184
2004			1	1,01	1,04	1,064	1,104	1,141	1,151	1,161
2005				1	1,03	1,053	1,093	1,130	1,140	1,150
2006					1	1,020	1,058	1,093	1,103	1,113
2007						1	1,038	1,073	1,082	1,091
2008							1	1,034	1,043	1,052
2009								1	1,009	1,018
2010									1	1,009
2011										1

4.2. Taxe sur les contrats d'assurances

[*NB - Annexe II au décret n°2-58-1151 du 24 décembre 1958*]

Titre 1 - Assiette, tarifs et mode de perception

I.- Les contrats d'assurances passés par les entreprises d'assurances ainsi que tous actes ayant exclusivement pour objet la formation, la modification ou la résiliation amiable desdits contrats, sont soumis, à l'exclusion des droits de timbre, d'enregistrement et de la TVA, à une taxe spéciale, dite taxe sur les assurances.

II.- La taxe sur les assurances est établie sur le montant des primes, surprimes ou cotisations, arrondi au dirham supérieur.

Elle est acquittée :

- 1° par les entreprises d'assurance, leurs représentants légaux ou les intermédiaires d'assurance ;
- 2° par les intermédiaires d'assurance pour les contrats souscrits par leur entremise auprès d'entreprises étrangères qui pratiquent des opérations d'assurance non assurables au Maroc ;
- 3° par les assurés dans tous les autres cas.

Toutes les parties restent tenues, solidairement, du paiement de la taxe qui n'aurait pas été acquittée au Trésor par l'assureur aux époques prévues.

L'obligation des assurés et celle des intermédiaires d'assurance est limitée au montant de la taxe due sur chaque contrat passé, respectivement, dans leur propre intérêt ou par leur entremise. Elle est liquidée sur le montant des primes, surprimes ou cotisations, arrondi au dirham supérieur.

III.- *(L.F.2011)* Le tarif de la taxe sur les contrats d'assurances est fixé ainsi qu'il suit :

1) Abrogé

2) Abrogé

3) Sont soumises à la taxe au taux de 7 % les opérations d'assurance maritime et de transport maritime.

4) Sont soumises à la taxe au taux de 14 % :

- a) les opérations d'assurance contre les risques du crédit, y compris les opérations d'assurance contre les risques de responsabilité civile soumises aux mêmes règles techniques ;
- b) les opérations d'assurance contre les risques de toute nature résultant de l'emploi de tous véhicules autres que les aéronefs ;
- c) les opérations d'assurance aviation ;
- d) les opérations d'assistance ;
- e) les opérations d'assurance contre les risques d'accidents corporels non compris dans ceux qui sont mentionnés ci-dessus et contre les risques d'invalidité et de maladie ;
- f) les opérations d'assurance contre l'incendie et les explosions ;
- g) les opérations d'assurance contre les risques de responsabilité civile non visés aux alinéas a, b, c et f du présent paragraphe ;
- h) les opérations d'assurance contre les dégâts causés par la grêle ;
- i) les opérations d'assurance contre les risques de la mortalité du bétail ;

- j) les opérations d'assurance contre tous autres risques non compris dans ceux qui sont mentionnés ci-dessus et qui sont pratiquées, à titre habituel, par les entreprises d'assurance ;
- k) les opérations de réassurance de toute nature afférentes aux opérations visées dans le présent paragraphe III. Toutefois, les opérations de réassurance sont dispensées de la taxe sur les contrats d'assurances lorsque cette dernière est acquittée par l'assureur primitif.

IV.- La taxe est acquise au Trésor à la date d'échéance des primes, surprimes ou cotisations.

V.- La taxe sur les assurances n'est pas exigible :

- 1° sur les contrats d'assurances sur la vie ou de rentes viagères souscrits par des personnes n'ayant au Maroc ni domicile ni résidence habituelle ;
- 2° sur tous autres contrats, dans la mesure où le risque se trouve situé à l'étranger ou se rapporte à un établissement industriel, commercial ou agricole y situé. A défaut de situation matérielle certaine ou de rapport certain avec un établissement industriel, commercial ou agricole, les risques sont réputés situés au lieu du domicile ou du principal établissement du souscripteur.

Il en est de même des contrats de réassurances dont lesdits contrats font l'objet.

Toutefois, il ne pourra être fait usage au Maroc desdits contrats d'assurances et de réassurances, soit par acte public, soit en justice, soit devant toute autorité constituée, s'ils n'ont été préalablement soumis aux formalités du visa pour timbre et de l'enregistrement, lesquelles seront accomplies moyennant le paiement, à titre forfaitaire, d'une somme représentative de ces deux impôts, égale à la moitié de la taxe sur les assurances serait due mais seulement sur le montant des primes, surprimes ou cotisations restant à courir, si les risques garantis étaient situés au Maroc.

En ce qui concerne les contrats de réassurances, la perception de la taxe forfaitaire en cas d'usage public n'aura lieu que si les contrats d'assurances correspondants ne l'ont pas acquittée.

VI.- A. La taxe est liquidée, pour chacune des catégories de contrats visés au paragraphe III ci-dessus sur le total des primes, surprimes ou cotisations échues au cours de chaque mois, après déduction des primes, surprimes et cotisations afférentes :

- 1° aux contrats d'assurances ou de réassurance ayant pour objet les risques visés aux alinéas 1 et 2 du paragraphe V ci-dessus ;
- 2° aux contrats de réassurance quand la taxe est payée par l'assureur primitif ;
- 3° aux contrats exonérés de la taxe, visés au paragraphe VII ci-après.

En présence de contrats d'assurances comportant à la fois une opération assujettie à la taxe et une autre exonérée, la taxe est due sur la totalité de la prime, à moins que le contrat ne prévoit une prime distincte pour l'opération exonérée.

B. Sont également déduites :

- 1° les primes, surprimes ou cotisations que les entreprises ou intermédiaires d'assurances justifieront n'avoir pas recouvrées par suite de la résiliation ou de l'annulation des contrats. Toutefois, dans ce cas, la déduction des primes, surprimes ou cotisations n'est admise que durant les trois mois qui suivent celui de leur échéance ;
- 2° en matière d'assurance maritime les primes, surprimes ou cotisations qui auront été remboursées à l'assuré en exécution des clauses des contrats relatives au chômage des navires ;
- 3° en matière d'assurance incendie, les ristournes de primes, surprimes ou cotisations pour régularisations de stocks.

Aucune autre déduction ne sera admise.

Le montant total des primes, surprimes ou cotisations qui sont passibles de la taxe après les déductions ci-dessus, est arrondi au dirham supérieur.

C. Au cas où le montant total des primes, surprimes et cotisations échues au cours d'un mois ne permet pas l'imputation de la totalité des primes, surprimes ou cotisations déductibles en vertu du A et B ci-dessus, le reliquat est reporté sur le mois suivant.

Dans le cas de cessation d'activité, le crédit de taxe résultant des déductions visées ci-dessus est restitué dans les conditions prévues au B du paragraphe X ci-après.

VII.- *(L.F.2011)* Sont exonérés de la taxe sur les contrats d'assurances :

1) Les contrats d'assurances contre les accidents du travail et les maladies professionnelles régis par le dahir du 25 juin 1927 concernant les responsabilités des accidents dont les ouvriers sont victimes dans leur travail.

2) Les contrats d'assurances passés avec leurs membres, par les sociétés ou caisses d'assurances mutuelles agricoles constituées selon le dahir du 30 octobre 1920.

3) Les contrats d'assurances garantissant les risques de guerre.

4) Les versements faits auprès de la caisse nationale de retraite et d'assurance conformément à l'article 7 du dahir n°1-59-1008 du 27 octobre 1959.

5) Les opérations d'assurances comportant des engagements dont l'exécution dépend de la vie humaine.

6) Les contrats d'assurances couvrant les risques maladie souscrits par les travailleurs indépendants, les personnes exerçant une profession libérale et toutes autres personnes exerçant une activité non salariée et portant sur :

- les soins liés à l'hospitalisation et aux interventions chirurgicales ;
- les soins liés au suivi des maladies graves ou invalidantes nécessitant des soins de longue durée ;
- les soins relatifs à l'accouchement ;
- les médicaments.

L'exonération visée au 6 ci-dessus est appliquée selon les conditions et les modalités fixées par arrêté du Ministre chargé des finances.

7) Les opérations ayant pour objet le versement d'un capital en cas de mariage ou de naissance d'enfant.

8) Les opérations effectuées par les entreprises faisant appel à l'épargne en vue de la capitalisation et comportant, en échange de versements uniques ou périodiques directs ou indirects, des engagements déterminés.

9) Les opérations ayant pour objet l'acquisition d'immeubles au moyen de la constitution de rentes viagères.

10) Les opérations effectuées par des entreprises faisant appel à l'épargne dans le but de réunir des sommes versées par des adhérents, soit en vue de les affecter à des comptes de dépôt portant intérêt, soit en vue de la capitalisation en commun desdites sommes avec participation aux bénéfices d'autres sociétés gérées ou administrées directement ou indirectement par les entreprises précitées.

11) Les opérations tontinières.

Titre 2 - Sanctions

VIII.- Toute infraction aux présentes dispositions et aux textes pris pour leur application, est passible des pénalités, de l'amende et de l'a majoration prévues par les articles 20, 21-II et 23 des dispositions relatives aux droits d'enregistrement, prévues par l'article 13 de la loi de finances pour 2004.

L'assuré est solidairement redevable de ces pénalités, amende et majoration avec les entreprises ou les intermédiaires d'assurance lorsqu'il ne leur a pas versé le montant de la taxe.

IX.- Les contrats d'assurances conclus en contravention des dispositions de l'article 3 de l'arrêté du 6 septembre 1941 unifiant le contrôle de l'Etat sur les entreprises d'assurance, de réassurance et de capitalisation, sont passibles, nonobstant la cause de nullité dont ils sont entachés, de la taxe instituée par le paragraphe I ci-dessus. Celle-ci est perçue au double tarif.

Titre 3 - Recouvrement et restitution

X.- A. La taxe due au titre d'un mois doit être versée avant l'expiration du mois suivant, à la caisse du receveur de l'administration fiscale dont relève le siège des sociétés d'assurances, de leurs représentants ou des intermédiaires d'assurances.

A l'appui de ce versement, les redevables de la taxe doivent produire :

- une déclaration conforme au modèle établi par l'administration ;
- un relevé certifié conforme aux écritures comptables de la société ou de l'assureur, faisant ressortir, pour chaque catégorie d'assurances ci-dessus visées :
  - 1° le montant des primes, surprimes et cotisations échues au cours du mois ;
  - 2° le montant des déductions à opérer en exécution du paragraphe VI ci-dessus, ventilé par motif de déduction.

La comptabilité des assureurs doit permettre de justifier à tout moment de ces déductions.

B. Les excédents de perception ne seront pas imputés sur la taxe due au titre du mois en cours ou des mois ultérieurs. Ils doivent faire l'objet d'une demande en restitution.

Est également restituable dans les mêmes formes, la taxe versée au titre des primes, surprimes ou cotisations visées au paragraphe VI (B-1) qui n'ont pas pu être déduites de la base taxable dans le délai prescrit.

L'annulation judiciaire des contrats d'assurances donne lieu au remboursement, à l'assuré, des taxes afférentes aux primes, surprimes ou cotisations encaissées par l'assureur.

La résolution ou la résiliation, amiables ou judiciaires, de contrats d'assurances ne donne pas lieu au remboursement de la taxe acquittée sur les primes, surprimes ou cotisations encaissées par l'assureur.

XI.- A. La taxe sur les assurances est recouvrée, les instances auxquelles elle donne lieu sont suivies comme en matière d'enregistrement.

L'action du Trésor en recouvrement de la taxe se prescrit à l'expiration de la quatrième année qui suit celle au titre de laquelle la taxe est due.

Lorsque le crédit de taxe afférent à des exercices prescrits a été imputé sur des taxes dues au titre d'un exercice non prescrit, le droit de l'administration de vérifier la sincérité des déductions opérées s'étend aux cinq derniers exercices prescrits. Toutefois, le redressement ne peut excéder le montant des crédits imputés sur la taxe exigible au titre de l'exercice non prescrit.

Les demandes en restitution sont sujettes à la déchéance prévue par l'article premier de la loi n°56-03 relative à la prescription des dettes dues par l'Etat et des collectivités locales, promulguée par le dahir n°1-04-10 du 21 avril 2004.

B. Le produit de la taxe sur les contrats d'assurances est affecté à concurrence de 13 % au profit du Fonds pour le développement des collectivités locales et de leurs groupements, institué par le décret n°2-76-578 du 30 septembre 1976 ; il est réparti entre les régions au prorata de la population par décision du Ministre de l'intérieur après visa du Ministre des finances.

Le reste (87 %) est affecté à concurrence de 50 % chacun, pour le budget de l'Etat et le Fonds de solidarité des assurances institué par l'article 39 du dahir portant loi n°1-84-7 du 10 janvier 1984 édictant des mesures d'ordre financier en attendant la promulgation de la loi de finances pour l'année 1984.

Titre 4 - Modalités d'application

XII.- Les modalités d'application de la présente annexe, notamment en ce qui concerne les comptabilité à tenir par les entreprises d'assurance, leurs agents et tous autres assujettis à l'encaissement et au reversement de la taxe, l'inscription des contrats à un répertoire, les déclarations et les conditions de versement des taxes au Trésor seront fixées par voie réglementaire

Titre 5 - Dispositions finales

XIII.- La présente annexe abroge et remplace les dispositions du dahir du 14 septembre 1943 relatif au régime fiscal des contrats d'assurances. Toutefois, demeurent en vigueur jusqu'à leur abrogation expresse, les dispositions des textes pris pour l'application dudit dahir.

Taxe additionnelle à la taxe sur les contrats d'assurance (Abrogé)

[*NB - La Taxe additionnelle à la taxe sur les contrats d'assurance a été abrogée par la loi de finances pour 2007*]

4.3. Dispositions transitoires

4.3.1. Loi de finances pour 2011

[*NB - Article 7-II L.F.2011*]

1) Les dispositions de l'article 6 (I-B-3°) du CGI, telles que complétées par le paragraphe I [*NB - De l'article 7 de la loi de finances pour 2011*] ci-dessus, sont applicables à la partie de la base imposable correspondant au chiffre d'affaires réalisé en devises par les sociétés de gestion de résidences immobilières de promotion touristique au titre des exercices ouverts à compter du 1er janvier 2011.

2) Les dispositions de l'article 19-II-D du CGI, telles que complétées par le paragraphe I ci-dessus, sont applicables aux sociétés réalisant un chiffre d'affaires inférieur ou égal à 3.000.000 DH, hors TVA, au titre des exercices ouverts à compter du 1er janvier 2011.

3) Les dispositions de l'article 68-V et VI du CGI, telles que complétées par le paragraphe I ci-dessus, sont applicables aux intérêts servis aux titulaires du plan d'épargne logement et/ou plan d'épargne éducation ouverts à compter du 1er janvier 2011.

4) Les dispositions de l'article 68-VII du CGI, telles que complétées par le paragraphe I ci-dessus, sont applicables aux revenus et profits réalisés dans le cadre du plan d'épargne en actions ouvert à compter du 1er janvier 2011.

5) Les dispositions de l'article 73 (II-C-1°-c) du CGI, telles que modifiées par le paragraphe I ci-dessus, sont applicables aux profits nets résultant du rachat ou du retrait des titres ou liquidités d'un plan d'épargne en actions ouvert à compter du 1er janvier 2011.

6) Les dispositions de l'article 73 (II-C-2°) du CGI, telles que complétées par le paragraphe I ci-dessus, sont applicables aux revenus bruts de capitaux mobiliers de source étrangère versés, mis à disposition ou inscrits en compte du bénéficiaire à compter du 1er janvier 2011.

7) Les dispositions de l'article 73 (II-F-9°) du CGI, telles que complétées par le paragraphe I ci-dessus, sont applicables aux traitements, émoluments et salaires bruts acquis, à compter du 1er janvier 2011.

8) Les dispositions de l'article 84-III-B du CGI, telles que complétées par le paragraphe I ci-dessus, sont applicables aux plans d'épargne en actions ouverts à compter du 1er janvier 2011.

9-a) Le délai d'exonération de la TVA de 24 ou de 36 mois, selon le cas, prévu aux articles 92-I-6° et 123 (22°-a et b) du CGI, tels que modifiés par le paragraphe I ci-dessus, commence à courir à partir de la date de délivrance de l'autorisation de construire pour les entreprises qui procèdent aux constructions de leurs projets d'investissement et qui n'ont pas épuisé, au 31 décembre 2010, les délais précités ainsi que les délais supplémentaires.

9-b) Les dispositions des articles 92-I-6° et 123 (22°-a et b) du CGI, telles que modifiées par le paragraphe I ci-dessus, sont applicables aux entreprises qui n'ont pas épuisé, au 31 décembre 2010, les délais de

24 ou 36 mois, selon le cas, ainsi que le délai supplémentaire de trois mois.

10) Les dispositions de l'article 154 du CGI, telles que modifiées et complétées par le paragraphe I ci-dessus, sont applicables aux déclarations relatives aux rémunérations versées, mises à la disposition ou inscrites en compte des personnes non résidentes et déposées à compter du 1er janvier 2011.

11) Les dispositions de l'article 212 (I et II) du CGI, telles que complétées par le paragraphe I ci-dessus, sont applicables aux opérations de contrôle dont l'avis de vérification est notifié à compter du 1er janvier 2011.

12) Les dispositions de l'article 220-III du CGI, telles que complétées par le paragraphe I ci-dessus, sont applicables aux requêtes et documents adressés par les contribuables à la commission locale de taxation à compter du 1er janvier 2011.

13) Les dispositions de l'article 220-VIII du CGI, telles que complétées par le paragraphe I ci-dessus, sont applicables aux opérations de contrôle dont l'avis de vérification est notifié à compter du 1er janvier 2011.

14) Les dispositions de l'article 225-II-A du CGI, telles que modifiées et complétées par le paragraphe I ci-dessus sont applicables aux recours introduits devant la commission locale de taxation et aux décisions de celle-ci notifiées aux intéressés à compter du 1er janvier 2011.

15) Les dispositions de l'article 242 du CGI, telles que modifiées et complétées par le paragraphe I ci-dessus, sont applicables aux décisions prises par les commissions locales de taxation ou par la commission nationale de recours fiscal à compter du 1er janvier 2011.

16) Sont abrogées à compter du 1er janvier 2011 les dispositions de l'alinéa 13 du paragraphe II de l'article 7 de la loi de finances 2010.

4.3.2. Loi de finances pour 2012

[*NB - Article 7-III L.F.2012*]

1) Les dispositions de l'article 20 du CGI, telles que complétées par le paragraphe I ci-dessus, sont applicables aux déclarations du résultat fiscal déposées à compter du 1er janvier 2013.

2) Les dispositions de l'article 57-18) du CGI, telles que modifiées par le paragraphe I ci-dessus, sont applicables aux prix littéraires et artistiques à compter de la date de publication de la présente loi de finances au Bulletin officiel.

3) Les dispositions de l'article 60-III du CGI, telles que modifiées par le paragraphe I ci-dessus, sont applicables aux salaires versés à compter de la date de publication de la présente loi de finances au Bulletin officiel.

4) Les dispositions de l'article 63-II du CGI, telles que modifiées par le paragraphe I ci-dessus, sont applicables aux cessions réalisées à compter de la date de publication de la présente loi de finances au Bulletin officiel.

5) Les dispositions de l'article 65-II du CGI, telles que modifiées par le paragraphe I ci-dessus, sont applicables aux cessions réalisées à compter de la date de publication de la présente loi de finances au Bulletin officiel.

6) Les dispositions de l'article 70 du CGI, telles que modifiées par le paragraphe I ci-dessus, sont applicables aux cessions réalisées à compter de la date de publication de la présente loi de finances au Bulletin officiel.

7) Les dispositions de l'article 82 du CGI, telles que complétées par le paragraphe I ci-dessus, sont applicables aux déclarations annuelles du revenu global déposées à compter du 1er janvier 2013.

8) Les dispositions des articles 133 et 137 du CGI, telles que modifiées par le paragraphe I ci-dessus, sont applicables aux actes et conventions conclus à compter de la date de publication de la présente loi de finances au Bulletin officiel.

9) Les dispositions de l'article 252 (II-L) du CGI, telles que modifiées par le paragraphe I ci-dessus, sont applicables à compter de la date de publication de la présente loi de finances au Bulletin officiel.

10) Les dispositions des articles 260 et 262 du CGI, telles que modifiées et complétées par le paragraphe I ci-dessus, sont applicables à compter du 1er janvier 2013.

11) Par modification des dispositions de l'article 7 (VI-2 et 5) de la loi de finances n°40-08 pour l'année budgétaire 2009 promulguée par le dahir n°1-08-147 du 30 décembre 2008, les dispositions des articles 28-III et 57-10) du CGI sont applicables aux prestations servies à compter du 1er janvier 2012.

12) Par modification des dispositions de l'article 7 (II-14) de la loi de finances n°48-09 pour l'année budgétaire 2010, les dispositions des articles 6 (I-A-27°) et 31 (I-A-2°) du CGI relatives à l'exonération des entreprises installées dans la zone franche du port de Tanger de l'impôt sur les sociétés et de l'impôt sur le revenu, demeurent applicables du 1er janvier 2012 au 31 décembre 2013.

4.3.3. Loi de finances temporaire pour 2012

[*NB - Décret n°2-11-746 du 31 décembre 2011 relatif à la perception de certaines recettes pour l'année budgétaire 2012. Afin de faciliter la compréhension des modifications, le texte complet des articles du Code a parfois été repris.*

Les dispositions de cette loi se sont appliquées jusqu'à l'entrée en vigueur de la loi de finances pour 2012, c'est-à-dire jusqu'au 16 mai 2012.]

Art.1.- Conformément aux dispositions du quatrième alinéa de l'article 75 de la Constitution, les recettes continueront pour l'année budgétaire 2012, à être perçues aux taux et selon les conditions prévus par la législation et la réglementation en vigueur qui leur sont applicables, sous réserve des dispositions ci-après.

Art.2.- Tarif des droits de douanes [*NB - Non repris*]

Art.3-I.- A compter du 1er janvier 2012, les dispositions des articles 6-II, 19-II, 60, 73-II, 92, 123 et 124 du CGI, tel que modifié et complété, sont modifiées et complétées comme suit :

« *Art.6-II-C-1.-* Bénéficient du taux prévu à l'article 19-II-C ci-dessous pendant les cinq premiers exercices consécutifs suivant la date du début de leur exploitation :

a) Les entreprises, autres que les établissements stables des sociétés n'ayant pas leur siège au Maroc attributaires de marchés de travaux, de fournitures ou de service, les établissements de crédit et organismes assimilés, Bank Al-Maghrib, la Caisse de dépôt et de gestion, les sociétés d'assurances et de réassurances, les agences immobilières et les promoteurs immobiliers à raison des activités exercées dans l'une des préfectures ou provinces qui sont fixées par décret compte tenu des deux critères suivants :

- le niveau de développement économique et social ;
- la capacité d'absorption des capitaux et des investissements dans la région, la province ou la préfecture.

L'application du taux précité est subordonnée aux conditions prévues à l'article 7-VII ci-après.

b) Les entreprises artisanales dont la production est le résultat d'un travail essentiellement manuel.

c) Les établissements privés d'enseignement ou de formation professionnelle.

d) Les sociétés sportives régulièrement constituées conformément aux dispositions de la loi n°30-09 relative à l'éducation physique et aux sports promulguée par le dahir n°1-10-150 du 24 août 2010.

« *Art.19-II.-* Taux spécifiques de l'impôt

Les taux spécifiques de l'impôt sur les sociétés sont fixés à :

- A. 8,75 % :
  - pour les entreprises qui exercent leurs activités dans les zones franches d'exportation, durant les vingt exercices consécutifs suivant le cinquième exercice d'exonération totale ;
  - pour les sociétés de service ayant le statut « Casablanca Finance City », conformément à la législation et la réglementation en vigueur, au-delà de la période de cinq exercices d'exonération prévue à l'article 6 (I-B-4°) ci-dessus ;
- B. 10 % :
  - sur option, pour les banques offshore durant les quinze premières années consécutives suivant la date de l'obtention de l'agrément ;
  - pour les sièges régionaux ou internationaux ayant le statut « Casablanca Finance City », conformément à la législation et la réglementation en vigueur, à compter du premier exercice d'octroi dudit statut ;
- C. 17,50 % pour :
  - 1° les entreprises prévues à l'article 6 (I-B-1° et 2°) ci-dessus ;
  - 2° les entreprises hôtelières prévues à l'article 6 (I-B-3°) ci-dessus ;
  - 3° les entreprises minières prévues à l'article 6 (I-D-1°) ci-dessus ;
  - 4° les entreprises prévues à l'article 6 (I-D-2° et II-C-1° a) ci-dessus ;
  - 5° les entreprises artisanales prévues à l'article 6 (II-C-1° b) ci-dessus ;
  - 6° les établissements privés d'enseignement ou de formation professionnelle prévus à l'article 6 (II-C-1° c) ci-dessus ;
  - 7° les promoteurs immobiliers prévus à l'article 6 (II-C-2°) ci-dessus.
  - 8° les sociétés sportives prévues à l'article 6 (II-C-P-d) ci-dessus.

D. 15 % pour les sociétés réalisant un chiffre d'affaires inférieur ou égal à 3.000.000 DH hors TVA.

« *Art.60.-* I. Pour la détermination du revenu net imposable en matière de pensions et rentes viagères, il est appliqué un abattement forfaitaire de 40 % sur le montant brut imposable desdites pensions et rentes, déduction faite, le cas échéant, des cotisations et primes visées à l'article 59-III et IV ci-dessus.

II. Les cachets octroyés aux artistes

Le montant brut des cachets octroyés aux artistes exerçant à titre individuel ou constitués en troupes est soumis à la retenue à la source au taux prévu à l'article 73-II-G-4° ci-dessous, après un abattement forfaitaire de 40 %. Cette retenue est liquidée et versée dans les conditions prévues aux articles 156-I alinéa 1 et 174-I ci-dessous.

III. Les revenus salariaux accordés aux sportifs professionnels

Le montant brut des revenus salariaux accordés aux sportifs professionnels est soumis à la retenue à la source au taux prévu à l'article 73 (II-G-7°) ci-dessous, après un abattement forfaitaire de 40 %. Cette retenue est liquidée et versée dans les conditions prévues aux articles 156-I (alinéa 1) et 174-I ci-dessous.

On entend par sportif professionnel, tout sportif qui pratique contre rémunération, à titre principal ou exclusif, une activité sportive en vue de participer à des compétitions ou manifestations sportives.

« ***Art.73-II-G.-*** 30 % :

- 1° pour les rémunérations, les indemnités occasionnelles ou non prévues à l'article 58-C ci-dessus, si elles sont versées à des personnes ne faisant pas partie du personnel permanent de l'employeur autre que celui visé au D ci-dessus ;
- 2° pour les honoraires et rémunérations versés aux médecins non soumis à la taxe professionnelle qui effectuent des actes chirurgicaux dans les cliniques et établissements assimilés, prévus à l'article 157 ci-dessous ;
- 3° pour les produits des placements à revenu fixe énumérés à l'article 66-I-B ci-dessus, en ce qui concerne les bénéficiaires personnes physiques, à l'exclusion de celles qui sont assujetties audit impôt selon le régime du résultat net réel ou celui du résultat net simplifié ;
- 4° pour le montant brut des cachets, prévus à l'article 60-II ci-dessus, octroyés aux artistes exerçant à titre individuel ou constitués en troupes ;
- 5° pour les remises et appointements alloués aux voyageurs, représentants et placiers de commerce ou d'industrie prévus à l'article 58-II-B ci dessus qui ne font aucune opération pour leur compte.
- 6° Abrogé
- 7° pour les revenus salariaux bruts prévus à l'article 60-III ci-dessus accordés aux sportifs professionnels.

Les prélèvements aux taux fixés aux B, C (1° et 2°), D, F (2°, 3°, 4°, 5°, 6°, 8° et 9°) et G (2°, 3° et 7°) ci-dessus sont libératoires de l'impôt sur le revenu.

« ***Art.92-I.-*** Sont exonérés de la TVA avec bénéfice du droit à déduction prévu à l'article 101 ci-dessous : [*NB - 1° à 43° sans changement*]

- 44° les biens, matériels, marchandises et services acquis ainsi que les services effectués par la Fondation Mohammed VI pour la promotion des œuvres sociales des préposés religieux créée par le dahir n°1-09-200 du 23 février 2010), dans le cadre des missions qui lui sont dévolues.

« ***Art.123.-*** Sont exonérés de la TVA à l'importation : [*NB - 1° à 42° sans changement*]

- 43° les biens, matériels, marchandises et services acquis par la Fondation Mohammed VI pour la promotion des œuvres sociales des préposés religieux créée en vertu du dahir n°1-09-200 du 23 février 2010, dans le cadre des missions qui lui sont dévolues.

« ***Art.124.***- Modalités d'exonérations

I. Les exonérations prévues aux articles 91 (I-E-2° et VI-2°), 92 (I-3°, 6°, 7°, 8°, 9°, 10°, 11°, 12°, 13°, 14°, 15°, 16°, 17°, 20°, 21°, 22°, 23°, 24°, 25°, 29°, 32°, 33°, 34°, 35°, 37°, 38°, 39°, 40°, 42°, 43°, 44° et II), 123 (22° a), 23°, 24°, 25°, 27°, 29°, 30°, 31°, 32°, 33°, 34°, 38°, 39° et 41°) ci-dessus et 247 XII ci-dessous ainsi que les suspensions de la taxe prévues à l'article 94 (I et II) ci-dessus doivent être accordées conformément aux formalités prévues par le décret pris pour l'application du titre III du présent Code relatif à la TVA.

II. L'exonération prévue à l'article 92-I-39° est accordée sous forme de restitution.

Cette restitution peut être déléguée à une société privée dans le cadre d'une convention à conclure avec l'Administration fiscale, les modalités de cette exonération sont fixées conformément aux dispositions prévues par le décret visé au I ci-dessus.

Art.3-II.- Dates d'effet :

1) Les dispositions de l'article 6 (II-C-1°-d) du CGI, telles que modifiées et complétées par le paragraphe 1 ci-dessus, sont applicables aux sociétés sportives créées à compter du 1er janvier 2012.

2) Les dispositions des articles 60-III et 73 (II-G-7°) du CGI, telles que complétées par le paragraphe 1 ci-dessus, sont applicables aux revenus salariaux acquis à compter du 1er janvier 2012.

Art.4.- Le Ministre de l'économie et des finances est chargé de l'exécution du présent décret qui sera publié au Bulletin officiel.

Les dispositions du présent décret cesseront de produire effet à compter de la date de l'entrée en vigueur de la loi de finances pour l'année budgétaire 2012.

INDEX

Les numéros ci-dessous renvoient aux articles du Code général des impôts, sauf les mentions :

- FCL : partie « fiscalité des collectivités locales »
- TFNC : partie « principaux textes fiscaux non codifiés »

Edité par Droit-Afrique.com
91 rue du Faubourg St Denis 75010 Paris
www.droit-afrique.com

Imprimé en France

ISBN : 978-2-35308-77-9
Dépôt légal - Juin 2012

Impression & brochage sepec - France
Numéro d'impression : 03653120501 - Dépôt légal : juin 2012

IMPRIM'VERT®